외국어로서의

한국어 문법 교육론

외국어로서의
한국어 문법 교육론

이주행 지음

보고사
BOGOSA

한국의 경제와 문화가 눈부시게 발전함에 따라 한국어를 학습하고 연구하고 교육하려는 외국인이 놀라울 정도로 증가하고 있다. 이와 함께 외국어로서의 한국어 교육학 분야도 눈부시게 발전하고 있다. 외국인을 위한 한국어 교육학의 황무지가 옥토로 바뀌어 가고 있다.

1950년대 말부터 오늘날에 이르기까지 외국어로서의 한국어 교육 기관에서 발행한 한국어 교재를 일람해 보면 날이 갈수록 한국어 교재가 외국인 한국어 학습자가 한국어를 학습하는 데 더욱 효과가 있도록 개발되고 있음을 알 수 있다. 이를 통해 한국어 교육학 전공자나 한국어 교원들은 쉼 없이 한국어 교육을 연구하고 그 결과를 현장에서 실천하려고 노력하고 있음도 엿볼 수 있다.

그런데 외국어로서 한국어 교육학 분야는 아직도 해결하여야 할 과제가 많다. 외국어로서의 한국어 문법 교육론 분야도 좀 더 해결하여야 할 과제가 적지 않다. 그 과제는 외국어로서의 한국어 문법 교육의 교육과정, 교육 내용, 교육 방법, 평가 방법, 교재 개발, 교원 양성 등에 관한 것이다.

한국어 학문 문법, 한국인을 위한 한국어 교육 문법, 외국어로서의 한국어 교육 문법 등은 상관성을 지닌다. '한국인을 위한 한국어 교육 문법'은 '한국어 학문 문법'을 참고하여 기술하여야 한다. '외국어로서의 한국어 교육 문법'은 '한국인을 위한 한국어 교육 문법'을 바탕으로 기술하여야 한다. 교육 문법은 학문 문법을 그대로 수용하여서는 안 되고, 학습자의 의사소통 능력의 향상에 이바지하는 문법이 되도록 그 체계가 수립되어야 한다.

교육 문법은 학문적인 전문성보다 실용성, 규범성, 교육의 효율성 등을 중시하기 때문에 일정한 문법 현상에 대한 문법 용어와 그 용어에 대한 정의, 일정한 문법 범주의 내용 등이 같아야 교육의 효과가 있다. 그것들이 외국어로서의 한국어 교육 문법서나 외국어로서의 한국어 교재마다 상이하면 한국어 외국인 학습자가 한국어 문법을 학습하는 데 장애물로 작용한다.

'한국인을 위한 한국어 교육 문법'의 논저와 '외국어로서의 한국어 교육 문법'의 논저를 살펴보면 그러한 점들을 고려하지 않고 한국어 학문 문법의 논저처럼 일정한 문법 현상을 지칭하는 문법 용어나 그것에 대한 정의, 문법 범주의 내용 등이 다르다. 이러한 문제는 외국어로서의 한국어 문법 교원과 연구자들이 중지를 모아 시급히 해결하여야 한다.

이 책은 한국어를 학습하려는 외국인이나 재외 동포를 대상으로 외국어로서의 한국어 교육을 하는 한국어 교원이 되기 위하여 한국어 교원 인증 시험을 준비하는 독자를 염두에 두고 발간한 것이다.

그동안 발간된 외국어로서의 한국어 문법 교육론에 관한 저서도 적지만, 그것들마저 학부에서 한국어문학과나 한국어교육과를 졸업한 이들도 이해하기가 어렵고 장황하게 기술되어 있다.

이 책은 대학에서 한국어문학이나 한국어 교육학을 전공하지 않은 사람도 누구든지 쉽게 이해할 수 있도록 집필하였다.

이 책은 모두 다섯 장(章)으로 구성되어 있다.

제1장에서는 외국어로서의 한국어 교육 문법의 본질, 문법 교육의 필요성, 외국어로서의 한국어 문법의 교육 목표와 교육 내용 체계 등에 대해서 기술하였다. 제2장과 제3장에서는 외국어로서의 한국어 문법의 교육 내용을 간단명료하고 이해하기 쉽게 기술하였다. 제4장에서는 문법의 교육 모형과 교육 방법에 대해서 기술하였다. 문법의 교육 모형은 접근 방식에 의거한 문법 교육 모형 −상향식 교육 모형과 하향식 교육 모형−과 교육 단계에 의거한 문법 교육 모형을 소개하

였다. 문법의 교육 방법으로는 문법 번역식 교수법, 의사소통식 교수법, 과제 중심 교수법, 형태 초점 의사소통 교수법 등에 대해서 기술하였다. 각 교수법을 문법 교육에 활용할 수 있는 교수·학습안(교안)의 보기를 각각 제시하였다. 제5장에서는 문법 평가의 개념, 유형, 절차, 원리 등과 문법 평가 문항을 작성할 때 평가자가 반드시 알아두어야 할 점, 그리고 한국어의 문법적 능력 평가 등에 대해서 기술하였다.

이 책은 최근까지 발표된 외국어로서의 한국어 교육 문법에 관한 논문과 그동안 발간된 한국어 문법에 관한 저서의 덕택으로 세상에 태어날 수 있게 되었다. 참고한 논저의 저자분들에게 일일이 양해를 구하지 않고, 감사의 말씀도 드리지 못하고, 이 지면을 통해서 대신함을 매우 송구스럽게 생각한다.

2016년 여름은 이 책을 집필하는 데 8부 능선을 넘을 때였다. 2016년 여름의 무더위는 이 책을 집필하는 데 많은 고통을 안겨 주었다. 그러한 무더위를 이기고 오곡백과가 무르익는 가을에 탈고하려니 감개가 무량하다.

이 책의 부족한 점은 계속 보완하여 갈 것이다. 아무쪼록 독자들이 외국어로서의 한국어 문법 교육론을 익히는 데 이 책이 도움을 주기를 간절히 바란다.

출판계의 어려운 사정에도 불구하고 이 책을 흔쾌히 발간하여 주신 보고사 김홍국 사장님과 이 책을 편집하느라 고생하신 이유나 편집자님께 깊이 감사를 드린다.

2016년 10월

이주행(李周行)

목차

제1장
외국어로서의 한국어 교육 문법이란 무엇인가

제2장
한국어 문법의 교육 내용 (1)

제3장
한국어 문법의 교육 내용 (2)

제4장
문법의 교육 모형과 교육 방법

제5장
문법 평가

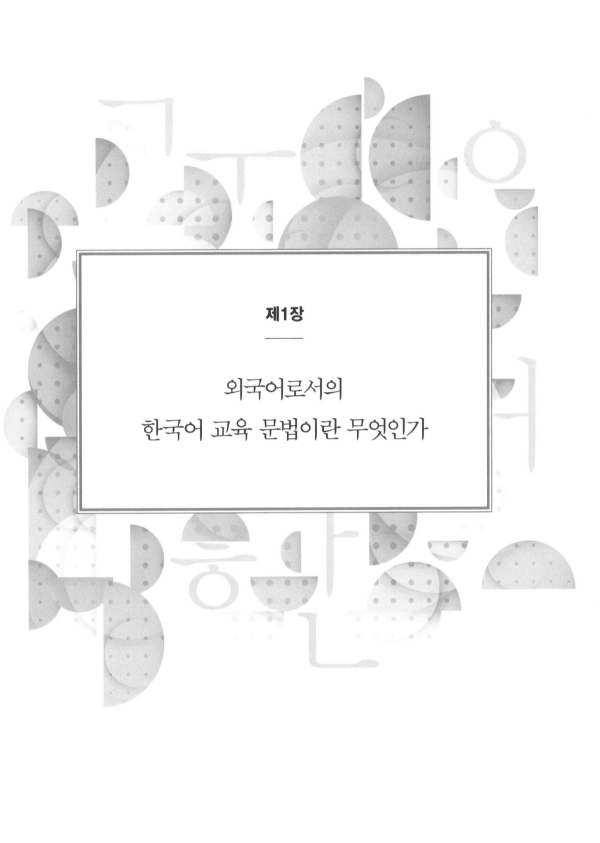

제1장

━━━

외국어로서의
한국어 교육 문법이란 무엇인가

1

한국어 교육 문법의 개념

1.1 문법의 개념

문법을 넓게 해석하느냐 좁게 해석하느냐에 따라 문법의 개념이 다르다.

좁은 의미의 문법이란 단어나 문장을 형성하거나 운용하는 규칙이다. 즉 문법은 형태소가 결합하여 단어를 형성하는 규칙, 품사의 분류와 용법, 단어가 결합하여 문장을 구성하는 규칙 등을 총칭하는 것이다.

넓은 의미의 문법이란 언어를 형성하는 규칙이다. 즉 문법은 음소가 모여서 음절을 형성하고, 음절이 단어를 형성하며, 단어가 문장을 구성하고, 문장이 담화나 텍스트를 형성하는 규칙이다.

넓은 의미의 문법론에서는 모든 언어의 규칙 즉 음운, 형태, 통사, 의미, 화용(話用), 담화 등의 규칙을 고찰하지만, 좁은 의미의 문법론에서는 형태와 통사의 규칙에 국한하여 연구한다.

1.2 문법의 분류

문법은 분류 기준에 따라 여러 가지로 나뉜다.

연구 대상에 따라 일반 문법(一般文法)과 특수 문법(特殊文法)으로 나뉜다.

일반 문법은 세계의 모든 언어가 공통적으로 지니고 있는, 보편적인 언어의 규칙에 대하여 규명하는 데 목적이 있는 문법이다.

특수 문법은 개별 언어의 규칙을 밝히는 데 목적을 두고 있는 문법이다. 예컨대 한국어 문법은 특수 문법에 속한다.

연구관과 연구 방법에 따라 전통 문법(傳統文法), 구조 문법(構造文法), 변형 생성 문법(變形生成文法), 의존 문법(依存文法), 역사 문법(歷史文法), 비교 문법(比較文法), 대조 문법(對照文法), 기능 문법(機能文法), 인지 문법(認知文法), 기능 문법(機能文法) 등으로 나뉜다.

전통 문법은 사변 철학(思辨哲學)[1], 실증론(實證論)[2] 등에 입각하여 언어의 문법적 현상에 대해서 연구하는 문법이다. 이것은 구조 문법이 출현하기 이전의 문법을 통틀어 일컫는 것이다. 전통 문법은 기원전 5세기 플라톤(Platon)의 철학적 문법부터 19세기말 영국의 언어학자인 스위트(Sweet, H.)와 덴마크의 언어학자인 예스페르센(Jespersen, O.)의 과학적 문법까지 한데 묶어 일컫는 것이다.

전통 문법을 '라틴 전통 문법'과 '과학적 전통 문법'으로 양분하기도 한다. 라틴 전통 문법은 사변 철학에 입각하여 체계화한 문법이다. 이것은 직관으로 언어 현상을 설명한다. 과학적 전통 문법은 19세기말 영국의 언어학자인 스위트(Sweet, H.)와 덴마크의 언어학자인 예스페르센(Jespersen, O.)이 실증론에 입각하여 체계화한 문법이다. 이것은 언어 규칙을 고증하고 설명한다.

---

1) 사변 철학(思辨哲學): 순수한 사고와 이성만으로 사물의 진실에 도달하려는 철학.

2) 실증론(實證論): 사변을 배격하고, 관찰이나 실험으로써 검증할 수 있는 지식만을 인정하려는 사상.

구조 문법은 경험론(經驗論)[3]의 언어관에 입각하여 관찰이 가능한 언어 자료만을 가지고 언어 체계를 기술하는 문법이다. 이것을 '구조주의 문법'이라고 일컫기도 한다.

변형 생성 문법은 합리론(合理論)[4]에 입각하여 인간에게 태어날 때부터 선천적으로 부여된 언어 능력(linguistic competence)을 설명하는 데 목적이 있는 문법이다. 이것을 '변형 문법' 또는 '생성 문법'이라고 일컫기도 한다.

언어 능력은 이상적인 화자(話者)의 언어 지식을 의미한다. 이것은 유한한 규칙으로 무한정한 수의 문장을 생성하여 낼 수 있고, 문법적인 문장과 비문법적인 문장을 구별하며, 전에 경험한 바가 없는 문법적인 문장을 만들어 내는 능력이다.

의존 문법은 문장 성분들 사이의 종속 관계를 연구하는 문법이다. 즉 이것은 지배 요소와 피지배 요소에 대해서 연구하는 문법이다. 의존 문법을 '종속 문법' 혹은 '결합가 문법'이라고 일컫기도 한다.

역사 문법은 어떤 언어의 문법적 현상을 통시적으로 연구하는 문법이다. 이것은 언어 사실의 추이적 현상 속에서 추이 법칙을 체계화하고 기술하는 문법이다. 예컨대 한국어의 높임법이 고대로부터 오늘날에 이르기까지 어떻게 변천하여 왔는지에 관하여 체계적으로 기술하는 것이다.

비교 문법은 계통이 같은 언어들 간의 문법을 비교 연구하여 조어(祖語)를 재구하는 데 이바지하는 문법이다. 예를 들면 알타이어 계통에 속하는 한국어와 터키어의 격 체계를 비교하여 공통점을 체계화하거나, 동족어 문법 체계의 도움을 입어서 한국어 문법 현상을 고찰하는 것이다.

대조 문법은 계통이 다른 언어들 간의 문법 현상을 대조하여 연구하는 문법이다. 예컨대 계통이 다른 한국어와 중국어의 시제나 높임법 등을 대조하여 연구하는

---

3) 경험론(經驗論): 모든 지식은 실제의 경험에서 생긴다고 하는 이론.
4) 합리론(合理論): 진정한 인식은 경험이 아닌 생득적인 이성에 의하여 얻어지는 것이므로, 인식은 이성에 바탕을 두어야 한다는 사상.

것이다.

인지 문법은 인지적 처리 과정과 관련되는 언어 구조의 심리적 실재적 기술을 추구하는 문법이다. 기능 문법은 의사소통상에서 언어가 기능하는 것에 대해서 연구하는 문법이다.

문어와 구어 중에서 어느 것의 구조에 대해서 연구하느냐에 따라 문어 문법(文語文法)과 구어 문법(口語文法)으로 나뉜다.

문어 문법은 문어 즉 글말의 구조에 대해서 기술한 문법이다. 구어 문법은 구어 즉 입말의 구조에 대해서 기술한 문법이다.

한국어 구어의 문법적 특징은 다음과 같다.

㉠ 조사(助詞)가 생략되기도 한다.

　　[보기] 밥(을) 먹었어. 어디(에) 다녀왔니?

㉡ 격조사인 '에게'보다 '한테'가 더 많이 쓰이고, '에게서'보다 '한테서'가 더 많이 쓰이며, '와/과'보다 '하고'와 '이랑/랑'이 더 많이 쓰인다.

　　[보기] ㉠ 나는 영아한테 꽃을 주었다. ㉡ 이 책은 민지한테서 선물로 받은 거야.
　　　　　㉢ 나랑 놀자.

㉢ 종결어미와 보조사 '요'가 결합된 '-어요/-아요/-여요', '-ㄹ게요', '-ㄹ래요', '-지요', '-ㄴ걸요', '-는걸요', '-군요', '-네요', '-(으)ㄴ데요', '-는데요', '-거든요' 등이 많이 쓰인다.

㉣ 연결어미인 '-거들랑', '-게', '-고', '-도록' '-(으)려고', '-(으)러', '-(으)며', '-(으)면', '-어서/-아서/-여서' 등이 많이 쓰인다.

(ㅁ) 모음조화 규칙을 어겨 어미 '-아'를 '-어'로, '-았-'을 '-었-'으로 발음한다.

    [보기] ㄱ. 이 줄을 잡어(←잡아).

            ㄴ. 현수가 새는 구멍을 막었다(←막았다).

(ㅂ) 단어의 끝 음절의 종성 'ㅊ, ㅌ'을 [ㅅ]으로, 'ㅋ'을 [ㄱ]으로, 'ㅍ'을 [ㅂ]으로, 'ㄺ'을 [ㄱ]으로 발음한다.

    [보기] 꽃을 [꼬슬], 밭에[바세], 부엌이[부어기], 무릎이[무르비], 흙을[흐글]

(ㅅ) 정도 부사인 '진짜', '되게', '참', '무지', '엄청' 등이 사용된다.

    [보기] 넌 **진짜**(←정말) 예뻐.

(ㅇ) 접속 부사 '그러나' 대신에 '하지만'이 많이 쓰인다.

    [보기] 현우는 착하다. **하지만**(←그러나) 철수는 악하다.

(ㅈ) 표현 항목(expression entries)[5]인 '-어서/-아서/-여서 그래요', '-(으)ㄹ 테니', '-지 그래요', '-아/-어 /-여 줄까요?', '-는 게 어때요?', '-아서/-어서/-여서 죽겠다', '-(으)ㄹ 턱이 {있다, 없다}', '-기 때문에', '-기에 망정이지' 등이 많이 쓰인다.

(ㅊ) 문장 성분이 많이 생략된다.

    [보기] 갑: 철수야 어디를 가니?

           을: (나는) 학교(에) (가).

           갑: 누구와 함께 (학교에) 가니?

           을: (나는) 은영이랑 (함께) (학교에) (가).

(ㅋ) 단형 부정문(短形否定文)이 장형 부정문(長形否定文)보다 많이 쓰인다.

---

5) 표현 항목(expression entries)이란 복합 구성의 문법 항목을 의미한다. 이것을 '관용 표현(장경희: 1995)', '표현 항목(이미혜: 2002, 2005)', '표현(이효정: 2003, 방성원: 2002)', '표현 문형(민현식: 2005), 강현화: 2007)', '통어적 구문(백봉자, 2006)' 등으로 일컫는데, 이 글에서는 '표현 항목'이라는 용어를 사용하고자 한다.

[보기] ㉠ 나는 고기를 안 먹어. [단형 부정문]
㉡ 나는 고기를 먹지 않아. [장형 부정문]

㉣ 문어(文語)보다 높임법의 연속 규칙에 어긋나게 말하는 경우가 많다.
[보기] 나는 책을 많이 {읽습니다, 읽어요, 읽네, 읽어, 읽는다}.

㉤ 문어에 비해 어순(語順) 규칙의 제약을 덜 받는다. 어순이 도치되어도 상황 맥락을 통해서 청자가 그 의미를 파악할 수 있다.
[보기] ㉠ 나는 책을 많이 읽었어.
㉡ 읽었어 책을 나는 많이.
㉢ 많이 책을 나는 읽었어.
㉣ 많이 나는 읽었어 책을.
㉤ 읽었어 많이 나는 책을.

연구 태도에 따라 학문 문법(學問文法)과 교육 문법(敎育文法)으로 나뉜다.

학문 문법은 학문적 전문성을 중시하여 언어의 문법적 현상을 체계화하는 문법이다. 이것을 '이론 문법'이라고 일컫기도 한다.

교육 문법은 학습자의 언어생활에 실제적인 도움을 주기 위해서 언어 현상을 체계화한 문법이다. 이것을 '실용 문법(實用文法)' 혹은 '학교 문법(學校文法)' 또는 '교시 문법(敎示文法)'이라고 일컫기도 한다.

한국어 교육 문법은 교육 대상자에 따라 '한국인을 위한 한국어 교육 문법'과 '외국어로서의 한국어 교육 문법'으로 나뉜다.

'한국인을 위한 한국어 교육 문법'은 한국어를 제1차 언어로 구사하는 한국인을 교육하기 위해서 한국어의 문법적 현상을 기술한 문법이다.

'외국어로서의 한국어 교육 문법'은 한국어를 외국어로 학습하는 외국인이나 재외 동포를 교육하기 위하여 한국어의 문법적 현상을 체계적으로 기술한 문법이

다. 이것은 한국어 학문 문법과 한국인을 위한 한국어 교육 문법에서 이론적 근거를
제공받는다.

오늘날 대한민국의 한국어 교육학계에서 '외국인을 위한 한국어 교육 문법'을
'한국어 교육 문법'이라 하고, '한국인을 위한 한국어 교육 문법'을 '국어 교육
문법'이라고 일컫는 것은 문제가 있다. 한국어는 대한민국의 언어인데, 대한민국
의 언어를 '국어'라고 일컫는 것은 정체성이 결여된 것이다. 대한민국의 언어 명칭
은 한국어이다. 외국인이나 재외 동포를 위한 한국어 교육 문법을 '외국어로서의
한국어 교육 문법'이라 하고, 한국인을 위한 한국어 교육 문법을 '한국어 교육
문법'이라고 일컫는 것이 합당하다.

1.3 학문 문법과 교육 문법의 차이

학문 문법과 교육 문법은 다음과 같은 차이가 있다.

학문 문법은 교육 문법에 이론적 근거를 제시한다. 교육 문법은 학문 문법과
불가분의 관계를 맺고 있다. 교육 문법은 학문 문법의 이론을 근거로 기술된다.

학문 문법은 학문적 전문성을 중시하는 문법이다. 그런데 교육 문법은 학문적
인 전문성보다 실용성, 교육의 효율성과 용이성 등을 중시하는 문법이다.

학문 문법은 다양한 문법 현상을 연구하여 기술하는데, 교육 문법은 기본적인
문법 사실을 기술한다.

학문 문법에서는 문법 사실에 관하여 문법가의 개인적인 견해를 허용하는데,
교육 문법에서는 개인적인 견해를 허용하지 않는다.

1985년 문교부의 통일 문법 국정 교과서인 『고등 학교 문법』이 발간되기 이전
에 나온 학교 문법 교과서에는 지은이들의 개인적인 견해가 기술되었다. 그런데
그 이후의 학교 문법 교과서에는 개인적인 견해가 기술되지 않았다.

학문 문법에서는 모든 언어를 그 소재 언어로 삼는데, 교육 문법에서는 표준어만을 그 소재 언어로 삼는다.

학문 문법은 언어 자체의 과학적 연구를 위한 문법인데, 교육 문법은 언어 자체의 과학적 연구가 아닌, 내외국의 한국어 학습자를 교육하기 위한 문법이다.

교육 문법은 학습자의 의사소통 능력의 향상에 도움을 줄 수 있는 것이어야 한다.

교육 문법은 학문 문법의 발달 결과를 수용하면서 발달한다. 그런데 교육 문법은 학문 문법을 그대로 수용하는 것이 되어서는 안 된다.

교육 문법은 학습자의 필요에 부합하고, 학습자의 의사소통 능력을 신장시키는 데 이바지하는 문법이 되도록 그 체계가 수립되어야 한다.

1.4 외국어로서의 한국어 교육 문법과 한국인을 위한 한국어 교육 문법의 차별성과 상관성

한국어 교육 문법은 '한국인을 위한 한국어 교육 문법'과, 한국어를 외국어로 학습하는 외국인과 재외 동포를 위한 '외국어로서의 한국어 교육 문법'으로 나뉜다.

교육 대상이 다르더라도 '한국인을 위한 한국어 교육 문법'과 '외국어로서의 한국어 교육 문법'의 용어, 체계, 기본적인 내용 등은 같아야 한다. 그래야 외국어로서의 한국어 문법 교육 담당 교원이 한국어 교육 문법을 이해하고 교육하는 데 혼란을 일으키지 않는다. 또한 한국어 교육학을 전공하는 외국인 대학원생에게도 외국어로서의 한국어 교육 문법을 학습하고 연구하는 데 어려움을 덜어 준다.

'한국인을 위한 한국어 교육 문법'과 '외국어로서의 한국어 교육 문법'의 용어, 체계, 내용 등이 다르면 다음과 같은 세 가지 결과를 초래한다(민현식, 2003: 114~117).

(ㄱ) 연구자(학자, 교원, 대학원생)가 혼란을 일으킨다.

(ㄴ) 교원이 혼란을 일으킨다.

(ㄷ) 학습자가 혼란을 일으킨다.

교육 대상이 다르다고 해서 한국어로 의사소통을 하는 데 매우 중요한 기능을 하는 문법적인 지식을 한국인과 외국인에게 다르게 교육하여서는 안 된다.

어떤 이는 다음의 [표 1], [표 2]와 같이 상대 높임법의 화계를 달리 구분하여 교육하여야 한다고 한다.

[표 1] 상대 높임법의 화계(한국인을 위한 한국어 교육 문법)

높임 등급		격식체	비격식체	높임 등급
높임	아주높임	합쇼체[6]	해요체	두루 높임
	예사높임	하오체		
안높임	예사낮춤	하게체	해체	두루 낮춤
	아주낮춤	해라체		

[표 2] 상대 높임법의 화계(외국어로서의 한국어 교육 문법)

높임 등급	격식체	비격식체
높임	합쇼체	해요체
안높임	해라체	해체

한국어로 의사소통할 때에 한국어 상대 높임법은 의사소통에 영향을 많이 끼치는 것이기 때문에 한국어 학습자인 외국인과 재외 동포에게 제대로 교육을 하여야 한다. 어떤 화계가 일정한 세대와 지역에 국한하여 사용된다고 하더라도 그것을 교육 내용에 포함시키지 않아서는 안 된다. 다만 사용 빈도수를 고려하여 상대 높임법의 화계를 등급화해서 교육하여야 한다.

---

6) 제7차 국어과 교육과정에서부터 '합쇼체'라는 용어를 사용하지 않고 '하십시오체'라는 용어를 사용한다.

오늘날 '하오체'는 다른 화계에 비하여 제한적으로 쓰이고 있지만 아직도 사용되고 있는 화계이다. 장년층과 노년층에도 '하오체'를 사용하는 이가 있고, 대중가요의 가사 중에도 '하오체'가 쓰인 것이 있다. '하게체'는 전라남도의 일부 지역에서 활발히 쓰이는 화계이다.

교육 대상이 다르기 때문에 '외국어로서의 한국어 교육 문법'과 '한국인을 위한 한국어 교육 문법'의 교육 목표, 교육 방법 등에 있어서 다른 점이 있다.

한국인을 위한 한국어 교육 문법의 교육 목표는 ㉠ 한국어 문법 지식이 실제 담화 상황에서 어떤 기능을 하는지에 대해서 탐구하게 하고, ㉡ 그것을 실제 언어생활에 활용할 수 있게 하며, ㉢ 탐구적인 사고력을 신장시키는 데 있다.

외국어로서의 한국어 교육 문법의 1차적인 교육 목표는 학습자로 하여금 한국어 문법을 익혀 의사소통 능력(communicative competence)을 향상을 시키는 데 있다.

의사소통 능력이란 표현자가 일정한 상황에서 일정한 목적에 달성하기 위하여 수용자인 상대방에게 일정한 메시지를 전달하고, 수용자가 그 메시지의 의미를 이해하고 평가하여 표현자와 수용자가 사상과 감정을 소통할 수 있는 능력이다.

의사소통 능력의 구성 요소는 문법적 능력(grammtical competence), 담화 능력(dicourse competence), 사회언어학적 능력(sociolinguistic competence), 전략적 능력(strategic competence) 등이다(Canale & Swain, 1980).

① 문법적 능력은 언어의 규칙을 이해하고 일상 언어생활을 할 때 활용할 수 있는 능력이다.

② 담화 능력은 대화의 규칙을 준수하여 대화할 수 있는 능력이다.

③ 사회언어학적 능력은 사회문화적 규칙의 적절성을 판단할 수 있는 능력이다.

④ 전략적 능력은 의사소통이 제대로 되지 않을 때 부연하거나, 반복하거나, 멈칫거리거나, 회피하거나, 추측하거나, 말을 바꾸어 말할 수 있는 능력이다.

한국인을 위한 한국어 교육 문법의 교육 내용에는 학습자에게 의사소통 능력의 신장에 도움이 되지 않는 문법 지식도 포함시킬 수 있는데, 외국어로서의 한국어 교육 문법의 교육 내용에는 외국인 학습자의 의사소통 능력의 신장에 도움을 주지 않는 문법 지식을 가급적 포함시켜서는 안 된다. 외국어로서의 한국어 교육 문법의 교육 내용은 학습자의 의사소통에 필요한 문법 지식으로 체계화하여야 한다.

1.5 외국어로서의 한국어 교육 문법의 범위

외국어로서의 한국어 교육 문법의 범위는 문법의 개념을 넓은 의미로 보느냐 좁은 의미로 보느냐에 따라 달라진다.

넓은 의미의 문법은 언어를 형성하는 규칙이다. 즉 문법은 음소가 모여서 음절을 형성하고, 음절이 단어를 형성하며, 단어가 문장을 구성하고, 문장이 담화나 텍스트를 형성하는 규칙이다. 그런데 좁은 의미의 문법은 단어를 형성하는 규칙, 품사의 분류와 용법, 단어가 결합하여 문장을 구성하는 규칙 등을 총칭하는 것이다.

1985년 문교부에서 최초로 통일 교육 문법으로 발간한, 한국인을 위한 한국어 교육 문법 교과서인『고등 학교 문법』에서는 문법을 넓은 의미로 해석하여 문법의 범위를 다음의 (1)과 같이 설정하고 있다.

> (1) I. 총설
> ① 언어와 문화, 사회 ― 말과 생각, 언어와 문화, 민족
> ② 문법과 문법 지식 ― 문법의 뜻, 문법 지식
> II. 단어
> ① 문장과 단어 ― 어절, 형태소, 단어
> ② 품사 ― 명사, 대명사, 수사, 조사, 동사, 형용사, 관형사, 부사, 감탄사

③ 단어의 형성 — 파생법에 의한 단어의 형성, 합성법에 의한 단어의 형성, 한자에 의한 단어의 형성

Ⅲ. 문장

① 문장의 성분 — 문장 성분의 성립, 주성분, 부속 성분, 독립 성분

② 문법 요소의 기능과 의미 — 사동과 피동, 시간 표현, 높임과 낮춤, 문장의 종결, 긍정과 부정

③ 문장의 짜임새 — 문장 속의 문장과 이어진 문장, 문장 속의 문장, 이어진 문장, 문장과 이야기

Ⅳ. 말소리

① 국어의 음운

② 모음과 자음 — 모음, 자음

③ 소리의 길이

④ 음절

⑤ 음운의 변동

⑥ 사잇소리 현상

⑦ 어감의 분화

문교부(1985)에서는 말과 생각, 언어와 문화와 민족, 문법의 뜻과 문법 지식, 한국어의 형태론, 품사론, 통사론, 담화론, 음운론 등에 관한 내용을 다루고 있다. 이와 같이 문교부(1985)에서는 문법을 넓은 의미로 해석하고 있다. 즉 한국어의 문법은 한국어학이라는 관점에서 교육 문법을 기술하고 있다.

교육인적자원부(2002)에서 발간한, 한국인을 위한 한국어 교육 문법 교과서인 『고등학교 문법』에서도 문법을 넓은 의미로 해석하여 문법의 범위를 다음의 (2)과 같이 설정하고 있다.

(2) ① 언어와 국어(언어의 본질, 언어와 인간, 국어와 한글─국어의 특질과 한글의 우수)

② 말소리(음운과 음운 체계, 음운의 변동)

③ 단어(단어의 형성과 품사)
④ 어휘(어휘의 체계 — 고유어와 한자어, 외래어 —, 어휘의 양상 — 방언,
　　은어와 속어, 금기어와 완곡어, 관용어와 속담, 전문어, 새말)
⑤ 문장(문장의 성분, 문장의 짜임, 문법 요소 — 문장의 종결 표현, 높임
　　표현, 시간 표현, 피동 표현, 사동 표현, 부정 표현)
⑥ 의미(언어와 의미 — 언어의 의미, 의미의 종류—, 단어 간의 의미 관계
　　— 유의 관계, 반의 관계, 상하 관계)
⑦ 이야기(이야기의 개념 — 발화와 이야기, 발화의 기능 —, 이야기의 요소—
　　이야기의 구성 요소, 지시 표현, 높임 표현, 심리적 태도, 생략 표현—,
　　이야기의 짜임 — 이야기의 구조, 이야기의 내용 구조, 이야기의 형식
　　구조)
⑧ 국어의 규범(표준어와 방언, 표준 발음, 한글 맞춤법, 외래어 표기법과
　　국어의 로마자 표기법)
⑨ 국어의 옛 모습(역사적 개관, 옛말의 문법: 중세 국어의 문법)
⑩ 국어의 변화(음운의 변화, 어휘의 변화, 문법의 변화, 의미의 변화)

　교육인적자원부(2002)에서 발행한, 한국인을 위한 한국어 교육 문법 교과서인
『고등학교 문법』에서는 언어의 본질, 한국어의 특질, 한글의 우수성, 한국어의
음운론·형태론·품사론·통사론·어휘론·의미론·담화론 등과 한국어의 어문 규
범·한국어의 역사 등에 관한 내용을 다루고 있다. 이와 같이 교육인적자원부
(2002)에서는 문법을 넓은 의미로 해석하고 있다. 즉 한국어의 문법은 한국어학이
라는 관점에서 교육 문법을 기술하고 있다.
　교육인적자원부(2002)에서는 담화론을 문교부(1985)보다 좀 더 구체적으로 서
술하고, 한국어의 어문 규범과 한국어의 역사를 추가하여 기술하고 있다.

　2015년 교육과학기술부에서 개정한 공통 과목인『국어』의 문법 영역에서도 문
법을 넓은 의미로 해석하여 문법 범위를 다음 (3)과 같이 설정하고 있는데, 앞에
제시한 (1), (2) 등과 대동소이하다.

(3) ① 국어의 본질
    ② 국어 구조의 탐구와 활용(음운, 단어, 문장, 담화)
    ③ 국어 규범과 국어 생활(발음과 표기, 어휘 사용, 문장·담화의 사용)
    ④ 국어에 대한 태도(국어 사랑, 국어 의식)

교육과학기술부(2015)에서 일반 선택 교과목으로 지정한 『언어와 매체』에서도 문법을 넓은 의미로 해석하여 문법 범위를 다음의 (4)와 같이 설정하고 있는데, 이것도 이상의 (1), (2), (3) 등과 유사하다.

(4) ① 음운의 체계와 변동
    ② 품사와 단어의 특성
    ③ 단어의 짜임과 새말 형성
    ④ 의미 관계와 어휘 사용
    ⑤ 문장의 짜임과 활용
    ⑥ 문법 요소의 효과와 활용
    ⑦ 담화의 특성과 국어 생활
    ⑧ 시대·사회에 따른 국어 자료, 매체·갈래에 따른 국어 자료
    ⑨ 한국어의 규범과 국어 생활

오늘날 한국의 학교에서 한국어 문법 교재로 사용되고 있는, 한국인을 위한 한국어 교육 문법서에서는 넓은 의미의 문법의 관점에서 문법의 범위를 설정하고 있다.

외국어로서의 한국어 교육 문법서들 가운데 국립국어원에서 2005년에 발간한 『외국인을 위한 한국어 문법 1』에서 설정한 한국어 교육 문법의 범위는 다음의 (5)와 같다.

(5) ① 한국어 문법 교육과 한국어(한국어 문법 교육의 성격과 목표, 한국어 문법의 기술과 내용 체계 수립 방향, 한국어의 특징 – 한국어의 분포, 한국어의 형태적 특징, 한국어 문장의 특징, 한국어 단어의 특징, 한국어

소리의 특징, 그 밖의 한국어 특징-, 한국어의 문자
② 문장(문장 구조-어순, 기본 문형),
③ 문장 성분(주어, 목적어, 서술어, 보어, 관형어, 부사어, 독립어)
④ 문장의 종류(평서문, 의문문, 명령문, 청유문, 감탄문),
⑤ 문장의 확대(문장의 연결, 문장의 안김-명사절, 관형사절, 인용절),
⑥ 문장 요소의 기능과 의미(시간 표현, 높임 표현, 부정 표현, 사동·피동, 양태 표현),
⑦ 단어(단어의 구조 -단어와 형태소, 단어의 구성 요소, 단일어, 복합어-, 단어의 갈래 - 동사·형용사·이다, 명사·대명사·수사, 조사, 관형사·부사, 감탄사),
⑧ 말의 소리(한국어의 모음·자음, 한국어의 음절, 한국어 소리의 변동),
⑨ 담화(글- 글의 구조, 결속장치-, 말-말의 구조, 담화 표지, 간접 화행, 몸짓 언어)

국립국어원(2005)의 『외국인을 위한 한국어 문법 1』에서도 문법의 개념을 넓은 의미로 간주하고, 외국어로서의 한국어 교육 문법의 범위를 한국인을 위한 한국어 교육 문법의 범위와 유사하게 설정하고 있다.

한국인을 위한 한국어 교육 문법과 외국어로서의 한국어 교육 문법의 범위는 기본적으로 같아야 한다. 그런데 국립국어원(2015)의 '한국어 교원 자격 제도'에서 이수하여야 할 교과목 가운데 '한국어 문법 교육론'에서는 문법의 개념을 좁은 의미로 기술하고 있기 때문에 이 글에서는 외국어로서의 한국어 교육 문법에서도 문법을 좁은 의미의 문법으로 간주하여 다음의 (6)과 같이 형태론, 품사론, 통사론 등에 국한해서 그 범위를 설정하고자 한다. 다음의 (6)에서 ①은 형태론에 관한 것이고, ②는 품사론에 관한 것이며, ③은 통사론에 관한 것이다.

(6) 외국어로서의 한국어 교육 문법의 범위
　　① 단어　② 품사　③ 문장

2
문법 교육의
필요성

국내외 문법학자들 중에는 문법 교육이 필요하다고 역설하는 이가 있다. 이와 반대로 문법 교육을 할 필요가 없다고 주장하는 이가 있다.

문법 교육을 찬성하는 견해는 다음과 같다(Scott Thornbury, 1999: 15~17).

(1) 문장 제조기론(The sentence-machine argument) : 문법은 일종의 문장을 생성하는 기계이다. 문법 교육은 학습자에게 무한히 언어를 창조해 낼 수 있는 수단을 제공하여 준다. 즉 문법은 학습자에게 무한히 언어를 창조하여 낼 수 있는 수단을 제공하여 주는 것이기 때문에 문법 교육이 필요하다는 견해이다.

(2) 정치한 조절 기능론(The fine-tuning argument) : 문법 교육은 모호성이 있는 문장이 명료성과 적절성을 지니도록 교정하는 수단을 제공하여 준다.

(3) 오류 문법 화석화론(The fossilisation argument) : 문법 교육이 언어 능력의 화석화를 막아 준다. 즉 문법 교육은 학습자의 언어 능력이 더 이상 향상되지 않는 상태에서 벗어나게 하여 준다.

(4) 선행조직자론(The advance-organiser argument) : 문법 교육은 그냥 지나칠지 모르는 문법 항목(grammatical items)에 주목하도록 한다. 이것은 이후의 언어 습득을 위해 일종의 선행조직자의 구실을 한다. 선행조직자란 교원이

학습자에게 새로 학습할 과제에 관한 여러 가지 정보를 제공하여 주는 학습 자료이다.

(5) 개별 문법 항목론(The discrete item argument) : 문법은 일련의 한정된 규칙으로 구성되어 있다. 문법학자들은 언어를 정리하고 개별 문법 항목(discrete item)이라 불리는 간결한 범주로 조직함으로써 언어를 이해하기 쉽게 만든다.

(6) 문법 규칙론(The rulee-of-law argument) : 문법은 학습할 수 있는 규칙의 체계이다. 문법은 교원에게 조직적인 단계로 교육하고 평가할 있는 구조화된 체계를 제공하여 준다.

(7) 학습자 기대치론(The learner expectations argument) (1) : 문법 교육은 학습자들이 언어 수업에서 무엇을 학습할 것인지에 대해서 매우 확고한 기대치를 가지게 한다.

문법 교육을 반대하는 견해는 다음과 같다(Scott Thornbury, 1999: 18~21).

(1) 문법 지식의 무용론(The knowledge-how argument) : 언어 기능은 언어를 학습해서 터득되는 것이 아니라 언어를 사용함으로써 습득된다.

(2) 의사소통론(The communication argument) : 적극적인 의사소통식 교수법을 지지하는 사람은 실제의 의사소통에 학습자를 참여시킴으로써 문법이 무의식적으로 습득되는 것이라고 한다. 문법 규칙을 학습하는 것은 시간의 낭비로 간주한다. '의사소통론'은 학습자로 하여금 실제의 의사소통에 참여하게 해서 문법을 무의식적으로 습득하게 하면 되기 때문에 문법을 학습하는 것은 시간의 낭비라고 보는 견해이다.

(3) 습득론(The acquisition argument) : Stephen Krashen(1981)에서는 학습(learning)은 형식적인 지도의 결과이고, 실제 의사소통을 위한 유용성에는 제한이 있다고 한다. 그러나 습득(acquisition)은 자연적인 과정으로 언어 사용자와의 접촉을 통해 모국어나 다른 언어를 알게 되는 과정이라고 한다. Krashen은 학습된 지식은 결코 습득된 지식이 될 수 없다고 한다.

(4) 자연적 순서론(The natural order argument) : Noam Chomsky는 인간이 문법의 보편적인 원리(universal principles of grammar)를 가지고 태어난다고 한다. 타고난 보편 문법(universal grammar)의 개념은 제2 언어의 습득에서뿐만 아니라 모국어 습득에서도 발달 순서에서의 유사성을 설명하는 데 도움을 준다. 전통적인 문법 교수요목을 고수하고, 직관적인 정확성을 고집함으로써 자연적 순서를 파괴하려는 시도는 무의미한 것이다. 자연적 순서론에서는 교과서 문법은 머릿속의 문법이 아니며 결코 그렇게 될 수 없다고 한다. '자연적 순서론'은 인간이 문법에 대한 보편적 원리를 가지고 태어나기 때문에 문법 교육을 받지 않아도 자연적 순서에 따라 문법을 터득한다는 견해이다.

(5) 어휘 뭉치론(The lexical chunks argument) : 언어 학습에서는 단어보다 크고 문장보다 작은 단위인 어휘 뭉치(lexical chunks)인 구(句)나 숙어, 관용어 등의 학습이 문법의 학습보다 더 중요한 구실을 한다.

(6) 학습자 기대치론(The learner expectations argument) (2) : 학습자 기대치론은 두 가지 요구—어떤 학습자는 문법을 요구하고, 또 어떤 학습자는 말하기를 요구한다.—를 모두 다룬다. 교원은 이런 요구를 적절히 받아들여서 가능한 한 균형 있는 교육을 하고, 어떤 경우는 절충안을 제시하기도 하여야 한다.

문법 교육을 반대하는 언어학자들은 문법을 학습하지 않아도 의사소통을 원만히 할 수 있기 때문에 군이 문법을 교육할 필요가 없다는 것이다. 1970년대 초에 미국의 인류언어학자인 Hymes와 영국의 언어학자인 Halliday를 중심으로 문법의 정확성보다 의사소통의 유창성(fluency)을 중시하는 의사소통식 교수법이 대두되면서 문법 교육의 무용론이 대세를 이루어 왔다. 그러나 1990년대에 접어들면서 언어의 형태, 의미, 기능 등에 대한 학습이 균형적으로 이루어져야 의사소통 능력이 효과적으로 신장된다는 이론이 나타나면서 문법 교육을 중시하게 되었다.

셀스-머시아(Celce-Murcia, 1991)에서는 문법의 중요성을 결정하는 변인으로 다음의 [표 1]과 같은 것을 제시하고 있다(김호정, 2014: 588 재인용).

[표 1]셀스-머시아의 문법의 중요성을 결정하는 변인

	덜 중요함 ←	형태 초점	→ 더 중요함
학습자 변인			
연령	어린이	청소년	성인
능숙도 단계	초급	중급	고급
교육 배경	문자를 인지하지 못함. 형식적 교육 없음.	문자를 반 정도를 인지함. 약간의 형식적 교육을 함.	문자를 해득함. 잘 교육받음.
교육 변인			
기술	듣기, 읽기	말하기	쓰기
언어 사용역	비형식적임.	협의적임	형식적임.
필요/용도	생존 목적	직업적 목적	전문 직업적 목적

위의 [표 1]을 통해 다음과 같은 사실을 알 수 있다.

(1) 어린이에게는 문법이 덜 중요하고, 청소년에게는 어린이보다 문법이 더 중요하며, 성인에게는 청소년보다 문법이 더 중요하다.

(2) 외국어를 성인이 되어 학습할 경우에는 문법이 매우 중요한 비중을 차지한다.

(3) 외국어 초급 학습자보다 중급 학습자에게 문법이 더 중요하고, 중급 학습자보다는 고급 학습자에게 문법이 더 중요하다.

문법은 다음과 같은 이유로 내국인이나 외국인에게 교육할 필요가 있다.

(1) 문법 지식을 갖추고 있으면 어떤 의미 ― 사상과 감정 ―를 정확히 표현할 수 있기 때문이다.

(2) 문법 지식을 충분히 갖추고 있어야 언어를 창조적으로 사용할 수 있기 때문이다.

(3) 문법 지식을 갖추고 있으면 의사소통을 할 수 있는 능력을 스스로 향상시킬 수 있기 때문이다. 문법을 모르면 의사소통 능력이 향상되지 않는다. 문법 지식을 갖추고 다양한 상황에서 언어를 사용하면 의사소통 능력이 향상된다. 특히 외국어 학습자가 목표 언어의 문법을 모르면 의사소통 능력이 제대로 향상되지 못한다.

3

외국어로서의 한국어 교육 문법의
교육 목표와 내용 체계

3.1 외국어로서의 한국어 교육 문법의 교육 목표

교육 목표에 따라 교육 내용과 교육 방법이 달라진다.

'한국인을 위한 한국어 교육 문법'과 '외국어로서의 한국어 교육 문법'은 상관성을 띠고 있는데, 교육 대상이 다르기 때문에 양자의 교육 목표가 다른 점이 있다.

먼저 '한국인을 위한 한국어 교육 문법'의 교육 목표에 대해서 살펴보기로 한다.

2015년 교육과학기술부에서 개정한 공통 과목인 중학교 『국어』의 문법 영역의 교육 목표는 다음의 (1)과 같다.

(1) ㄱ. 언어의 본질에 대한 이해를 바탕으로 하여 국어 생활을 한다.
    ㄴ. 음운의 체계를 알고 그 특성을 이해한다.
    ㄷ. 단어를 정확하게 발음하고 표기한다.
    ㄹ. 품사의 종류를 알고 그 특성을 이해한다.
    ㅁ. 어휘의 체계와 양상을 탐구하고 활용한다.
    ㅂ. 문장의 짜임과 양상을 탐구하고 활용한다.
    ㅅ. 담화의 개념과 특성을 이해한다.
    ㅇ. 한글의 창제 원리를 이해한다.

ㅈ. 통일 시대의 국어에 관심을 가지는 태도를 지닌다.

앞의 (1)을 통해 한국의 중학교 교육 문법은 넓은 의미의 문법임을 알 수 있다.

한국인을 위한 중학교 교육 문법의 교육 목표는 한국어의 음운, 단어, 문장 등에 대한 이해와 함께 담화, 어문 규범에 관한 문법 능력을 갖추고, 한국어에 대하여 지속적으로 관심을 가지게 하는 데 있음을 알 수 있다.

한국의 중학교 문법 교육의 궁극적인 목표는 다양한 문법 단위에 대한 이해와 탐구 활동으로 총체적인 한국어 구사 능력을 신장시키는 데 있다.

2015년 교육과학기술부에서 개정한 공통과목인 고등학교 『국어』의 문법 영역의 교육 목표는 다음의 (2)와 같다.

(2) ㄱ. 국어가 변화하는 실체임을 이해하고 국어 생활을 한다.
ㄴ. 음운의 변동을 탐구하여 올바르게 발음하고 표기한다.
ㄷ. 문법 요소의 특성을 탐구하고 상황에 맞게 사용한다.
ㄹ. 한글 맞춤법의 기본 원리와 내용을 이해한다.
ㅁ. 국어를 사랑하고 국어 발전에 참여하는 태도를 지닌다.

앞의 (2)를 통해 '한국인을 위한 고등학교 문법'도 넓은 의미의 문법임을 알 수 있다.

고등학교 한국어 교육 문법의 교육 목표는 한국어의 특성과 한국어 운용 원리에 대한 탐구를 바탕으로 한국어를 상황에 맞게 사용하는 능력과 한국어를 사랑하는 태도를 기르는 데 있음을 알 수 있다.

이상의 (1)과 (2)를 통해 볼 때 한국인을 위한 한국어 문법의 교육 목표는 한국어의 문법 지식을 수동적으로 익히는 데 있지 않고, 학습자가 탐구 활동으로 한국어 문법을 이해하고, 그것을 실제 언어생활에 효과적으로 활용하여 의사소통을 잘하며, 한국어를 적극적으로 사랑하고 한국어의 발전에 힘쓰도록 하는 데 있음을 알 수 있다.

다음에는 '외국어로서의 한국어 교육 문법'의 교육 목표에 대해서 살펴보기로 한다.

'외국어로서의 한국어 교육 문법'의 교육 목표는 한국인을 대상으로 하는 '한국어 교육 문법'의 교육 목표와 동일하지 않다.

'외국어로서의 한국어 교육 문법'의 궁극적인 교육 목표는 학습자로 하여금 한국어로 듣고, 말하고, 읽고, 쓸 수 있는 능력 즉 한국어로 의사소통을 잘할 수 있는 능력을 신장시키는 데 도움을 주는 한국어의 문법적 능력을 갖추게 하는 데 있다.

외국어로서의 한국어 교육 문법을 학습하는 사람은 한국인처럼 탐구 활동을 통해서 한국어의 문법 지식을 익힐 필요가 없다.

외국어로서의 한국어 교육 문법의 교육 목표는 학습자가 한국어로 의사소통을 할 적에 필요한 한국어의 문법 지식을 체계적으로 이해하여 그것을 상황에 맞게 활용할 수 있는, 한국어의 문법적 능력을 갖추게 하는 데 있다.

넓은 의미의 '외국어로서의 한국어 교육 문법'의 교육 목표는 학습자로 하여금 한국어의 음운, 단어, 문장 등에 대한 이해와 함께 담화, 어문 규범에 관한 문법 지식을 익혀서 의사소통을 잘할 수 있는 능력을 갖추게 하는 데 있다.

좁은 의미의 '외국어로서의 한국어 교육 문법'의 교육 목표는 학습자로 하여금 한국어의 단어나 문장을 형성하거나 운용하는 규칙을 이해하여 한국어로 의사소통을 효과적으로 할 수 있도록 하는 데 있다.

참고로 김중섭 외 11인(2010: 150)에서 설정하고 있는, 외국어로서의 한국어 교육 문법의 등급별 교육 목표를 제시하면 다음의 [표 1]과 같다. 다음의 [표 1]은 좁은 의미의 '외국어로서의 한국어 교육 문법'의 교육 목표이다.

[표 1] 한국어 교육 문법의 등급별 교육 목표

등급	내용
1급	1. 한국어의 기본문장 구조를 이해하고 사용할 수 있다. 2. 정형화된 문장 표현들을 목록화하여 이해할 수 있다.
2급	1. 빈도수가 높은 연결어미나 관형절이 포함된 문장을 이해하고 사용할 수 있다. 2. 한국어의 시제를 이해하고 사용할 수 있다. 3. 빈도수가 높은 보조용언을 이해하고 사용할 수 있다.
3급	1. 비교적 복잡한 의미 기능을 가진 조사를 이해할 수 있다. 2. 피동법, 사동법을 이해하고 사용할 수 있다. 3. 인용절을 이해할 수 있다.
4급	1. 문어와 구어를 구분하여 문법을 사용할 수 있다. 2. 인용절을 사용할 수 있다. 3. 오류는 있으나 대부분의 문법을 이해하고 사용할 수 있다.
5급	1. 정확하게 사용할 수는 없지만 문법의 미묘한 의미 차이를 이해할 수 있다. 2. 대부분의 문법을 비교적 유창하게 사용할 수 있다.
6급	1. 문법의 미묘한 의미 차이를 이해하고 정확하게 사용할 수 있다.
7급	1. 거의 오류 없이 대부분의 문법을 사용할 수 있다.

김중섭 외 11인(2010: 137)에서는 1~2급을 '초급', 3~4급을 '중급', 5~6급을 '고급', 7급을 '최상급'으로 간주하고 있다.

김중섭 외 11인(2010: 150)에서는 외국어로서의 한국어 교육 문법의 교육 목표 중에서 사용 빈도수가 높고, 곤란도가 낮으며, 일반화 가능성이 높은 것은 초급 과정과 중급 과정의 교육 목표로 설정하고 있다. 그런데 사용 빈도수가 낮고 곤란도가 높은 교육 목표는 고급 과정과 최고급 과정의 교육 목표로 삼고 있다.

3.2 외국어로서의 한국어 교육 문법의 교육 내용의 체계

외국어로서의 한국어 교육 문법의 교육 목표는 학습자에게 한국어의 단어와 문장을 형성하거나 운용하는 규칙을 이해하게 하여 한국어로 상황과 대상에 맞게 의사소통을 정확하고 유창하게 할 수 있는 능력을 신장시키는 데 있다.

'외국어로서의 한국어 교육 문법'의 내용 체계는 그러한 한국어 교육 문법의 교육 목표를 달성하는 데 유용한 것이어야 한다.

외국어로서의 한국어 교육 문법의 교육 내용에 한국어 의사소통의 능력을 신장시키는 데 도움이 되지 않는 문법 지식을 포함시켜서는 안 된다. 외국어로서의 한국어의 문법 지식은 학습자가 의사소통 능력을 신장시키는 데 도움을 주는 것이어야 한다.

'외국어로서의 한국어 교육 문법'은 좁은 의미의 교육 문법이어야 한다. 좁은 의미의 '외국어로서의 한국어 교육 문법'의 교육 내용 체계는 학습자에게 한국어 의사소통 능력 신장에 필요한 내용으로 다음의 (1)과 같이 정립되어야 한다.

> (1) '외국어로서의 한국어 교육 문법'의 교육 내용 체계
> ① 의사소통 능력과 문법 학습의 필요성
> ② 단어 : (ㄱ) 단어의 구성 요소 – 형태소, 어근과 접사, 어간과 어미
> 　　　　　(ㄴ) 단어 형성법 – 파생법과 합성법
> ③ 품사 : (ㄱ) 각 품사의 특징과 용법
> 　　　　　(ㄴ) 어미의 특성과 용법
> ④ 문장 : (ㄱ) 문장 성분의 종류와 특징
> 　　　　　(ㄴ) 문장의 종류
> 　　　　　(ㄷ) 문장의 확대
> 　　　　　(ㄹ) 문장 요소: 높임 표현, 시간 표현, 피동 표현, 사동 표현, 부정 표현

외국어로서의 한국어 교육 문법의 교육 내용은 외국어로서의 한국어 문법을 학습하는 사람들이 한국어로 의사소통을 하는 데 기여하는 것이어야 한다.

외국어로서의 한국어 교육 문법의 교육 내용은 학습자가 각 문법 항목의 형태·의미·기능 등을 학습할 수 있도록 학습 활동 방법과 함께 제시되어야 한다.

이상의 (1)에 제시된 외국어로서의 한국어 문법 교육의 내용 체계는 고정된 것이 아니다. 학습자의 한국어 문법 능력과 요구에 따라 수정·보완할 수 있는 것이다.

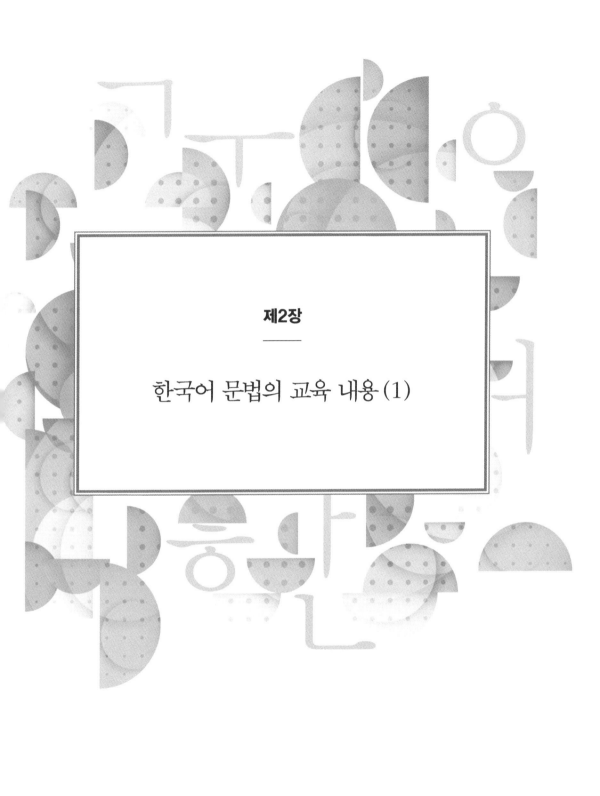

제2장

—

한국어 문법의 교육 내용 (1)

1

한국어 문법의
교육 내용의 선정과 등급화

1.1 한국어 문법의 교육 내용의 선정 기준

외국어로서의 한국어 문법 교육에서 교육 내용의 선정과 등급화는 대단히 중요한 비중을 차지한다.

외국어로서의 한국어 문법의 교육 내용 ― 문법·표현 항목(expression entries) ―의 선정과 등급화는 외국어로서의 한국어 교육 문법의 학습자가 한국어 문법을 학습하며, 외국어로서의 한국어 교육 문법의 담당 교원이 학습자를 교육하고, 외국어로서의 한국어 교육 문법 교재를 편찬하는 데도 지대한 영향을 끼친다.

표현 항목이란 복합 구성의 문법 항목을 뜻한다. 이미혜(2002: 208)에서 '표현 항목'은 조사와 어미가 용언, 보조용언, 의존명사, 준꼴 따위와 어울려 표현으로 굳어져 쓰이는 것이라고 한다. 예컨대 '-(으)ㄹ 것 같다, -기 때문에, -(으)ㄹ 것이다, -아야/-어야/-여야 한다, -게 된다' 등이 표현 항목에 속한다.

문법의 교육 내용의 선정과 등급화는 상호 밀접하게 관련되어 있다.

외국인이나 재외 동포인 한국어 학습자가 한국어 의사소통의 능력을 신장시키는 데 도움이 되는 것을 선정하려면, '한국인을 위한 한국어 교육 문법'의 체계를 바탕으로 다음의 (1)과 같은 문법의 교육 내용의 선정 기준에 따라 교육 내용을 선정하여야 한다.

> (1) 문법의 교육 내용의 선정 기준
> ① 외국어로서의 한국어 교육 문법의 교육 목표를 달성하는 데 필요한 한국어의 문법·표현 항목 여부
> ② 사용 빈도수
> ③ 유용성

'외국어로서의 한국어 교육 문법'의 교육 목표를 달성하는 데 필요한 문법·표현 항목을 교육 내용으로 선정하여야 한다.

외국어로서의 한국어 문법 교육의 궁극적인 목표는 학습자로 하여금 한국어 문법을 익혀서 한국어로 의사소통을 잘할 수 있도록 하는 데 있다. 그러므로 학습자의 한국어 의사소통의 능력을 신장시키는 데 도움이 되는 것을 선정하여야 한다.

조사, 연결어미, 종결어미, 전성어미, 높임법, 시제, 양태, 피동법, 사동법, 부정법 등은 한국어 학습자의 한국어 의사소통 능력의 신장에 도움을 주는 것이기 때문에 교육 내용으로 선정할 필요가 있다.

품사 분류의 기준, '조사(助詞)'의 단어 설정 여부, 한국어 높임법의 변천사, 한국어를 사랑하여야 하는 이유와 방법 등은 한국어의 의사소통 능력을 신장시키는 데 도움이 되지 않는 문법 지식이다. 이러한 것을 외국어로서의 한국어 문법의 교육 내용으로 선정하여서는 안 된다.

한국인이 언어생활을 할 때 사용 빈도수가 높은 문법·표현 항목을 선정하여야 한다.

한국어의 구어와 문어 자료를 모두 아우르고 있는 한국어 말뭉치를 가지고 가급적 사용 빈도수가 높은 문법·표현 항목들을 추출하여 그것들을 한국어 문법의

교육 내용으로 선정하여야 한다. 사용 빈도수가 높은 한국어의 문법·표현 항목은 한국인이 실제 언어생활을 할 때 자주 사용하는 것이므로 외국인이나 재외 동포로서 한국어를 학습하는 사람이 그것들을 익혀 놓으면 한국어로 의사소통할 적에 도움이 된다.

'-하시옵소서', '-는 통에', '-길 앙망하옵나이다' 등은 사용 빈도가 매우 낮은 문법·표현 항목인데, '-(으)ㄹ게', '-(으)ㄹ 테니까', '-(으)세요/-(으)셔요' 등은 사용 빈도가 높은 문법·표현 항목이다. 전자는 교육 내용에서 제외시키고, 후자는 교육 내용에 포함시켜야 한다.

한국어 학습자의 학습에 유용한 한국어의 문법·표현 항목을 선정하여야 한다.

유용성의 문제는 학습자의 특정한 요구와 연관되어 있다. 한국어의 구어 문법을 학습하기를 원하는 학습자에게는 한국어의 구어의 문법적 특징을 반영하는 문법·표현 항목을 선정하여야 하고, 한국어의 문어 문법을 학습하기를 원하는 학습자에게는 한국어의 문어의 문법적 특징을 반영하는 한국어 문법·표현 항목을 선정하여야 한다.

요컨대 외국어로서의 한국어 문법의 교육 내용을 선정할 때는 (ㄱ) 외국어로서의 한국어 문법의 교육 목표를 달성하는 데 필요하고, (ㄴ) 사용 빈도수가 높으며, (ㄷ) 한국어 학습자의 학습에 유용한 한국어의 문법·표현 항목을 교육 내용으로 선정하여야 한다.

1.2 한국어 문법의 교육 내용의 등급화 기준

일정한 문법 교육의 내용 선정 기준에 따라 선정한 교육 내용을 어떻게 등급화하여 학습자에게 제시하느냐에 따라 학습의 성과가 달리 나타난다. '등급화'를

'단계화'라고 일컫기도 한다.

아무리 문법의 교육 내용을 이상적으로 선정하였더라도 그것을 잘못 등급화하여 제시하면 학습자의 의사소통 능력을 신장시키는 데 도움을 주지 못한다. 그리하여 한국어 문법의 교육 내용들을 등급화 하는 것은 한국어 문법의 교육 내용의 선정에 못지않게 중요한 비중을 차지한다.

외국어로서의 한국어 학습자가 한국어 문법을 효과적으로 학습하게 하려면 다음의 (1)과 같은 한국어 문법의 교육 내용의 등급화 기준에 따라 교육 내용을 등급화해서 제시하여야 한다.

> (1) 문법 교육 내용의 등급화 기준
> ① 사용 빈도수
> ② 복잡성
> ③ 난이도
> ④ 일반화 가능성

한국어의 구어나 문어에서 사용 빈도수가 높은 문법 항목은 외국인이나 재외동포인 한국어 학습자가 접할 가능성이 높은 것이다. 이러한 것을 한국어 학습자에게 먼저 학습하게 할 필요가 있다.

격조사인 '이/가'가 부사격 조사인 '(으)로부터'보다 사용 빈도수가 높은 문법 항목이므로 주격 조사인 '이/가'를 먼저 학습한 뒤에 부사격 조사인 '(으)로부터'를 학습하게 한다.

종결형 '-(으)ㄹ게요'는 '-(으)ㄹ걸'보다 사용 빈도수가 높은 문법 항목이기 때문에 '-(으)ㄹ게요'는 먼저 학습하도록 하고, '-(으)ㄹ걸'은 나중에 학습하게 한다.

복잡성은 문법 항목이 형태적으로 복잡한 성질을 뜻한다. 형태적으로 단순한 문법 항목을 먼저 학습하게 하고, 복잡한 것은 뒤에 학습하도록 한다.

종결형 '-아요/-어요/-여요'가 '-(으)셔요/-(으)세요'보다 단순한 형태이기 때문에 '-아요/-어요/-여요'를 '-(으)셔요/-(으)세요'보다 먼저 학습하게 하여야 한다.

'-아요/-어요/-여요'는 종결어미인 '-아/-어/-여'에 존경의 의미를 나타내는 보조사 '요'가 결합한 형태이다. '-(으)셔요'는 선어말어미인 '-(으)시-'에 종결어미인 '-어'가 결합하고 그 뒤에 보조사인 '요'가 결합한 '-(으)시어요'가 줄어든 형태이고, '-(으)세요'는 선어말어미인 '-(으)시-'에 종결어미인 '-어'의 변이형인 '-에'가 결합하고 그 뒤에 보조사인 '요'가 결합한 '-(으)시에요'가 줄어든 형태이다.

난이도도 교육 내용의 중요한 등급화 기준이 된다. 한국어 학습자로 하여금 학습하기가 쉬운 문법 항목은 먼저 학습하게 하고, 어려운 것은 뒤에 학습하도록 하여야 한다.

'의미적으로 쉬운 문법 항목' → '사회적 기능의 문법 항목' → '담화적 기능의 문법 항목' 순으로 제시한다. 이러한 예로 김유정(1998: 32)에서는 '한국어 평서형 종결어미 체계'를 다음의 [표 1]과 같이 들고 있다.

[표 1] 한국어 평서형 종결어미 체계

형태	의미	사회적 기능	담화적 기능
-아요	문법적 의미 : 평서문의 문장을 끝맺음.	비격식적, 공손체	
-이에요, -예요	문법적 의미 : 평서형[1]의 문장을 끝맺음.	비격식적, 공손체	
-습니다, -ㅂ니다	문법적 의미 : 평서문의 문장을 끝맺음.	격식적, 공손체	
ㄴ데요	문법적 의미 : 평서문의 문장을 끝맺음.	'-아요'보다 더 비격식적	담화를 시작

일반화 가능성이란 유사한 문법 형태들 중에서 대표성의 정도를 뜻한다. 일정한 의미를 나타내는 여러 문법 형태 가운데 여러 문맥이나 화맥에서 일반적으로

---

1) '평서형'은 '평서문'으로 바로잡아야 할 것임.

사용될 수 있는 것을 먼저 학습할 수 있도록 제시하는 것이다. 예컨대 어떤 일의 이유나 원인을 나타내는 문법 항목인 '-아서/-어서/-여서', '-(으)니', '-(으)니까', '-(으)므로', '-기 때문에' 가운데 여러 문맥이나 화맥에서 일반적으로 많이 사용되는 문법 항목인 '-아서/-어서/-여서'를 가장 먼저 제시하는 것이다.

문법의 교육 내용의 등급화 기준으로 앞에서 제시한 (2) 외에 교수·학습의 가능성(Thornbury, S., 1999: 9), 교수·학습의 용이성과 활용성(김중섭 외 13인, 35~36), 기능(양명희·석주연, 2012: 69), 학습자의 기대 문법(김유정, 1998: 32. 강현화 외, 2016: 109) 등이 있다.

'교수·학습의 가능성'이란 교수·학습이 용이한 문법 항목을 먼저 제시하고, 그것보다 교수·학습이 어려운 것은 그 뒤에 제시하여야 한다는 것이다. 앞에서 살펴본 '난이도'는 학습자의 입장을 고려한 기준인데, '교수·학습의 가능성'은 교원과 학습자의 입장을 모두 고려한 기준이다.

'활용성'이란 정해진 상황에 가장 적절하고 필요한 문형을 사용하는 것을 뜻한다(김중섭 외 13인, 2011: 36).

'기능'은 의사소통식 교수법과 관련되는 것으로 '의사소통의 기능'을 뜻한다(양명희·석주연, 2012: 66).

'학습자의 기대 문법'은 학습자가 배우고 싶어 하는 문법을 뜻한다(김유정, 1998: 32~33). 이것은 '유용성'과 관련된다.

앞에서 살펴본 문법의 교육 내용의 등급화 기준에 따라 한국어 문법의 교육 내용을 등급화해서 제시하면 한국어 학습자들이 한국어 문법의 교육 내용을 효과적으로 학습하게 될 것이다. 그리하여 한국어 학습자들이 한국어로 유창하고 정확하게 한국어를 구사할 수 있는 능력을 갖추게 하는 데 도움을 줄 것이다.

한국어의 문법·표현 항목의 등급화의 보기로 양명희 외 12인(2015: 5~7)의 「한국

어 교육 문법·표현 내용 개발 연구(4단계)」에서 제시하고 있는 것을 들어 보고자
한다. 양명희 외 12인(2015: 5~7)에서는 외국어로서의 한국어 초급 과정과 중급
과정의 문법·표현 항목을 조사, 선어말어미, 연결어미, 전성 어미, 종결어미, 표현2)
등으로 구분해서 다음의 [표 2], [표 3]과 같이 등급화를 하여 제시하고 있다.

양명희 외 12인(2015 : 3)에서는 국립국어원 주관으로 수행된 "국제 통용 한국어
교육 표준 모형 개발 Ⅱ(2011)"의 등급별 항목을 기본으로 하고 '한국어 능력 시험
(TOPIK)'의 항목을 고려하여 문법 · 표현 항목을 등급별로 선정하였다. 앞의 두
자료의 항목이 일치하지 않을 때는 한국어 화자 말뭉치(세종 말뭉치) 빈도, 교수·
학습의 실제성(교재 중복도)을 기준으로 등급화를 하였다고 한다. 이 과정에서 변
이형과 관련형은 한 항목으로 묶어 교수할 것을 제안하였다. 변이형은 형태적
이형태를 지칭하며, 관련형은 '-을 수 있다'와 '-을 수 없다'처럼 함께 관련하여
교수하는 것이 효율적인 항목을 가리킨다.

양명희 외 12인(2015 : 5)에서는 문법 항목을 조사(助詞), 선어말어미(先語末語
尾), 연결어미(連結語尾), 전성어미(轉成語尾), 종결어미(終結語尾) 등으로 한정하
여 등급화를 하고 있다. 이것들은 첨가어인 한국어에서 대단히 중요한 비중을
차지하는 것들이고, 한국어를 외국어로 학습하는 외국인과 재외 동포들이 오류를
많이 범하는 것들이다.

조사는 명사·대명사·수사·부사·어미 등에 연결되어 그 말과 다른 말과의 문
법적 관계를 나타내거나 또는 그 말의 뜻을 도와주거나, 앞말과 뒷말을 이어 주는
구실을 하는 단어이다. 선어말어미는 어말어미 앞에 놓이는 어미이다. '-았-/-었
-/-였-', '-았었-/-었었-/-였었-', '-겠-', '-더-', '-(으)시-', '-(으)오-/-자오-' 등이
선어말어미에 해당한다. 전성어미는 활용어 — 동사·형용사·서술격 조사 '이다'
—의 어간에 결합되어 다른 품사의 자격으로 바꾸는 기능을 하는 어미이다. 종결
어미는 한 문장을 끝맺게 하는 어미이다.

---

2) '표현'은 '표현 항목'으로 바꾸어야 합당하다.

[표 2] 초급 과정의 문법·표현 항목

조사 (29)	격조사 (18)	'이(가)', '과(와)', '께', '께서', '을(를)', '으로(로)', '보다', '에', '에게', '에게로', '에게서', '에서(서)', '의', '이다', '한테', '한테서', '에다가(에다)', '에서부터(서부터)'
	보조사 (8)	'처럼', '까지', '은(는)', '도', '마다', '만', '밖에', '부터'
	접속조사· 격조사(2)	'이랑(랑)', '하고'
	접속조사· 보조사(1)	'이나(나)'
선어말어미 (3)		-겠-, -었-(-았-/-였-), -으시-(-시-)
연결어미(12)		-거나, -게, -고, -는데(-은데/-ㄴ데), -다가, -으러(-러), -으면(-면), -어서(-아서/-여서), -지만, -으려고(-려고), -으면서(-면서), -으니까(-니까)
전성어미 (6)		-기, -는, -(으)ㄴ^{1 3)}, -(으)ㄴ^{2 4)}, -음, -을
종결어미(14)		-는군(-군/-는군요/-군요), -는데(-은데/-ㄴ데/-는데요/-은데요/-ㄴ데요), -을게(-ㄹ게/-을게요/-ㄹ게요), -을까(-ㄹ까/-을까요/-ㄹ까요), -습니까(-ㅂ니까), -습니다(-ㅂ니다), -읍시다(-ㅂ시다), -으세요(-세요/-으셔요/-셔요/-으시어요/-시어요), -으십시오(-십시오), -어(-아/-여/-어요/-아요/-여요), -지(-지요), -네(-네요), -을래(-을래요/-ㄹ래요), -고(-고요)
표현⁵⁾(28)		-고 있다, -어 있다(-아 있다/-여 있다), -기 때문에(-기 때문이다), -기 전에(-기 전), -기로 하다, -을 것 같다(-는 것 같다/-은 것 같다), -은 지(-ㄴ 지), -은 후에(-은 후에/-ㄴ 후에/-ㄴ 후)〈유의: -은 뒤에(-은 뒤)〉, -을 때(-ㄹ 때), -을까 보다(-ㄹ까 보다), -는 동안에(-는 동안), -은 적이 있다(-는 적이 있다)〈반의: -은 적이 없다(-는 적이 없다), -게 되다, -고 싶다, -을 수밖에 없다, -을 수 있다〈반의: -을 수 없다〉, -어 보다(-아 보다/-여 보다), -어 주다(-아 주다/-여 주다), -어도 되다(-아도 되다/-여도 되다), -어야 되다(-아야 되다/-여야 되다)〈유의:-어야 하다(-아야 하다/-여야 하다), -지 말다, -지 못하다, -지 않다, 이 아니다(가 아니다), -는 것, -은 것, -을 것^{2 6)}, -을 것^{1 7)}

---

3) '-(으)ㄴ¹ : 동사의 어간에 결합하여 과거시제를 나타내는, 관형사형 전성어미이다. [보기] 이 책은 어제 내가 **읽은** 책이다.

4) '-(으)ㄴ² : 형용사나 서술격 조사 '이다'의 어간에 결합하여 현재 상태를 나타내는, 관형사형 전성어미이다. [보기] 나는 많**은** 선물을 받았어. 나는 저것이 곰**인** 줄을 몰랐어.

5) '표현'은 '표현 항목'으로 바꾸어야 합당하다.

6) '-을 것²': 동사나 형용사의 어간에 결합하여 명사처럼 쓰이는 형태임.
   [보기] **먹을 것**을 사 왔어. 그가 **이길 것**이 분명해.

7) '-을 것¹': 동사의 어간에 결합하여 명령이나 지시의 의미를 나타내면서 문장을 끝맺는 형태임.

양명희 외 12인(2015 : 5)에서는 조사를 위의 [표 2]와 같이 격조사, 보조사, 접속조사·격조사, 접속조사·보조사 등으로 구분하지 않고 이것들을 하나로 묶어 '조사'라고 일컫고 있다.

위의 [표 2]에서 '접속조사·격조사'는 동일한 형태의 조사인 '이랑(랑)'과 '하고'가 접속조사로 쓰이거나 격조사로 쓰임을 뜻하고, '접속조사·보조사'는 '이나(나)'가 접속조사로 쓰이거나 보조사로 쓰임을 뜻한다.

위의 [표 2] '격조사'란에 있는 '이다'는 서술격 조사이다. 서술격 조사 '이다'는 체언에 연결되어 그 체언으로 하여금 주로 서술어 기능을 하게 하는 조사이다.

(2) 이것은 책**이다**.

'이다'는 접속조사로 쓰이기도 한다.

(3) 나는 어제 밤**이다** 감**이다** 떡**이다** 많이 먹었어.

위의 [표 2] '격조사'란에 있는 '에다가(에다)'는 격조사인 '에'에 보조사인 '다가'가 결합하여 이루어진 것이다.

(4) ㄱ. 이 주전자를 식탁 위**에다가** 놓아라.
    ㄴ. 커피**에다가** 우유를 타세요.

보조사인 '다가'는 부사격 조사인 '에', '에게', '한테', '(으)로' 등에 붙어, 그 의미를 강조하는 것이다.

(5) ㄱ. 이 떡을 영주에게**다가** 줘.
    ㄴ. 이 칼은 쇠로**다가** 만든 거야.

[보기] 낙서를 하지 **말 것**. 이 책을 모두 읽**을 것**.

용언의 어간에 결합되어 쓰이는 '-다가'는 연결어미이다. 연결어미인 '-다가'는 어떤 동작이나 상태가 중단되고 다른 동작이나 상태로 바뀜을 나타낸다.

> (6) ㄱ. 나는 책을 읽**다가** 잠이 들었어.
> ㄴ. 시장으로 가**다가** 집으로 돌아왔어요.

'이랑/랑'이 부사격 조사로 쓰일 때는 '어떤 행동을 함께 하거나, 상대로 하는 대상이거나, 비교의 대상이 됨'을 나타낸다.

> (7) ㄱ. 어제 나는 현주**랑** 탁구를 쳤어. [행동을 함께함]
> ㄴ. 현주는 영준**이랑** 결혼했어. [상대로 하는 대상]
> ㄷ. 너는 엄마**랑** 똑같아. [비교의 대상]

위의 예문 (7ㄱ)에 쓰인 격조사 '랑'은 '행동을 함께함'을 뜻하고, (7ㄴ)에 쓰인 격조사 '이랑'은 '주체가 상대로 하는 대상'을 뜻하며, (7ㄷ)에 쓰인 격조사 '랑'은 '비교의 대상'을 의미한다.

'이나(나)'가 접속조사로 쓰일 때는 '또는'을 뜻한다.

> (8) ㄱ. 버스**나** 전철로 학교에 가자.
> ㄴ. 신문**이나** 잡지를 읽어.

'이나'가 보조사로 쓰일 경우에는 '만족스럽지는 않지만 괜찮은 정도의 차선임'을 나타낸다.

> (9) 라면**이나** 먹자.

[표 3] 중급 과정의 문법·표현 항목

조사 (19)	격조사(7)	'같이', '으로부터', '이라고(라고/라/이라)', '만큼', '보고', '아(야)', '이야(야)'
	보조사(7)	'커녕(는커녕/은커녕)', '이나마(나마)', '대로', '이란(란)', '뿐', '요', '치고'
	접속조사(1)	'이면(면)[8]'
	접속조사·보조사(4)	'이고(고)', '이며(하며, 이다/다)', '이든(이든지/든/든지)', '이든가(든가)'
선어말어미(1)		-었었-(-았었-/-였었-)
연결어미 (28)		-거니와, -거든, -고도, -고서, -고자, -기에, -느라고, -는다거나, -는다고, -는다면, -다가(-다), -다시피, -더니, -더라도, -던데, -도록, -든지, -듯이, -어다가(-아다가/-여다가), -어도(-아도/-여도), -어야(-아야/-여야), -어야지(-아야지/-여야지), -으나(-나), -으니(-니), -으므로(-므로), -을래야(-ㄹ래야), -자마자(-자), -었더니(-았더니/-였더니)
전성어미 (1)		-던-
종결어미 (17)		-거든, -게(-게요), -고(-고요), -는구나(-구나), -는다(-다), -는다니(-다니, -라니), -더군, -더라, -던데(-던데요), -어라(-아라/-여라), -니, -자, -나요, -을걸(-ㄹ걸/-을걸요/-ㄹ걸요), -는다면서(-다면서/-라면서, -는다면서요), -어야지(-아야지/-여야지)
표현[9] (47)		-게 하다, -고 나다, -고 말다, -고 보다, -고 싶어 하다, -고 해서, -기 위해(을 위해), -은 결과, -는 김에, -은 다음에, -는 대로(-은 대로), -는 대신에, -는 듯(-은 듯/-을 듯), -는 만큼(-은 만큼/-을 만큼), -는 반면(-은 반면), -는 줄(-은 줄), -는 탓에, -는다거나, -나 보다, -나 싶다, -는 바람에, -는 사이에, -는 한, -을 따름이다(-ㄹ 따름이다), -을 테니(-ㄹ 테니), -을 텐데(-ㄹ 텐데), -으면 안 되다(-면 되다), -으면 좋겠다(-면 좋겠다), -어 가다, -어 가지고, -어 놓다, -어 대다, -어두다, -어 드리다, -어 버리다, -어 오다, -어서인지, -어야겠-, -어지다, -으라니(-라니), 으로 인하여(로 인하여), -만 같아도, -만 아니면, 에 대하여, 에 따라, 에 비하여, 에 의하면, -으려고 들다, -잖아[10]

---

8) 접속조사 '이면/면'은 '어떤 것을 지정하여 드러냄'을 나타내는 것이다.
   [보기] 동혁이는 공부**면** 공부, 운동**이면** 운동, 노래**면** 노래 모두 잘한다.

9) '표현'은 '표현 항목'으로 바꾸어야 합당하다.

10) '잖아'는 '-지 않아'의 준말이다. '않아'는 '아니하여'의 준말이다.

초급 과정의 한국어 문법 항목 중에서 조사(助詞)가 29개, 선어말어미가 3개, 연결어미가 12개, 전성어미가 6개, 종결어미가 14개이고, 초급 과정의 한국어 표현 항목은 28개로 문법·표현 항목이 모두 92항목이다.

중급 과정의 한국어 문법 항목 가운데 조사가 19개, 선어말어미가 1개, 연결어미가 28개, 전성어미가 1개, 종결어미가 17개이고, 중급 과정의 한국어 표현 항목은 47개로 문법·표현 항목이 모두 113항목이다.

초급 과정의 한국어 문법 항목은 모두 64개인데, 중급 과정의 한국어 문법 항목은 66개로 중급 과정의 한국어 문법 항목이 초급 과정의 한국어 문법 항목보다 2개가 더 많다.

초급 과정의 한국어 표현 항목은 28개인데, 중급 과정의 한국어 표현 항목은 47개로 중급 과정의 한국어 표현 항목이 초급 과정의 한국어 표현 항목보다 19개가 더 많다.

중급 과정의 한국어 문법·표현 항목이 초급 과정의 한국어 문법·표현 항목보다 21개가 더 많다.

2.1 단어란 무엇인가

단어(單語)[11]란 한 개 이상의 형태소로 형성되고, 그 내부에 휴지(休止)를 둘수 없는, 최소의 자립 형태(minimum free form)이다. 형태소란 의미를 나타내는, 가장 작은 문법 단위이다.

단어는 한 개 이상의 형태소로 이루어진다. 다음의 보기 (1)에서 '꽃'은 1개, '꽃피다'는 세 개, '피었겠다'는 네 개의 형태소로 이루어져 있다.

　　　(1) 꽃, 꽃-피-다, 피-었-겠-다

단어는 그 내부에는 휴지를 둘 수 없는 언어 단위이다. 단어 내부에는 폐쇄연접(close juncture)이 온다. 다음의 보기 (2)의 '하늘'에서 '하'와 '늘' 사이에는 폐쇄연접이 오기 때문에 '하'와 '늘'을 휴지 없이 연이어 발음하여야 한다. '떡국'에

---

11) 단어에 대한 정의는 분분한 실정이다. 국립국어원의 『표준국어대사전』에서는 단어를 다음과 같이 설명하고 있다.

　　분리하여 자립적으로 쓸 수 있는 말이나 이에 준하는 말. 또는 그 말의 뒤에 붙어서 문법적 기능을 나타내는 말. "철수가 영희의 일기를 읽은 것 같다."에서 자립적으로 쓸 수 있는 '철수', '영희', '일기', '읽은', '같다'와 조사 '가', '의', '를', 의존명사 '것' 따위이다.

서 '떡'과 '국', '작은아버지'에서 '작', '은', '아', '버', '지' 등도 휴지 없이 연이어 발음하여야 한다. 만약에 '작은'과 '아버지'를 띄어서 발음하면 구(句)가 되고, '아버지의 결혼한 남자 동생'을 뜻하지 않고 '키가 작은 아버지'를 뜻하는 말이 된다.

  (2) 하늘, 떡국, 작은아버지

  단어는 최소 자립 형태이다. 최소 자립 형태란 문장에서 다른 것의 도움을 받지 않고 홀로 쓰일 수 있는 형태이다.
  조사는 최소 자립 형태가 아닌데, 한국의 교육 문법에서 조사를 단어로 인정하는 것은 오래 전부터 그것들을 단어로 인정하여 왔기 때문이다.

  (3) 현주는 밥을 먹었다.(현주 + 는 + 밥 + 을 + 먹었다)

2.2 단어의 구조

  단어의 구조는 단순 구조(單純構造)와 복합 구조(複合構造)로 나뉜다.
  단순 구조는 한 개의 어근(語根)으로 이루어진 것이다.
  어근이란 단어의 구성 요소 중에서 가장 기본이 되는 형태소이다.
  단순 구조로 이루진 단어를 단일어라고 한다.

  (1) 나무, 몸, 사랑, 손, 하늘

  복합 구조는 두 개 이상의 어근이 결합하여 구성되거나, 어근에 접두사 혹은 파생 접미사가 배합하여 구성된 것이다.
  접두사란 어근의 앞에 붙어 새로운 단어를 생성하는 접사이고, 파생 접미사는 어근 뒤에 결합하여 새로운 단어를 생성하는 기능을 하는 접미사이다.

복합 구조는 파생 구조(派生構造)와 합성 구조(合成構造)로 나뉜다.

파생 구조는 어근에 접두사나 파생 접미사가 결합된 구조이다. 파생 구조로 이루어진 단어를 파생어라고 일컫는다.

(2) ㄱ. [접두사 + 어근] 군-소리, 맨-손, 풋-사랑
ㄴ. [어근 + 파생 접미사] 털-보, 높-이, 곤-히, 먹-이-다, 웃-기-다

합성 구조는 두 개 이상의 어근이 결합한 구조이다. 합성 구조로 형성된 단어를 합성어라고 한다.

(3) 머리-띠, 머리-말, 바람-꽃, 살펴-보다, 알아-듣다, 알아-보다, 잡아-매다

파생어와 합성어를 묶어 복합어라고 일컫는다.

2.3 단어의 구성 요소

2.3.1 형태소

형태소(形態素)란 '의미'를 나타내는, 가장 작은 문법의 단위이다. 여기에서 '의미'는 어휘적 의미나 문법적 의미를 지시한다. 다음의 (1)에 제시된 '군말'은 형태소인 '군'과 '말'로 이루어진 단어이고, '헛소리'는 형태소인 '헛-'과 '소리'로 이루어진 단어이다. '보름달'은 형태소인 '보름'과 '달'로 이루어진 단어이고, '아침밥'은 형태소인 '아침'과 '달'로 형성된 단어이다. '들다'는 형태소인 '들-'과 '-다'로 이루어진 단어이고, '읽었다'는 형태소인 '읽-', '-었-', '-다'로 이루어진 단어이다.

(1) 군-말, 헛-소리, 보름-달, 아침-밥, 들-다, 읽-었-다

형태소는 자립성의 여부에 따라 자립 형태소(自立形態素)와 의존 형태소(依存形態素)로 양분되고, 의미와 기능에 따라 어휘 형태소(語彙形態素)와 문법 형태소(文法形態素)로 나뉜다.

자립 형태소는 다른 말에 의존하지 아니하고 단독으로 쓰이는 형태소이다. 이것은 어휘적인 의미를 나타낸다. 다음의 예문 (2)에서 자립 형태소에 해당하는 것은 '나', '하늘', '바람', '별' 등이다.

(2) **나**는 **하늘**과 **바람**과 **별**을 좋아한다.

의존 형태소는 다른 말에 의존하여 쓰이는 형태소이다. 이것은 문법적인 의미를 나타내는 형태소이다. 다음의 예문 (3)에서 의존 형태소에 해당하는 것은 '는', '과', '를', '보-', '-았-', '-다'이다. 다음의 (3)에서 자립 형태소에 속하는 것은 '우리', '산', '바다'이다.

(3) 우리**는** 산**과** 바다**를 보았다.**

어휘 형태소는 어휘적인 의미를 나타내는 형태소이다. 이것을 '실질 형태소(實質形態素)' 혹은 '실사(實辭)' 또는 '내용 형태소(內容形態素)'라고 일컫기도 한다. 어휘 형태소 중에는 자립 형태소도 있고, 의존 형태소도 있다. 다음의 예 (4ㄱ)은 모두 어휘 형태소이고 자립 형태소이다. (4ㄴ)에서 어휘 형태소는 '먹-', '오-', '크-', '넓-' 등이다. (4ㄴ)에서 의존 형태소는 '먹-', '-다', '오-', '-겠-', '크-', '-시-', '넓-', '-더-', '-라' 등이다.

(4) ㄱ. 입, 코, 눈, 귀, 머리
    ㄴ. 먹-다, 오-겠-다, 크-시-다, 넓-더-라

문법 형태소는 어휘 형태소에 붙어 문법적 관계를 나타내는 형태소이다. 이것

을 '형식 형태소(形式形態素)' 또는 '허사(虛辭)' 혹은 '기능 형태소(機能形態素)'라
고 일컫기도 한다. 문법 형태소는 어휘적 의미가 소실되어 문법적인 의미를 나타
낸다. 다음의 예 (5ㄱ)에서 문법 형태소는 '-아라', '-으니', '-으면', '-는', '-을',
'-기', '-음' 등이다. (5ㄴ)에서 문법 형태소는 '-기-', '-추-', '-다', '-이', '-히', '-껏'
등이다.

(5) ㄱ. 잡-**아라**, 잡-**으니**, 잡-**으면**, 잡-**는**, 잡-**을**, 잡-**기**, 잡-**음**
    ㄴ. 감-**기-다**, 늦-**추-다**, 많-**이**, 성실-**히**, 욕심-**껏**

2.3.2 어근과 접사

어근(語根)이란 단어를 구성하는 요소 가운데 가장 기본이 되는 형태소이다.
어근은 단어를 형성할 때 중심 역할을 하는, 어휘적 의미를 나타내는 형태소이다.
어근은 자립 형태소이거나 의존 형태소이다. 다음의 (6ㄱ)에 제시된 '국', '밥',
'팥', '죽' 등과 (6ㄴ)에 제시된 '웃-', '읽-' 등이 어근이다. (6ㄱ)에 제시된 '국밥'에
서 '국'과 '밥', '팥죽'에서 '팥'과 '죽' 등은 자립 형태소인데, (6ㄴ)에 제시된 '웃다'
와 '읽히다'의 어근인 '웃-', '읽-' 등은 의존 형태소이다.

(6) ㄱ. 국-밥, 팥-죽
    ㄴ. **웃**-다, **읽**-히-다

접사(接辭)란 단어의 주변부를 형성하는 형태소이다. 이것은 단어의 구성 요소
중에서 어근을 제외한 나머지 부분이다.

접사는 어근의 앞이나 뒤에 첨가되어 새로운 단어를 만들어 내거나, 문법적인
관계를 나타낸다. 다음의 (7ㄱ)에 쓰인 접사 '-꾸러기', '-질', '-희', '맨-' 등과 (7ㄴ)
에 쓰인 접사 '-이-', '-히-' 등은 새로운 단어를 만들어 내는 구실을 한다. 그런데

(7ㄴ)에 쓰인 '-다', '-었-', '-는다' 등은 문법적인 관계를 나타내는 구실을 한다.

    (7) ㄱ. 잠-**꾸러기**, 톱-**질**, 너-**희**, **맨**-손

          ㄴ. 높-**이-다**, 밝-**히-었**-다, 읽-**는다**

  한국어의 접사는 그 기능에 따라서 파생 접사(派生接辭)와 활용 접사(活用接辭)로 나뉜다.

  파생 접사는 어근의 앞이나 뒤에 결합하여 새로운 단어를 만들어 내는 것이다. 접두사와 파생 접미사가 파생 접사에 속한다. 다음의 (8)에 쓰인 '한여름'의 '한-', '웃돈'의 '웃-'은 접두사인데, '빛깔'의 '-깔', '팔꿈치'의 '-꿈치', '평화롭다'의 '-롭-', '안기다'의 '-기-' 등은 파생 접미사이다.

    (8) **한**-여름, **웃**-돈, 빛-**깔**, 팔-**꿈치**, 평화-**롭**-다, 안-**기**-다

  활용 접사는 한 단어의 활용을 담당하는 접사이다. 활용 접사를 '굴절 접사(屈折接辭)'라고 일컫기도 한다. 다음의 (9)에 제시된 '읽-'에 결합된 '-다', '-고', '-으니', '-어서', '-으며', '-어라', '-자' 등이 활용 접사이다.

    (9) 읽-**다**, 읽-**고**, 읽-**으니**, 읽-**어서**, 읽-**으며**, 읽-**어라**, 읽-**자**

  접사는 어근의 앞에 놓이느냐 뒤에 놓이느냐에 따라 접두사(接頭辭)와 접미사(接尾辭)로 나뉘기도 한다.

  접두사는 어근의 앞에 붙어서 새로운 단어를 생성하는 것이다. 다음의 (10)의 어휘에 쓰인 '군-', '덧-', '맨-', '풋-', '헛-', '빗-', '새-', '시-' 등이 접두사이다.

    (10) **군**-말, **덧**-신, **맨**-몸, **풋**-과일, **헛**-수고, **빗**-나가다, **새**-파랗다, **시**-뻘겋다

접미사는 어근의 뒤에 놓이는 접사이다.

접미사는 파생 접미사(派生接尾辭)와 활용 접미사(活用接尾辭)로 나뉜다.

파생 접미사는 어근 뒤에 결합하여 새로운 단어를 생성하는 접미사이다. 다음의 (11ㄱ)의 어휘에 쓰인 '-이', '-꾸러기', '-질', '-보', '-쟁이' 등과 (11ㄴ)의 어휘에 쓰인 '-스럽-', '-답-', '-애-', '-기-', '-롭-' 등이 파생 접미사이다.

> (11) ㄱ. 먹-**이**, 심술-**꾸러기**, 싸움-**질**, 잠-**보**, 멋-**쟁이**
> ㄴ. 사랑-**스럽**-다, 인간-**답**-다, 없-**애**-다, 웃-**기**-다, 해-**롭**-다

활용 접미사는 한 단어의 활용을 담당하는 접미사이다. 이른바 어미(語尾)가 활용 접미사이다. 활용이란 용언의 어간이 여러 어미를 취하는 것을 뜻한다.

다음의 (12)에 제시된 '즐기-'는 어근이고, 어근인 '즐기-'에 결합된 '-다, -고, -는, -니, -므로, -면, -어라, -자' 등이 활용 접미사이다.

> (12) 즐기-**다**, 즐기-**고**, 즐기-는, 즐기-**니**, 즐기-**므로**, 즐기-**면**, 즐기-**어라**, 즐기-**자**

2.3.3 어간과 어미

어간(語幹)이란 활용어 ― 동사·형용사·서술격 조사 '이다' ―가 활용할 때에 변하지 않는 부분이다. 다음의 (13)에 쓰인 어휘에서 '놀', '놀리-', '평화롭', '살펴보-', '잘하' 등이 어간이다.

> (13) **놀**-다, **놀**-**리**-다, **평화**-**롭**-다, **살펴**-**보**-다, **잘**-**하**-다

어간은 활용어의 중심부를 형성하는 줄기 부분이다. 이것은 활용 접미사 즉 어미가 결합될 수 있는 단어의 구성 요소이다. 어간은 어휘적인 의미를 나타내는 어휘 형태소이고, 의존 형태소이다.

어미(語尾)는 활용할 때 변하는 부분이다. 다음의 (14ㄱ)에 쓰인 어휘에서 '-다', '-는다', '-어라', '-자', '-고', '-어서', '-는', '-음', '-기' 등이 어미이다. 그리고 (14ㄴ)에 쓰인 어휘에서 '-다', '-느냐', '-므로', '-며', '-어서', '-니', '-면' 등이 어미이다.

> (14) ㄱ. 읽-**다**, 읽-**는다**, 읽-**어라**, 읽-**자**, 읽-**고**, 읽-**어서**, 읽-**는**, 읽-**음**, 읽-**기**
> ㄴ. 넓히-**다**, 넓히-**느냐**, 넓히-**므로**, 넓히-**며**, 넓히-**어서**, 넓히-**니**, 넓히-**면**

어미는 어간에 붙어서 용언의 주변부를 형성하는 형태소이다. 이것은 어간에 붙는 가변 요소(可變要素)이며, 의존 형태소이다.

어미는 그 분포와 기능에 따라 여러 가지로 분류된다.
어미는 분포에 따라 선어말어미(先語末語尾)와 어말어미(語末語尾)로 나뉜다.
선어말어미는 어말어미의 앞에 오는 어미이다. 다음의 (15)의 어휘에 쓰인 '-겠-', '-았-', '-었-', '-였-', '-시-', '-오-', '-더-' 등이 선어말어미이다.

> (15) 보-**겠**-다, 보-**았**-다, 먹-**었**-다, 공부하-**였**-다, 보-**시**-다, 하-**오**-니, 자-**더-라**

어말어미는 단어의 맨 끝에 오는 어미이다. 이 어미로 한 단어가 끝나기 때문에 어말어미라고 한다. 다음의 (16ㄱ)에 쓰인 '짧고'에서 '-고', '길다'에서 '-다', (16ㄴ)에 쓰인 '하였으니'에서 '-으니', '쉬어라'에서 '-어라', (16ㄷ)에 쓰인 '좋은'에서 '-은', '가자'에서 '-자' 등이 어말어미이다.

> (16) ㄱ. 인생은 짧**고**, 예술은 길**다**.
> ㄴ. 그동안 일을 많이 하였**으니** 좀 쉬**어라**.
> ㄷ. 날씨가 좋**은** 날에 등산을 가**자**.

어말어미는 문장의 종결 여부에 따라 종결어미(終結語尾)와 비종결어미(非終結

語尾)로 나뉜다.

종결어미는 문장이 끝남을 나타내는 어미이다. 한국어의 종결어미는 100개이다. 다음의 예문 (17ㄱ)에서 '읽는다'에 쓰인 '-는다', (17ㄴ)에서 '읽느냐'에 쓰인 '-느냐', (17ㄷ)에서 '읽어라'에 쓰인 '-어라', (17ㄹ)에서 '읽자'에 쓰인 '-자', (17ㅁ)에서 '읽는구나'에 쓰인 '-는구나' 등이 종결어미이다.

> (17) ㄱ. 민지가 책을 열심히 읽**는다**.
>   ㄴ. 민지가 책을 열심히 읽**느냐**?
>   ㄷ. 민지야, 책을 열심히 읽**어라**.
>   ㄹ. 민지야, 책을 열심히 읽**자**.
>   ㅁ. 민지가 책을 열심히 읽**는구나**.

비종결어미는 문장의 끝남을 나타내지 않는 어말어미이다. 다음의 예문 (18ㄱ)에서 '착하고'에 쓰인 '-고', (18ㄴ)에서 '오니까'에 쓰인 '-니까', (18ㄷ)에서 '좋은'에 쓰인 '-은', '아름답게'에 쓰인 '-게' 등이 비종결어미이다.

> (18) ㄱ. 민지는 착하**고** 예쁘다.
>   ㄴ. 가을이 오**니까** 기분이 상쾌하다.
>   ㄷ. 기분이 좋**은** 날은 모든 것이 아름답**게** 보인다.

비종결어미는 연결어미(連結語尾)와 전성어미(轉成語尾)로 나뉜다.

연결어미는 선행절을 후행절에 이어 주는 구실을 하는 어미이다. 한국어 연결어미는 552개이다. 다음의 예문 (19ㄱ)에서 '오면'에 쓰인 '-면', (19ㄴ)에서 '착하므로'에 쓰인 '-므로', (19ㄷ)에서 '짧은데'에 쓰인 '-은데' 등이 연결어미이다.

> (19) ㄱ. 겨울이 오**면**, 눈이 내린다.
>   ㄴ. 너는 매우 착하**므로** 복을 받겠다.
>   ㄷ. 인생은 짧**은데**, 예술은 길다.

전성어미는 용언으로 하여금 명사나 관형사의 기능을 하도록 전성시키는 구실을 하는 어미이다. 전성어미에는 명사형 전성어미, 관형사형 전성어미 등이 있다. 명사형 전성어미로는 '-(으)ㅁ'과 '-기'가 있고, 관형사형 전성어미로는 '-(으)ㄴ', '-는', '-(으)ㄹ', '-던' 등이 있다. 다음의 예문 (20ㄱ)에서 '읽음'에 쓰인 '-음', (20ㄴ)에서 '달리기'에 쓰인 '-기' 등이 명사형 전성어미이다. (20ㄷ)에서 '좋은'에 쓰인 '-은', (20ㄹ)에서 '가는'에 쓰인 '-는', (20ㅁ)에서 '먹은'에 쓰인 '-은', (20ㅂ)에서 '떠날'에 쓰인 '-ㄹ', (20ㅅ)에서 '가던'에 쓰인 '-던' 등이 관형사형 전성어미이다.

(20) ㄱ. 서둘러 글을 읽**음**은 좋은 습관이 아니다.
ㄴ. 빨리 달리**기**가 힘들다.
ㄷ. 민호는 좋**은** 사람이야.
ㄹ. 세월이 이토록 빨리 가**는** 줄을 몰랐다.
ㅁ. 네가 그 음식을 모두 먹**은** 줄 몰랐어.
ㅂ. 그 사람이 갑자기 떠**날** 줄을 정말 몰랐어.
ㅅ. 나는 가**던** 길을 멈추고 하늘을 바라보았다.

어간(語幹)은 어휘적인 의미를 나타내고, 어미(語尾)는 문법적인 의미를 나타낸다. 첨가어인 한국어에서 조사와 어미는 매우 중요한 문법적인 기능을 한다. 그리하여 어미를 제2장 제6절에서 좀 더 구체적으로 살펴볼 것이다.

2.4 한국어의 단어 형성법

단어 형성법에는 파생법(派生法)과 합성법(合成法)이 있다.

2.4.1 파생법

파생법이란 어근에 접사를 덧붙여서 새로운 단어를 만드는 방법이다. 즉 파생법은 어근에 접두사나 파생 접미사를 결합하여 새로운 단어를 만드는 방법이다. 파생법으로 생성된 단어를 파생어(派生語)라고 한다.

파생법에는 접두파생법(接頭派生法), 접미파생법(接尾派生法) 등이 있다.

접두파생법(接頭派生法)은 어근(語根)에 접두사(接頭辭)를 붙여서 새로운 단어를 만드는 방법이다. 다음 (1)은 '접두파생법'으로 파생어를 만든 것이다. 다음의 (1)에 제시된 어휘에 쓰인 '군-', '막-', '맨-', '풋-', '헛-', '들-', '엿-', '짓-' 등은 접두사이다.

> (1) **군-**침, **막-**일, **맨-**손, **풋-**과일, **헛-**딛다, **들-**볶다, **엿-**듣다, **짓-**밟다

접미파생법(接尾派生法)은 어근에 파생 접미사(派生接尾辭)를 결합해서 새로운 단어를 만드는 방법이다. 다음의 (2)에 제시된 어휘는 '접미파생법'으로 파생어를 만든 것이다. 다음 (2)의 어휘에 쓰인 '-보', '-장이', '-쟁이', '-질', '-롭', '-스럽-', '-답-', '-이', '-기', '-음', '-ㅁ' 등은 파생 접미사이다.

> (2) 잠-**보**, 유기-**장이**, 양복-**쟁이**, 가위-**질**, 평화-**롭**-다, 자랑-**스럽**-다, 남자-**답**-다, 먹-**이**, 읽-**기**, 웃-**음**, 기쁨(기쁘- + -ㅁ)

2.4.2 합성법

합성법(合成法)이란 두 개 이상의 어근(語根)이나 단어를 결합하여 새로운 단어를 만드는 방법이다.

합성법으로 만들어진 단어를 합성어(合成語)라고 한다. 다음 (3)의 어휘는 합성법으로 만든 단어이다.

> (3) 돌-다리, 손-발, 비-바람, 나뭇잎(나무-ㅅ-잎), 냇가(내-ㅅ-가), 큰-아버지, 잘-못, 뜻-있다, 오-가다, 아니-하다, 온-갖, 물-샐-틈-없다

합성어는 구(句)를 형성할 때의 방식과 같은 것이냐 다른 것이냐에 따라 통사적 합성어(統辭的合成語)와 비통사적 합성어(非統辭的合成語)로 나뉜다.

통사적 합성어란 구(句)를 형성할 때와 같은 방식으로 형성된 합성어이다. 이것은 한국어의 문장 구성에서 흔히 볼 수 있는 단어 배열법으로 형성된 단어이다. 다음 (4)의 어휘는 통사적 합성어이다.

  (4) 눈-멀다, 돌-다리, 멋-있다, 잘-하다, 잡아-먹다, 작은-아버지

비통사적 합성어란 구(句)를 형성할 때와 다른 방식으로 이루어진 합성어이다. 이것은 한국어의 문장 구성에는 없는 단어 배열법으로 형성된 단어이다. 다음 (5)의 어휘는 비통사적 합성어이다.

  (5) ㄱ. 덮-밥: 동사 '덮다'의 어근이며 어간인 '덮-' + 명사 '밥'
      ㄴ. 접-칼: 동사 '접다'의 어근이며 어간인 '접-' + 명사 '칼'
      ㄷ. 오-가다: 동사 '오다'의 어근이며 어간인 '오-' + 동사 '가다'의 어근이며
          어간인 '가-' + 어미 '-다'
      ㄹ. 검-붉다: 형용사 '검다'의 어근이며 어간인 '검-' + 형용사 '붉다'의 어근
          이며 어간인 '붉-' + 어미 '-다'
      ㅁ. 부슬-비: 불규칙적 어근[12] '부슬' + 명사 '비'
      ㅂ. 뾰족-탑: 불규칙 어근 '뾰족' + 명사 '탑'

---

12) 불규칙적 어근: 홀로 쓰이지 못하고 여러 단어에 공통으로 나타나지도 않는 어근(고영근·구본관,
    2008: 204).

3

체언의
특징과 종류

3.1 명사의 특징과 용법

한국어의 품사에는 명사, 대명사, 수사, 조사, 동사, 형용사, 관형사, 부사, 감탄사 등 모두 9개가 있다. 이것들 중에서 명사, 대명사, 수사 등은 문장의 주체로 쓰이기 때문에 이것들을 묶어 체언(體言)이라고 일컫는다.

3.1.1 명사의 특징

명사(名詞)는 사람이나 사물의 이름을 나타내는 품사이다.

(1) ㄱ. 아버지, 어머니, 남자, 여자, 이동혁, 김은영 **[사람]**
     ㄴ. 개, 고양이, 닭, 돼지, 말, 소, 오리, 토끼, 코끼리 **[짐승]**
     ㄷ. 느티나무, 감나무, 동백나무, 박달나무, 소나무 **[나무]**
     ㄹ. 새벽, 아침, 낮, 노을, 황혼, 밤 **[자연 현상]**
     ㅁ. 민주주의, 민족주의, 사대주의, 단정, 명제 **[추상적 개념]**

2) 명사의 특징은 다음과 같다.

첫째, 명사는 조사의 지배를 받는다. 예를 들면 조사인 '에게'는 유정물에 연결되는 조사이기 때문에 다음의 예문 (2ㄱ)은 사람인 '영주'가 조사인 '에게'에 연결되어 문법에 맞는 문장이 되었다. 그런데 (2ㄴ)은 무정물인 '꽃'이 '에게'에 연결되어 비문법적인 문장이 되었다. 이와 같이 명사는 조사의 지배를 받는다.

(2) ㄱ. 동혁아, 영주**에게** 물을 줘라.(○)
ㄴ. *동혁아, 꽃**에게** 물을 줘라.(×)

둘째, 대부분의 명사는 관형어의 수식을 받는다. 다음의 예문 (3ㄱ)은 명사인 '꽃'이 관형어인 '저'의 수식을 받아서 문법에 맞는 문장이 되었다. 그런데 (3ㄴ)은 명사인 '현수'가 부사어인 '대단히'의 수식을 받아서 비문법적인 문장이 되었다.

(3) ㄱ. **저** 꽃이 아름답다.(○)
ㄴ. ***대단히** 현수는 용감하다.(×)

셋째, 명사는 조사에 연결되어 문장에서 여러 문장 성분으로 기능을 한다. 다음의 예문 (4ㄱ)에서 조사에 연결되어 명사인 '민지'는 주어로, '동물'은 목적어로, '사랑'은 부사어로 기능을 한다. (4ㄴ)에서 '중학생'은 보어로 기능을 하는데, (4ㄷ)에서 '중학생'은 서술어로 기능을 한다. (4ㄹ)에서 '현수'는 관형어로 기능을 하고, (4ㅁ)에서 '영준'은 독립어로 기능을 한다.

(4) ㄱ. **민지**는 **동물**을 **사랑**으로써 건강하게 길렀다.
ㄴ. 보라가 **중학생**이 되었다.
ㄷ. 보라는 **중학생**이다.
ㄹ. 이것은 **현수**의 책이야.
ㅁ. **영준**아, 이리 와.

3.1.2 명사의 용법

명사는 분류 기준에 여러 가지로 나뉜다. 명사는 사용 범위에 따라 보통명사와 고유명사로 나뉘고, [자립성]의 유무에 따라 자립명사와 의존명사로 나뉘며, [감정성]의 유무에 따라 유정명사와 무정명사 나뉜다.

보통명사는 같은 성질을 지닌 사물이나 사람에 두루 쓸 수 있는 이름을 나타내는 것이다. 고유명사는 특정한 사람, 장소, 사물 등의 이름을 나타내는 것이다. 다음 (5ㄱ)의 명사는 보통명사이고, (5ㄴ)의 명사는 고유명사이다.

(5) ㄱ. 사람, 나라, 문(門), 신문(新聞), 강(江), 산(山)
ㄴ. 홍길동, 대한민국, 동대문, 한국일보, 낙동강, 한라산, 마라도

강(江), 산(山), 섬 등을 나타내는 고유명사에는 끝 음절에 강(江), 산(山), 섬/도(島) 등이 결합되어 쓰인다.

(6) 한**강**, 지리**산**, 밤**섬**, 울릉**도**(鬱陵島)

고유명사인 성명(姓名)은 성과 이름의 순서로 구성된다. 다음의 (7)에서 '홍', '이', '정' 등은 성(姓)이고, '길동', '순신', '약용' 등은 이름이다.

(7) **홍**길동, **이**순신, **정**약용

한국인의 성(姓)은 한 음절인 것과 두 음절인 것이 있다. 후자에 속하는 복성(複姓)으로는 남궁(南宮)·독고(獨孤)·사공(司空)·선우(鮮于)·제갈(諸葛)·황보(皇甫)·강전(岡田)·장곡(長谷)·서문(西門) 등이 있다.[13] 이름은 일반적으로 '(김)연아, (이)동혁, (박)준엽' 등과 같이 두 음절인 것이 많은데, '(권)율, (신)립, (허)준' 등과 같이 한 음절인 것도 있다.

---

13) '한글 맞춤법' 제48항: 성과 이름, 성과 호 등은 붙여 쓰고, 이에 덧붙는 호칭어, 관직명 등은 띄어 쓴다. 다만, 성과 이름, 성과 호를 분명히 구분할 필요가 있을 경우에는 띄어 쓸 수 있다.
[보기] 김양수, 최치원 선생, 박동식 박사, 남궁억/남궁 억, 독고준/독고 준

자립명사는 문장에서 관형어의 도움을 받지 않고 홀로 쓰일 수 있는 명사이다. 의존명사는 문장에서 관형어의 도움을 받아야 쓰일 수 있는 명사이다.

의존명사의 특성은 다음과 같다.

첫째, 의존명사는 어휘적 의미가 소실되어 문법적 의미를 나타낸다. 그래서 의존명사는 문맥이나 화맥을 무시하고서는 그 의미를 알기가 어렵다.

(8) ㄱ. 당신이 상관할 **바**가 아니오. **[일]**
　　ㄴ. 네가 알고 있는 **바**를 모두 말해. **[사실]**
　　ㄷ. 그는 어찌할 **바**를 모르고 몹시 당황하였다. **[방법]**
　　ㄹ. 우리는 일이 이렇게 된 **바**에야 포기할 수 없다. **[경우]**

둘째, 의존명사는 언제나 관형어 뒤에 온다. 의존명사 앞에 관형어가 오지 않으면 비문법적인 문장이 된다.

(9) ㄱ. 우리는 **친절한 이**를 만나서 도움을 많이 받았어.(○)
　　ㄴ. *우리는 (　　) **이**를 만나서 도움을 많이 받았어.(×)

셋째, 의존명사 중에는 조사의 제약을 받는 것이 있다.

(10) ㄱ. 그가 미국으로 이민을 간 **지**가 10년이 되었다.
　　 ㄴ. 민주는 손을 꼭 쥔 **채**로 서 있었다.
　　 ㄷ. 모든 것이 네가 할 **따름**이다.
　　 ㄹ. 나는 네가 그렇게 말할 **줄**을 몰랐다.
　　 ㅁ. 네가 가지고 싶은 **만큼** 가져라.

의존명사인 '것, 데, 바, 이' 등은 다른 의존명사들에 비해 조사의 제약을 덜 받는다.

(11) ㄱ. 나는 아름다운 <u>것을</u> 좋아해.

ㄴ. 나는 더러운 <u>것이</u> 싫어.

ㄷ. 나는 우리를 괴롭히는 <u>것에</u> 돌을 던졌다.

ㄹ. 인생은 향기로운 <u>것이다</u>.

ㅁ. 우리는 묵직하고 큰 <u>것의</u> 끝을 잡았다.

넷째, 의존명사 중에는 그 앞에 오는 관형어를 제약하는 것이 있다. 의존명사 중에는 선행하는 용언의 관형사형 전성어미 '-(으)ㄴ', '-는', '-(으)ㄹ' 가운데 일부와만 공기 관계를 맺는 것이 있다. 다음의 예문 (12ㄱ)에 쓰인 의존명사 '체'와 (12ㄴ)에 쓰인 의존명사 '바람'은 관형사형 전성어미인 '-(으)ㄹ'과 공기 관계를 맺지 못하고, (12ㄷ)에 쓰인 의존명사 '채'는 관형사형 전성어미인 '-는'이나 '-(으)ㄹ'과 공기 관계를 맺지 못한다.

(12) ㄱ. 현주는 못 {듣는, 들은, *들을} **체**를 할 것이다.

ㄴ. 길이 많이 {막히는, 막힌, *막힐} **바람**에 늦었어.

ㄷ. 그는 구두를 {신은, *신는, *신을} **채**로 물속으로 뛰어들었다.

단위를 나타내는 의존명사[14]의 앞에는 수량과 관련된 관형어만이 올 수 있다.

(13) 어제 나는 사과 {여러, *많은} **개**를 샀다.

다섯째, 의존명사 중에는 일정한 용언과만 공기 관계를 맺는 것이 있다.

의존명사인 '리'와 '턱'은 평서문에 쓰일 경우에는 '없다'와 공기하고, 의문문에 쓰일 경우에는 '있다'와 공기한다.

---

14) 단위를 나타내는 의존명사를 '단위성 의존명사' 혹은 '수량 단위 의존명사' 또는 '분류사(分類詞)'라고 일컫는다. 편의상 이 글에서는 '단위성 의존명사'라는 용어를 사용하고자 한다.

(14) ㄱ. 그 사람이 그럴 **리**가 **없다**.

ㄴ. 선주가 그런 짓을 할 **리**가 **있니**?

(15) ㄱ. 이 사실을 현주가 알 **턱**이 **없다**.

ㄴ. 현수는 모범생으로 소문이 났는데 그런 짓을 할 **턱**이 **있겠니**?

의존명사인 '줄'은 지각동사인 '알다'나 '모르다'와 공기 관계를 맺는다. 의존명사인 '나위'는 '없다'와만 공기한다.

(16) ㄱ. 나는 피아노를 칠 **줄** {**안다, 모른다**}.

ㄴ. 저 사람이 가장 용감하다는 것은 말할 **나위**도 **없어**.

단위성 의존명사는 수효, 횟수, 길이, 넓이, 양(量), 무게, 비율, 시간 등을 나타낸다.[15] 이것들 중에서 수효를 나타내는 의존명사가 가장 많다.

단위성 의존명사는 대부분 일정한 종류의 단위를 나타낸다. 그런데 '개(個)'는 여러 종류의 단위를 나타내는 의존명사이다.

(17) ㄱ. 연필 다섯 **개**(←**자루**)를 주세요.

ㄴ. 뜻이 비슷한 단어 세 **개**(←**단어**)를 찾아 쓰세요.

ㄷ. 탄알 두 **개**(←**발**)를 주웠다.

ㄹ. 등산을 하다가 밤 세 **개**(←**톨**)을 주었어요.

ㅁ. 사과 열 **개**를 샀다.

ㅂ. 나는 저 상점에서 꽃병 열 **개**(←**병**)를 샀어.

ㅅ. 지난 식목일에 나는 나무 세 **개**(←**그루**)

단위성 의존명사의 보기를 들어 보면 다음의 [표 1]과 같다.

---

15) 한글 맞춤법 제43항: 단위를 나타내는 명사는 띄어 쓴다. 다만, 순서를 나타내는 경우나 숫자와 어울리어 쓰이는 경우에는 붙여 쓸 수 있다. [보기] 소 한 **마리**, 삼**학년**, 7**미터**

[표 1] 단위성 의존명사의 보기

분류		보기
수효	낱개 단위	개(個), 개비, 권(卷), 그루, 대(臺), 마리, 명(名), 모숨[16], 발(發), 부(部), 살, 송이, 장(張), 장(場), 채, 첩(貼), 칸, 톨, 통(通), 편(篇), 필(匹)
	묶음 단위	다발, 두름[17], 묶음, 벌, 손[18], 쌍(雙), 접[19], 질(帙), 축[20], 켤레, 쾌[21]
횟수		끼, 대[22], 돌[23], 번(番), 판, 회(回)
길이		길, 센티미터(cm), 미크론, 미터(m), 밀리미크론, 밀리미터, 발, 인치(inch), 킬로미터(km), 자[24], 장(丈)[25], 척(尺), 치[26], 푼[27]
넓이		마지기, 제곱미터(m^2), 평(坪), 평방미터(平方m), 필지(筆地), 헥타르(hectare)
양		되, 말, 모금[28], 병(甁), 섬, 잔(盞), 리터, 밀리리터, 헥토리터
무게		관(貫)[29], 근, 그램(g), 냥(兩)[30], 냥쭝, 돈, 킬로그램(kg), 톤(ton), 푼[31], 헥토그램
시간		날, 일, 시(時), 분(分), 초(秒), 달, 년(年)
화폐		원, 엔, 달러, 리라, 리얄, 마르크, 유로, 파운드, 프랑
비율		곱, 배(倍), 퍼센트

---

16) 모숨: 벼의 모나 풀 따위의 분량을 헤아리는 단위의 하나.
17) 두름: ① 물고기 스무 마리를 세는 단위를 이르는 말. [보기] 조기 한 **두름**.
② 산나물을 열 모숨 정도로 엮은 것을 세는 단위. [보기] 고사리 한 **두름**.
18) 손: ① 생선을 두 마리씩 세는 단위.[보기] 고등어 한 **손**. ② 통배추를 두 개씩 세는 단위.
19) 접: 채소·과실 따위의 100개를 세는 단위를 이르는 말. [보기] 마늘 한 **접**. 곶감 한 **접**.
20) 축: 말린 오징어 스무 마리를 세는 단위를 이르는 말.
21) 쾌: 북어 스무 마리를 한 단위로 세는 말.
22) 대: 때리는 횟수를 세는 말.
23) 돌: 뜻 깊은 날이 해마다 되풀이하여 돌아올 때, 그 되풀이되는 횟수를 세는 말.
[보기] 회사 창립 20 **돌**.
24) 자: 길이의 단위를 나타내는 말. 한 자는 한 치의 열 배로 약 30.3cm에 해당함.
25) 장(丈): 길이가 10척임을 나타내는 말.
26) 치: 길이를 나타내는 단위 명사. 한 자의 10분의 1임.
27) 푼: 길이를 나타내는 말. 한 치의 10분의 1임.
28) 모금: 액체나 기체를 한 번 입에 머금는 분량을 나타내는 말. [보기] 물 한 **모금**.
29) 관(貫): 무게를 나타내는 단위성 의존명사. 1관은 3.75kg임.
30) 냥(兩): 금·은이나 한약재 등의 무게를 나타내는 말. '돈'의 10배에 해당함.
31) 푼: 무게를 나타내는 단위 명사임. 한 돈의 10분의 1임.

단위성 의존명사 중에는 한자어와 외래어가 많다.

단위성 의존명사가 수관형사와 공기 관계를 맺는 양상이 다양하다. 이것은 다음과 같이 세 유형으로 나누어 볼 수 있다.

  ㈀ 단위성 의존명사가 고유어인 수관형사와만 공기 관계를 맺는 것
  ㈁ 단위성 의존명사가 고유어인 수관형사나 한자어인 수관형사와 공기 관계를 맺는 것
  ㈂ 단위성 의존명사가 한자어인 수관형사와만 공기 관계를 맺는 경우

단위성 의존명사 중에는 고유어인 수관형사와만 공기 관계를 맺는 것이 있다.

  (18) ㄱ. 어제 나는 양복 {**두**, *이(二)} **벌**을 샀어.
     ㄴ. 신발 {**다섯**, *오(五)} **켤레**를 주세요.
     ㄷ. 소 {**세**, *삼(三)} **마리**를 기른다.
     ㄹ. 오후 {**여섯**, *육(六)} **시**(時)에 만나자.
     ㅁ. 우리는 {**아홉**, *구(九)} **시간**(時間)이나 일했어.

물건의 수효가 백 이상일 경우에는 단위성 의존명사가 고유어라고 하더라도 고유어와 한자어가 결합되어 형성된 수관형사와 함께 쓰인다.

  (19) ㄱ. 양복 **백다섯**[32) **벌**
     ㄴ. 구두 **백열 켤레**
     ㄷ. 말 **백아홉 마리**

단위성 의존명사가 한자어라고 하더라도 고유어인 수관형사를 사용하여 말하기도 한다. 다음의 (19)에 제시된 '개(個)', '잔(盞)', '병(瓶)', '근(斤)', '권(卷)', '필

---

32) '한글 맞춤법' 제44항: 수를 적을 적에는 '만(萬)' 단위로 띄어 쓴다.
   [보기] 십이억 삼천사백오십육만 칠천팔백구십팔, 12억 3456만 7898

(疋)', '대(臺)' 등은 한자어 의존명사이다.

> (20) ㄱ. 사과 **열 개**(個)
> ㄴ. 소주 **석 잔**(盞)
> ㄷ. 잉크 **한 병**(瓶)
> ㄹ. 소고기 **다섯 근**(斤)
> ㅁ. 책 **여섯 권**(卷)
> ㅂ. 명주[33] **여덟 필**(疋)
> ㅅ. 자동차 **석 대**(臺)

단위성 의존명사 중에 고유어인 수관형사나 한자어인 수관형사와 공기 관계를 맺는 것은 '명(名)', '척(隻)', '평(坪)' 등이다.

> (21) ㄱ. 외국인 {**한, 일**(一)} 명(名)
> ㄴ. 배 {**두, 이**(二)} 척(隻)
> ㄷ. 땅 {**열, 십**(十)} 평(坪)

단위성 의존명사 중에는 한자어인 수관형사와만 공기 관계를 맺는 것이 있다.

> (22) ㄱ. 칠 **달러**, 십 **마르크**
> ㄴ. 이십일 **세기**(世紀)
> ㄷ. 이천십육 **년**(年), 오 **월**(月) 팔 **일**(日), 이십일 **분**(分), 삼십 **초**(秒)

일억 미만을 뜻하는 한자어인 수관형사인 '일백(一百)', '일천(一千)', '일만(一萬)' '일천만(一千萬)' 등이 단위성 의존명사와 함께 쓰일 경우에는 '일(一)'을 생략하고 '백 원', '천 원', '만 원', '일천만 원' 등으로 표현된다.

'일억(一億)', '일조(一兆)', '일조(一京)' 등은 '일(一)'을 생략하지 않고 '일억 원',

---

33) 명주(明紬): 누에고치에서 뽑은 가늘고 고운 실로 무늬 없이 짠 피륙.

'일조 원', '일경 원' 등으로 표현된다.

외국어로서의 한국어 문법 교육에서 의존명사만을 교육하기보다 의존명사가
포함된 표현 항목을 일정한 담화에서 교육하는 것이 더욱 효과적이다. 그러한
것의 교육 내용에는 그것의 형태 정보, 통사 정보, 의미 정보, 화용 정보 등이
포함되어야 한다. 그 보기를 들어 보면 다음 [표 2]와 같다.

[표 2] 의존명사가 포함된 표현 항목

의존명사 표현 항목	-는 것 같다 (국립국어원, 2005ㄴ: 165)
	-는 김에
형태 정보	관형사형 전성어미 '-는'과 의존명사 '것', 형용사 '같다'가 함께 쓰인 표현임.
	관형사형 전성어미 '-는'과 의존명사 '김', 조사 '에'가 함께 쓰인 표현임.
통사 정보	동사의 어간이나 형용사 '있다'와 '없다'의 어간에 결합됨.
	동사의 어간에 결합됨.
의미 정보	여러 상황으로 미루어 현재 그런 일이 일어나거나 상태에 있다고 추측함을 나타냄.
	어떤 행위를 하는 기회에 그것과 관계가 있는 다른 행위도 함께함을 나타내는 말임.
화용 정보	상대방에게 말하는 사람 자신의 생각이나 의견을 말할 때 많이 쓰는데, 강하게 주장하거나 단정적으로 말하지 않고 좀더 부드럽게 또는 겸손하게 그리고 소극적으로 말하는 느낌이 있다.
	평서문, 의문문, 명령문, 청유문 등 다양한 문장에 쓰인다.
예문	(ㄱ) 눈이 오**는 것 같다.** (ㄴ) 현주는 집에 있**는 것 같아요.**
	(ㄱ) 콩을 심**는 김에** 팥도 심어야겠다. (ㄴ) 고향에 가**는 김에** 친구들도 만나고 와.

명사는 [감정성]의 유무에 따라 유정명사(有情名詞)와 무정명사(無情名詞)로
나뉜다.

유정명사는 [감정성]을 지닌 명사이다. 즉 유정명사는 감정을 나타낼 수 있는
대상을 지시하는 명사이다.

(23) ㄱ. 사람, 어린이, 어른, 어머니, 아버지, 누나, 이동혁, 박준엽

ㄴ. 닭, 오리, 개, 돼지, 말, 고양이, 호랑이, 사슴, 코끼리

무정명사는 [감정성]을 지니고 있지 않은 명사이다. 이것은 감정을 나타낼 수 없는 대상을 가리키는 명사이다.

(24) ㄱ. 꽃, 나무, 국화, 무궁화, 소나무
ㄴ. 바위, 돌, 석탄, 다이아몬드, 석유
ㄷ. 아침, 낮, 노을, 저녁, 밤
ㄹ. 국수주의, 민족주의, 사대주의, 자연주의, 사고(思考), 평화(平和)

유정명사에는 부사격 조사인 '에게'나 '한테'가 결합될 수 있는데, 무정 명사에는 '에게'나 '한테'가 결합될 수 없고 '에'가 결합될 수 있다.

(25) ㄱ. 영주가 아기**에게** 우유를 주었어.(○)
ㄴ. *영주가 아기**에** 우유를 주었어.(×)

(26) ㄱ. 영주가 꽃**에** 물을 주었어.(○)
ㄴ. *영주가 꽃**에게** 물을 주었어.(×)

3.2 대명사의 특징과 용법

3.2.1 대명사의 특징

대명사(代名詞)는 명사를 대신하여 지시하는 단어들이다.

대명사는 명사처럼 조사의 지배를 받고, 여러 문장 성분으로 기능을 한다. 그런데 대명사는 다음과 같은 특징을 지니고 있다.

첫째, 대명사는 어떤 말을 대신하여 지시하는 기능을 한다. 다음의 예문 (1ㄱ)에 쓰인 '저것'과 (1ㄴ)에 쓰인 '저기'는 대명사이다. '저것'은 어떤 물건을 대신하여

지시하는 단어이고, '저기'는 어떤 장소를 대신하여 지시하는 기능을 하는 단어이다.

> (1) ㄱ. 어제 나는 **저것**을 샀다.
>   ㄴ. **저기**에 앉아 있는 사람이 민지의 친구입니다.

둘째, 대명사는 상황 지시적인 성질, 즉 상황 의존적인 성질을 지니고 있다. 대명사가 지시하는 대상은 화맥(話脈)이나 문맥을 통해 알 수 있다. 다음의 예문 (2)에 쓰인 '나'는 상황에 따라 '이보라'이거나 '홍길동'일 수 있다. 그리고 '이것'은 '자동차'이거나 '집'이거나 '책'일 수 있다.

> (2) **나**는 **이것**을 가지고 싶다.

셋째, 대명사는 명사에 비하여 선행하는 관형어와의 직접 구성에 제약을 더 받는다. 다음의 예문 (3ㄱ)은 대명사인 '우리'가 관형어인 '어느'와 공기 관계를 맺을 수 없기 때문에 문법에 어긋난 문장이 되었다. (4ㄱ)은 대명사인 '당신'이 관형어인 '교육자의'와 공기 관계를 맺을 수 없어서 비문법적인 문장이 되었다. 그런데 (3ㄴ)은 명사인 '사람'이 관형어인 '어느'와 공기 관계를 맺을 수 있어서 문법에 맞는 문장이 되었다. (4ㄴ)은 명사인 '행동'이 관형어인 '교육자의'와 공기 관계를 맺을 수 있어서 문법에 맞는 문장이 되었다.

> (3) ㄱ. *어느 우리**가 잘못을 했니?(×)
>   ㄴ. **어느 사람**이 잘못을 했나?(○)

> (4) ㄱ. *교육자의 당신**은 훌륭하세요.(×)
>   ㄴ. **교육자의 행동**은 일반인과 달라야 해요.(○)

3.2.2 대명사의 용법

대명사에는 인칭대명사(人稱代名詞), 지시대명사(指示代名詞), 의문대명사(疑問

代名詞) 등이 있다.

인칭대명사는 제일인칭 대명사(第一人稱代名詞), 제이인칭 대명사(第二人稱代名詞), 제삼인칭 대명사(第三人稱代名詞), 미지칭 대명사(未知稱代名詞), 부정칭 대명사(不定稱代名詞), 재귀대명사(再歸代名詞) 등으로 나뉜다.

인칭대명사는 높임법과 긴밀히 관련되어 있다. 동일한 대상을 지시할 때 화자와 청자의 관계에 따라 다른 인칭대명사를 사용한다.

[표 3] 인칭 대명사의 종류

		단수			복수
제일인칭 대명사	예사말	나			우리
	낮춤말	저			저희
제이인칭 대명사	예사말	너			너희
	높임말	자네, 당신(當身), 그대, 댁(宅), 귀하(貴下)			–
제삼인칭 대명사		근칭	중칭	원칭	
	예사말	이이	그, 그이, 그녀	저이	
	높임말	이분	그분	저분	
	비어(卑語)	이치, 이놈	그치, 그놈	저치, 저놈	
미지칭 대명사		누구			
부정칭 대명사		아무, 아무개			
재귀대명사	예사말	저[34], 저희, 자기			
	높임말	당신			

제일인칭 대명사인 '우리'는 화자와 청자, 그 밖의 제삼자를 함께 일컫는 것이다. '저희'는 청자를 대우하여 '나'를 낮추어 이르는 제일인칭 대명사인 '저'의 복수형으로, 청자를 제외하고 화자 자신과 제삼자를 함께 낮추어 일컫는 인칭 대명사이다. 한국어에서는 제일인칭 대명사인 '나'를 사용할 자리에 '우리'를 사용하기도 한

---

34) 이익섭(2009: 108)에서는 재귀대명사 '저', '자기', '당신' 등은 그들 선행사의 높임법 등급이 어디에 속하느냐에 따라 갈린다고 하고, '저'가 가장 낮은 등급에 속하고, '자기'가 중간 단계, '당신'이 가장 높은 등급에 속한다고 한다.

다. 가족 관계나 공동 소유의 개념이 있는 것이나, 한 개인에 관계되는 것에 대해서도 '우리'를 사용하는 경우가 있다.

> (5) ㄱ. **우리** 엄마, **우리** 아빠, **우리** 남편 **[가족 관계]**
> ㄴ. **우리** 회사, **우리** 고향, **우리** 직장 **[공동 소유]**

제이인칭 대명사인 '당신(當身)'은 '하오체'에 쓰이는 경칭 대명사(敬稱代名詞)이다.

> (6) ㄱ. **당신**이 가장 착하오.
> ㄴ. 당신이 먼저 가오.

제이인칭 대명사인 '당신'을 오늘날 한국인들 중에는 청자를 약간 낮추어 일컫는 대명사로 인식하는 사람이 있다. 화자와 청자가 낯선 경우일 때 그렇게 인식하는 경향이 있다. 낯선 사람에게는 '당신'을 사용하지 않는 것이 좋다.

> (7) **당신**이 뭘 안다고 그래?

제이인칭 대명사인 '댁(宅)'은 청자가 대등한 관계에 있는 사람이나 아랫사람인 경우, 그 사람을 높여 이르는 것이다. '댁'은 낯선 사람에게 사용하지만, 친분이 있는 사람에게는 사용하지 않는 것이다.

> (8) ㄱ. 이 차가 **댁**의 차예요?
> ㄴ. **댁**이 먼저 타세요.

한국어의 제이인칭 대명사 중에는 극존대하여야 할 사람에게 사용할 수 있는 것이 없다. 이럴 때는 명사인 '어르신', '선생님', '사장님', '사모님' 등으로 대신한다.

(9) ㄱ. **어르신**께서 먼저 타시지요.
    ㄴ. **선생님**께서는 언제 귀농하십니까?

대화 장면에서 제일인칭 대명사와 제이인칭 대명사는 언제나 사람을 대신 일컫는 것인데, 제삼인칭 대명사는 사람뿐만 아니라 동물, 식물, 물건, 일 등을 대신 일컫는 것이다.

기사문에서는 제삼인칭 대명사인 '그', '그녀', '그들' 등이 존비(尊卑)가 중화되어 쓰인다.

(10) ㄱ. 딱 한 사람 화가를 꼽으라면 주저 없이 고흐였다. 당시 **그**는 내 영혼의 반려자가 되었다.(2016년 4월 24일 khan.co.kr)
     ㄴ. **그**는 "자신만의 인생관, 자신의 특성을 잘 개발할 줄 알고 '나대로 산다'는 청년 정신이 있는 사람이 엘리트가 될 수 있다"고 말했다.(2016년 4월 25일 donga.com)

제일인칭 대명사와 제이인칭 대명사에는 별개의 복수형이 있는데, 제삼인칭 대명사에는 별개의 복수형이 없다. 제삼인칭 대명사의 복수형은 단수형에 접미사인 '-들'을 결합하여 '이들', '그들', '저들' 등으로 사용한다.

재귀대명사는 선행하는 명사나 대명사를 다시 받는 대명사이다. 즉 동일한 선행사의 중복 사용을 피하기 위해서 선행사를 대신하여 가리키는 대명사이다. '저'[35) '저희', '자기', '당신'[36) 등이 재귀대명사이다.

---

35) '저'가 '나'의 낮춤말[겸양어]로 쓰일 경우에는 1인칭 대명사인데, '저'가 선행사를 대신하여 지시하는 대명사로 쓰일 경우에는 재귀대명사이다.
   [보기] ㄱ. 저는 중학생입니다. [1인칭 대명사]
          ㄴ. 철수는 친구가 없어요. 늘 그는 저 혼자 잘났고 언동하니까요. [재귀대명사]
36) '당신(當身)'은 2인칭 대명사나 재귀대명사로 쓰인다. 이것이 재귀대명사로 쓰일 때에는 지시하는 선행사를 극존대함을 나타낸다.
   [보기] 할머니께서 살아 계실 적에 당신은 저를 무척 사랑하셨습니다.

재귀대명사는 일반적으로 선행사가 주어일 때 쓰인다. '저'는 아랫사람을 대신 가리킬 때 쓰이고, '당신'은 윗사람에게 쓰인다. '자기'는 존대의 대상이 아닌 제삼자를 대신 가리킬 때 쓰인다. 재귀대명사는 제일인칭 대명사나 제이인칭 대명사와는 공기 관계를 맺지 못하고, 제삼인칭 대명사와 제삼인칭(第三人稱)과만 공기 관계를 맺는다.

> (11) ㄱ. **영주**는 아주 어려서 **저**밖에 몰라요.
> ㄴ. 일정한 지역의 **사람들**이 **저희** 이익만 꾀하려 하고 다른 지역의 이익을 배려하지 않으면 그 나라는 미래가 없다.
> ㄷ. {*나, *너, **그**}는 **자기**가 최고로 잘난 사람인 줄로 알고 있다.
> ㄹ. {*나, *너, **그분**}은/는 **당신**의 손자를 늘 소중히 사랑하신다.

재귀대명사인 '저'에 주격 조사인 '가'나 관형격 조사인 '의'가 결합하면 '제'로 바뀐다.

> (12) ㄱ. 연아는 **제가**(←**저가**) 최고 미인인 줄 알고 있다.
> ㄴ. 보라는 **제**(←**저의**) 책을 자기 동생에게 주었다.

지시대명사는 사물대명사(事物代名詞)와 처소대명사(處所代名詞)로 나뉜다.

사물대명사는 사물을 대신 지시하는 대명사이고, 처소대명사는 처소를 대신 지시하는 대명사이다. 이것들은 화자와 청자, 지시하는 사물과 처소 등의 거리에 따라 근칭, 중칭, 원칭 등으로 세분된다.

[표 4] 지시대명사

	근칭	중칭	원칭
사물대명사	이, 이것, 요것	그것, 고것	저것, 조것
처소대명사	여기, 요기, 이곳	거기, 고기, 그곳	저기, 조기, 저곳

근칭 사물대명사(近稱事物代名詞)인 '이', '이것', '요것' 등은 화자 가까이에 있는 사물을 지시할 때 쓰인다.

(13) ㄱ. **이**는 평화를 상징한다.
    ㄴ. **이것**은 얼마입니까?
    ㄷ. **요것**은 얼마예요?

중칭 사물대명사(中稱事物代名詞)인 '그것', '고것' 등은 청자 가까이에 있는 사물을 가리킬 적에 사용된다.

(14) ㄱ. **그것**은 무엇입니까?
    ㄴ. **고것**은 얼마입니까?

원칭 사물대명사(遠稱事物代名詞)인 '저것', '조것' 등은 화자와 청자에게서 멀리 떨어져 있는 사물을 가리킬 때 쓰인다.

(15) ㄱ. **저것**은 무엇입니까?
    ㄴ. **조것**은 얼마입니까?

'요것'은 '이것'을 얕잡아 일컫는 대명사이고, '고것'은 '그것'을 얕잡아 일컫는 것이며, '조것'은 '저것'을 얕잡아 일컫는 것이다.

근칭 처소대명사(近稱處所代名詞)인 '여기', '요기', '이곳' 등은 화자 가까이에 있는 처소를 지시할 때 쓰인다.

(16) ㄱ. **여기**는 어디입니까?
    ㄴ. **요기**은 공원입니다.
    ㄷ. **이곳**은 영화관이야.

중칭 처소대명사(中稱處所代名詞)인 '거기', '고기', '그곳' 등은 청자 가까이에 있는 처소를 가리킬 때 사용된다.

> (17) ㄱ. **거기**는 어떻게 가야 합니까?
> ㄴ. **고기**는 몇 번 버스를 타고 가야 합니까?
> ㄷ. **그곳**은 어떻게 가야 합니까?

원칭 처소대명사(遠稱處所代名詞)인 '저기', '조기', '저곳' 등은 화자와 청자에게서 멀리 떨어져 있는 처소를 지시할 때 쓰인다.

> (18) ㄱ. **저기**는 무엇을 하는 곳이죠?
> ㄴ. **조기**는 어떻게 가야 합니까?
> ㄷ. **저곳**은 경치가 매우 아름답군요.

부정칭 사물대명사(不定稱事物代名詞)인 '무엇'은 화자가 아는 사물을 지시하는 대명사인데, 미지칭 처소대명사(未知稱處所代名詞)인 '어디'는 화자가 모르는 처소를 지시하는 것이다.

부정칭 사물대명사인 '무엇'과 미지칭 처소대명사인 '어디'는 주로 평서문에 쓰이는데, 이것들이 의문문에 쓰일 경우에는 의문대명사로 간주한다.

> (19) ㄱ. **무엇**이든 주세요.
> ㄴ. **어디**든 여행을 가 보아라.

의문대명사는 의문의 뜻을 나타내는 대명사이다. '누구', '무엇', '어디', '언제' 등이 의문대명사에 해당한다.

> (20) ㄱ. **누가**(←**누구**가) 오셨습니까?
> ㄴ. **무엇**을 드릴까요?
> ㄷ. **어디**로 가세요?
> ㄹ. **언제** 귀국하십니까?

구어에서 '누구'는 주격 조사인 '가'와 결합하면 '누가'로 표현된다. 다음의 예문 (21ㄱ)은 문어인데, (21ㄴ)은 구어이다.

(21) ㄱ. **누구가** 이 문제를 풀겠습니까?
ㄴ. **누가** 이 문제를 풀겠습니까?

구어에서 '무엇'은 조사가 연결되면 '뭐가(←무엇이)', '뭘(←무엇을)', '뭐에(←무엇에)' 등으로 쓰이기도 한다.

(22) ㄱ. 이것 들 중에서 **뭐가** 가장 비싸요?
ㄴ. **뭘** 사시겠습니까?
ㄷ. **뭐에** 홀린 것 같았어.

3.3 수사의 특징과 용법

3.3.1 수사의 특징

수사(數詞)는 사람과 사물의 수효나 차례를 가리키는 품사이다.

수사의 특징은 다음과 같다.

첫째, 수사는 선행하는 관형어와의 직접 구성에서 명사보다 제약을 더 받는다. 다음의 예문 (1ㄱ)과 (1ㄴ)은 수사인 '일곱'이 관형어인 '어느', '아름다운'과 공기 관계를 맺어 비문법적인 문장이 되었는데, (1ㄷ)과 (1ㄹ)은 명사인 '사람'이 관형어인 '어느', '아름다운'과 공기 관계를 맺었는데도 문법에 맞는 문장이 되었다.

(1) ㄱ. *어느 **일곱**이 어느 여섯보다 작으냐?
ㄴ. *나는 아름다운 **일곱**을 좋아한다.
ㄷ. 어느 **사람**이 너보다 못났느냐?
ㄹ. 나는 아름다운 **사람**을 좋아한다.

둘째, 수사는 상황 지시성이 없다. 다음의 예문 (2ㄱ)에 쓰인 수사 '일곱'과 '여섯'은 어느 상황에서나 '일곱', '여섯'의 의미를 나타낸다. 상황에 따라 '일곱'이 '여덟'이나 '아홉'을 뜻하지 않는다. '여섯'도 상황에 따라 '다섯'이나 '아홉'을 뜻하지 않는다. 그런데 (2ㄴ)에 쓰인 '나'는 대명사이기 때문에 상황 지시성이 있어서 '나'가 지시하는 사람은 상황에 따라 '이동혁'일 수 있거나, '김연수'일 수가 있다.

    (2) ㄱ. **일곱**은 **여섯**보다 큰 수이다.
         ㄴ. **나**는 대학생이다.

3.3.2 수사의 용법

수사는 의미에 따라 양수사(量數詞)와 서수사(序數詞)로 나뉜다.

양수사는 사람의 수효나 사물의 수량을 가리키는 수사로, '기본수사'라고 일컫기도 한다. 고유어 양수사는 '아흔아홉'까지만 있다. 한자어 수사는 고유어 수사보다 체계가 더 잘 정립되어 있다.

양수사에는 정수(定數)와 부정수(不定數)가 있다. 정수는 정확한 수효와 수량을 지시하는 수사이고, 부정수는 대략적인 수효나 수량을 나타내는 수사이다.

    (3) ㄱ. 하나, 둘, 셋, 넷, 다섯, 여섯, 일곱, 여덟, 아홉, 열, 열 하나, 열 둘, 스물, 스물둘, 서른, 서른셋, 마흔, 마흔넷, 쉰, 쉰다섯, 예순, 예순여섯, 일흔, 일흔일곱, 여든, 여든여덟, 아흔, 아흔둘, … [정수]
         ㄴ. 한둘, 두셋, 서넛, 두서넛, 너덧, 댓, 너더댓, 대여섯, 예닐곱, 일여덟 … [부정수]

    (4) ㄱ. 영(零), 일(一), 이(二), 삼(三), 사(四), 오(五), 육(六), 칠(七), 팔(八), 구(九), 십(十), 십일(十一), 이십(二十), 삼십(三十), 사십(四十), 오십(五十), 육십(六十), 칠십(七十), 팔십(八十), 구십(九十), 구십구(九十九), 백(百), 천(千), 만(萬), 억(億), 조(兆), 경(京), 해(垓), 자(秭),

양(穰), 구(溝), 간(澗), 정(正) [정수(定數)]

ㄴ. 일이(一二), 이삼(二三), 삼사(三四), 사오(四五), 오륙(五六), 육칠(六七), 칠팔(七八), 팔구(八九), … [부정수(不定數)]

'백' 이상의 양수사는 한자어 수사와 고유어 수사를 섞어 쓰기도 하고, 한자어 수사끼리 결합해서 사용하기도 한다.

(5) ㄱ. 백하나, 백둘, 백셋, 백넷, 백다섯, 백여섯, 백일곱, 백여덟, 백아홉, …

ㄴ. 백일, 백이, 백삼, 백사, 백오, 백육, 백칠, 백팔, 백구, 백십, …

한자어 양수사인 '일십', '일백', '일천', '일만', '일십만', '일백만', '일천만' 등은 '일'을 떼고 '십', '백', '천', '만', '십만', '백만', '천만' 등으로 일컫는다. 그런데 한자어 수사인 '억(億)' 이상은 '일'을 붙여 '일억(一億)', '일백억(一百億)', '일천억(一千億)', '일조(一兆)', '일경(一京)' 등으로 일컫는다.

한 자리 숫자가 섞인 나이를 가리킬 때는 고유어 수사만 사용한다.

(6) ㄱ. 나는 **마흔다섯**이야. (○)

ㄴ. *나는 **사십오**야. (×)

십 단위의 나이를 가리킬 때는 고유어와 한자어 수사를 모두 사용한다.

(7) ㄱ. 아직 저분은 **아흔**이 안 됐어. (○)

ㄴ. 아직 저분은 **구십**이 안 됐어. (○)

서수사(序數詞)는 사람이나 사물의 차례를 나타내는 수사이다. 서수사에도 고유어 서수사와 한자어 서수사가 있다.

'하나째'라고 하지 않고 '첫째'라고 한다.

서수사에도 정수(定數)와 부정수(不定數)가 있다.

(8) ㄱ. 첫째, 둘째, 셋째, 넷째, 다섯째, 여섯째, 일곱째, 여덟째, 아홉째, 열째, 열한째, 열두째 … [정수]

　　ㄴ. 한두째, 두어째, 두세째, 두서너째, 서너째, 댓째, 여남은째 … [부정수]

(9) ㄱ. 제일(第一), 제이(第二), 제삼(第三), 제사(第四), 제오(第五), 제육(弟六), 제칠(第七), 제팔(第八), 제구(第九), 제십(第十), 제십일(第十一) … [정수]

　　ㄴ. 제일이(第一二), 제이삼(第二三), 제삼사(第三四), 제오륙(第五六) … [부정수]

4

조사

4.1 조사의 정의와 특징

4.1.1 조사의 정의

조사(助詞)란 어떤 말에 연결되어 그 말과 다른 말과의 관계를 나타내거나, 그 말에 특별한 의미를 더하여 주거나, 앞말과 뒷말을 접속하여 주는 구실을 하는 것이다.

다음의 예문 (1ㄱ)에서 조사인 '가'가 명사인 '현수'에 연결되어 '현수가'가 서술어 '사랑한다'의 주어임을 나타내고, 조사 '를'이 명사인 '민지'에 연결되어 '민지를'이 서술어인 '사랑한다'의 목적어임을 나타낸다. (1ㄴ)에서 조사 '은'은 '인생'과 '예술'이 대조가 됨을 나타낸다. (1ㄷ)에서 조사 '와'는 '현수'와 '민지'를 접속시키는 기능을 한다.

(1)   ㄱ. 현수**가** 민지**를** 사랑한다.
       ㄴ. 인생**은** 짧고 예술**은** 길다.
       ㄷ. 현수**와** 민지는 대학생이다.

한국어는 첨가어(添加語)이기 때문에 조사는 어미와 더불어 매우 중요한 비중을 차지한다.

첨가어는 어휘적인 의미를 나타내는 말에 문법적인 기능을 가진 요소가 결합되어 문장 속에서의 문법적인 역할이나 관계의 차이를 나타내는 언어이다. 이것을 교착어(膠着語) 또는 부착어(附着語) 혹은 점착어(粘着語)라고 일컫기도 한다. 한국어·터키어·몽골어·일본어·핀란드어 등이 첨가어에 속한다.

4.1.2 조사의 특징

한국어 조사의 특징은 다음과 같다.

첫째, 조사는 어휘적인 의미를 나타내지 못하고, 문법적인 의미를 나타낸다.

둘째, 조사는 문장에서 주로 체언 ― 명사·대명사·수사 등 ―에 연결되어 쓰인다. 그런데 조사는 동사·형용사·부사·절(節) 등에 연결되어 쓰이는 경우도 있다. 다음의 예문 (2ㄱ)에서 조사인 '이', '을', '를' 등은 명사인 '가을, 단풍, 산, 수' 등에 각각 연결되고, (2ㄴ)에서 조사인 '가'와 '을'은 명사인 '영주, 육식'에 각각 연결되었는데, 조사인 '는'은 동사인 '먹지'에 연결되었다. (2ㄷ)에서 조사인 '은'은 명사 '꽃'에 연결되고, 조사인 '가'는 형용사인 '향기롭지'에 연결되었다. (2ㄹ)의 '나는', '그이가', '나를' 등에서 조사인 '는', '가', '를' 등은 대명사 '나, 그이, 나' 등에 연결되었다. 그리고 (2ㄹ)에서 밑줄 친 '그이가 나를 좋아하는지'는 절이다. 이 절에 조사 '를'이 연결되었다.

> (2) ㄱ. 가을**이** 되니 단풍**이** 온 산**을** 아름답게 수**를** 놓고 있다.
> ㄴ. 영주**가** 육식**을** 먹지**는** 못한다.
> ㄷ. 저 꽃**은** 향기롭지**가** 않다.
> ㄹ. 나**는** <u>그이**가** 나**를** 좋아하는지</u>**를** 잘 모르겠다.

셋째, 서술격 조사인 '이다'를 제외한 나머지 모든 조사는 활용하지 못한다. 서술격 조사인 '이다'는 '이고', '이니', '이므로', '인데', '일수록' 등과 같이 활용한다.

4.2 조사의 종류

조사는 그 기능에 따라 격조사(格助詞), 보조사(補助詞), 접속조사(接續助詞) 등
으로 나뉜다.

격조사는 앞에 오는 체언이나 체언 구실을 하는 말로 하여금 문장에서 일정한
자격을 가지도록 하여 주는 조사이다. 다음의 예문 (1ㄱ)에서 격조사인 '가'는 명
사인 '영수'에 연결되어 주어의 기능을 하도록 하고, 격조사인 '을'은 명사인 '소설'
에 연결되어 목적어의 기능을 하도록 하고 있다. 다음의 예문 (1ㄴ)에서 격조사인
'의'는 명사인 '영수'에 연결되어 '영수의'가 관형어 기능을 하도록 하고, 격조사인
'이'는 명사인 '책상'에 연결되어 주어 기능을 하도록 하며, 격조사인 '에'는 대명사
인 '저기'에 연결되어 '제기에'가 부사어 기능을 하도록 하고 있다. (1ㄷ)의 밑줄
친 절(節)에서 격조사인 '가'는 '영수'에 연결되어 '영수가'가 그 절의 주어임을
나타내고, 절 뒤에 연결되어 있는 격조사인 '를'은 그 절이 (1ㄷ)의 서술어인 '바란
다'의 목적어임을 나타낸다.

> (1) ㄱ. 영수**가** 소설**을** 읽는다.
>   ㄴ. 영수**의** 책상**이** 저기**에** 있다. **[관형어, 주어, 부사어]**
>   ㄷ. 나는 <u>영수**가** 빨리 오기</u>**를** 바란다. **[주어, 목적어]**

보조사는 앞말에 특별한 의미를 더하여 주는 조사이다. 보조사는 체언뿐만 아
니라 동사·형용사·부사·절(節) 등에 연결되어 쓰이는 경우도 있다. 다음의 예문
(2ㄱ)의 '민지는'과 '보라는'에 쓰인 보조사 '는'은 '민지'와 '보라'를 대조함을 뜻하
고, (2ㄴ)의 '빵도'에 쓰인 보조사인 '도'는 '첨가'의 의미를 나타낸다.

> (2) ㄱ. 민지**는** 큰데, 보라**는** 작다.
>   ㄴ. 철수가 밥을 먹고 빵**도** 먹었다.

접속조사는 둘 이상의 단어나 구(句) 등을 같은 자격으로 이어 주는 구실을 하는 조사이다. 다음의 예문 (3ㄱ)에서 접속조사인 '와'는 명사인 '현서'와 '지윤'이를 이어 주고, (3ㄴ)에서 접속조사인 '랑'은 명사인 '사과, 배, 감' 등을 이어 주고 있다. (3ㄷ)에서 접속조사인 '하고'는 명사인 '보라'와 '연아'를 이어 주는 구실을 하고 있다.

    (3) ㄱ. <u>현서**와** 지윤</u>이는 중학생이다.
         ㄴ. 나는 <u>사과**랑** 배**랑**</u> 감을 많이 먹었어.
         ㄷ. <u>보라**하고** 연아</u>는 친구야.

4.3 격조사의 분류와 용법

4.3.1 격조사의 분류

격조사는 그 기능에 따라 주격 조사(主格助詞), 보격 조사(補格助詞), 목적격 조사(目的格助詞), 관형격 조사(冠形格助詞), 서술격 조사(敍述格助詞), 부사격 조사(副詞格助詞), 호격 조사(乎格助詞) 등으로 나뉜다.

4.3.2 격조사의 용법

주격 조사(主格助詞)는 체언이나 체언과 같은 기능을 하는 구(句) 혹은 절(節) 등에 연결되어 그것들이 주어로 기능을 하게 하는 조사이다. 즉 주격 조사는 앞말이 주어로 기능을 하도록 하는 조사이다.

주격 조사에는 '이/가', '께서', '께옵서' 등이 있다. '께서'는 주격 조사 '이/가'의 높임말이다. '께옵서'는 '께서'의 높임말로 문어에서 쓰인다.

(1) ㄱ. 나무**가** 매우 크다.

ㄴ. 선생님**께서** 저기에 앉아 계신다.

ㄷ. 아버지**께옵서** 보내 주신 편지를 잘 받았사옵니다.

ㄹ. 내일 그 사람**이** 귀국한다.

'서'와 '에서'가 주격 조사로 쓰이는 경우가 있다. 주격 조사 '서'는 '혼자, 둘이[37], 셋이[38]' 등과 같은 사람의 수를 나타내고, 받침이 없는 명사의 뒤에 연결되어 그 말들이 주어가 되게 한다.

(2) ㄱ. 이것은 혼자**서** 들기가 매우 무거운 물건이다.

ㄴ. 우리 둘이**서** 이 문제를 풀어 보자.

조사인 '에서'는 단체나 기관을 나타내는 명사의 뒤에 붙어서 그 말이 주어가 되게 하는 기능을 하도록 한다.

(3) ㄱ. 부녀회**에서** 노인들을 위해 잔치를 했다.

ㄴ. 교육부**에서** 내년도 대학 입시 전형을 발표했다.

구어에서 주격 조사가 새로운 정보를 나타낼 때에는 생략되지 않고, 구정보를 표현할 경우에는 생략되기도 한다. 다음의 예문 (4ㄱ)은 새로운 정보를 나타내는 문장이기 때문에 '노인'에 결합된 주격 조사 '이'가 생략되어서는 안 되는데, (4ㄴ)은 구정보를 나타내는 문장이기 때문에 '바람'에 결합된 주격 조사 '이'를 생략하여도 된다.

---

37) 둘이: '두 사람'을 뜻하는 명사. [보기] **둘이**서 행복하게 살고 있다.
   '둘이'가 부사로 쓰일 때에는 '두 사람이 함께'라는 의미를 나타낸다.

38) 셋이: '세 사람'을 뜻하는 명사. [보기] **셋이**서 여행을 떠났다.
   '셋이'가 부사로 쓰일 경우에는 '세 사람이 함께'라는 뜻을 나타낸다.

(4) ㄱ. 옛날 이 산골에 노인**이** 혼자 살았다. [신정보]

ㄴ. 어제 그 사건(**이**) 보도되었어. [구정보]

보격 조사(補格助詞)는 주로 체언에 연결되어 그것이 보어로 기능을 하게 하는 조사이다. '이', '가' 등이 보격 조사에 해당한다.

보격 조사가 연결되어서 보어 기능을 하는 말은 서술어인 '되다'나 '아니다'와 공기 관계를 맺는다. 다음의 예문 (5ㄱ)의 보어인 '개구리가'는 서술어인 '되었다' 와 공기 관계를 맺고, (5ㄴ)의 보어인 '공무원이'는 서술어인 '아니다'와 공기 관계 를 맺고 있다.

(5) ㄱ. 올챙이가 개구리**가 되었다.**

ㄴ. 영수는 공무원**이 아니다.**

목적격 조사(目的格助詞)는 체언이나 체언과 같은 기능을 하는 구(句) 혹은 절 (節) 등에 연결되어 그것들이 목적어로 기능을 하게 하는 조사이다. 즉 목적격 조사는 앞말로 하여금 목적어로 기능을 하게 하는 조사이다. '목적격 조사'를 '대 격 조사((對格助詞)'라고 일컫기도 한다.

목적격 조사에는 '을', '를', 'ㄹ' 등이 있다. 앞말이 모음으로 끝나면 목적격 조사 인 '를'이나 'ㄹ'이 사용되고, 자음으로 끝나면 목적격 조사인 '을'이 사용된다.

(6) ㄱ. 철수가 나무**를** 심는다.

ㄴ. 영미가 밥**을** 먹는다.

ㄷ. 나는 그가 무슨 일**을** 했는지를 안다.

ㄹ. 그는 현수와 영주**를** 사랑한다.

구어에서는 목적격 조사인 '를'보다 'ㄹ'을 더 많이 사용한다. 다음의 예문 (7ㄱ) 에 쓰인 '모랠'은 명사인 '모래'에 목적격 조사 'ㄹ'이 연결된 것이고, (7ㄴ)에 쓰인

'누굴'은 대명사인 '누구'에 목적격 조사 'ㄹ'이 연결된 것이다.

> (7) ㄱ. 나는 **모랠** 날랐다.
>
>   ㄴ. **누굴** 찾으세요?

조사인 '을', '를', 'ㄹ' 등은 그 앞말이 목적 대상이 됨을 나타내는 목적격 조사로 쓰이지 않고 보조사로 쓰이는 경우도 있다. 이런 경우에는 이동 동사(移動動詞)인 '가다, 건너다, 걷다, 기다, 날다, 내려가다, 다니다, 떠나다, 뛰다, 오다, 오르다' 등과 함께 쓰인다.

다음의 예문 (8ㄱ)의 '내려왔다', (8ㄴ)의 '날고', (8ㄷ)의 '가기' 등은 자동사이기 때문에 목적어와 공기 관계를 맺지 못한다. 예문 (8ㄱ)의 '산'에 연결된 '을', (8ㄴ)의 '하늘'에 연결된 '을', (8ㄷ)의 '답사'에 연결된 '를' 등은 목적격 조사로 쓰이지 않고 보조사로 쓰였다. (8ㄱ)의 '산을'에 쓰인 '을'은 '행동의 출발점'을 나타내고, (8ㄴ)의 '하늘을'에 쓰인 '을'은 '동작이 이루어지는 장소'를 뜻하며, (8ㄷ)의 '답사를'에 쓰인 '를'은 '어떤 행동의 목적이 되는 일'을 나타낸다.

> (8) ㄱ. 우리는 해가 지기 전에 산**을** **내려왔다**. [행동의 출발점]
>
>   ㄴ. 비행기가 하늘**을** **날고** 있다. [동작이 이루어지는 장소]
>
>   ㄷ. 우리는 충남 광천으로 답사**를** **가기**로 했다.
>   [어떤 행동의 목적이 되는 일]

구어에서 목적격 조사가 '초점(焦點)'을 나타낼 경우에는 생략되지 않는데, '초점'을 나타내지 않을 경우에는 생략되기도 한다. 다음의 예문 (9ㄱ)의 '사과를'에 쓰인 조사 '를'이 '초점'을 나타낼 경우에는 생략해서는 안 된다. 그런데 (9ㄴ)의 '밥을'에 쓰인 조사 '을'이 초점을 나타내지 않을 때에는 생략하여도 된다.

> (9) ㄱ. 나는 과일 중에서 사과**를** 가장 좋아해.

ㄴ. 빵보다 밥(**을**) 많이 먹어.

때로는 조사인 '를', 'ㄹ' 등이 보조사로 쓰이기도 한다. 이 경우에는 동사, 형용사, 조사, 부사 등에 연결되어 '강조'의 뜻을 나타낸다.

(10) ㄱ. 나는 학교에 가지**를** 못해.
ㄴ. 그는 가만히 있**질** 안 해요. [**'있질'=있지 + 조사 'ㄹ'**]
ㄷ. 지난 일요일에는 친구들과 산에**를** 갔어.
ㄹ. 좀 더 빨리**를** 달려.

관형격 조사는 체언이나 체언 상당 어구에 연결되어 그것들로 하여금 관형어로 기능을 하게 하는 조사이다. 관형격 조사를 '속격 조사(屬格助詞)' 혹은 '소유격 조사(所有格助詞)'라고 일컫기도 한다. 관형격 조사는 '의' 하나뿐이다.

관형격 조사는 두 체언이나 체언 상당 어구를 수식어와 피수식어의 통사적 관계로 묶어 주는 기능을 한다. 다음의 예문 (11ㄱ)에서 '목련꽃의'는 '향기'의 수식어이고, '향기'는 '목련꽃의'의 피수식어이다. 즉 '목련꽃의'는 '향기'를 꾸며 주는 말이고, '향기'는 '목련꽃의'의 꾸밈을 받는 말이다. (11ㄴ)에서는 '한강의'는 '소설'의 수식어이고, '소설'은 '한강의'의 피수식어이다.

(11) ㄱ. 나는 목련꽃**의** 향기를 좋아한다.
ㄴ. 어제 나는 맨부커상을 탄 한강**의** 소설인 '채식주의자'를 읽었다.

주격 조사, 목적격 조사, 부사격 조사 등은 서술어와의 관계를 나타내는데, 관형격 조사는 두 체언 사이의 여러 의미 관계를 나타낸다. 다음의 예문 (12ㄱ)의 '민서'에 연결된 관형격 조사인 '의'는 '소유 관계'를 나타내고, (12ㄴ)의 '학교'에 연결된 관형격 조사인 '의'는 '소속 관계'를 나타낸다. (12ㄷ)의 '나'에 연결된 관형격 조사인 '의'는 '가족 관계'를 나타낸다.

(12) ㄱ. 이것이 민서**의** 책이다. [소유 관계를 나타냄.]

ㄴ. 이 학교**의** 학생은 모두 예의가 바르다. [소속 관계를 나타냄.]

ㄷ. 나**의** 할머니는 매우 착하셨어. [가족 관계를 나타냄.]

관형격 조사인 '의'가 의미상 주어 구실을 하는 경우가 있다. 이런 경우 조사인 '의'를 주격 조사인 '가/이'로 바꾸어 써도 자연스러운 문장이 된다.

(13) ㄱ. 연아**의** 살던 고향은 따뜻한 인정이 넘치는 곳이었어.

[연아의 살던 → 연아가 살던]

ㄴ. 이것은 노인**의** 누리는 바 특권이다.

[노인의 누리는 → 노인이 누리는]

관형격 조사가 '소유주-피소유주' 혹은 '전체-부분'의 의미를 나타낼 경우에는 잘 생략된다. 그런데 관형격 조사가 그러한 의미를 나타내지 않을 경우에는 생략되지 않는다.

(14) ㄱ. 이것은 **나(의) 책**이야. [소유주-피소유주]

ㄴ. **토끼(의) 앞발**이 짧다. [전체-부분]

ㄷ. 어제 나는 제야**의** 종소리를 들었다.

위의 예문 (14ㄱ)의 '나'는 '소유주'이고, (14ㄱ)의 '책'은 피소유주이다. (14ㄴ)의 '토끼'는 '전체'이고 '앞발'은 '부분'이다. 이런 경우에는 관형격 조사인 '의'를 생략하여도 된다. 그런데 (14ㄷ)에 쓰인 관형격 조사인 '의'는 그 앞과 뒤의 명사가 '소유주-피소유주'나 '전체-부분'의 의미를 나타내지 않기 때문에 생략해서는 안 된다.

서술격 조사(敍述格助詞)는 체언이나 체언 상당 어구 뒤에 연결되어서 그것들로 하여금 서술어 기능을 하게 하는 조사이다.

서술격 조사는 '이다' 하나뿐이다.

한국인을 위한 한국어 교육 문법에서는 '이다'를 서술격 조사로 처리하는데, '이다'는 동사나 형용사처럼 활용을 하기 때문에 조사로 인정하지 않고 지정사 혹은 잡음씨로 간주하는 이가 있다. 이 글에서는 서술격 조사 '이다'를 동사·형용사 등과 함께 활용어의 일종으로 다루고자 한다[제2장 5절 참조].

(15) 인간은 고등동물**이니** 생각할 줄 아는 존재**이고** 남을 배려할 줄 아는 존재**이다.**

서술격 조사 '이다'의 어간 '이-'에 종결어미인 '-아'가 결합되면 그 '-아'는 '-야'로 실현된다.

(16) 그것은 볼펜이**야.**

'이다'의 어간인 '이-'가 모음 뒤에서 모음 충돌 회피 현상에 따라 탈락되기도 한다.

(17) ㄱ. 이것은 소**이다.** → 이것은 소**다.**
　　　ㄴ. 이것은 토끼**이고,** 저것은 오리**이다.** → 이것은 토끼**고,** 저것은 오리**다.**

부사격 조사(副詞格助詞)는 주로 체언에 연결되어 그 체언으로 하여금 부사어의 기능을 하게 하는 조사이다.

부사격 조사는 다른 격 조사에 비해 그 수효가 많다.

부사격 조사는 의미에 따라 처격 조사(處格助詞)·여격 조사(與格助詞)·공동격 조사(共同格助詞)·비교격 조사(比較格助詞)·재료격 조사(材料格助詞)·도구격 조사(道具格助詞)·방향격 조사(方向格助詞)·변성격 조사(變成格助詞)·수단격 조사(手段格助詞)·자격격 조사(資格格助詞)·원인격 조사(原因格助詞)·인용격 조사(引用格助詞) 등으로 세분된다.

부사격 조사 중에는 동일한 형태이더라도 문맥에 따라 다른 의미를 나타내는 것이 있다.

1) 처격 조사는 그 앞에 연결된 체언이 처소(處所)임을 나타내는 조사이다. '에', '에서' 등이 처소격 조사이다.

처소격 조사인 '에'는 '처소', '시간', '단위' 등을 나타내는 말에 연결된다.

> (18) ㄱ. 나는 서울에 산다. [처소]
> ㄴ. 7시에 만나자. [시간]
> ㄷ. 이 설탕은 1kg에 얼마입니까? [단위]

처소격 조사 '에'는 다음의 (19)와 같은 표현 항목을 형성하기도 한다.

> (19) …에 왔던 차에, 어떤 기간 중에, …는 판에, …에 대하여(대해서), …에 대한, …에 관하여(관해서), …에 관한, …에 따라, …에 따르면, …에 비하여, …에 반하여, …에 불과하다

처소격 조사 '에서'는 '처소', '출발점', '비교의 기준점' 등을 나타내는 말에 연결된다. 다음의 예문 (20ㄱ)에 쓰인 처소격 조사 '에서'는 '처소'를 나타내고, 예문 (25ㄴ)에 쓰인 처소격 조사 '에서'는 '출발점'을 나타내며, (20ㄷ)에 쓰인 처소격 조사 '에서'는 '비교의 기준점'을 나타낸다.

> (20) ㄱ. 나는 집에서 쉬는 게 제일 좋아. [처소]
> ㄴ. 나는 고향에서 오는 길이야. [출발점]
> ㄷ. 민서는 지나치게 안 먹어 체중이 표준에서 훨씬 못 미친다. [비교의 기준점]

구어에서는 '에서'의 준말인 '서'가 많이 쓰인다. 조사 '에서' 앞에 오는 말의 끝 음절이 모음으로 끝난 경우에 '에'가 생략된다.

(21) ㄱ. 저는 도시**에서** 삽니다. → 저는 도시**서** 삽니다.

ㄴ. 그는 서울**에서** 산다. → 그는 서울**서** 산다.

'에서'는 출발점을 나타내기도 하는데, '에'는 도착점을 나타내기도 한다. 다음의 예문 (22ㄱ)에 쓰인 조사 '에서'는 중국 관광객이 출발한 곳이 '상하이'임을 나타내는데, (22ㄴ)에 쓰인 조사 '에'는 중국 관광객이 도착한 곳이 '광천'임을 나타낸다.

(22) ㄱ. 중국 관광객이 상하이**에서** 왔다. [출발점]

ㄴ. 중국 관광객이 광천**에** 왔다. [도착점]

'에서'는 '에서 … 까지'의 형태로 쓰이어 출발점과 도착점을 나타낸다.

(23) 집**에서** 버스 정류장**까지** 멀지 않아.

2) 여격 조사는 선행 체언이 수여(授與)의 대상임을 나타내는 조사이다. 여격 조사에는 '에', '에게', '께', '한테', '더러', '보고' 등이 있다. '께'는 '에게', '한테', '더러', '보고' 등의 높임말로 쓰인다.

여격 조사 '에'를 제외한 '에게', '께', '한테', '더러', '보고' 등은 유정 명사에 연결된다.

(24) ㄱ. 나는 나무{**에**, *__에게__} 물을 주었어.

ㄴ. 민서는 동생{**에게**, **한테**} 용돈을 주었다.

ㄷ. 저는 할머니**께** 선물을 드렸어요.

ㄹ. 민지는 이 책을 영주{**더러**, **보고**, **한테**} 가지라고 하였다.

3) 공동격 조사는 앞에 연결된 대상이 다른 대상과 어떤 일을 함께함을 나타내는 조사이다.

'과/와', '이랑/랑', '하고' 등이 공동격 조사이다. '이랑/랑'과 '하고'는 주로 구어

(口語)에 쓰인다.

> (25) ㄱ. 철수는 동혁{**과**, **하고**} 놀고 있다.
> ㄴ. 나는 탁구를 연아**와** 쳤다.
> ㄷ. 개가 닭**과** 즐겁게 논다.
> ㄹ. 현수가 동혁**이랑** 싸웠다.
> ㅁ. 나는 테니스를 영수**하고** 쳤다.

'…과/와 함께'라는 표현 항목은 앞의 체언뿐만 아니라 뒤의 체언도 그렇다는 것을 뜻한다(국립국어원, 2005ㄴ: 59).[39]

> (26) ㄱ. 술**과 함께** 담배도 건강에 해로운 것이다.
> ㄴ. 권투**와 함께** 축구도 내가 좋아하는 것이야.

4) 비교격 조사는 둘 이상의 사람이나 사물을 견줌을 뜻하는 조사이다. '같이', '만큼/만치', '처럼', '보다', '과/와', '랑/이랑' 등이 비교격 조사로 쓰인다. 비교격 조사인 '같이', '만큼/만치', '처럼' 등은 두 체언의 상태에 우열의 차이가 없음을 나타내는데, '보다'는 차이가 있음을 나타낸다.

> (27) ㄱ. 현수는 너**처럼** 용감하다.
> ㄴ. 그는 바보{**같이**, **처럼**} 행동하였다.
> ㄷ. 보라는 영주**만큼** 공부를 잘한다.
> ㄹ. 영주는 선주**보다** 더 착하다.
> ㅁ. 그의 성격은 너**와** 같다.
> ㅂ. 사람의 언어는 짐승의 것**과** 다르다.

조사인 '같이', '만큼/만치', '처럼' 등은 동등 비교(同等比較)를 나타내는 비교격

---

39) 국립국어원(2005ㄴ)은 국립국어원에서 2005년에 발간한 『외국인을 위한 한국어 문법 2』를 뜻한다.

조사인데, '보다'는 부등 비교(不等比較)를 나타내는 비교격 조사이다.

비교격 조사인 '과/와'가 '같다', '비슷하다', '유사하다' 등과 같은 형용사인 서술어와 공기 관계를 맺을 때에는 동등 비교를 나타내는데, 비교격 조사인 '과/와'가 앞의 예문 (27ㅂ)과 같이 '다르다', '상이하다' 등과 같은 서술어와 공기 관계를 맺을 때에는 부등 비교를 나타낸다.

5) 재료격 조사는 앞에 연결된 명사가 어떤 물건의 재료임을 나타내는 조사이다. '(으)로'나 '(으)로써'가 재료격 조사로 쓰인다. 조사인 '로'나 '로써'는 받침이 없거나 'ㄹ' 받침으로 끝나는 체언에 연결되는데, 조사인 '으로'나 '으로써'는 'ㄹ' 이외의 자음으로 끝나는 체언에 연결된다.

(28) ㄱ. 이 빵은 국산 밀**로** 만든 것이다.
ㄴ. 나는 도자기를 진흙**으로써** 만든다.

6) 도구격 조사는 앞에 연결된 체언이 어떤 사물의 도구임을 나타내는 조사이다. 도구격 조사에는 '(으)로'와 '(으)로써'가 있다. 조사인 '로'와 '로써'는 받침이 없거나 'ㄹ' 받침으로 끝나는 체언에 붙는데, 조사인 '으로'와 '으로써'는 'ㄹ' 이외의 자음으로 끝나는 체언에 연결된다.

(29) ㄱ. 나는 칼**로** 과일을 깎았다.
ㄴ. 나는 과도**로써** 과일을 깎았다.
ㄷ. 나는 볼펜**으로** 편지를 썼다.

7) 수단격 조사는 앞에 연결된 말이 어떤 사물의 수단이나 방법임을 나타내는 조사이다.
조사인 '(으)로', '(으)로써' 등이 수단격 조사로 쓰인다. 수단격 조사인 '로'와 '로써'는 받침이 없거나 'ㄹ' 받침으로 끝나는 체언에 붙는데, 수단격 조사인 '으로'

와 '으로써'는 'ㄹ' 이외의 자음으로 끝나는 체언이나 명사형에 연결된다. 다음의
예문 (30ㄷ)에서 '으로써'는 '공부하다'의 명사형인 '공부함'에 연결되어 있다.

> (30) ㄱ. 나는 그 물건을 자동차**로** 운반하였다.
>   ㄴ. 나는 혼자 힘**으로** 이 시련을 극복할 수 있다.
>   ㄷ. 그는 열심히 공부함**으로써** 공무원 시험에 합격했다.

8) 방향격 조사는 앞에 연결된 체언이 어떤 행동이나 상태의 방향임을 나타내는
조사이다.
  조사인 '(으)로'가 방향격 조사로 사용된다. 조사인 '로'는 받침이 없거나 'ㄹ'
받침으로 끝나는 체언에 붙는데, 조사인 '으로'는 'ㄹ' 이외의 자음으로 끝나는
체언에 연결된다.

> (31) ㄱ. 그는 네팔**로** 여행을 떠났다.
>   ㄴ. 자신의 행복을 위해 남을 괴롭히는 것은 자신을 불행**으로** 이끄는 길이다.

9) 변성격 조사는 주체가 어떤 동작이나 작용으로 말미암아 바뀐 대상임을 나타
내는 조사이다.
  조사인 '(으)로'가 변성격 조사로 쓰인다. 조사인 '로'는 받침이 없거나 'ㄹ' 받침으
로 끝나는 체언에 붙는데, 조사인 '으로'는 'ㄹ' 이외의 자음으로 끝나는 체언에
연결된다.
  "{체언 + 주격 조사 '이/가'} + {체언 + 변성격 조사 '(으)로'} + 서술어" 구문은
누가 혹은 무엇이 바뀌거나 변화하였음을 나타낸다.

> (32) ㄱ. 밭이 논**으로** 바뀌었다
>   ㄴ. 얼음이 물**로** 변하였다.
>   ㄷ. 밭이 바다**로** 변하였다.

10) 자격격 조사는 신분·지위·자격 등을 나타내는 명사에 연결되어 주체가 그러한 신분·지위·자격 등을 가지고 있음을 나타내는 조사이다. 조사인 '(으)로서', '(으)로(서)' 등이 자격격 조사로 쓰인다.

(33) ㄱ. 그 선생님은 교육자**로** 아주 훌륭하게 사셨다.
　　　ㄴ. 정치가**로서** 그런 언동을 하면 안 된다.

11) 원인격 조사는 앞에 연결된 말이 어떤 사건의 원인임을 나타내는 조사이다. 조사인 '에', '(으)로' 등이 원인격 조사로 쓰인다.

(34) ㄱ. 나무가 바람**에** 쓰러졌다.
　　　ㄴ. 어제 그는 병**으로** 결석하였다.

12) 인용격 조사는 선행어가 인용한 말임을 나타내는 조사이다.

조사인 '고', '라고/이라고', '하고' 등이 인용격 조사로 쓰인다. '고'는 선행어가 간접적으로 인용한 말임을 나타내는 조사이다. '라고/이라고'는 선행어가 직접적으로 인용한 말임을 나타내는 조사이다. '하고'는 의성어나 독백이 직접적으로 인용한 말임을 나타내는 조사이다.

(35) ㄱ. 기상청에서는 <u>내일 비가 온다</u>**고** 한다. [간접 인용]
　　　ㄴ. 동수는 은서에게 "<u>저는 그대의 충복입니다.</u>"**라고** 말했다. [직접 인용]
　　　ㄷ. 그는 혼잣말로 "<u>오늘따라 기분이 아주 좋구먼!</u>"**이라고** 말했다. [직접 인용]
　　　ㄹ. 갑자기 계곡에서 '<u>우르르 쾅쾅</u>'**하고** 소리가 났다. [의성어를 직접 인용함.]
　　　ㅁ. 나는 마음속으로 "<u>최선을 다해야지.</u>"**하고** 굳게 다짐하고 경기에 임했다. [독백을 직접 인용함.]

위의 예문 (35ㄱ)에서 조사인 '고'는 밑줄 친 말인 "내일 비가 온다."가 간접

인용한 말임을 나타낸다. (35ㄴ)에서 조사인 '라고'와 (35ㄷ)에서 조사인 '이라고'
는 밑줄 친 말이 직접 인용한 말임을 나타낸다. (35ㄹ)에서 조사인 '하고'는 의성어
인 '우르르 쾅쾅'을 직접 인용한 말임을 나타내고, (35ㅁ)에서 조사인 '하고'는
독백인 밑줄 친 말이 직접 인용한 말임을 나타낸다.

조사인 '이라고'가 마음에 탐탁하지 않게 생각하는 대상임을 나타낼 경우에는
보조사로 쓰인 것이다.

> (36) ㄱ. 월급**이라고** 얼마 안 돼.
> ㄴ. 집**이라고** 어디 변변한 것이 있나?

외국인 한국어 학습자에게 부사격 조사를 교육할 때에 초급 과정의 학습자에게
는 부사격 조사를 의미에 따라 세분해서 교육하지 않고, 사용 빈도수가 높은 부사
격 조사를 교육한다. 중급 과정의 학습자나 고급 과정의 학습자에게는 부사격
조사를 의미에 따라 분류하여 교육한다.

호격 조사는 체언으로 하여금 독립어가 되게 하는 조사이다. 이것을 '독립격
조사(獨立格助詞)'라고 일컫기도 한다.

조사인 '아/야', '이여/여', '이시여/시여' 등이 호격 조사이다.

호격 조사인 '아', '이여', '이시여' 등은 자음 아래에 쓰이고, 호격 조사인 '야',
'여' 등은 모음 아래에 쓰인다. 모음 아래에서 호격 조사인 '이시여'의 '이-'가 생략
된 '시여'가 쓰이기도 한다.

호격 조사인 '이여/여'는 '아/야'의 높임말이고, 호격 조사인 '이시여'는 '이여/여'
의 높임말이다. 호격 조사인 '이여/여'와 '이시여/시여'는 일상 대화에는 잘 쓰이지
않고, 기도문이나 시적 표현 등에서 사용된다.

> (37) ㄱ. 혁**아**, 이리 와.
> ㄴ. 영주**야**, 이리 오너라.

ㄷ. 그대여, 부디 행복하소서.

ㄹ. 내 조국이여, 영원히 빛나라.

ㅁ. 하느님이시여, 불쌍한 인간들을 보살펴 주시옵소서.

ㅂ. 주(主)시여, 어디로 가시나이까?

호격 조사인 '아/야'는 윗사람이 아랫사람을 부르거나 어린이가 친구를 부를 때 사용된다.

(38) ㄱ. (할아버지가 손녀에게 한 말) 민지**야**, 이리 오너라.

ㄴ. (어린이가 친구에게 한 말), 현주**야**, 이리 와.

4.4 보조사의 특징과 용법

4.4.1 보조사의 특징

보조사(補助詞)의 특징은 다음과 같다.

첫째, 보조사는 격을 나타내지 않고, 앞말에 어떤 의미를 더하여 준다.

(1) ㄱ. 이것**은** 비싸고 저것**은** 싸다. [대조]

ㄴ. 내 마음이 아프지**는** 않아. [강조 혹은 한정]

둘째, 보조사는 체언, 부사, 조사, 연결어미, 종결어미, 어근 등에 연결된다.

(2) ㄱ. 어제 나**는** 책을 사고 노트**도** 샀다. [보조사 '는'이 대명사 '나'에 연결되고, 보조사 '도'가 명사 '노트'에 연결됨.]

ㄴ. 둘**도** 좋아. [보조사 '도'가 수사 '둘'에 연결됨.]

ㄷ. 그는 앉아서**도** 노래를 잘 부른다. [보조사 '도'가 연결어미 '-아서'에 연결됨.]

ㄹ. 조금**도** 잘못하지 않았어**요**. [보조사 '도'가 부사 '조금'에 연결되고, 보조사 '요'가 종결어미 '-어'에 연결됨.]

ㅁ. 날씨가 산뜻**도** 하다. [보조사 '도'가 '산뜻하다'의 어근 '산뜻'에 연결됨.]

ㅂ. 여기에서**는** 떠들어서**는** 안 돼요. [보조사 '는'이 격조사 '에서'와 연결어미 '-어서'에 연결됨.]

셋째, 보조사는 생략되지 않는다. 보조사를 생략하면 표현하고자 하는 의미가 달라지기 때문에 보조사를 생략하여서는 안 된다.

(3) ㄱ. 나**도** 수영할 줄 알아요.

ㄴ. 영수**는** 빵**도** 먹었어요.

넷째, 보조사는 주격, 목적격, 부사격 자리에 두루 쓰이는데, 관형격 자리에는 쓰이지 못한다. 보조사인 '도'가 다음의 예문 (4ㄱ)에서는 주어 자리에 쓰이고, (4ㄴ)에서는 목적어 자리에 쓰이고, (4ㄷ)에서는 부사어 자리에 쓰였다. 그런데 (4ㄹ)에서는 관형어 자리에 쓰였기 때문에 (4ㄹ)이 비문법적인 문장이 된 것이다.

(4) ㄱ. 연아**도** 음악을 좋아해. **[주어 자리]**

ㄴ. 연아가 음악**도** 좋아해. **[목적어 자리]**

ㄷ. 연아와**도** 같이 놀아라. **[부사어 자리]**

ㄹ. *나는 연아의**도** 노래를 좋아해.(×)

4.4.2 보조사의 용법

보조사에는 '은/는', '도', '부터', '까지', '마저', '조차', '만', '밖에', '뿐', '마다', '이나/나', '이나마/나마', '이든지/든지', '대로', '이란/란', '요', '치고', '마는', 커녕, 'ㄴ커녕/은커녕/는커녕', '이라도/라도', '이야/야', '이야말로/야말로', '따라', '그래', '다가', '그려', '들' 등이 있다.

1) 은/는

보조사인 '은'은 자음으로 끝난 말에 연결되고, 보조사인 '는'은 모음으로 끝난 말에 연결된다.

    (5) ㄱ. 영철은 중학생이고, 보라는 대학생이다.
         ㄴ. 사람은 양심이 있는 존재이다.

보조사인 '은/는'은 체언, 연결어미, 부사, 조사 등에 연결된다. 다음의 예문 (6ㄱ)에서 보조사인 '은'이 명사인 '혁명'에 연결되고, (6ㄴ)에서 보조사인 '는'이 연결어미 '-어'에 연결되었다. (6ㄷ)에서 보조사인 '은'이 부사 '조금'에 연결되고, (6ㄹ)에서 보조사인 '는'이 격조사 '으로'에 연결되었다.

    (6) ㄱ. 4차 산업 혁명은 인공지능(AI), 로봇 기술, 생명과학 등이 주도하는
            차세대 혁명이다.
         ㄴ. 그 책을 한번 읽어는 보았어.
         ㄷ. 조금은 떨려.
         ㄹ. 앞으로는 더욱 성실히 살겠어요.

보조사인 '은/는'은 '대조(對照)'나 '강조'의 의미를 나타내거나, 어떤 대상이 화제(話題)이거나, '구정보(舊情報)'임을 나타내는 것이다.

    (7) ㄱ. 인생은 짧고, 예술은 길다. [대조]
         ㄴ. 그 구두쇠도 가끔은 남을 위해서 돈을 많이 쓸 때가 있어. [강조]
         ㄷ. 순수한 봉사는 아름다운 행위이다. [화제]
         ㄹ. 옛날에 이 마을에서 한 아기가 태어났어요.
            그 아기는 성장해서 위대한 사람이 되었어요. [구정보]

보조사인 '은/는'은 대체로 '안긴 문장'[40]의 주어 자리에 잘 쓰이지 않는다. 다음 예문 (8ㄱ)은 안긴 문장의 주어 자리에 보조사인 '는'이 쓰이어 비문법적인 문장이

되었다. 예문 (8ㄱ)은 (8ㄴ)과 같이 바꾸어 써야 문법에 맞는 문장이 된다.

    (8) ㄱ. *연아는 **마음씨는 착한** 사람을 좋아한다.
        ㄴ. 연아는 **마음씨가 착한** 사람을 좋아한다.

  안긴 문장의 주어 자리에 쓰인 보조사 '는'이 '대조'의 의미를 나타낼 경우에는 문법에 맞는 문장이 된다. 다음 문장에 쓰인 보조사 '는'이 안긴 문장인 '머리는 좋은'의 주체인 '머리'가 '성질'과 대조됨을 나타내기 때문에 다음 예문 (9)가 문법에 맞는 문장이 된 것이다.

    (9) 머리**는** 좋은 사람이 나쁜 성질 때문에 승진을 하지 못했다.

  보조사인 '은/는'은 보조사 중에서 사용 빈도가 가장 높은 것이다. 그래서 외국어로서의 한국어 교원 중에는 주격 조사인 '이/가'보다 먼저 보조사인 '은/는'을 교육하는 이가 있다. 한국어 교재 중에도 보조사 '은/는'을 맨 먼저 제시하고 있는 것이 있다.

  2) 도
  보조사인 '도'는 체언, 부사, 연결어미, 조사 등에 연결된다.
  보조사인 '도'는 이미 어떤 대상이나 사태에 포함되고 그 위에 더함의 뜻을 나타낸다.

    (10) ㄱ. 선아가 밥을 먹고, 빵**도** 먹었다.
        ㄴ. 선아는 수학을 잘하고, 영어**도** 잘한다.

  보조사인 '도'는 '기대에 못 미치지만 받아들임'의 뜻을 나타내기도 한다.

---

40) '안긴 문장'을 '성분절' 혹은 '내포절', 혹은 '내포문'이라고 일컫기도 한다.

(11) ㄱ. 밥이 없으면 라면**도** 괜찮습니다.
ㄴ. 사람**도** 사람 나름입니다.

보조사인 '도'는 단위를 나타내는 의존명사에 연결되어 그 정도가 기대보다 많거나 적음을 나타내기도 한다.

(12) ㄱ. 나는 이 글을 20분**도** 안 걸려 암기할 수 있어.
ㄴ. 그 사람이 10미터**도** 넘는 담을 뛰어넘었어요.

보조사인 '도'는 '강조'의 뜻을 나타내기도 한다.

(13) ㄱ. 그는 너무 피곤해서 먹지**도** 못한다.
ㄴ. 참 잘**도** 뛴다.

보조사인 '도'는 주로 '…도 …도' 구성으로 쓰이어 둘 이상의 대상이나 사태를 똑같이 아우름을 나타낸다.

(14) ㄱ. 연아는 운동**도** 잘하고 노래**도** 잘 부른다.
ㄴ. 이 마을은 경치**도** 좋고 인심**도** 좋아요.

3) 부터
보조사인 '부터'는 체언이나 연결어미에 연결된다.
보조사인 '부터'는 '맨 처음 시작하거나 출발함'을 뜻한다.

(15) ㄱ. 나는 이 문제**부터** 풀어 보겠어.
ㄴ. 너**부터** 출발해라.

보조사인 '부터'는 앞말을 '강조함'을 뜻한다.

(16) ㄱ. 나는 담배를 끊으면서**부터** 건강해졌어요.

ㄴ. 그는 본래**부터** 남을 미워할 줄 모르는 사람이야.

4) 까지

보조사인 '까지'는 체언이나 부사어 뒤에 연결된다.

보조사인 '까지'는 '어떤 것이 포함되고 그 위에 더함'의 뜻을 나타낸다. 이것은 보조사인 '도', '마저', '조차' 등과 유사한 의미를 나타낸다.

(17) 그는 철수에게 밥을 사 주고 용돈**까지** 많이 주었다.

보조사인 '까지'는 {'부터' 혹은 '에서' … 까지} 구성에서 '어떤 일이나 상태 등에 관련되는 범위의 끝임'을 나타낸다.

(18) ㄱ. 완행열차로 가면 서울{**부터, 에서**} 광천**까지** 2시간 걸려요.

ㄴ. 나는 아침{**부터, 에서**} 밤**까지** 쉬지 않고 일하였다.

보조사인 '까지'는 '극단적인 경우임'을 나타내기도 한다.

(19) 그 사람이 나를 이렇게**까지** 사랑하는 줄 몰랐어.

보조사인 '까지'의 뒤에 조사가 연결되어 쓰이기도 한다.

(20) ㄱ. 이곳까지**가** 너의 땅이다.

ㄴ. 저기까지**도** 너의 땅이냐?

5) 마저

보조사인 '마저'는 체언 뒤에 연결된다.

보조사인 '마저'는 '이미 어떤 것이 포함되고 그 위에 더함'의 뜻을 나타낸다.

(21) 오늘은 무더운 데다가 미세먼지 농도**마저** 매우 높구나.

보조사인 '마저'는 '하나 남은 마지막임'을 뜻하기도 한다. 이것은 화자에게 불리한 일을 의미할 경우에만 쓰인다.

(22) ㄱ. 너**마저** 떠나면 이곳에는 나만이 남는다.
　　 ㄴ. 그는 한 개밖에 없는 빵**마저** 먹어 버렸다.

6) 조차

보조사인 '조차'는 체언 뒤에 연결된다.

보조사인 '조차'는 '이미 어떤 것이 포함되고 그 위에 더함'의 뜻을 나타낸다. 일반적으로 '화자가 예상하지 못한 일이 또 일어남'을 뜻한다.

(23) ㄱ. 너**조차** 그런 언동을 하니?
　　 ㄴ. 강도가 돈도 빼앗고 시계**조차** 빼앗아 갔다.

보조사인 '조차'가 명령문이나 청유문에 쓰이면 비문법적인 문장이 된다. 그 이유는 명령문과 청유문에는 화자가 예상한 것의 의미가 내포되어 있는데, 보조사 '조차'는 화자가 예상하지 못한 일이 또 일어남을 뜻하는 것이기 때문이다.

(24) ㄱ. *너**조차** 멀리 가 버려라.(×) [명령문]
　　 ㄴ. *너**조차** 힘을 내자.(×) [청유문]

7) 만

보조사인 '만'은 체언, 연결어미, 부사 등에 연결된다.

보조사인 '만'은 '여럿 중에서 어느 것 하나에 한정함'이나 '무엇을 강조함'을 나타낸다. 다음의 예문 (25ㄱ)과 (25ㄴ)에 쓰인 보조사 '만'은 '여럿 중에서 어느 것 하나에 한정함'을 뜻하는데, (25ㄷ)과 (25ㄹ)에 쓰인 보조사 '만'은 선행어를

‘강조함’을 의미한다.

>(25) ㄱ. 그는 소설**만**을 읽는다.
>　　 ㄴ. 나는 너**만**을 믿는다.
>　　 ㄷ. 관객이 자꾸**만** 바뀌면서 공연은 계속되었다.
>　　 ㄹ. 밤은 점점 깊어**만** 갔다.

　보조사인 ‘만’은 ‘비교함’의 뜻을 나타내기도 한다. ‘…만 같다’의 형태는 ‘…인 것’, ‘…과/와’의 뜻을 나타낸다.

>(26) ㄱ. 그의 말은 참말**만** 같았다. [그의 말은 참말**인 것** 같았다.]
>　　 ㄴ. 그녀는 천사**만** 같았다. [그녀는 천사**와** 같았다.]

8) 밖에

　보조사인 ‘밖에’는 주로 체언 뒤에 연결된다.

　보조사인 ‘밖에’는 ‘앞말이 지시하는 것 말고는 없음’을 뜻하는 것이다.

　보조사인 ‘밖에’는 보조사인 ‘만’, ‘뿐’ 등과 유사한 의미를 나타낸다. 그런데 보조사인 ‘밖에’의 뒤에는 반드시 부정을 나타내는 말이 온다. 그런데 보조사인 ‘만’과 ‘뿐’의 뒤에는 긍정이나 부정을 나타내는 말이 온다.

>(27) ㄱ. 나는 수학**밖에** 잘하는 과목이 **없다**.
>　　 ㄴ. 회의에 열 명**밖에** 참석하지 **않았어요**.

9) 뿐

　보조사인 ‘뿐’은 체언이나 부사어 뒤에 연결된다.

　보조사인 ‘뿐’은 ‘그것만이고 더는 없음’ 또는 ‘오직 그렇게 하거나 그러하다는 것’을 의미한다. 이것은 오직 선행어가 지시하는 내용에 국한됨을 뜻한다.

    (28) ㄱ. 내가 사랑하는 사람은 오직 너**뿐**이야.

          ㄴ. 이곳에는 무더위와 짙은 안개**뿐** 행인을 구경할 수가 없다.

보조사인 '뿐'은 보조사인 '만', '밖에' 등과 유사한 의미를 나타낸다.

'뿐'은 의존명사로 쓰이는 경우도 있다. 관형사형 전성어미인 '-(으)ㄹ' 다음에
쓰이어 '어떤 사실이나 행동이 오로지 그것에 국한됨'을 나타내는 '뿐'은 의존명
사이다.

    (29) ㄱ. 선아는 하늘만 응시할 **뿐** 나를 보지 않았다.

          ㄴ. 그곳은 몹시 더울 **뿐** 바람이 전혀 불지 않았다.

10) 마다

보조사인 '마다'는 체언 뒤에 연결된다.

보조사인 '마다'는 '낱낱이 모두'의 뜻을 나타낸다.

    (30) ㄱ. 나는 주말**마다** 고향에 간다.

          ㄴ. 오늘은 들르는 상점**마다** 사람이 많았어요.

보조사인 '마다'는 시간을 나타내는 단위성 의존명사에 연결되어 '일정한 기간
에 비슷한 행동이나 상태가 되풀이됨'을 뜻하기도 한다.

    (31) ㄱ. 서울 가는 기차는 50분**마다** 와요.

          ㄴ. 내 자동차는 2년**마다** 정기 검사를 받아.

11) 이나/나

보조사인 '이나/나'는 체언, 부사, 연결어미 등에 연결된다.

보조사인 '이나'는 자음으로 끝난 체언에 연결되고, 보조사인 '나'는 모음으로
끝난 체언에 연결된다.

보조사인 '이나/나'는 '화자의 마음에 차지 않는 오만한 선택'을 뜻한다.

    (32) ㄱ. 할 일이 없으면 잠**이나** 자자.
         ㄴ. 탁구**나** 치자.

보조사인 '이나/나'가 {…이나/나 -는/-한 듯이 …하다} 구조에 쓰인 경우, 보조사인 '이나/나'는 '어떤 사람이 실제로는 그렇지 않은데 그러한 것처럼 행동함을 화자가 빈정거리는 것'을 뜻한다.

    (33) ㄱ. 자기가 마치 최고의 권력자**나** 되는 듯이 남을 억압한다.
         ㄴ. 그는 큰 벼슬**이나** 한 듯이 거만을 떨었다.

보조사인 '이나/나'는 단위성 의존명사에 연결되어 '수량이 예상되는 정도를 넘어섬'의 의미를 나타내기도 한다.

    (34) ㄱ. 그는 맥주를 일곱 병**이나** 마셨다.
         ㄴ. 정부가 1983년부터 시도했으나 처리장 후보 지역 주민의 반발로 9번**이나** 무산됐다.

보조사인 '이나/나'는 일부 부사에 연결되어 '강조함'을 나타낸다.

    (35) ㄱ. 한때 나는 너를 무척**이나** 미워했어.
         ㄴ. 요사이 나는 가뜩**이나** 할 일이 많아.

보조사인 '이나/나'는 보조사 '이나마/나마'와 유사한 의미를 나타낸다.
  조사인 '이나/나'는 접속조사로 쓰이기도 한다. '이나/나'가 접속조사로 쓰일 경우에는 '또는'이라는 의미를 나타낸다.

(36) 떡**이나** 빵을 사자.

12) 이나마/나마

보조사인 '이나마/나마'는 체언, 부사, 연결어미 등에 연결된다. 보조사인 '이나마'는 자음으로 끝난 체언에 연결되고, 보조사인 '나마'는 모음으로 끝난 체언에 연결된다.

보조사인 '이나마/나마'는 '마음에 차지 않는 겸허한 선택'을 의미한다.

(37) ㄱ. 밥이 없으면 라면**이나마** 먹자.
　　ㄴ. 조금**이나마** 도움이 됐으면 합니다.
　　ㄷ. 자주 오지 못해도 전화**나마** 가끔 하렴.

13) 이든지/든지

보조사인 '이든지/든지'는 주로 체언에 연결된다. 보조사인 '이든지'는 자음으로 끝난 체언에 연결되고, 보조사인 '든지'는 모음으로 끝난 체언에 연결된다.

보조사인 '이든지/든지'는 '무엇이나 가리지 않음'을 뜻한다.

(38) ㄱ. 무슨 부탁**이든지** 해 봐.
　　ㄴ. 누구**든지** 이것을 가져.

14) 대로

보조사인 '대로'는 체언 뒤에 연결된다.

보조사인 '대로'는 '앞말에 근거함'을 뜻한다.

(39) 정해진 규칙**대로** 행동하세요.

보조사인 '대로'는 '앞말이 뜻하는 바와 같음'을 뜻하기도 한다.

(40) 사실**대로** 말하세요.

보조사인 '대로'는 따로따로 구별됨을 나타내기도 한다.

(41) 너는 너**대로** 나는 나**대로** 서로 상관하지 말고 살자.

'대로'는 의존명사로 쓰이기도 한다. 관형사형 전성어미인 '-(으)ㄴ', '-는', '-(으)ㄹ' 등의 뒤에 오는 '대로'는 의존명사이다.

(42) ㄱ. 본 대로 느낀 **대로 말하**세요.
　　　ㄴ. 내가 하는 **대로** 따라 하세요.
　　　ㄷ. 그 사람이 낡을 **대로** 낡은 옷을 입고 있다.

15) 이란/란
　보조사인 '이란/란'은 체언 뒤에 연결된다. 보조사인 '이란'은 자음으로 끝난 체언에 연결되고, 보조사인 '란'은 모음으로 끝난 체언에 연결된다.
　보조사인 '이란/란'은 어떤 대상을 지적하여 강조하거나, 어떤 대상을 특별히 집어서 화제로 삼음을 나타낸다.

(43) ㄱ. 인생**이란** 무상한 것이다. ['인생'을 지적하여 강조함.]
　　　ㄴ. 정의(正義)**란** 사회를 위한 옳고 바른 도리이다. ['정의(正義)'를 화제로 삼음.]

16) 요
　보조사인 '요'는 용언의 종결어미와 연결어미, 부사, 조사 등에 연결된다. 이것은 다른 보조사에 비하여 분포의 제약을 가장 적게 받는다.

(44) ㄱ. 수지가 학교에 갔어**요**.

ㄴ. 물가가 무척 비싸지**요**.

ㄷ. 기분이 매우 좋네**요**.

ㄹ. 저는**요** 라면 대신에 밥을 먹을래**요**.

ㅁ. 아주 상쾌합니다**요**.

ㅂ. 어제 저는 밥을 먹고**요**, 떡을 먹었어**요**.

ㅅ. 저는 떡을 너무 많이 먹어서**요** 배가 아파**요**.

ㅇ. 저도**요** 사과를 좋아해**요**.

ㅈ. 빨리**요** 출발해야 해요.

ㅊ. 인생은 짧은데**요**, 예술은 길어**요**.

보조사인 '요'는 청자를 존대함을 나타내는 것이다. 그런데 보조사인 '요'는 격식을 갖추어야 하는 청자에게는 잘 쓰지 않는다.

보조사인 '요'를 어떤 성인 화자가 한 문장 내에서 세 번 이상 사용하면 청자는 그 화자가 의도적으로 귀여운 인상을 주려고 사용한 것이라고 인식하거나, 그 화자의 언어 능력이 결여되어 있다고 판단할 가능성이 있다.

(45) 함박눈이**요** 펑펑 내리니까**요** 기분이 아주**요** 좋아**요**.

'-요'가 '이다'나 '아니다'의 어간에 붙어서 연결어미로 쓰이는 경우가 있다. 이런 경우 '-요'는 두 개 이상의 사물을 나열함을 뜻한다.

(46) ㄱ. 그는 국어학자이**요**, 언론인이**요**, 문인이었다.

　　　 [그는 국어학자이**고**, 언론인이**고**, 문인이었다.]

　　 ㄴ. 그는 언론인도 아니**요**, 문인도 아니**요**, 정치가도 아니다.

　　　 [그는 언론인도 아니**고**, 문인도 아니**고**, 정치가도 아니다.]

17) 치고

보조사인 '치고'는 체언에 연결된다.

보조사인 '치고'는 '예외 없이 모두' 혹은 '그 점에서는 예외적으로'의 의미를 나타낸다. 보조사인 '치고'가 이러한 의미를 나타내는 보조사로 쓰일 경우 '치고' 뒤에 부정 표현이 오거나, 보조사인 '치고'가 쓰인 문장은 수사의문문(修辭疑問文, rhetorical question)이다. 수사의문문은 문장의 형식은 의문문인데, 대답을 요구하지 않고 강한 긍정 또는 강한 부정의 수사적 효과를 가지는 의문문이다. 다음의 예문 (47ㄱ)에 쓰인 보조사 '치고' 뒤에 '잘 사는 사람을 못 봤다'라는 부정 표현이 쓰였다. 다음의 예문 (47ㄴ)은 "그 사람의 언동치고 진실한 것을 못 봤다."라는 의미를 나타내는 수사의문문이다.

> (47) ㄱ. 세상의 변화를 무시하고 사는 사람**치고** 잘 사는 사람을 못 봤다.
> ㄴ. 그 사람의 언동**치고** 진실한 것 봤어요?

보조사인 '치고'는 '그 점에서는 예외적으로'의 의미를 나타내기도 한다.

> (48) ㄱ. 90을 넘은 나이**치고** 매우 건강해 보였다.
> ㄴ. 현수는 초등학생 4학년**치고**는 큰 키(160cm) 덕분에 체육 교사의 눈에 들어 야구를 배웠다.

18) 커녕

보조사인 '커녕'은 체언에 연결된다.

보조사인 '커녕'은 어떤 사실을 부정하는 것은 물론 그보다 덜하거나 못한 것까지 부정함을 나타낸다. 보조사인 '커녕' 뒤에 오는 체언에 보조사인 '도', '마저', '조차', '까지' 등이 연결된다.

> (49) 돈이 없어서 고기**커녕** 채소**도** 사 먹지 못해.

보조사인 '커녕'은 '말할 것도 없거니와 도리어'의 뜻을 나타내기도 한다. 뒤에 오는 체언에 보조사인 '도', '마저', '조차', '까지' 등이 연결된다.

(50) 그는 돈을 벌기**커녕** 있는 돈**까지** 다 써 버렸어.

19) ㄴ커녕/는커녕/은커녕

보조사인 'ㄴ커녕/는커녕'은 받침 없는 체언이나 부사어 뒤에 연결되고, 보조사인 '은커녕'은 받침 있는 체언이나 부사어 뒤에 연결된다.

보조사인 'ㄴ커녕'은 보조사인 'ㄴ'에 보조사인 '커녕'이 결합된 것이고, '는커녕'은 보조사인 '는'에 보조사인 '커녕'이 결합되어 형성된 것이며, '은커녕'은 보조사인 '은'에 보조사인 '커녕'이 결합되어 형성된 것이다.

보조사인 'ㄴ커녕/는커녕/은커녕'은 앞말을 지정하여 어떤 사실을 부정하는 뜻을 강조하는 것이다. 보조사인 'ㄴ커녕'은 구어에 쓰인다.

(51) ㄱ. 나는 국순**커녕** 물 한 모금도 못 마셨어. [국수 + ㄴ커녕]
ㄴ. 그는 자동차**는커녕** 자전거도 없어요. [자동차 + 는커녕]
ㄷ. 그 사람은 만원**은커녕** 천원도 없어. [원 + 은커녕]
ㄹ. 나는 빨리**는커녕** 천천히도 못 걷겠다. [빨리 + 는커녕]

20) 이라도/라도

보조사인 '이라도/라도'는 체언이나 부사어 뒤에 연결된다. 보조사인 '이라도'는 받침 있는 체언이나 부사어 뒤에 연결되고, 보조사인 '라도'는 받침 없는 체언이나 부사어 뒤에 연결된다. 보조사인 '이라도/라도'는 양보의 뜻을 나타낸다.

(52) ㄱ. 김밥 대신에 떡볶이**라도** 사 줄게.
ㄴ. 비싸서 사지 못할 바에는 만져**라도** 보아야겠다.
ㄷ. 앉아만 있지 말고 걸어**라도** 봐요.

보조사인 '이라도/라도'는 '정말로 -(으)ㄴ/-는/-(으)ㄹ 것처럼'의 의미를 나타내기도 한다.

(53) 그들은 약속**이라도** 한 듯이 동시에 말했다.

21) 마는

보조사인 '마는'은 종결 어미인 '-다, -냐, -자, -지' 등의 뒤에 연결된다.

보조사인 '마는'은 앞의 사실을 인정을 하면서도 그와 대립되는 다른 사실을 말함을 나타낸다.

(54) 나도 영화 구경을 가고 싶지**마는** 바빠서 못 간다.

보조사인 '마는'은 앞의 사실을 인정하면서 그와 더불어 다른 사실을 더 들어 말함을 나타내기도 한다.

(55) ㄱ. 여기는 경치도 아름답다**마는** 인심도 좋다.
     ㄴ. 얼마 되겠냐**마는** 등록금에 보태어 쓰도록 해.

보조사인 '마는'은 앞의 사실을 인정하면서 그 사실에 대한 의문을 나타내기도 한다.

(56) 이 어려운 문제를 풀어 보기는 한다**마는** 잘 풀릴지 모르겠다.

22) 이야/야

보조사인 '이야/야'는 체언이나 부사어 뒤에 연결된다.

보조사인 '이야'는 받침 있는 체언이나 부사어 뒤에 연결되고, 보조사인 '야'는 끝 음절이 모음인 체언이나 부사어 뒤에 연결된다.

보조사인 '이야/야'는 '대조가 되는 말을 강조함'을 뜻한다. 보조사인 '이야/야'의 앞말은 화자와 청자가 사전에 인지한 것이다.

(57) ㄱ. 그는 힘**이야** 세지만 용기가 없다.

ㄴ. 너**야** 물론 나보다 훨씬 영리하지.

ㄷ. 그 사람이 퍽**이야** 잘하겠다.

23) 이야말로/야말로

보조사인 '이야말로/야말로'는 체언이나 부사어 뒤에 연결된다.

보조사인 '이야말로'는 받침 있는 체언이나 부사어 뒤에 연결되는데, 보조사인 '야말로'는 받침이 없는 체언이나 부사어 뒤에 연결된다.

보조사인 '이야말로/야말로'는 강조하여 확인함을 뜻한다.

(58) ㄱ. 정의**야말로** 가장 가치가 있는 덕목이다.

ㄴ. 글을 잘**이야말로** 쓰지 못하지만 한번 써 보겠어요.

24) 따라

보조사인 '따라'는 주로 '날'을 나타내는 일부 명사에 연결된다.

보조사인 '따라'는 '여느 때와 달리 그 날에만 공교롭게'의 뜻을 나타낸다.

(59) ㄱ. 오늘**따라** 기분이 아주 상쾌해.

ㄴ. 그 날**따라** 함박눈이 많이 내렸다.

25) 그래

보조사인 '그래'는 '-구먼, -군, -지' 등과 같은 '해체'의 일부 종결어미 뒤에 연결된다.

보조사인 '그래'는 상대방에게 문장의 내용을 강조해서 친근하게 말함을 나타내는 것이다. 이것은 구어에 쓰인다.

(60) ㄱ. 그것 참 아름답군**그래**.

ㄴ. 비가 많이 왔구먼**그래**.

ㄷ. 늦었으니 그만 일을 하고 집에 가지**그래**.

26) 다가

보조사인 '다가'는 부사격 조사인 '에', '에게', '한테', '(으)로' 등에 연결되어, 그 뜻을 뚜렷하게 하는 것이다.

(61) ㄱ. 그 화분을 저기에**다가** 놓아.
ㄴ. 누구한테**다가** 고백할까요?

27) 그려

보조사인 '그려'는 '하게체'를 나타내는 종결어미인 '-네', '-게나', '-세' 등과 '하오체'를 나타내는 종결어미인 '-오/-소', '-(으)ㅂ시다' 등과 '하십시오체'를 나타내는 종결어미인 '-ㅂ니다/-습니다'에 연결된다.

(62) ㄱ. 그만 일을 하게**그려**.
ㄴ. 천천히 가게나**그려**.
ㄷ. 그 사람이 이제야 도착했네**그려**.
ㄹ. 같이 가세**그려**.
ㅁ. 또 실언을 했소**그려**.
ㅂ. 자주 만납시다**그려**.
ㅅ. 힘껏 도와주셔서 고맙습니다**그려**.

보조사인 '그려'는 보조사인 '그래'처럼 상대방에게 문장의 내용을 친근하게 강조하여 말함을 나타내는 것이다. 이것은 동년배에게나 윗사람이 아랫사람에게 말할 때 쓰이는데, 아랫사람이 윗사람에게 말할 때 쓰이지 못한다. 보조사인 '그려'는 구어에 주로 쓰인다.

28) 들

보조사인 '들'은 체언, 부사어, 연결어미인 '-아/-어/-여', '-게', '-지', '-고' 등과 합성 동사의 선행 요소, 문장의 끝 등의 뒤에 연결된다.

보조사인 '들'은 주어 이외의 자리에 쓰이어 그 문장의 주어가 복수임을 나타낸다. 다음의 예문 (63ㄱ)에서는 보조사인 '들'이 연결어미 '-고'에 연결되고, 이 문장의 주어인 '너희'가 복수임을 나타내고 있다. (63ㄴ)에서는 보조사인 '들'이 부사인 '다'에 연결되고, 주어가 복수임을 나타낸다. (63ㄴ)은 명령문이기 때문에 주어가 쓰이지 않았다.

(63) ㄱ. **너희**는 내 방에서 책을 보고**들** 있어.
ㄴ. 다**들** 조용히 해요.

4.5 접속조사의 특징과 용법

4.5.1 접속조사의 특징

접속조사는 두 체언을 동등한 자격으로 이어 주는 기능을 하는 조사이다. 접속조사의 특징은 다음과 같다.

첫째, 접속조사는 격(格, case)을 나타내지 못하고, 앞말에 어떤 뜻을 더하여 주지도 못한다. 다만 앞말과 뒷말을 접속시켜 주는 기능을 한다. 다음의 예문 (1ㄱ)에서 '민지'에 연결된 접속조사인 '와'는 '민지'와 '보라'를 접속시켜 주는 구실을 하고, (1ㄴ)에서 '수학'에 연결된 접속조사인 '과'는 '수학'과 '과학'을 접속시켜 주는 구실을 한다.

(1) ㄱ. 민지**와** 보라는 중학생이다.

ㄴ. 나는 수학**과** 과학을 좋아해.

둘째, 접속조사에는 보조사가 연결되지 못한다. 그런데 공동격 조사에는 보조사가 연결된다. 다음의 예문 (2ㄱ)은 접속조사인 '와' 뒤에 보조사 '도'가 결합되어 비문법적인 문장이 된 것이다. 그런데 (2ㄴ)의 '형준과도'에서 '과'는 공동격 조사이기 때문에 그것에 보조사인 '도'가 결합되어도 문법에 맞는 문장이 된 것이다.

(2) ㄱ. *선아**와**도 연아는 대학생이다.(×)
ㄴ. 선아는 형준**과**도 탁구를 쳤다.(○)

셋째, 접속조사가 연결된 말은 문장 내에서 이동의 제약을 받는다. 다음의 예문 (3ㄱ)에서 '현수'에 접속조사가 연결된 '현수와'가 그 문장에서 자리를 이동하려면 (3ㄴ)과 같이 '현수와 연아는'이 함께 이동을 하여야 한다. 그런데 다음의 예문 (4ㄱ)과 (4ㄴ)은 '현수와 연아는'이 함께 이동을 하지 않았기 때문에 비문법적인 문장이 된 것이다.

(3) ㄱ. 현수**와** 연아는 회사원이다.
ㄴ. 회사원이다 현수와 연아는.

(4) ㄱ. *연아는 현수**와** 회사원이다.(×)
ㄴ. *회사원이다 연아는 현수**와**.(×)

공동격 조사가 연결된 말은 이동의 제약을 받지 않는다. 다음의 예문 (5ㄱ), (5ㄴ), (5ㄷ) 등에 쓰인 조사 '와'는 공동격 조사이다.

(5) ㄱ. 동혁은 연아**와** 결혼했다.
ㄴ. 연아**와** 동혁은 결혼했다.
ㄷ. 결혼했다 동혁은 연아**와**.

4.5.2 접속조사의 용법

접속조사에는 '과/와', '이랑/랑', '하고', '하며', '이며/며', '이다/다', '이나/나', '이니/니' 등이 있다.

1) 과/와

접속조사인 '과'는 자음으로 끝난 체언에 연결되는데, 접속조사인 '와'는 모음으로 끝난 체언 뒤에 연결된다.

접속조사인 '과/와'는 둘 이상의 체언을 같은 자격으로 이어 주는 기능을 한다.

접속조사인 '과/와'는 다른 접속조사와 달리 문어와 구어에 두루 쓰인다.

접속조사인 '과/와'는 경우에 따라 생략이 가능하다. 구어에서 접속조사인 '과/와'를 생략할 경우에는 체언과 체언 사이에서 잠시 쉰 뒤에 말하고, 문어에서는 생략된 자리에 쉼표를 찍는다.

> (6) 나는 밥(**과**) 떡(**과**) 과일을 많이 먹었다.
> → 나는 밥, 떡, 과일을 많이 먹었다.

2) 이랑/랑

접속조사인 '이랑/랑'은 어떤 체언에 연결되어 그 체언과 그 체언의 뒤에 오는 체언을 접속시켜 주는 구실을 한다.

접속조사인 '이랑'은 받침이 있는 체언 뒤에 연결되는데, 접속조사인 '랑'은 받침이 없는 체언 뒤에 연결된다.

접속조사인 '이랑/랑'은 구어에 주로 쓰인다. 접속조사인 '이랑/랑'은 유아어(幼兒語)에 많이 쓰이고, 친숙한 의미를 나타내기도 한다(이희자 · 이종희, 2010: 957).

> (7) ㄱ. 난 엄마**랑** 아빠**랑** 모두 좋아요.
> ㄴ. 난 연아**랑** 민지**랑** 놀 거야.

ㄷ. 어제 난 밤**이랑** 귤**이랑** 많이 먹었어.

접속조사인 '과/와'는 연결되는 마지막 말에 쓰이지 못하는데, '이랑/랑'은 연결되는 마지막 말에도 쓰인다.

(8) ㄱ. *나는 영화**와** 연극**과** 모두 좋아해.(×)
    ㄴ. 나는 영화**랑** 연극**이랑** 모두 좋아해.(○)

3) 하고

접속조사인 '하고'는 어떤 체언에 연결되어 그 체언과 그 체언의 뒤에 오는 체언을 접속시켜 주는 구실을 한다.

접속조사인 '하고'는 구어에 주로 쓰인다. 접속조사인 '하고'가 접속조사인 '이랑/랑'처럼 마지막 말에도 연결될 수 있다.

(9) ㄱ. 한국에서는 설날**하고** 추석이 가장 큰 명절이야.
    ㄴ. 연아는 자기 엄마**하고** 아빠**하고** 동물원에 갔어.

4) 하며

접속조사인 '하며'는 어떤 체언에 연결되어 그 체언과 그 체언의 뒤에 오는 체언을 접속시켜 주는 구실을 한다.

접속조사인 '하며'도 접속조사인 '하고'처럼 구어에 주로 쓰인다. 접속조사인 '하며'는 마지막 말에도 연결될 수 있다.

(10) ㄱ. 민지는 눈**하며** 코**하며** 입이 자기 엄마랑 많이 닮았어.
     ㄴ. 민지는 눈**하며** 코**하며** 입**하며** 자기 엄마랑 많이 닮았어.

5) 이며/며

접속조사인 '이며/며'는 어떤 체언에 연결되어 그 체언과 그 체언의 뒤에 오는 체언을 접속시켜 주는 구실을 한다.

접속조사인 '이며'는 받침이 있는 체언 뒤에 연결되는데, 접속조사인 '며'는 받침이 없는 체언 뒤에 연결된다.

접속조사인 '이며/며'는 구어에 주로 쓰인다. 대등하게 나열된 마지막 말에도 '이며/며'가 연결될 수 있다.

> (11) 어제 먹은 사과**며** 배**며** 밤**이며** 모두가 햇과일이더라.

6) 이다/다

접속조사인 '이다/다'는 어떤 체언에 연결되어 그 체언과 그 체언의 뒤에 오는 체언을 접속시켜 주는 구실을 한다.

접속조사인 '이다'는 자음으로 끝난 체언에 연결되는데, 접속조사인 '다'는 모음으로 끝난 체언에 연결된다.

접속조사인 '이다/다'는 주로 '…이다 …이다' 구성으로 쓰이어 둘 이상의 사물을 같은 자격으로 이어 주는 기능을 한다. 대등하게 나열된 맨 끝의 말에도 접속조사인 '이다/다'가 연결될 수 있다.

> (12) 이 문방구에는 만년필**이다** 볼펜**이다** 연필**이다** 노트**다** 없는 것이 없어.

7) 이나/나

접속조사인 '이나/나'는 어떤 체언에 연결되어 그 체언과 그 체언의 뒤에 오는 체언을 접속시켜 주는 구실을 한다.

접속조사인 '이나'는 자음으로 끝난 체언에 연결되는데, 접속조사인 '나'는 모음으로 끝난 체언에 연결된다.

접속조사인 '이나/나'는 나열되는 사물 중에서 선택된 대상에 연결되어 '또는'의 뜻을 나타낸다.

(13) 기차**나** 버스로 여행을 하자.

8) 이니/니

접속조사인 '이니/니'는 어떤 체언에 연결되어 그 체언과 그 체언의 뒤에 오는 체언을 접속시켜 주는 구실을 한다.

접속조사인 '이니'는 자음으로 끝난 체언에 연결되는데, 접속조사인 '니'는 모음으로 끝난 체언에 연결된다.

접속조사인 '이니/니'는 주로 '…이니 …이니' 구성으로 쓰여 둘 이상의 사물을 같은 자격으로 이어 주는 기능을 한다. 접속조사인 '이니/니'는 같은 자격으로 나열되어 있는 맨 끝의 말에도 연결된다.

(14) 창고에는 콩**이니** 팥**이니** 조**니** 옥수수 수수**니** 온갖 곡식이 많이 있다.

4.6 조사의 결합 양상

조사(助詞) 중에는 다른 조사와 결합하여 쓰이는 것이 있다.

조사의 결합 양상은 다양하다. 격조사와 격조사가 결합하거나, 보조사와 보조사가 결합하거나, 격조사와 보조사가 결합한다.

조사와 조사가 결합할 때에는 일정한 순서가 있다.

주격 조사, 목적격 조사, 관형격 조사 등이 부사격 조사와 결합할 때에는 주격 조사, 목적격 조사, 관형격 조사 등이 부사격 조사의 뒤에 온다.

(1) ㄱ. 부사격 조사 + 주격 조사: 에게 + 가, 에서 + 가
ㄴ. 부사격 조사 + 목적격 조사: 에 + 를, 에게 + 를
ㄷ. 부사격 조사 + 관형격 조사: 에 + 의, 에게 + 의, 에서 +의,
(으)로 + 의, (으)로서 + 의

부사격 조사에 부사격 조사가 결합되는 경우도 있다.

(2) ㄱ. 에 +로
ㄴ. 에게 + {로, 보다}
ㄷ. 에서 + {처럼, 보다}

주격 조사, 목적격 조사, 관형격 조사 등이 보조사인 '까지', '만', '부터' 등과 결합할 때에는 주격 조사, 목적격 조사, 관형격 조사 등이 보조사인 '까지', '만', '부터' 등의 뒤에 온다.

(3) ㄱ. 까지 + {가, 를, 의, 에, 보다}
ㄴ. 만 + {이, 을, 의}
ㄷ. 부터 + {가, 를, 의}

부사격 조사가 보조사인 '은/는, 도, 이나/나, 이야/야, 이라도/라도, 다가, 부터' 등과 결합할 때에는 부사격 조사의 뒤에 보조사인 '은/는', '도', '이나/나', '이야/야', '이라도/라도', '다가', '부터' 등이 연결된다. 그런데 다음의 (4ㄷ)과 (4ㄹ)에서 보듯이 부사격 조사인 '하고', '과/와' 등에 보조사인 '야', '나' 등이 연결되지 못한다.

(4) ㄱ. 부사격 조사 '에' + 보조사 {는, 도, 나, 야, 라도, 다가}
ㄴ. 부사격 조사 '에서' + 보조사 {는, 도, 나, 야, 라도, 부터}
ㄷ. 부사격 조사 '하고' + 보조사 {는, 도, 라도, *야, *나}
ㄹ. 부사격 조사 '과/와' + 보조사 {는, 도, 라도, *야, *나}

부사격 조사가 보조사인 '까지', '마저', '만', '밖에', '부터', '조차' 등과 결합할 때에는 부사격 조사의 뒤에 보조사인 '까지', '마저', '만', '밖에', '부터', '조차' 등이 연결된다. 그런데 다음의 (5ㄱ)에서 보듯이 부사격 조사인 '(으)로'에 보조사인 '조차'가 연결되지 못하고, (5ㄴ)에서 보듯이 부사격 조사인 '에'에 보조사인 '밖에'와 '부터'가 연결되지 못한다.

    (5) ㄱ. 부사격 조사 '(으)로' + {까지, 만, 밖에, 부터, *조차}
       ㄴ. 부사격 조사 '에' + {까지, 만, 조차, *밖에, *부터}
       ㄷ. 부사격 조사 '에서' + {까지, 만, 밖에, 부터, 조차}

  보조사인 '은/는', '도', '이나/나', '이야/야', '이라도/라도' 등과 보조사인 '까지', '마저', '만', '밖에', '부터', '조차' 등이 결합할 때에는 보조사인 '은/는', '도', '이나/나', '이야/야', '이라도/라도' 등이 보조사인 '까지', '마저', '만', '밖에', '부터', '조차' 등의 뒤에 연결된다.

  보조사인 '까지'의 뒤에 보조사인 '는', '도', '라도', '만', '밖에' 등이 결합될 수 있다.

    (6) 보조사 '까지' + 보조사 {는, 도, 라도, 만, 밖에}

  보조사인 '마저'의 뒤에 보조사인 '도', '라도' 등이 연결될 수 있는데, 보조사인 '는', '만', '밖에', '나', '이야' 등이 연결되지 못한다.

    (7) 보조사 '마저' + 보조사 {도, 라도, *는, *만, *밖에, *나, *이야}

  보조사인 '만' 뒤에 보조사인 '은', '도', '이라도' 등이 연결될 수 있는데, 보조사인 '이나', '이야' 등이 연결되지 못한다.

    (8) 보조사 '만' + {은, 도, 이라도, *'이나', *이야}

  보조사인 '나'는 보조사인 '밖에', '부터', '조차' 등의 뒤에 연결되지 못한다.

(9) ㄱ. 보조사 '밖에' + 보조사 {는, 도, 라도, *나}

ㄴ. 보조사 '부터' + 보조사 {는, 도, 라도, 야, *나}

ㄷ. 보조사 '조차' + 보조사 {는, 도, 라도, 야, *나}

조사와 조사가 결합할 때 조사의 결합 규칙을 어기고 결합하면 비문법적인 문장이 된다. 다음의 예문 (10ㄱ)은 보조사인 '밖에'가 보조사인 '까지'의 뒤에 연결되었기 때문에 문법에 맞는 문장이 되었다. 그런데 다음의 예문 (10ㄴ)은 보조사인 '까지'가 보조사인 '밖에'의 뒤에 연결되었기 때문에 문법에 어긋난 문장이 되었다.

(10) ㄱ. 나는 1km**까지밖에** 달리지 못했어.(○)

ㄴ. *현수는 2km**밖에까지** 달리지 못했어.(×)

5

동사·형용사·이다

5.1 동사

5.1.1 동사의 특징

동사(動詞)는 사람과 짐승의 동작이나 사물의 작용을 나타내는 품사이다. 동사의 특징은 다음과 같다.

첫째, 동사는 활용을 한다. 즉 동사는 어형 변화를 한다.

(1) 먹-다, 먹-고, 먹-어서, 먹-어라, 먹-으니, 먹-으면…

둘째, 동사는 주로 서술어 기능을 한다.

(2) ㄱ. 보라가 노래를 **부른다.**
     ㄴ. 보라가 책을 **읽는다.**

셋째, 동사는 부사어의 수식을 받는다. 다음의 예문 (3ㄱ)은 서술어인 '공부한다'라는 동사가 부사어 '열심히'의 수식을 받기 때문에 문법에 맞는 문장인데, (3ㄴ)은 서술어인 '공부한다'라는 동사가 관형어인 '열심한'의 수식을 받기 때문에 비문법적인 문장이다.

(3) ㄱ. 선아는 **열심히 공부한다**. ['열심히'는 부사어임.]
    ㄴ. *선아는 **열심한 공부한다**. ['열심한'은 관형어임.]

5.1.2 동사의 용법

동사는 분류 기준에 따라 여러 가지로 나뉜다. 동사는 움직임이 미치는 대상에 따라 자동사(自動詞)와 타동사(他動詞)로 나뉘고, 행위자와 행위의 관계에 따라 능동사(能動詞)와 피동사(被動詞)로 나뉜다. 능동사는 [사역성]의 유무에 따라 주동사(主動詞)와 사동사(使動詞)로 나뉜다. 또한 동사는 활용의 규칙성 유무에 따라 규칙동사(規則動詞)와 불규칙동사(不規則動詞)로 나뉘고, 기능에 따라 본동사(本動詞)와 보조동사(補助動詞)로 나뉜다.

동사는 움직임이 미치는 대상에 따라 자동사(自動詞)와 타동사(他動詞)로 나뉜다.

자동사는 움직임이 주체에만 미치는 동사이다. 이것은 목적어를 필요로 하지 않는다.

(4) ㄱ. 연아가 학교에 **간다**.
    ㄴ. 바람이 많이 **분다**.

타동사는 움직임이 주체 이외에 객체에도 미치는 동사이다. 이것은 목적어를 필요로 한다. 다음의 예문 (5)에 쓰인 '읽는다'는 타동사이다. '민지'는 주체이고, '책'은 객체이다. '민지가'는 주어이고, '책을'은 목적어이며, '읽는다'는 서술어이다.

(5) 민지가 책을 읽는다.

동사는 행위자와 행위의 관계에 따라 능동사(能動詞)와 피동사(被動詞)로 나뉜다.

능동사는 주체가 어떤 동작이나 작용을 스스로 함을 나타내는 동사이다.

> (6) ㄱ. 상현이 편지를 **쓴다**.
>
> ㄴ. 경찰관이 범인을 **잡았다**.

피동사는 주체의 동작이나 작용이 다른 행위자에 의하여 이루어짐을 나타내는 동사이다.

> (7) ㄱ. 편지가 상현에 의해 **쓰인다**.
>
> ㄴ. 범인이 경찰관에게 **잡혔다**.

피동사는 능동사의 어근에 피동 접미사인 '-이-', '-히-', '-리-', '-기-' 등이 결합되어 형성된다. 그 보기를 들면 다음의 (8)과 같다.

> (8) 쓰이다, 깨이다, 꼬이다 ; 읽히다, 잡히다, 먹히다, 잊히다; 들리다, 밀리다
> ; 씻기다, 쫓기다, 담기다

피동사가 서술어 기능을 하는 문장은 피동문이다. 그리하여 피동 표현을 할 때 피동사를 사용한다.

> (9) ㄱ. 오늘따라 글이 잘 **쓰인다**.
>
> ㄴ. 소리가 잘 **들린다**.

능동사는 [사역성]의 유무에 따라 주동사(主動詞)와 사동사(使動詞)로 나뉜다.

주동사는 동작이 주체인 동작주(動作主)에게 미침을 나타내는 동사이다. 즉 이것은 동작주가 스스로 하는 동작을 나타내는 동사이다. 다음 예문 (10)에 쓰인 '먹는다'는 주동사이고, '현수'는 동작주이다.

(10) 현수가 밥을 **먹는다**.

사동사는 문장의 주체가 남에게 어떤 행동이나 동작을 하게 함을 나타내는 동사이다. 다음의 예문 (11)에 쓰인 '먹인다'가 사동사이다.

(11) 현아가 아기에게 밥을 **먹인다**.

사동사는 능동사나 형용사의 어근에 사동 접미사인 '-이-', '-히-', '-리-', '-기-', '-우-', '-구-', '-추-', '-이우-' 등이 결합되어 형성된다. 그 보기를 들어 보면 다음의 (12)와 같다.

(12) 녹이다, 누이다, 높이다,; 입히다, 눕히다, 넓히다, 좁히다; 늘리다, 날리다; 남기다, 벗기다; 깨우다, 끼우다, 돋우다; 솟구다, 일구다; 갖추다, 늦추다, 맞추다; 띄우다, 세우다, 재우다, 채우다, 태우다, 틔우다

사동사가 서술어 기능을 하는 문장은 사동문이다. 사동 표현을 할 때 사동사가 사용된다. 다음의 예문 (13ㄱ)의 '입힌다'와 (13ㄴ)의 '깨운다'가 사동사이다.

(13) ㄱ. 선아가 아기에게 옷을 **입힌다**.
ㄴ. 철수가 아기를 **깨운다**.

동사는 활용의 규칙성 유무에 따라 규칙동사(規則動詞)와 불규칙동사(不規則動詞)로 나뉜다.

규칙동사는 규칙적으로 활용하는 동사이다. 즉 활용할 때 어간이나 어미의 기본 형태가 달라지지 않는 동사이다.

(14) ㄱ. 먹다, 먹고, 먹어서, 먹으니, 먹으면, 먹어라
ㄴ. (줄에 걸려 있는 빨래를) 걷다, 걷고, 걷어서, 걷으니, 걷으면, 걷어라

불규칙동사는 활용할 때 어간이나 어미의 기본 형태가 달라지는 동사이다.

> (15) ㄱ. 짓다, 짓고, 지으니, 지으면, 지어라
>
> ㄴ. (뛰지 말고 천천히) 걷다, 걷고, 걸으니, 걸으면, 걸어라

불규칙동사에는 어간만 바뀌는 것과 어미만 바뀌는 것이 있다.

어간만 바뀌는 불규칙동사에는 'ㄷ' 불규칙동사, 'ㅂ' 불규칙동사, 'ㅅ' 불규칙동사, '르' 불규칙동사, '우' 불규칙동사 등이 있다.

1) 'ㄷ' 불규칙동사

'ㄷ' 불규칙동사는 어간 뒤에 모음으로 시작하는 어미가 결합되면 어간의 끝 'ㄷ'이 'ㄹ'로 바뀌는 것이다. 자음으로 시작하는 어미가 어간에 결합하면 어간의 모양이 바뀌지 않는다.

> (16) 듣다, 듣고, 듣지, 들어서, 들으니, 들어라

'ㄷ' 불규칙동사의 보기를 들어 보면 다음과 같다.

> (17) 걷다, 긷다, 깨닫다, 눋다, 듣다, 묻다[問], 붇다, 싣다, 일컫다

2) 'ㅂ' 불규칙동사

'ㅂ' 불규칙동사는 어간에 모음으로 시작하는 어미가 결합되면 어간의 끝 'ㅂ'이 '오'나 '우'로 바뀌는 동사이다.

> (18) ㄱ. 돕다, 돕고, 돕지, 도우니(←어간 '도우-' + 어미 '-으니'), 도와서(어간 '도오-' + 어미 '-아서'), 도와라(어간 '도오-' + 어미 '-아라')
>
> ㄴ. 굽다, 굽고, 굽지, 구우니, 구우면, 구워라(어간 '구우 -' + 어미 '-어라')

다음 (19)의 동사가 'ㅂ' 불규칙동사에 해당한다.

    (19) 굽다, 깁다, 눕다, 돕다, 줍다

3) 'ㅅ' 불규칙동사

'ㅅ' 불규칙동사는 어간에 모음으로 시작하는 어미가 결합되면 어간의 끝 'ㅅ'이 탈락하는 동사이다.

    (20) 잇다, 잇고, 잇지, 이어서, 이으면, 이어라

'ㅅ' 불규칙동사의 예를 들면 다음의 (21)과 같다.

    (21) 긋다, 낫다, 붓다, 잇다, 잣다, 젓다, 짓다, 퍼붓다

4) '르' 불규칙동사

'르' 불규칙동사는 어간에 모음으로 시작하는 어미가 결합되면 어간의 끝 음절인 '르'가 'ㄹㄹ'로 변하는 동사이다.

    (22) 나르다, 나르고, 나르면, 날라서(어간 '날ㄹ'- + 어미 '-아서'), 날라라(어간
       '날ㄹ'- + 어미 '-아라')

다음 (23)의 동사가 '르' 불규칙동사에 속한다.

    (23) 가르다, 고르다, 기르다, 나르다, 누르다, 두르다, 마르다, 모르다, 오르다,
       이르다, 찌르다, 흐르다

5) '우' 불규칙동사

'우' 불규칙동사는 어간의 모음 '우'가 모음으로 시작하는 어미와 결합하면 탈락

하는 동사이다. '우' 불규칙동사는 '푸다' 한 개뿐이다.

> (24) (물을) 푸다, 푸고, 퍼(←어간 '푸 -' + 어미 '-어'),
>   퍼라(←어간 '푸 -' + 어미 '-어라')

어미만 바뀌는 불규칙동사에는 '러' 불규칙동사, '여' 불규칙동사, '거라' 불규칙동사, '너라' 불규칙동사 등이 있다.

1) '러' 불규칙동사

'러' 불규칙동사는 어간의 끝 음절 '르' 뒤에 '-어'로 시작하는 어미가 결합되면 그 '-어'가 '-러'로 바뀌는 동사이다.

'러' 불규칙동사에는 "일정한 지점이나 시점에 닿다"라는 뜻을 나타내는 '이르다' 한 개밖에 없다.

> (25) ㄱ. 어간 '이르-' + 연결어미 '-어' → 이르러
>   ㄴ. 어간 '이르-' + 연결어미 '-어서' → 이르러서
>   ㄷ. 어간 '이르-' + 선어말어미 '-었-' + 종결어미 '-다' → 이르렀다

2) '여' 불규칙동사

'여' 불규칙동사는 '하다'의 어간 '하 -' 뒤에 모음 '아/어'로 시작되는 어미가 결합되면 '아/어'가 '여'로 바뀌는 동사이다.

> (26) ㄱ. '하다'의 어간 '하-' + 어미 '**-아**' → 하**여**
>   ㄴ. '일하다'의 어간 '일하-' + 선어말어미 '**-았-**' + 종결어미 '-다' → 일하**였**다

'하다'가 결합되어 형성된 동사는 모두 '여' 불규칙동사이다.

> (27) 공부하다, 근무하다, 봉사하다, 사랑하다, 일하다, 작업하다, 좋아하다,

주도하다, 진출하다, 출근하다, 퇴근하다, 폭발하다, …

3) '거라' 불규칙동사

'거라' 불규칙동사는 어간에 명령법 종결어미 '-아라/-어라'가 결합되면 '-아라/-어라'가 '-거라'로 바뀌는 동사이다.

> (28) ㄱ. '가다'의 어간 '가 -' + 어미 '**-아라**' → 가**거라**
> ㄴ. '자다'의 어간 '자 -' + 어미 '**-어라**' → 자**거라**

'가다류 동사' 외에 '되다, 보다, 살다, 앉다, 입다, 자다, 자라다' 등이 '거라' 불규칙동사에 해당한다.

오늘날 청소년들 중에는 이른바 '거라' 불규칙동사의 어간에 종결어미인 '-거라'를 결합하여 사용하지 않고 종결어미인 '-아라'나 종결어미인 '-아/-어'를 붙여 사용하는 이가 많다. 앞으로 '거라' 불규칙동사가 규칙동사로 바뀔 가능성이 높다.

> (29) 가**거라** → 가**라**/가, 입**거라** → 입**어라**/입어, 살**거라** → 살**아라**/살아

4) '너라' 불규칙동사

'너라' 불규칙동사는 명령법 종결어미 '-아라'가 '-너라'로 바뀌는 동사이다.

> (30) ㄱ. '오다'의 간 '오-' + 어미 '**-아라**' → 오**너라**
> ㄴ. '들어오다'의 어간 '들어오-' + 어미 '**-아라**' → 들어오**너라**

'너라' 불규칙동사에 속하는 것은 '오다, 건너오다, 넘어오다, 들어오다, 뛰어나오다, 뛰어오다, 지나오다' 등이다. 이른바 '오다류' 동사가 '너라' 불규칙동사에 해당한다.

오늘날 청소년들 중에는 오다류 동사의 어간에 종결어미인 '-너라'를 결합하여
사용하지 않고 종결어미인 '-아라'나 '-아'를 붙여 사용하는 이가 많다. 앞으로
'너라' 불규칙동사도 규칙동사로 바뀔 가능성이 높다.

(31) ㄱ. '오다'의 어간 '오-' + 종결어미 '**-아라**' → **와라**
　　　　　[어간 '오-' + 어미 '-아라']
　　ㄴ. '들어오다'의 어간 '들어오-' + 종결어미 '**-아라**' → 들어**와라**
　　　　　[어간 '들어오-'+ 어미 '-아라']
　　ㄷ. '넘어오다'의 어간 '넘어오-' + 종결어미 '**-아**' → 넘어**와**

한국어 동사 가운데 한국어의 음운 규칙에 따라 어간이 바뀌는 규칙동사가 있
다. 동사 중에는 활용할 때 어간의 형태가 변화하지만 이러한 변화가 한국어의
음운 규칙에 따른 것이기 때문에 규칙동사로 간주되는 것이 있다. 이러한 동사를
'어간이 바뀌는 규칙동사'라고 한다.
'어간이 바뀌는 규칙동사'에는 'ㄹ' 탈락 규칙동사와 '으' 탈락 규칙동사가 있다.

1) 'ㄹ' 탈락 규칙동사
'ㄹ' 탈락 규칙동사는 'ㄹ'로 끝나는 어간 뒤에 관형사형 전성어미인 '-ㄴ', 선어
말어미인 '-시-', 종결어미인 '-네', '-ㅂ니다', '-느냐?', '-니?', 연결어미인 '-니',
'-니까' 등이 결합되면 그 'ㄹ'이 탈락하는 것이다.

(32) ㄱ. '알다'의 어간 '알-' + 관형사형 전성어미 '**-ㄴ**'
　　　　→ **안**(어간 '**아**' +관형사형 전성어미 '**-ㄴ**')
　　ㄴ. '알다'의 어간 '알-' + 선어말어미 '**-시-**' + 종결어미 '**-ㄴ다**'
　　　→ 아신다(어간 '**아**' + 선어말어미 '**-시-**' + 종결어미 '**-ㄴ다**')
　　ㄷ. '알다'의 어간 '알-' + 종결어미 '**-네**'
　　　→ 아네(어간 '**아**' + 종결어미 '**-네**')

ㄹ. '알다'의 어간 '알-' + 종결어미 '-ㅂ니다'

→ **압니다**(어간 '**아**' + 종결어미 '-**ㅂ니다**')

다음의 (33)의 동사가 'ㄹ' 탈락 규칙동사에 속한다.

(33) '갈다', '날다', '놀다', '달다', 돌다, '들다', '불다', 살다', '알다', '울다', '틀다', '풀다', '흔들다' …

'ㄹ'로 끝난 어간 뒤에 연결어미 '-으려고', '-으려면', '-으면서' 등이 결합되면 조음소 '으'가 탈락한다.

(34) ㄱ. '알다'의 어간 '알-' + 어미 '-**으려고**' → 알**려고**

ㄴ. '알다'의 어간 '알-' + 어미 '-**으려면**' → 알**려면**

ㄷ. '알다'의 어간 '알-' + 어미 '-**으면서**' → 알**면서**

2) '으' 탈락 규칙동사

'으' 탈락 규칙동사는 '으' 모음으로 끝나는 동사의 어간 뒤에 '아/어'로 시작하는 어미가 결합되면 어간의 끝 음절 '으'가 탈락하는 것이다.

(35) '뜨다'의 어간 '뜨-' + 어미 '-어서' → 떠서

'끄다', '담그다', '따르다', '뜨다', '쓰다', '크다', '트다' 등이 '으' 탈락 규칙동사에 해당한다.

동사는 그 기능에 따라 본동사(本動詞)와 보조동사(補助動詞)로 나뉜다.

본동사는 보조동사 앞에 놓여 어휘적인 의미를 나타내는 동사이다. 다음의 예문 (36)에서 '떠들지'는 본동사이고, '않는다'는 보조동사이다.

(36) 연수는 **떠들지** 않는다.

보조동사는 다른 동사 뒤에 놓여 문법적인 의미를 더하여 주는 동사이다. 다음 예문 (37ㄱ)에 쓰인 '가지'는 본동사이고, '못한다'는 보조동사이다. (37ㄴ)에 쓰인 '던져'는 본동사이고 '보지'와 '않겠니'는 보조동사이다.

(37) ㄱ. 나는 가지 **못한다**.
     ㄴ. 네가 먼저 던져 **보지 않겠**니?

보조동사를 문법적 의미에 따라 나누면 다음의 [표 1]과 같다.

[표 1] 보조동사의 분류

의미	보조적 연결어미	보조동사	예문
사동(使動)	-게	하다	선생님이 학생들에게 책을 읽**게 하였다**.
		만들다	그는 보라에게 자기를 사랑하**게 만들었다**.
피동(被動)	-아/-어/-여	지다	나는 네 경험담을 들으니 코가 찡하**여 진다**.
	-게	되다	나는 그녀를 따라 귀향하**게 되었다**.
부정(否定)	-지	아니하다	현아는 남을 괴롭히**지 아니한다**.
		못하다	선아는 노래를 부르**지 못한다**.
		말다	오늘 가**지 말고** 내일 가.
완료(完了)	-고	나다	나는 밥을 먹**고 나서** 학교에 갔다.
	-아/-어/-여	내다	동혁이는 큰 시련을 이기**어 냈다**.
		버리다	그는 과일을 모두 먹**어 버렸다**.
진행(進行)	-아/-어/-여	가다	나는 이 일을 다 하**여 간다**.
		오다	오래 전부터 나는 연아를 믿**어 온다**.
	-고	있다	연아는 밥을 먹**고 있다**.
		계시다	그 어르신은 진지를 잡수시**고 계신다**.
시행(試行)	-아/-어/-여	보다	나는 줄을 잡**아 보았다**.
보유(保有)	-아/-어/-여	놓다	나는 시계를 수리하**여 놓았다**.
		두다	나는 돈을 금고에 넣**어 두었다**.

봉사(奉仕)	-아/-어/-여	주다[41]	나는 선아에게 장난감을 만들**어 주었다**.
		드리다	나는 할머니께 흥부전을 읽**어 드렸다**.
반복(反復)	-아/-어/-여	대다[42]	저 아기가 울**어 댄다**.
		쌓다	강아지가 짖**어 쌓는다**.
당위(當爲)	-아야/-어야/-여야	하다	너는 열심히 근무하**여야 한다**.
원인(原因)·이유(理由)	-아/-어/-여	가지다	나는 너무 먹**어 가지고** 배탈이 났다.
방법(方法)	-아/-어/-여	가지다	나는 물건들을 묶**어 가지고** 날랐다.

선어말어미인 '-시-'는 일반적으로 보조동사에 결합된다. 그런데 주체를 더욱 존대하고자 할 때는 선어말어미인 '-시-'가 본동사와 보조 동사에 결합된다.

(38) ㄱ. 아직 선생님께서 오지 않**으셨**어(←아니하**시었**어).
　　ㄴ. 아직 선생님께서 오**시**지 않**으셨**어.

선어말어미인 '-았-/-었-/-였-', '-겠-' 등은 본동사에 결합되지 못하고, 보조동사에만 결합된다.

(39) ㄱ. 민지는 그 만화를 읽지 않**았**어.(○)
　　ㄴ. *민지는 그 만화를 읽**었**지 않아.(×)

(40) ㄱ. 내일 나는 영화관에 가지 않**겠**어.(○)
　　ㄴ. *내일 나는 영화관에 가**겠**지 않아.(×)

본동사 뒤에 두 개의 보조동사나 보조형용사가 오는 경우도 있다. 다음의 예문 (41ㄱ)에 쓰인 보조동사인 '있지'가 본동사인 '달리다'의 진행을 나타내고, 보조동 사인 '않아'가 '달리고 있지'를 부정함을 나타낸다. (41ㄴ)에 쓰인 보조동사 '내고'

---

41) 이익섭(2009: 321)에서는 보조동사 '주다'를 '시혜(施惠)' 보조동사라고 한다.
42) 고영근·구본관(2008: 103)에서는 '대다'를 '강세(强勢)' 보조동사라고 한다.

는 본동사인 '견디다'의 완료를 나타내고, 보조동사인 '있다'는 '견뎌 내다'의 진행
을 나타낸다.

> (41) ㄱ. 지금 현수가 **달리고 있지 않아.**
>   ㄴ. 현수는 어려움을 잘 **견뎌 내고 있다.**

다음의 예문 (42ㄱ)에 쓰인 '가고'는 본동사이고, '싶지'와 '않아'는 보조형용사
이다. (42ㄴ)에 쓰인 '싸우고'는 본동사이고, '싶지'와 '않아'는 보조형용사이다.

> (42) ㄱ. 나는 외국에 여행을 **가고 싶지 않아.**
>   ㄴ. 나는 너와 **싸우고 싶지 않아.**

5.2 형용사의 특징과 용법

5.2.1 형용사의 특징

형용사(形容詞)는 사람이나 사물의 성질 혹은 상태를 서술하는 품사이다.

형용사는 동사처럼 어형 변화를 하고, 주로 서술어로 기능을 한다. 또한 형용사
는 부사어의 수식을 받는다.

동사와 형용사의 다른 점은 다음과 같다.

첫째, 동사는 사람의 동작이나 사물의 작용을 뜻하는 품사인데, 형용사는 사람
과 사물의 성질이나 상태를 뜻하는 품사이다.

둘째, 동사의 어간에는 평서법 종결어미인 '-ㄴ다/-는다', '-(으)마', 명령법 종결
어미인 '-아라/-어라/-여라', '-게', 청유법 종결어미인 '-자', '-세', '-(으)ㅂ시다',
'-(으)십시다', 목적의 뜻을 나타내는 연결어미인 '-러', 의도의 뜻을 나타내는 연
결어미인 '-고자/-려고', 관형사형 전성어미인 '-는' 등이 결합될 수 있다. 그런데

형용사인 '있다', '없다'를 제외한 나머지 형용사의 어간에는 그러한 어미들이 결합될 수 없다.

> (1) ㄱ. [동사] 읽는다, 읽으마, 읽어라, 읽자, 읽으러, 읽고자, 읽는
> ㄴ. [형용사] *곱는다, *곱으마, *고와라, *곱자, *곱으러, *곱고자, *곱는

셋째, 동사 중에서 타동사는 목적어와 호응 관계를 맺는데, 모든 형용사는 목적어와 호응 관계를 맺지 못한다. 다음의 예문 (2ㄱ)에 쓰인 '쓴다'는 타동사이기 때문에 목적어인 '편지를'과 공기 관계를 맺는데, (2ㄴ)에 쓰인 '아프다'는 형용사이기 때문에 목적어인 '마음을'과 공기 관계를 맺을 수 없어서 (2ㄴ)은 비문법적인 문장이 된 것이다.

> (2) ㄱ. 현수가 **편지를** 쓴다.(○)
> ㄴ. *나는 **마음을** 아프다.(×)

5.2.2 형용사의 용법

형용사는 활용의 규칙성 유무에 따라 규칙형용사(規則形容詞)와 불규칙형용사(不規則形容詞)로 나뉜다.

규칙형용사는 규칙적으로 활용하는 형용사이다. 즉 활용할 때 어간이나 어미의 기본 형태가 달라지지 않는 것이다.

> (3) 넓다, 넓고, 넓어서, 넓으니, 넓으면

불규칙 형용사는 활용할 때 어간이나 어미의 기본 형태가 달라지는 형용사이다.

> (4) 곱다, 곱고, 고와서, 고우니, 고우면

불규칙형용사에는 어간만 바뀌는 것, 어미만 바뀌는 것, 어간과 어미가 바뀌는 것 등이 있다.

어간만 바뀌는 불규칙형용사에는 'ㅂ' 불규칙형용사, 'ㅅ' 불규칙형용사, '르' 불규칙형용사 등이 있다.

1) 'ㅂ' 불규칙형용사
'ㅂ' 불규칙형용사는 어간에 모음으로 시작하는 어미가 결합되면 어간의 끝 'ㅂ' 이 '오'나 '우'로 바뀌는 형용사이다.

(5) 아름답다, 아름답고, 아름다워, 아름다우니, 아름다우면

다음 (6)의 형용사가 'ㅂ' 불규칙형용사에 속한다.

(6) 가깝다, 곱다, 괴롭다, 덥다, 쉽다, 아름답다, 어렵다, 우습다, 우악스럽다,
    자비롭다, 자연스럽다, 정답다, 즐겁다, 춥다, 평화롭다

2) 'ㅅ' 불규칙형용사
'ㅅ' 불규칙형용사는 어간에 모음으로 시작하는 어미가 결합되면 어간의 끝 'ㅅ' 이 탈락되는 것이다.
'ㅅ' 불규칙형용사에 속하는 것은 '낫다' 한 개 뿐이다. 이것은 "어떤 대상이 견주는 대상보다 더 앞서 있거나 더 좋다."라는 뜻을 나타낸다.

(7) 낫다, 낫고, 낫지, 나아서, 나으니, 나으면, 나았다

3) '르' 불규칙형용사
'르' 불규칙형용사는 어간에 모음으로 시작하는 어미가 결합되면 어간의 끝 음절 '르'가 '르르'로 변하는 것이다.

(8) 고르다, 고르고, 고르면, 골라서(어간 '골르-' + 어미 '-아서'), 골라라(어간 '골르-' + 어미 '-아라')

다음의 (9)에 제시한 형용사가 '르' 불규칙 형용사이다.

(9) 고르다, 너르다, 다르다, 마르다[43], 바르다, 올바르다, 이르다

어미만 바뀌는 불규칙형용사에는 '러' 불규칙형용사와 '여' 불규칙형용사가 있다.

1) '러' 불규칙형용사
'러' 불규칙형용사는 어간의 끝 음절 '르' 뒤에 '어'로 시작하는 어미가 결합되면 그 '어'가 '러'로 바뀌는 것이다.

'누르다', '누르디누르다', '푸르다', '높푸르다', '푸르디푸르다' 등이 '러' 불규칙형용사에 속한다.

(10) ㄱ. 어간 '푸르-' + 연결어미 '-**어**' → 푸르**러**
ㄴ. 어간 '푸르-' + 연결어미 '-**어서**' → 푸르**러서**
ㄷ. 어간 '푸르-' + 선어말어미 '-**었**-' + 종결어미 '-다' → 푸르**렀다**

2) '여' 불규칙형용사
'여' 불규칙형용사는 '하다'의 어간 '하-' 뒤에 모음 '아/어'로 시작되는 어미가 결합되면 '아/어'가 '여'로 바뀌는 것이다.

(11) ㄱ. '착하다'의 어간 '착하-' + 어미 '-**아**' → 착하**여**

---

43) 불규칙 형용사 '마르다'는 '갈증을 느끼는 상태에 있다'라는 뜻을 나타낸다.

　ㄴ. '착하다'의 어간 '착하 -'+ 선어말어미 '**-았-**' + 종결어미 '-다'→ 착하**였다**

'하다'가 결합되어 형성된 형용사는 모두 '여' 불규칙형용사이다.

　(12) 고요하다, 깨끗하다, 산뜻하다, 조용하다, 피곤하다, 행복하다 …

어간과 어미가 바뀌는 불규칙형용사는 'ㅎ' 불규칙형용사 한 개뿐이다.
'ㅎ' 불규칙형용사는 어간 말음 'ㅎ' 뒤에 모음으로 시작하는 어미가 결합되면
어간 말음 'ㅎ'이 탈락하고 어미도 바뀌는 형용사이다.

　(13) ㄱ. '파랗다'의 어간 '파랗-' + 관형사형 전성어미 '-은'→ 파란
　　　ㄴ. '파랗다'의 어간 '파랗-' + 연결어미 '-아서'→ 파래서

'ㅎ' 불규칙형용사의 보기를 들어보면 다음의 (14)와 같다.

　(14) 까맣다, 노랗다, 누렇다, 보얗다, 빨갛다, 뿌옇다, 파랗다 …

'좋다'는 규칙형용사이다.

형용사 가운데 '어간이 바뀌는 규칙형용사'가 있다.
　형용사 중에도 동사처럼 어간의 형태가 변화하지만 이러한 변화가 한국어의
음운 규칙에 따른 것이기 때문에 규칙형용사로 간주하는 것이 있다. 이러한 형용
사를 '어간이 바뀌는 규칙형용사'라고 일컫는다.
　'어간이 바뀌는 규칙형용사'에는 'ㄹ' 탈락 규칙형용사와 '으' 탈락 규칙형용사
가 있다.

　1) 'ㄹ' 탈락 규칙형용사
　'ㄹ' 탈락 규칙형용사는 'ㄹ'로 끝나는 어간 뒤에 관형사형 전성어미인 '-ㄴ', 선

어말어미인 '-시-', 종결어미인 '-네', '-오', '-(으)ㅂ니다' 등이 결합되면 그 'ㄹ'이
탈락하는 것이다.

> (15) ㄱ. '어질다'의 어간 '어질-' + 관형사형 전성어미 '-은'
> → 어진(어간 '어지-' + 관형사형 전성어미 '-ㄴ')
> ㄴ. '어질다'의 어간 '어질-' + 선어말어미 '-시-' + 종결어미 '-다'
> → 어지시다(어간 '어지-' + 선어말어미 '-시-' + 종결어미 '-다')
> ㄷ. '어질다'의 어간 '어질-' + 종결어미 '-네' → 어지네(어간 '어지-' + 종결
> 어미 '-네')
> ㄹ. '어질다'의 어간 '어질-' + 종결어미 '-읍니다' → 어집니다(어간 '어-' +
> 종결어미 '-ㅂ니다')

형용사인 '길다', '달다', '둥글다', '멀다', '어질다' 등이 'ㄹ' 탈락 규칙형용사에
속한다.

2) '으' 탈락 규칙형용사

'으' 탈락 규칙형용사는 모음 '으'로 끝나는 형용사의 어간 뒤에 '아/어'로 시작
하는 어미가 결합되면 '으'가 탈락하는 것이다.

> (16) '기쁘다'의 어간 '기쁘-' + 어미 '-어서' → 기뻐서

'으' 탈락 규칙형용사에는 다음의 (17)과 같은 것들이 있다.

> (17) 고달프다, 고프다, 기쁘다, 바쁘다, 슬프다, 쓰다, 아프다, 어설프다…

형용사는 그 기능에 따라 본형용사(本形容詞)와 보조형용사(補助形容詞)로 나
뉜다.

본형용사는 보조형용사 앞에 놓여 어휘적인 의미를 나타내는 것이다. 다음의
예문 (18)에 쓰인 '약하지'는 본형용사이고, '않다'는 보조형용사이다.

(18) 민지는 **약하지 않다**.

보조형용사는 본형용사나 본동사 뒤에 놓여 문법적인 의미를 더하여 주는 형용사이다.

보조형용사를 문법적 의미에 따라 나누면 다음의 [표 2]와 같다.

[표 2] 보조형용사의 분류

의미	보조적 연결어미	보조 형용사	예문
상태 지속 (狀態持續)	-아/-어/-여	있다	선아가 잔디밭에 앉아 **있다**.
부정(否定)	-지	아니하다	선아는 악하**지 아니하다(않다)**.
		못하다	나는 악하**지 못해**.
희망(希望)	-고	싶다	나는 여행을 가**고 싶다**.
추측(推測)	-(으)ㄴ가/-는가	보다	기차가 이미 떠**난가 보다**. 현주는 그 문제를 모두 풀었**는가 보다**.
	-나		연주가 미국에서 귀국하였**나 보다**.

선어말어미인 '-시-'는 일반적으로 보조형용사에 결합된다. 그런데 주체를 더욱 존대하고자 할 때는 선어말어미인 '-시-'가 본형용사와 보조형용사에 결합된다.

(19) ㄱ. 할머니는 외롭지 않으**셔**(←아니하시어).
ㄴ. 할머니는 외로우**시**지 않으**셔**.

선어말어미인 '-았-/-었-/-였-', '-겠-' 등은 본용언에 결합되지 못하고 보조형용사에 결합된다.

(20) ㄱ. 그는 비겁하지 않**았**어(←아니하였어).(○)
ㄴ. *그는 비겁하**였**지 않아.(×)

보조형용사인 '싶다'는 본동사와 공기 관계를 맺는데, 본형용사와는 공기 관계를 맺지 못한다. 다음의 예문 (21ㄱ)은 보조형용사인 '싶다'가 본동사인 '부르고'와 공기 관계를 맺어 문법에 맞는 문장이 되었는데, (21ㄴ)은 보조형용사인 '싶다'가 본형용사인 '아름답고'와 공기 관계를 맺어서 비문법적인 문장이 된 것이다.

(21) ㄱ. 나는 노래를 **부르고 싶다.**(○)
ㄴ. *나는 **아름답고 싶다.**(×)

5.3 서술격 조사 '이다'

5.3.1 서술격 조사 '이다'의 특징

서술격 조사인 '이다'는 주로 체언에 연결되어 그 체언으로 하여금 서술어 기능을 하게 하는 것이다.

(1) ㄱ. 대한민국의 수도는 **서울이다.**
ㄴ. 현수는 **대학생이다.**

서술격 조사인 '이다'의 특징은 다음과 같다.

첫째, 서술격 조사인 '이다'는 활용을 한다. 서술격 조사인 '이다'는 형용사처럼 활용하기도 하는데, '이로다', '이로세', '이로구나', '이올시다' 등처럼 형용사와 달리 활용하기도 한다.

둘째, 서술격 조사인 '이다'는 선행어로 하여금 주로 서술어로 기능을 하게 한다. 다음의 예문 (2)에서 서술격 조사인 '이다'는 선행어인 명사 '대학생'으로 하여금 서술어 기능을 하게 한다.

(2) 민지는 **대학생이다.**

셋째, 음운론적 환경에 따라 서술격 조사인 '이다'의 어간 '이-'가 생략되기도
한다. 그런데 활용어인 동사와 형용사의 어간이 생략되는 경우는 없다.

> (3) ㄱ. 그는 위대한 교육자**이다**.
> ㄴ. 그는 위대한 교육자**다**.

5.3.2 서술격조사 '이다'의 용법

서술격 조사인 '이다'는 선행어로 하여금 서술어로 기능을 하게 한다.

서술격 조사인 '이다'의 어간 '이-'에 명사형 전성어미가 결합되어 형성된 명사
형에 주격 조사, 목적격 조사, 부사격 조사 등이 붙어 주어, 목적어, 부사어 기능을
한다.

> (4) ㄱ. 현수가 가장 착한 **학생임이** 온 동네에 알려졌다. [주어]
> ㄴ. 네가 **중학생임을** 밝혀라. [목적어]
> ㄷ. 우리가 처음 만난 장소는 이 **광장임에** 틀림없다. [부사어]

서술격 조사인 '이다'의 어간 '이-'에 관형사형 전성어미인 '-는'이 결합되지
못한다.

> (5) *그는 양심적**이는** 사람이 아니다.(×)

서술격 조사인 '이다'의 어간 '이-'에 관형사형 전성어미인 '-ㄴ'이나 '-ㄹ'이 결합
되어 선행어와 함께 관형어 기능을 한다. 다음의 예문 (6ㄱ)에 쓰인 '수평적인'과
(6ㄴ)에 쓰인 '정상적일'은 관형어이다.

> (6) ㄱ. 그는 수평적**인** 사고를 하는 사람이다.
> ㄴ. 저 사람이 정상적**일** 리가 없다.

서술격 조사인 '이다'의 어간인 '이-'에 평서법 종결어미인 '-(으)마', 명령법 종결어미, 청유법 종결어미 등이 결합되지 못한다.

> (7) ㄱ. *이마 (← '이다'의 어간 '이-' + 평서법 종결어미 '-마')
> ㄴ. *이어라 (← '이다'의 어간 '이-' + 명령법 종결어미 '-어라')
> ㄷ. *이자 (← '이다'의 어간 '이-' + 청유법 종결어미 '-자')

서술격 조사인 '이다' 바로 앞에 동사나 형용사의 부사형이 오기도 한다. 다음의 예문 (8ㄱ)에 쓰인 서술격 조사 '이다'의 선행어인 '위해서'는 동사 '위하다'의 부사형이다. (8ㄴ)에 쓰인 서술격 조사 '이다'의 선행어인 '아름다워서'는 형용사 '아름답다'의 부사형이다.

> (8) ㄱ. 우리가 사는 것은 남에게 봉사하기 **위해서**이다.
> ㄴ. 내가 너를 좋아하는 것은 너의 마음이 매우 **아름다워서**이다.

어떤 성질이나 상태를 나타내는 명사가 서술격 조사인 '이다'와 결합하여 서술어 기능을 할 때에는 정도 부사인 '아주, 정말' 등의 수식을 받기도 한다.

> (9) ㄱ. 지호는 **아주 부자(富者)이다**.
> ㄴ. 그는 **정말 선인(善人)이다**.

서술격 조사인 '이다'와 결합하여 서술어 기능을 하는 명사가 주체와 동일한 범주의 개념을 나타내는 것일 경우에는 서로 교체하여도 참이 될 수 있다(서정수, 1996: 759).

> (10) ㄱ. **금성**이 **샛별**이다.
> ㄴ. **샛별**이 **금성**이다.

서술격 조사인 '이다'와 결합하여 서술어 기능을 하는 명사가 주체와 동일한 부류이면서 그 상위 범주에 속하는 것일 경우에 그 위치를 서로 교체하면 참이 아니다(서정수, 1996: 760).

(11) ㄱ. 사람은 동물이다.(○)
ㄴ. *동물은 사람이다.(×)

서술격 조사인 '이다'가 명사에 연결되어 서술어 기능을 하는 문장의 부정 표현은 그 선행어인 명사의 의미 특성에 따라 다양하게 실현된다.

(12) ㄱ. 민지는 **중학생**이다.
ㄴ. 민지는 **중학생**이 **아니다.**(○)
ㄷ. *민지는 **안 중학생**이다.(×)
ㄹ. *민지는 **못 중학생**이다.(×)
ㅁ. *민지는 **중학생**이지 **않다.**(×)
ㅂ. *민지는 **중학생**이지 **못하다.**(×)

(13) ㄱ. 현수는 **정치적**이다.
ㄴ. *현수는 **정치적**이 아니다.(×)
ㄷ. *현수는 **안 정치적**이다.(×)
ㄹ. *현수는 **못 정치적**이다.(×)
ㅁ. 현수는 **정치적**이지 **않다.**(○)
ㅂ. 현수는 **정치적**이지 **못하다.**(○)

6

어미

6.1 어미의 특성

어미(語尾)는 활용할 때 변하는 부분이다. 예를 들면 동사 '먹다'의 활용형인 '먹고, 먹으니, 먹으면, 먹어라, 먹자, 먹느냐' 등에서 '먹-'은 어간이고, '-고', '-으니', '-으면', '-어라', '-자', '-느냐' 등은 어미이다.

첨가어인 한국어에서 어미는 조사와 더불어 매우 중요한 기능을 한다.

어미의 특성은 다음과 같다.

첫째, 어미는 활용어 — 동사·형용사·서술격 조사 '이다' —의 어간에 붙어서 활용어의 주변부를 형성하는 형태소이다. '먹다, 먹고, 먹는데, 먹으니, 먹으면' 등에서 '먹-'은 어간으로 단어의 중심부에 속하는데, 어미인 '-다', '-고', '-는데', '-으니', '-으면' 등은 단어의 주변부에 해당한다.

둘째, 어미는 어간에 붙는 가변 요소이며, 의존 형태소이다. 어미는 변하는 요소이며, 자립성이 결여되어 있는 형태소이다.

셋째, 어미는 단어의 구성 요소이면서 통사 구성 요소이다. 어미는 어간과 결합하여 단어를 형성하는 요소이면서 통사 관계를 나타내는 요소이다. 다음의 예문 (1)의 '짧은데'에서 '-은데'와 '길다'에서 '-다'는 어미이다. 이것들은 단어를 이루는 요소이다. 그리고 연결어미인 '-은데'는 앞 절을 뒤의 절에 이어 주는 구실을 하고, 종결어미인 '-다'는 문장을 종결시키는 기능을 한다.

> (1) 인생은 짧**은데**, 예술은 길**다**.

넷째, 하나의 어간에 여러 개의 어미가 연속적으로 결합될 수 있다.

> (2) ㄱ. '도착하-' + '-시-' + '-었-' + '-겠-' + '-다' → 도착하시었겠다
> ㄴ. '잡-' + '-으시' + '-었-' + '-겠-' + '-더-' + '-라' → 잡으시었겠더라

어미들이 결합할 때 결합 순서가 지켜져야 한다. 어미들의 결합 순서가 지켜지지 않으면 비문적인 단어가 된다.

> (3) ㄱ. 도착하 -시-었-겠-다 (○)
> ㄴ. *도착하 -었-시-겠-다 (×)
> ㄷ. 막 - 으시 - 겠 - 더 - 라 (○)
> ㄹ. *막-더-겠-으시-라 (×)

6.2 어미의 용법

어미는 단어 내의 위치에 따라 어말어미(語末語尾)와 선어말어미(先語末語尾)로 나뉜다.

어말어미는 활용어의 어미 중에서 맨 뒤에 오는 어미이다. 어말어미는 종결어미(終結語尾)와 비종결어미(非終結語尾)로 양분된다. 비종결어미에는 연결어미(連結語尾)와 전성어미(轉成語尾)가 있다.

선어말어미(先語末語尾)는 어말어미 앞에 오는 어미이다.

6.2.1 종결어미의 용법

종결어미는 한 문장이 끝남을 나타내는 어미이다. 그래서 종결어미는 문장의 끝맺음을 나타내는 기능을 한다. 다음의 예문 (1)에 쓰인 동사인 '읽는다'에서 '-는다'가 종결어미이다.

(1) 현주가 책을 읽**는다**.

종결어미는 서법(敍法, mood)을 나타내는 구실을 한다. 종결어미는 평서법(平敍法), 의문법, 명령법, 청유법, 감탄법 등을 나타낸다. 서법이란 사건이나 청자에 대한 화자의 심리적 태도를 어미로 표현하는 문법 범주이다.

평서법은 화자가 문장의 내용을 객관적으로 진술함을 표현하는 서법이다. '-다/-ㄴ다/-는다', '-네', '-소/-(으)오', '-ㅂ니다/-습니다', '-아/-어/-여', '-지', '-아요/-어요/-여요', '-(으)셔요/-(으)세요', '-(으)마'[44], '-(으)ㅁ세'[45] 등이 평서법을 나타내는 종결어미이다.

(2) ㄱ. 꽃이 아름답**다**.
ㄴ. 영수가 과일을 먹**는다**.
ㄷ. 지금 나는 숙제를 **한다**.
ㄹ. 나는 일을 하**네**.
ㅁ. 날씨가 무척 덥**소**.
ㅂ. 잘 가**오**.
ㅅ. 나는 밥을 먹**어요**.
ㅇ. 나는 책을 읽**어**.
ㅈ. 내일 너의 집에 가**마**.
ㅊ. 내일 또 **옴세**. ['옴세'에서 어간은 '오-'이고, '-ㅁ세'는 종결어미이다.]
ㅋ. 오늘은 매우 덥**습니다**.

---

44) -(으)마: 해라할 자리에 쓰여, 상대편에게 약속하는 뜻을 나타내는 종결어미.

45) -(으)ㅁ세: 하게할 자리에 쓰여, 기꺼이 하겠다는 뜻을 나타내는 종결어미.

의문법은 화자가 청자에게 질문을 하여 그 해답을 요구함을 나타내는 서법이
다. '-(으)냐/-느냐', '-(으)니', '-(으)ㄴ가/-는가', '-소/-(으)오', '-ㅂ니까/-습니까',
'-지', '-아/-어/-여', '-아요/-어요/-여요', '-(으)셔요/-(으)세요' 등이 의문법을 나
타내는 종결어미이다.

> (3) ㄱ. 이 줄을 잡**니**?
>
> ㄴ. 이 줄을 잡**는가**?
>
> ㄷ. 이 줄을 잡**아**?
>
> ㄹ. 이 줄을 잡**지**?
>
> ㅁ. 이 줄을 잡**으오**?
>
> ㅂ. 이 줄을 잡았**소**?
>
> ㅅ. 이 줄을 잡**아요**?
>
> ㅇ. 이 줄을 잡**습니까**?

명령법은 화자가 청자에게 무엇을 시키거나 어떤 행동을 요구함을 나타내는
서법이다. '-아라/-어라/-여라', '-게', '-소/-(으)오', '-십시오', '-지', '-아/-어/-
여', '-아요/-어요/-여요', '-(으)셔요/-(으)세요', '-(으)렴'[46], '-(으)려무나' 등이
명령법을 나타내는 종결어미이다.

> (4) ㄱ. 이 줄을 잡**아라**.
>
> ㄴ. 이 줄을 잡**으렴**.
>
> ㄷ. 이 줄을 잡**게**.
>
> ㄹ. 이 줄을 잡**아**.
>
> ㅁ. 이 줄을 잡**지**.
>
> ㅂ. 이 줄을 잡**으오**.
>
> ㅅ. 이 줄을 잡**아요**.
>
> ㅇ. 이 줄을 잡**으십시오**.

---

46) -(으)렴: 해라할 자리에 쓰여, 부드러운 명령이나 허락을 나타내는 종결어미. '-으려무나'보다는 친근
감이 조금 덜하다.

청유법은 화자가 청자에게 자기와 함께 행동할 것을 요청함을 표현하는 서법이다. '-자', '-(으)셔요/-(으)세요', '-(으)ㅂ시다', '-(으)십시다'[47], '-아/-어/-여', '-아요/-어요/-여요', '-지' 등이 청유법을 나타내는 종결어미이다.

　　(5)　ㄱ. 이 줄을 함께 잡**자**.

　　　　ㄴ. 이 줄을 함께 잡**아**.

　　　　ㄷ. 이 줄을 함께 잡**지**.

　　　　ㄹ. 이 줄을 함께 잡**으세요**.

　　　　ㅁ. 이 줄을 함께 잡**아요**.

　　　　ㅂ. 이 줄을 함께 잡**읍시다**.

　　　　ㅅ. 이 줄을 함께 잡**으십시다**.

감탄법은 화자가 청자를 별로 의식하지 않거나 거의 독백하는 상태에서 자기의 느낌을 나타내는 서법이다. '-구나/-는구나', '-군/-는군', '-구먼/-는구먼', '-네', '-아라/-어라/-여라', '-구려/-는구려', '군요/-는군요', '-네요' 등이 감탄법을 나타내는 종결어미이다.

　　(6)　ㄱ. 경치가 매우 아름답**구나**.

　　　　ㄴ. 민지가 매우 착하**구먼**.

　　　　ㄷ. 현수가 잘 뛰**는구먼**.

　　　　ㄹ. 현수가 정말 잘 뛰**네**.

　　　　ㅁ. 현주가 아주 잘 달리**는구려**.

　　　　ㅂ. 정말 착하**군요**.

　　　　ㅅ. 잘 달리**네요**.

종결어미는 의미상 문장의 종류를 결정하는 구실을 한다. 의미상 문장은 평서

---

47) -(으)십시다: 비교적 격의 없는 상대에게 말할 때 사용한다. 격식을 차려야 할 웃어른에게 사용하여서는 안 된다.

문(平敍文), 의문문(疑問文), 명령문(命令文), 청유문(請誘文), 감탄문(感歎文) 등
으로 나뉜다.

평서문은 화자가 청자에게 어떤 사실·현상·사건 등에 대해서 서술함을 나타내
는 문장이다. 이것은 평서법 종결어미로 끝난 문장이다.

> (7) ㄱ. 나는 책을 읽**는다**.
>   ㄴ. 나는 소설을 읽**습니다**.

의문문은 화자가 청자에게 어떤 사실에 대해서 물음을 나타내는 문장이다. 이
것은 의문법 종결어미로 끝난 문장이다.

> (8) ㄱ. 무슨 책을 읽**니**?
>   ㄴ. 어디를 가**느냐**?

명령문은 화자가 청자에게 어떤 행동을 할 것을 요구함을 나타내는 문장이다.
이것은 명령법 종결어미로 끝난 문장이다.

> (9) ㄱ. 책을 많이 읽**어라**.
>   ㄴ. 경험을 많이 하**게**.

청유문은 화자가 청자에게 어떤 행동을 함께할 것을 권함을 나타내는 문장이
다. 이것은 청유법 종결어미로 끝난 문장이다.

> (10) ㄱ. 책을 많이 읽**자**.
>   ㄴ. 봉사를 많이 **합시다**.

감탄문은 화자의 여러 가지 느낌을 나타내는 문장이다. 이것은 감탄법 종결어
미로 끝난 문장이다.

(11) ㄱ. 너는 아주 착하**구나**!

ㄴ. 무척 덥**군**!

종결어미는 상대 높임법의 화계(話階, speech level)를 나타내는 기능을 한다. 화계란 화자가 청자를 존대하거나 비존대하는 말의 단계이다. 서법별 화계를 나타내는 종결어미는 다음의 [표 1]과 같다.

[표 1] 서법별 화계를 나타내는 종결어미

서법	화계	종결어미
평서법	하십시오체	-습니다/-ㅂ니다, -나이다, -답니다, -사오이다, -사옵나이다, -사옵니다, -옵니다, -올시다
	해요체	-아요[48]/-어요/-여요, -지요, -(으)셔요/-(으)세요
	하오체	-소/-(으)오, -(으)ㅂ디다/-습디다
	하게체	-네[49], -(으)ㄹ세, -(으)ㅁ세, -다네
	해체	-다니까, -대, -(으)ㄹ걸, -(으)ㄹ래, -아/-어/-여/-야, -지, -(으)ㄹ게
	해라체	-다/-ㄴ다/-는다, -단다/ -란다, -(으)ㄹ라[50], -(으)마
의문법	하십시오체	-습니까/-ㅂ니까, -나이까, -사옵나이까, -(으)옵나이까, -사옵디까
	해요체	-아요/ -어요/-여요, -(으)ㄹ까요, -지요, -(으)셔요/-(으)세요
	하오체	-소/-(으)오, -ㅂ디까/-습디까
	하게체	-나, -(으)ㄴ가/-는가, -(으)ㄴ고/-는고
	해체	-대[51], -(으)ㄹ까, -(으)ㄹ꼬, -(으)ㄹ래 -아/-어/-여/-야, -지, -(으)ㄴ감/-는감, -(으)ㄹ지
	해라체	-(으)냐/-느냐, -(으)니, -담[52], -(으)련[53], -뇨, -(으)랴, -(으)ㄹ쏘냐, -(으)람

---

48) -아요 : 종결어미 '-아'에 보조사인 '요'가 결합된 형태임.

49) '-네'가 '하게체'에 쓰일 적에는 단순한 서술의 뜻을 나타낸다. [보기] 내가 이 밭을 갈았네.

50) -(으)ㄹ라: 혹시 그렇게 될까 봐 염려됨을 나타내는 종결어미. [보기] 추워서 감기 들라.

51) -대 : 어떤 사실을 주어진 것으로 치고 그 사실에 대한 의문을 나타내는 종결어미. [보기] 왜 이렇게 춥대?

52) -담 : '-단 말인가?'의 뜻으로 물음을 나타내는 종결어미. [보기] 경치가 어쩜 이렇게 아름답담?

53) -련 : 화자가 청자를 위하여 할 의사가 있는 어떤 행동에 대해서 청자가 받아들일 것인지를 친근하게 묻는 종결어미. [보기] 내가 줄을 잡아 주련?

명령법	하십시오체	-(으)십시오, -(으)ㅂ쇼, -(으)소서, -옵소서, -(으)ㅂ시사
	해요체	-아요/-어요/-여요, -지요, -(으)셔요/-(으)세요
	하오체	-소/-(으)오
	하게체	-게, -게나
	해체	-아/-어/-여, -지
	해라체	-아라/-어라/-여라/-거라/-너라, -(으)라, -(으)렴, -(으)려무나
청유법	하십시오체	-(으)십시다
	해요체	-아요/-어요/-여요, -지요, -(으)셔요/-(으)세요
	하오체	-(으)ㅂ시다
	하게체	-세, -세나
	해체	-아/-어/-여, -지, -자고[54]
	해라체	-자, -자꾸나
감탄법	해요체	-군요/-는군요, -네요, -(으)셔요/-(으)세요
	하오체	-구려
	해체	-구먼/-는구먼, -군/-는군, -네
	해라체	-구나/-는구나, -아라/-어라/-여라

종결어미 중에서 주어의 인칭을 제약하는 것이 있다. 평서법 종결어미인 '-(으)
ㄹ게', '-(으)ㄹ래', '-(으)ㅁ세', '-(으)마' 등은 제이인칭 주어나 제삼인칭 주어와
공기 관계를 맺지 못한다.

(12) ㄱ. 내가 이 줄을 잡**을게**.(○)

　　 ㄴ. *네가 이 줄을 잡**을게**.(×)

　　 ㄷ. *현수가 이 줄을 잡**을게**.(×)

(13) ㄱ. 내가 자네 집에 놀러 **감세**.(○)

　　 ㄴ. *자네가 우리 집에 놀러 **옴세**.(×)

　　 ㄷ. *그이가 우리 집에 놀러 **옴세**.(×)

---

54) -자고 : 어떤 일을 같이 하기를 권유하는 뜻을 나타내는 종결어미. [보기] 즐겁게 놀아 보**자고**.

명령법 종결어미와 청유법 종결어미는 형용사와 서술격 조사인 '이다'의 어간에 결합되지 못한다.

(14) ㄱ. *민지야, 더욱 고**와라**[55].(×) [명령문]

ㄴ. *민지야, 더욱 곱**자**.(×) [청유문]

(15) ㄱ. *민지야, 더욱 우수한 학생이**어라**.(×) [명령문]

ㄴ. *민지야, 더욱 우수한 학생이**자**.(×) [청유문]

평서법 종결어미인 '-(으)ㄹ게', '-(으)ㄹ래', '-(으)ㅁ세', '-(으)마' 등과 명령법 종결어미인 '-(으)려무나', '-(으)렴' 등은 시간 부사어인 '내일', '나중에', '다음에' 등과 공기 관계를 맺을 수 있지만, '어제', '이전에', '아까' 등과는 공기 관계를 맺지 못한다.

(16) ㄱ. **내일** 너랑 영화 구경을 하러 갈게.(○)

ㄴ. *어제 너랑 영화 구경을 하러 갈게.(×)

(17) ㄱ. **내일** 친구와 놀다 오렴.(○)

ㄴ. *어제 친구와 놀다 오렴.(×)

6.2.2 연결어미의 용법

연결어미는 활용어의 어간에 붙어서 다음 말에 연결하는 구실을 하는 어미이다.

(18) ㄱ. 하늘은 맑**고** 바다는 푸르다.

ㄴ. 현주는 밥을 먹**는데**, 철수는 빵을 먹는다.

한국어의 연결어미는 552개로 다른 어미에 비하여 그 수효가 가장 많다. 연결어미는 그 기능에 따라 대등적 연결어미, 종속적 연결어미, 보조적 연결어

---

55) '고와라'에서 '고오-'는 어간이고, '-아라'는 어미이다.

미 등으로 나뉜다.

대등적 연결어미는 두 절을 대등적으로 연결하여 주는 기능을 한다. 다음의
예문 (19ㄱ)에서 '먹는데'에 쓰인 연결어미인 '-는데'는 앞과 뒤의 절을 대등하게
이어 주는 구실을 한다. (19ㄴ)에서 '사든지'에 쓰인 연결어미인 '-든지'도 앞과
뒤의 절을 대등하게 연결하여 주는 기능을 한다.

> (19) ㄱ. 현수는 과일을 먹**는데**, 민지는 과자를 먹는다.
> ㄴ. 이 옷을 사**든지**, 저 옷을 사**든지** 네 마음대로 해.

대등적 연결어미를 그 의미에 따라 분류하면 다음의 [표 2]와 같다.

[표 2] 대등적 연결어미의 분류

의미	대등적 연결어미
나열	-고, -(으)며, -(으)면서
대립	-(으)나, -(으)ㄴ데/-는데, -다마는, -지마는
선택	-거나, -든지, -나

종속적 종결어미는 앞의 절을 뒤의 절에 종속시키는 구실을 한다. 다음의 예문
(20)에서 종속적 연결어미인 '-면'은 '눈이 오면'과 '스키를 타러 가자'를 연결하는
구실을 한다.

> (20) 눈이 오**면**, 스키를 타러 가자.

종속적 연결어미를 그 의미에 따라 분류하면 다음의 [표 3]과 같다.

[표 3] 종속적 연결어미의 분류

의미	종속적 연결어미
이유·원인	-아서/-어서/-여서, -(으)니, -(으)니까, -(으)므로, -(으)매
의도	-(으)려고, -고자

목적		-(으)러
시간	동시성	-(으)며, -(으)면서
	연발성	-자, -자마자
	시차성	-고, -고서, -아서/-어서/-여서
양보		-더라도, -아도/-어도/-여도, -(으)ㄴ들, -(으)ㄹ망정, -(으)ㄹ지라도
조건		-거니와, -거든, -되, -면, -아서는/-어서는/-여서는, -아야/-어야/-여야
수단·방법		-아서/-어서/-여서, -고서
중단 전환		-다가
익심함		-(으)ㄹ수록
첨가		-(으)ㄹ뿐더러
유사		-듯이
도급		-도록[56]
상황 제시		-(으)ㄴ데/-는데

　　종속적 연결어미 가운데 '시간'을 나타내는 연결어미는 '동시성(同時性)'을 나타
내는 것, '연발성(連發性)'을 나타내는 것, 시차성(時差性)을 나타내는 것 등 세
가지로 나뉜다.

　　'시간'을 나타내는 종속적 연결어미는 동사와만 결합한다.

　　동시성(同時性)'을 나타내는 연결어미에는 '-(으)며', '-(으)면서' 등이 있다. 이
것들은 '나열'을 뜻하는 대등적 연결어미와 구별된다. 다음의 예문 (21ㄱ)에 쓰인
연결어미인 '-으며, -으면서' 등은 '행위의 동시성'을 나타낸다. 그런데 (21ㄴ)에
쓰인 연결어미인 '-며, -면서' 등은 '상태의 겹침'과 '나열'을 의미한다.

　　　(21) ㄱ. 현수가 밥을 먹-{**-으며, -으면서**} 신문을 읽는다.
　　　　　　ㄴ. 민지는 코가 예쁘-{**-며, -면서**} 눈도 예쁘다.

　　동시성을 나타내는 연결어미가 결합된 동사가 서술어 기능을 하는 절과 그 후행

---

56) '-도록' 뒤에 '은', '도', '까지' 따위의 보조사가 올 수 있다.

절의 주어는 동일하거나 다르다.

> (22) ㄱ. **현아가** 걸으면서 **(현아가)** 빵을 먹는다.
> ㄴ. **기차가** 떠나면서 **현아가** 도착했다.

연발성(連發性)을 나타내는 연결어미에는 '-자', '-자마자' 등이 있다. 이것들은 동사의 어간에 결합되어 한 동작이 막 끝남과 동시에 다른 동작이나 일이 잇달아 일어남을 나타내는 연결어미이다. 앞 절과 뒤 절의 시간적 차이가 더 적을 때 연결어미인 '-자'보다 '-자마자'를 사용한다.

연발성을 나타내는 연결어미가 결합된 동사가 서술어 기능을 하는 절과 그 후행 절의 주어는 같거나 다르다. 연발성 연결어미 '-자, -자마자' 등이 쓰인 다음의 예문 (23ㄱ)은 선행절과 후행절의 주어가 다른데, (23ㄴ)은 선행절과 후행절의 주어가 같다.

> (23) ㄱ. **우리가** 기차를 타 -{-**자, -자마자**} **기차가** 출발했다.
> ㄴ. **나는** 영어 숙제를 하 -{-**자, -자마자**} **(나는)** 수학 숙제를 했다.

연발성 연결어미인 '-자' 뒤에는 명령문이나 청유문이 올 수 없는데, 연결어미인 '-자마자' 뒤에는 명령문과 청유문이 올 수 있다.

> (24) ㄱ. 학교에서 집으로 돌아오자 간식을 먹어라.(×) [명령문]
> ㄴ. 학교에서 집으로 돌아오자마자 간식을 먹어라.(○) [명령문]
> (25) ㄱ. 학교에서 집으로 돌아오자 간식을 먹자.(×) [청유문]
> ㄴ. 학교에서 집으로 돌아오자마자 간식을 먹자.(○) [청유문]

연결어미인 '-자마자'는 형용사와 결합되지 못하는데, 연결어미인 '-자'는 형용사와 결합된다. 다음의 예문 (26)에 쓰인 '거세다'는 형용사이다.

(26) 바람이 거세-{-자, *-자마자} 우리는 외출하지 않았다.

시차성을 나타내는 연결어미에는 '-고', '-고서', '-아서/-어서/-여서' 등이 있다.

시차성을 나타내는 연결어미인 '-고', '-고서', '-아서/-어서/-여서' 등이 결합된 동사가 서술어 기능을 하는 절과 그 후행절의 주어는 동일하다.

(27) ㄱ. **현수가** 세수를 하**고서** (**현수가**) 밥을 먹었다.
ㄴ. **민지**가 은행에 가**서** (**민지가**) 저축을 했다.

시차성을 나타내는 연결어미인 '-고', '-고서', '-아서/-어서/-여서' 등은 형용사의 어간이나 서술격 조사 '이다'의 어간에 결합하지 못한다.

(28) ㄱ. *산이 높**고서** 푸르다.(×)
ㄴ. *그는 중학교 교원이**고서**, 대학 교수이다.(×)

'의도'를 나타내는 연결어미인 '-고자', '-(으)려고' 등은 후행절의 서술어에 평서법 종결어미인 '-(으)마'가 결합되는 것을 허용하지 않는다. 또한 후행절의 서술어에 명령법과 청유법 종결어미가 결합되는 것도 허용하지 않는다.

(29) ㄱ. *너를 보**려고** 너의 집에 가**마**.(×)
ㄴ. *독서를 하**고자** 도서관에 가**거라**.(×)
ㄷ. *숙제를 하**고자** 참고서를 사**자**.(×)

공문(公文)에서 연결어미인 '-고자' 대신에 '-고저'를 사용하는 이가 있는데, '-고저'는 비표준어이므로 사용해서는 안 된다.

(30) ㄱ. 내일부터 1시간 동안 통행 금지를 하고자 합니다.(○)
ㄴ. *내일부터 1시간 동안 통행 금지를 하고저 합니다.(×)

‘목적’을 나타내는 연결어미인 ‘-러’의 후행절은 서법의 제약을 받지 않는다. ‘-러’의 후행절 서술어에 평서법 종결어미, 의문법 종결어미, 명령법 종결어미, 청유법 종결어미, 감탄법 종결어미 등이 결합될 수 있다.

(31) 리포트를 작성하러 도서관에 가-{-ㄴ다, -느냐, -거라, -자, -는구나}.

‘이유’나 ‘원인’을 나타내는 종속적 연결어미 중에서 사용 빈도수가 높은 것은 ‘-(으)니까’와 ‘-아서/-어서/-여서’이다.

‘이유’나 ‘원인’을 나타내는 종속적 연결어미인 ‘-(으)니까’의 후행절은 서법의 제약을 받지 않는데, ‘이유’나 ‘원인’을 나타내는 연결어미인 ‘-아서/-어서/-여서’의 후행절은 서법의 제약을 받는다.

이유나 원인을 나타내는 연결어미인 ‘-아서/-어서/-여서’의 후행절의 서술어에 ‘약속’의 의미를 나타내는 평서법 종결어미인 ‘-마’, 명령법 종결어미, 청유법 종결어미 등이 결합되면 비문법적인 문장이 된다.

(32) ㄱ. 학생들이 공부하**니까** 조용히 하-{-**마, -여라, -자**}.
　　 ㄴ. 학생들이 공부하**여서** 조용히 하-{*-**마,** *-**여라,** *-**자**}.

연결어미인 ‘-도록’은 동사나 형용사의 어간에 붙어 선행절의 내용이 후행절에서 지시하는 사태의 목적이나 정도 따위가 됨을 나타내거나, 선행절의 행동이나 정도가 한계에 도달함을 나타내는 것이다.

연결어미인 ‘-도록’은 서술격 조사 ‘이다’의 어간 ‘이-’에 결합되지 못한다.

연결어미인 ‘-도록’의 선행절과 후행절의 주어는 동일하거나 다르다. 다음의 예문 (33ㄱ)은 선행절과 후행절의 주어가 다른데, (33ㄴ)은 선행절과 후행절의 주어가 동일하다.

(33) ㄱ. **밤이 깊도록 우리는** 놀았다.

　　ㄴ. **(너는)** 성공하**도록 (너는)** 열심히 노력해라.

'양보'를 나타내는 종속적 연결어미인 '-더라도', '-아도/-어도/-여도', '-(으)ㄴ들', '-(으)ㄹ망정', '-(으)ㄹ지라도' 등의 선행절과 후행절의 주어는 동일하거나 다르다.

'양보'를 나타내는 종속적 연결어미 중에서 서법의 제약을 가장 많이 받는 것은 '-(으)ㄴ들'이다. 이것의 후행절 서술어에 명령법 종결어미, 청유법 종결어미 등이 결합되는 것을 허용하지 않는다.

(34) ㄱ. *네가 장사**인들** 그를 당하**여라**.(×)

　　ㄴ. *네가 장사**인들** 그를 당하**자**.(×)

'상황 제시'를 나타내는 연결어미인 '-(으)ㄴ데'는 형용사, 서술격 조사 '이다' 등의 어간에 결합되고, 연결어미인 '-는데'는 동사의 어간에 결합된다. 이것들의 선행절과 후행절의 주어는 같거나 다르다.

(35) ㄱ. 자정이 지났**는데**, 그 사람이 오지 않았다.

　　ㄴ. 시간도 충분**한데**, 문제를 천천히 풀어.

　　ㄷ. 저 학생이 박 선생님의 제자**인데**, (저 학생은) 예절이 매우 바릅니다.

'상황 제시'를 나타내는 연결어미인 '-(으)ㄴ데/-는데'의 후행절은 서법의 제약을 받지 않는다.

(36) ㄱ. 기차가 도착할 때가 되었는데, **민지가 오지 않았다.** [평서법]

　　ㄴ. 돈이 많은데, **네 선물도 사 오마.** [평서법]

　　ㄷ. 자정이 지났는데, **현수가 오겠니?** [의문법]

　　ㄹ. 피곤한데, **좀 쉬어라.** [명령법]

ㅁ. 숙제를 다 했는데, **좀 쉬자.** [청유법]

ㅂ. 눈이 많이 내렸는데, **경치가 매우 아름답구나.** [감탄법]

보조적 연결어미는 본동사나 본형용사의 어간에 결합되어 보조용언에 이어 주는 구실을 한다.

보조적 연결어미에는 '-게', '-고', '-아/-어/-여', '-아야/-어야/-여야', '-지', '-(으)ㄴ가/-는가' 등이 있다.

(37) ㄱ. 나는 민지가 유학을 가**게** 하였다.

ㄴ. 현수는 학교에 가**고** 있다.

ㄷ. 정호가 의자에 앉**아** 있다.

ㄹ. 부자가 되려면 절약을 하**여야** 한다.

ㅁ. 나는 낭비하**지** 아니한다.

ㅂ. 그는 착**한가** 보다.

ㅅ. 현수가 편지를 쓰**는가** 보다.

6.2.3 전성어미의 용법

전성어미(轉成語尾)는 주로 서술어 기능을 하는 동사·형용사·서술격 조사 '이다' 등을 명사나 관형사가 하는 기능을 하도록 전성시키는 구실을 한다.

전성어미는 그 기능에 따라 명사형 전성어미와 관형사형 전성어미로 나뉜다.[57]

명사형 전성어미는 동사·형용사·서술격 조사 '이다' 등의 어간에 결합되어 그것들로 하여금 명사 구실을 하게 한다.

명사형 전성어미에는 '-(으)ㅁ'과 '-기'가 있다.

---

57) 이 글에서는 이른바 '부사형 전성어미'를 인정하지 않는다. 부사형 전성어미로 간주하는 '-게', '-듯이', '-도록' 등은 종속적 연결어미로 처리하는 것이 합당하기 때문이다.

(38) ㄱ. 나는 강이 이토록 깊**음**을 전혀 몰랐어.

ㄴ. 혈압이 높으니 빨리 달리**기**가 무척 힘들다.

'-(으)ㅁ'과 '-기'가 명사형 전성어미로 쓰인 경우에는 그 앞에 부사어가 올 수 있는데, '-(으)ㅁ'과 '-기'가 파생 접미사로 쓰인 경우에는 그 앞에 관형어가 올 수 있다.

(39) ㄱ. 전동차 안에서 **크게 웃음**은 남에게 큰 결례를 하는 거야.

ㄴ. **큰 웃음**은 건강에 좋다고 한다.

(40) ㄱ. **빨리 읽기**와 느리게 읽기를 섞어서 해 봐.

ㄴ. 현주**의 읽기** 실력은 탁월해.

위의 예문 (39ㄱ)의 '웃음'에 쓰인 '-음'과 (40ㄱ)의 '읽기'에 쓰인 '-기'는 명사형 전성어미인데, (39ㄴ)의 '웃음'에 쓰인 '-음'과 (40ㄴ)의 '읽기'에 쓰인 '-기'는 파생 접미사이다. (39ㄱ)의 '웃음'과 (40ㄱ)의 '읽기'는 동사이고, (39ㄴ)의 '웃음'과 (40ㄴ)의 '읽기'는 명사이다. 그리하여 (39ㄱ)의 '웃음'은 부사어인 '크게'의 수식을 받고, (40ㄱ)의 '읽기'는 부사어인 '빨리'의 수식을 받는데, (39ㄴ)의 '웃음'은 관형어인 '큰'의 수식을 받고, (40ㄴ)의 '읽기'는 관형어인 '현주의'의 수식을 받는다.

관형사형 전성어미는 동사·형용사·서술격 조사 '이다' 등의 어간에 결합되어 그것들로 하여금 관형사 구실을 하게 한다.

관형사형 전성어미에는 '-(으)ㄴ', '-는', '-(으)ㄹ', '-던' 등이 있다.

(41) ㄱ. 우리는 좁**은** 골목길로 갔다.

ㄴ. 어제 산 과일이 정말 맛있어.

ㄷ. 바다로 가**는** 길이 어디입니까?

ㄹ. 내일 먹**을** 것을 준비하자.

ㅁ. 우리는 가**던** 길을 멈추고 주위의 경치를 구경했다.

관형사형 전성어미인 '-(으)ㄴ'이 동사의 어간에 결합할 경우에는 어떤 행위가 종료되었음을 뜻하고, 과거 시제를 나타낸다. 그런데 관형사형 전성어미인 '-(으)ㄴ'이 형용사의 어간에 결합할 경우에는 어떤 상태가 지속되거나 성질이 유지됨을 뜻하고, 서술격 조사인 '이다'의 어간에 결합할 경우에는 현재의 상태를 뜻한다.

(42) ㄱ. 이 구멍은 내가 막**은** 것이다. [동작의 종료]
      ㄴ. 나는 마음씨가 착**한** 사람을 좋아한다. [성질의 유지]
      ㄷ. 나는 **적막한** 곳을 싫어한다. [상태의 유지]
      ㄹ. 공무원인 민지는 성실히 근무한다. [현재의 상태]

위의 예문 (42ㄱ)의 '막은'에 쓰인 관형사형 전성어미 '-은'은 '동작의 종료'를 뜻하는데, (42ㄴ)의 '착한'에 쓰인 관형사형 전성어미 '-ㄴ'은 '성질의 유지'를 의미하고, (42ㄷ)의 '적막한'과 (42ㄹ)의 '공무원인'에 쓰인 관형사형 전성어미 '-ㄴ'은 '현재의 상태'를 뜻한다.

관형사형 전성어미인 '-는'은 동사의 어간에 결합되어 어떤 움직임이 현재 진행 중임을 뜻하거나, 형용사인 '있다'와 '없다'의 어간에 결합되어 그 상태가 지속되고 있음을 뜻하고, 현재 시제를 나타낸다.

관형사형 전성어미인 '-는'은 '있다'와 '없다'를 제외한 형용사와 서술격 조사의 어간에 결합되지 못한다. 다음 예문 (43ㄱ)에 쓰인 '먹는'은 동사이기 때문에 관형사형 전성어미 '-는'이 결합되어도 문법에 맞는 문장이 된다. 그런데 (43ㄴ)에 쓰인 '착하는'은 형용사이고 (43ㄷ)에 쓰인 명사 '수평적'에 결합된 '이는'은 서술격 조사이므로 그것들의 어간에 관형사형 전성어미인 '-는'이 결합되면 비문법적인 문장이 된다.

(43) ㄱ. 내가 지금 먹**는** 사과는 가장 비싼 것이다.(○)
      ㄴ. *마음씨가 착하**는** 사람은 복을 받는다.(×)
      ㄷ. *수평적이**는** 사고를 하세요.(×)

관형사형 전성어미인 '-(으)ㄹ'은 앞으로 일어날 일, 가능성, 추측, 예정 등을 뜻하고, 미래 시제를 나타낸다. 다음 예문 (44ㄱ)의 '올'에 쓰인 관형사형 전성어미 '-ㄹ'은 '추측'을 의미하고, (44ㄴ)의 '막을'에 쓰인 관형사형 전성어미 '-을'은 '가능성'을 뜻하며, (44ㄷ)의 '팔'에 쓰인 관형사형 전성어미 '-ㄹ'은 '예정'을 의미한다.

(44) ㄱ. 내일 그 사람이 **올** 것이다. [추측]
ㄴ. 나는 이 구멍을 막**을** 수 있다. [가능성]
ㄷ. 이것은 내일 내가 **팔** 물건이다. [예정]

관형사형 전성어미인 '-던'은 과거의 어떤 움직임이나 상태를 회상하고, 과거에 중단된 행위나 상태 등을 뜻하며, 과거 시제를 나타낸다. 다음의 예문 (45ㄱ)의 '걷던'에 쓰인 관형사형 전성어미인 '-던'은 '과거 회상'과 더불어 '과거에 중단된 행위'를 뜻한다. (45ㄴ)의 '곱던'에 쓰인 관형사형 전성어미인 '-던'은 '과거에 중단된 상태'를 뜻한다.

(45) ㄱ. 이 길은 내가 예전에 걷**던** 길이다. [과거 회상, 과거에 중단된 행위]
ㄴ. 옛날에 곱**던** 얼굴이 이제는 많이 추해졌다. [과거에 중단된 상태]

6.2.4 선어말어미의 용법

선어말어미(先語末語尾)는 어말어미 앞에 오는 어미이다.

선어말어미에는 '-았-/-었-/-였-', '-겠-', '-더-', '-(으)시-', '-리-', '-(으)옵-/-(으)오-/-사오-/-자오-', '-사옵-/-자옵-' 등이 있다.

(46) 막-**았**-다, 먹-**었**-다, 노력-하-**였**-다, 잡-**겠**-다, 잡-**더**-라, 가-**시**-다, 잡-**으시**-다, 하-**리**-다, 건강하-**옵**-소서, 받-**자오**-니, 가-**오**-니, 믿**사오**니, 먹**사옵**고

선어말어미는 용언이 형성되는 데 수의적인 것인데, 어말어미는 필수적인 것이다.

한 용언에 한 개의 어말어미가 쓰이는데, 선어말어미는 두 개 이상이 쓰일 수 있다. 다음의 (47ㄱ)은 동사인 '가다'의 어간인 '가'에 '-시-', '-겠-', '-더-' 등 세 개의 선어말어미가 결합되어 있다. (47ㄴ)은 동사인 '잡다'의 어간에도 선어말어미인 '-으시-', '-었-', '-겠-' 등이 결합되어 있다.

(47) ㄱ. '가' + '-시-' + '-겠-' + '-더-' + '-라'
     ㄴ. '잡' + '-으시-' + '-었-' + '-겠-' + '-다'

용언의 한 개의 어간에 두 개 이상의 선어말어미가 결합할 경우 그 순서가 정해져 있다. 앞의 (47ㄱ)에서는 주체 존대 선어말어미인 '-시-' 다음에 '추측'의 의미를 나타내는 선어말어미 '-겠-'이 오고, 그 다음에는 화자가 과거에 직접 경험한 사실을 회상하여 전달함을 나타내는 선어말어미 '-더-'가 왔다. (47ㄴ)에서는 주체 존대 선어말어미인 '-으시-' 다음에 과거 시제 선어말어미인 '-었-'이 오고, 그 다음에는 '추측'의 의미를 나타내는 선어말어미 '-겠-'이 왔다. (47ㄱ)과 (47ㄴ)에서 이러한 선어말어미들의 순서가 바뀌면 문법에 어긋난 말이 된다.

선어말어미는 시제(時制), 상(相), 서법(敍法), 높임법 등을 실현하는 기능을 한다.

선어말어미인 '-았-/-었-/-였-'은 다음과 같은 의미를 나타낸다.

가. 선어말어미인 '-았-/-었-/-였-'은 발화 시점에서 볼 때 사건이 이미 일어났음을 뜻한다.

(48) 어제 나는 그 책을 모두 읽**었**어.

나. 선어말어미인 '-았-/-었-/-였-'은 발화 시점에서 볼 때 그 전에 어떤 사건이

완료되어 현재까지 지속되거나 현재에도 영향을 미치는 상황을 나타낸다.

    (49) 그동안에 새싹이 많이 돋**았**다.

  다. 선어말어미인 '-았-/-었-/-였-'은 미래의 사건이나 일에 대해 화자가 확신을 가지고 있음을 나타낸다.

    (50) 숙제를 전혀 하지 않았으니 넌 선생님께 **혼났어**.

  앞의 예문 (50)에 쓰인 '혼났어'는 동사 '혼나다'의 어간 '혼나-'에 선어말어미 '-ㅆ-'이 결합되고 그 뒤에 종결어미 '-어'가 결합된 것이다.

  선어말어미인 '-겠-'은 다음과 같은 의미를 나타낸다.
  가. 선어말어미인 '-겠-'은 미래의 일이나 추측을 나타낸다.

    (51) 오후 1시에 민지가 서울역에 도착하**겠**다.

  나. 선어말어미인 '-겠-'은 주체의 의지를 나타낸다.

    (52) 나는 이번 시험에 꼭 합격하**겠**다.

  다. 선어말어미인 '-겠-'은 가능성이나 능력을 나타낸다.

    (53) 이 물건은 나 혼자 충분히 들 수 있**겠**어.

  라. 선어말어미인 '-겠-'은 완곡하게 말하는 태도를 나타낸다.

    (54) 네가 도와주면 고맙**겠**구나.

  마. 선어말어미인 '-겠-'은 헤아리거나 따져 보면 그렇게 된다는 뜻을 나타낸다.

(55) 별난 사람을 다 보**겠**군.

선어말어미인 '-더-'는 화자가 직접 경험한 사실을 회상하여 전달함을 뜻한다. 선어말어미인 '-더-'는 회상법을 나타낸다.

(56) 현수가 연아와 함께 극장에 들어가**더**라.

선어말어미인 '-(으)시-'는 주체를 존대함을 나타내는 것이다.

(57) ㄱ. 선생님께서 이리로 오**신**다.
ㄴ. 선생님의 안경이 멋지**십**니다.
ㄷ. 선생님, (선생님께서는) 이 줄을 잡**으시**지요.

선어말어미인 '-리-'는 다음과 같은 의미를 나타낸다. 이것은 예스러운 표현에 쓰인다.

가. 선어말어미인 '-리-'는 어떤 상황에 대한 화자의 추측을 나타낸다.

(58) 내일이면 그들이 광천에 도착하**리**라.

나. 선어말어미인 '-리-'는 주체가 어떤 일을 할 의향이나 의지가 있음을 나타낸다.

(59) ㄱ. 나는 인정이 넘치는 이 마을에서 살**리**라.
ㄴ. 내가 그 문제를 해결해 주**리**다.

선어말어미인 '-(으)옵-/-(으)오-/-사오-/-자오-', '-사옵-/-자옵-' 등은 화자가 자기를 낮추면서 상대방에게 공손하게 대하는 뜻을 나타낸다. 선어말어미인 '-(으)옵-/-(으)오-/-사오-/-자오-', '-사옵-/-자옵-' 등으로 표현하는 것은 예스러운 표현이다.

(60) ㄱ. 아버지께서 보내 주신 쌀을 받**자오**니 무어라 감사의 말씀을 드려야 할

지 모르겠습니다.

ㄴ. 부디 건강하**옵**소서.

6.3 어미의 합성형

어미의 합성형이란 두 개 이상의 형태소가 결합하여 어미로 기능을 하는 형태를 뜻한다.

어미의 합성형 중에는 두 개 이상의 어미가 결합하여 형성된 것이 있고, 관형사형 전성어미와 의존명사가 결합하여 형성된 것, 관형사형 전성어미와 의존명사와 조사가 결합하여 이루어진 것, 어미에 용언의 활용형이 결합하여 형성된 것, 어미에 조사가 결합하여 이루어진 것 등이 있다.

두 개 이상의 어미가 결합하여 이루어진 것에는 '-노라고', '-노라니', '-노라니까', '-노라면', '-느냐고', '-느라고', '-는구나', '-는구려', '-는구먼', '-ㄴ다/-는다', '-는다거나', '-는다니까', '-는다며', '-ㄴ다면/-는다면', '-는단다', '-더구나', '-더냐', '-더니', '-더라', '-더라면', '-라거나', '-(으)라니', '-(으)라니까', '-라면', '-라면서', '-았더니', '-았었-/-었었-/-였었-', '-았으면/-었으면/-였으면', '-았던들/-었던들/-였던들', '-(으)냐면', '-자면서', '-것다' 등이 있다.

(1) ㄱ. 가느라고, 가는구나, 간다, 가더구나, 가더니, 가라니 …
ㄴ. 잡느냐고, 잡는구나, 잡는다, 잡더구나, 잡더니, 잡으라니 …

관형사형 전성어미에 의존명사가 붙어 이루어진 것에는 '-(으)ㄹ망정'이 있다.

(2) 떠날망정, 굶을망정

관형사형 전성어미에 의존명사가 결합하고 그 뒤에 조사가 결합하여 이루어
진 것에는 '-(으)ㄴ걸/-는걸/-(으)ㄹ걸', '-(으)ㄴ걸요/-는걸요', '-던걸', '-던걸요',
'-(으)ㄹ뿐더러' 등이 있다.

    (3) 가는걸, 놀던걸요, 착할뿐더러

어미에 용언의 활용형이 결합하여 이루어진 것에는 '-고말고'가 있다.

    (4) 놀-고-말-고, 먹-고-말-고

어미에 조사가 결합되어 형성된 것에는 '-나요', '-네요', '-노라고', '-느냐고요',
'-느냐기에', '-느니만큼', '-는군요', '-는다니까는', '-는다마는', '-더군요', '-더라
고', '-더라고요', '-더라도', '-던데요', '-라니까는', '-라니까요', '-라도', '-아다가',
'-아도/-어도/-여도', '-아요/-어요/-여요', '-(으)냐고', '-(으)냐고요', '-(으)니만
큼', '-(으)라고', '-(으)라고요', '-(으)라니까요', '-지만', '-지요', '-(으)ㄹ게요',
'-(으)셔요/-(으)세요', '-(으)ㄹ까요' 등이 있다.

    (5) 잡-아-요, 가-노라고, 가지-느니-만큼

합성형 중에서 사용 빈도가 높은 것은 '-ㄴ다/-는다', '-았었-/-었었-/-였었-',
'-어요/-아요/-여요', '-(으)셔요/-(으)세요', '-(으)ㄹ게', '-(으)ㄹ게요', '-(으)ㄹ래
요', '-지요', '-ㄴ걸요', '-는걸요', '-(으)ㄹ걸요', '-군요', '-네요', '-(으)ㄴ데요',
'-는데요', '-거든요', '-거들랑', '-더라', '-더라고요' 등이다.

'-ㄴ다/-는다'는 원래 선어말어미인 '-ㄴ-'과 '-는-'이 종결어미인 '-다'와 각각 결
합한 것이다(남기심·고영근, 1993: 152). 그런데 오늘날에는 선어말어미인 '-ㄴ-'
과 '-는-'이 종결어미인 '-다'와 결합하여 종결어미로 화석화된 것으로 간주한다.
'-ㄴ다/-는다'는 해라할 자리에 쓰여, 현재 사건이나 사실을 서술하는 뜻을 나타

내는 종결어미이다.

    (6) ㄱ. 민지가 학교에 간다.
        ㄴ. 민지가 책을 읽는다.

  선어말어미인 '-았었-/-었었-/-였었-'은 현재와 비교하여 다르거나 단절되어 있는 과거의 사건을 나타내는 것이다.

  선어말어미인 '-았었-/-었었-/-였었-'은 과거의 일이되 그 다음에 그것과 관련되는 일이 하나 더 일어났다는 점을 함축한다는 점에서 '-았-/-었-/-였-'과 구별된다 (이익섭, 2009: 246). 다음의 예문 (7ㄱ)은 현수와 민주가 약혼을 하였다는 사실을 서술한 문장인데, (7ㄴ)은 현수와 민주가 약혼하였다가 파혼하였다는 사실을 서술한 문장이다.

    (7) ㄱ. 현수가 민주와 약혼하**였**다.
        ㄴ. 현수가 민주와 약혼하**였었**다. [약혼 후 파혼]

  '-아요/-어요/-여요'는 종결어미인 '-아/-어/-여'에 존대의 뜻을 나타내는 보조사인 '요'가 결합된 것이다.

  '-아요/-어요/-여요'는 해요할 자리에 쓰여 설명·의문·명령·청유 등의 뜻을 나타내는 종결어미이다.

    (8) ㄱ. 혜원이가 의자를 만들어요. **[설명]**
        ㄴ. 혜원이가 의자를 만들어요? **[의문]**
        ㄷ. 혜원씨, 의자를 잘 만들어요. **[명령]**
        ㄹ. 의자를 함께 만들어요. **[청유]**

  '-(으)ㄹ게요'는 종결어미인 '-(으)ㄹ게'에 보조사인 '요'가 붙어 형성된 형태이다. '-(으)ㄹ게'는 '해체'에 쓰이어, 어떤 행동에 대한 화자의 약속이나 의지를 나타

내는 평서법 종결어미이다. 다음의 예문 (9ㄱ)의 '있을게'에 쓰인 종결어미 '-을게'
는 '약속'이나 '의지'를 뜻한다. (9ㄴ)의 '갈게'에 쓰인 종결어미 '-ㄹ게'는 '약속'을
뜻한다.

> (9) ㄱ. 내가 이 범인을 잡고 있을게. [약속이나 의지]
> ㄴ. 내일 너의 집에 놀러 갈게. [약속]

'-(으)ㄹ게'나 '-(으)ㄹ게요' 등은 평서법 종결어미인데, 상대방에게 무엇을 요청
할 때에 '-(으)ㄹ게'와 '-(으)ㄹ게요'를 명령법 종결어미로 잘못 인식하여 오용하는
사람이 있다.

> (10) ㄱ. 철수야, 나에게 선물을 많이 해.(○)
> ㄴ. *철수야, 나에게 선물을 많이 할게.(×)

> (11) ㄱ. (간호사가 환자에게) 낫지 않으면 3일 후에 또 오세요.(○)
> ㄴ. (간호사가 환자에게) 낫지 않으면 3일 후에 또 오시겠어요?(○)
> ㄷ. (간호사가 환자에게) *낫지 않으면 3일 후에 또 올게요?(×)

'-(으)셔요'는 선어말어미인 '-(으)시-'에 종결어미인 '-어'가 붙고, 그 뒤에 보조
사인 '요'가 결합된 것이 줄어 든 형태이다. '-(으)세요'는 선어말어미인 '-(으)시-'
에 종결어미인 '-어'의 변이형인 '-에'가 붙고 그 뒤에 보조사인 '요'가 결합된 것이
줄어 든 형태이다.
　명령문과 청유문에 쓰인 '-(으)셔요/-(으)세요'는 '-아요/-어요/-여요'보다 상대
방을 더 존대함을 나타내는 것이다. 평서문과 의문문에서 '-(으)셔요/-(으)세요'는
주체를 존대함을 나타낸다.

> (12) ㄱ. 이 줄을 잡으셔요. [명령문]
> ㄴ. 이 줄을 저와 함께 잡으세요. [청유문]

(13) ㄱ. 선생님께서 저기에 오세요. [평서문]

ㄴ. 선생님께서 어디에 오세요? [의문문]

'-고말고'는 연결어미인 '-고'에 동사인 '말다'의 활용형인 '말고'가 결합된 것이다. '-고말고'는 상대편의 물음에 대하여 긍정의 뜻을 강조하여 나타내는 종결어미이다.

(14) 준철 : 내일 우리 집에 와야 해.

민지 : 가**고말고**.

연결어미인 '-거들랑'은 어미인 '-거든'과 조사인 'ㄹ랑'이 결합한 것이다. 연결어미인 '-거들랑'은 '조건(條件)'이나 '가정(假定)'의 의미를 나타낸다.

(15) 서울역에 도착하**거들랑** 나에게 연락해.

어미인 '-거들랑'은 종결어미로 쓰이기도 한다. 종결어미인 '-거들랑'은 상대 높임법 '해체'에 쓰여, 청자가 모르고 있을 내용을 가르쳐 줌을 뜻한다.

(16) 민지 : 식사하기 전에 왜 과일을 먹니?

현수 : 탄수화물을 적게 섭취하여 체중을 줄여야 하**거들랑**.

'-더라'는 선어말어미인 '-더-'에 종결어미인 '-라'가 결합되어 형성된 종결어미이다.

'-더라'는 서술격 조사인 '이다'의 어간, 동사와 형용사의 어간 또는 선어말어미인 '-(으)시-', '-었-', '-겠-' 등의 뒤에 붙는다. '-더라'는 상대 높임법 '해라체'에 쓰이어, 화자가 과거에 직접 경험하여 새로이 알게 된 사실을 그대로 옮겨 와서 전달함을 뜻한다.

(17) ㄱ. 광천이 서울보다 살기가 좋**더라**.

   ㄴ. 그는 참 좋은 사람이**더라**.

'-더라고요'는 어미인 '-더라'에 인용을 나타내는 격조사인 '고'가 결합한 형태에 존대 보조사인 '요'가 결합하여 형성된 것이다.

'-더라고요'는 화자가 과거에 체험하여 새롭게 알게 된 사실을 상대방에게 옮겨 전달함을 나타낸다.

(18) 호주는 날씨가 무척 덥**더라고요**.

7

관형사·부사·감탄사

7.1 관형사의 특징과 용법

7.1.1 관형사의 특징

관형사(冠形詞)는 주로 체언 ―명사·대명사·수사― 앞에 놓이어 체언을 수식하는 품사이다.

관형사의 특징은 다음과 같다.

첫째, 관형사는 어형이 바뀌지 않는다. 다음의 예문 (1)에 쓰인 관형사 '모든'은 어형이 바뀌지 않는다.

    (1) 우리는 **모든** 일을 신중히 처리하여야 한다.

둘째, 관형사는 관형어만으로 기능을 한다. 다음의 예문 (2ㄱ)에 쓰인 관형사 '온갖'은 관형어로 그 뒤에 놓인 명사 '시련'을 수식하여 (2ㄱ)이 문법에 맞는 문장이 되었다. 관형사가 서술어를 수식하지 못하는데, (2ㄴ)에서 관형사인 '온갖'이 서술어인 '극복했다'를 수식하는 구조로 되었기 때문에 (2ㄴ)이 문법에 어긋난 문장이 되었다.

    (2) ㄱ. 그는 **온갖** 시련을 극복했다.(○)

ㄴ. *그는 시련을 **온갖** 극복했다.(×)

셋째, 관형사에는 조사(助詞)나 어미(語尾)가 결합되지 못한다.

7.1.2 관형사의 용법

관형사는 의미에 따라 성상관형사(性狀冠形詞), 지시관형사(指示冠形詞), 수관형사(數冠形詞) 등으로 나뉜다.

성상관형사는 사람이나 사물의 성질이나 상태의 의미를 나타내는 관형사이다.

    (3) ㄱ. 맨, 새, 여느, 헌, 오랜, 웬, 첫
        ㄴ. 순(純)[58], 고(故)[59], 약(約), 네까짓

지시관형사는 어떤 대상을 지시함을 뜻하는 관형사이다.

    (4) ㄱ. 이, 그, 저, 요, 고, 조, 이런, 그런, 저런, 이런저런, 무슨, 어느, 어떤
        ㄴ. 각(各)[60], 동(同)[61], 모(某)[62], 본(本)[63], 귀(貴)[64], 전(前), 현(現)

수관형사는 수량을 나타내는 관형사이다.

    (5) ㄱ. 한, 두, 세/서/석, 네/너/넉, 닷, 엿, 열한, 열두, 스무, 한두, 두어/두세,
        두서너, 일(一), 이(二), 제일(第一), 제이(第二)

---

58) 순(純): 다른 것이 섞이지 아니하여 순수하고 온전한. [보기] 순 거짓말, 순 알맹이

59) 고(故): 죽은 사람의 성명 앞에 쓰여 '이미 세상을 떠난.'을 뜻함. [보기] 고 홍길동.

60) 각(各): 각각의. 낱낱의. [보기] 각 학교. 각 기관.

61) '동(同)'이 관형사로 쓰이면 '앞에서 말한 것과 같은'이라는 의미를 나타낸다. [보기] 동 학년. 동 회사.

62) 모(某): 명확하지 않거나 체적으로 밝힐 필요가 없는 대상 앞에 쓰여 '어떤'을 뜻함. [보기] 모 학교

63) 본(本): 어떤 대상이 말하는 이와 직접 관련되어 있음을 나타내는 말. [보기] 본 사건

64) 귀(貴): 상대편이나 그 소속체를 높이는 뜻을 나타내는 말. [보기] 귀 회사.

ㄴ. 갖은, 모든, 뭇, 여러, 온, 온갖
ㄷ. 전(全), 제(諸)[65]

모든 관형사는 체언을 수식하고, 체언의 의미를 더욱 분명하게 하는 기능을 한다. 다음의 예문 (6)에 쓰인 관형사인 '새'는 명사인 '자동차'를 수식하고, 그 자동차의 상태가 '새롭다'는 의미를 나타낸다.

(6) 나는 **새** 자동차를 샀다.

성상관형사는 사람이나 사물의 성질이나 상태를 수식하여 주는 기능을 한다. 다음의 예문 (7ㄱ)에 쓰인 성상관형사 '오랜'은 명사인 '역사'의 상태를 수식하고, (7ㄴ)에 쓰인 관형사 '순'은 명사인 '국산'의 상태를 수식한다.

(7) ㄱ. 우리나라는 아주 **오랜** 역사를 지니고 있다.
    ㄴ. 이 물건은 **순** 국산 제품이다.

지시관형사는 말하는 현장에서 어떤 대상을 가리키는 기능을 한다.
지시관형사인 '이'는 화자가 청자보다 자기 쪽에 가까이 있는 대상을 가리킬 때 사용하는 것이다.

(8) **이** 옷이 가장 비싸다.

지시관형사인 '그'는 화자가 청자 쪽에 가까이 있는 대상을 가리킬 때 쓰는 것이다.

(9) 이 자동차가 그 자동차보다 더 멋지다.

---

65) 제(諸): 여러. [보기] 제 관계자. 제 비용

지시관형사인 '저'는 화자나 청자 모두에게 멀리 떨어져 있는 대상을 가리킬 때 사용하는 것이다.

(10) **저** 집이 이 집보다 더 오래된 것 같다.

관형사인 '어떤'은 다음과 같은 경우에 쓰인다.
가. 관련되는 대상이 특별히 제한되지 아니할 때.

(11) **어떤** 일이든 시작했으면 끝을 내.

나. 대상을 뚜렷이 밝히지 아니하고 말할 때.

(12) 어제 **어떤** 사람이 너에게 전화했어.

다. 사람이나 사물의 특성, 내용, 상태, 성격 등이 무엇인지 물을 때.

(13) 그 작품의 주인공은 **어떤** 인물이니?

라. 주어진 여러 사물 중에서 대상으로 삼는 것이 무엇인지 물을 때.

(14) 너는 과일 중에서 **어떤** 것을 먹고 싶니?

수관형사는 피수식어의 수량을 나타낸다.
수관형사는 단위성 의존명사와 공기 관계를 맺는 양상이 다양하다[제2장 제3절 3.1.2 참조].
단위성 의존명사 중에는 고유어 수관형사와만 공기 관계를 맺는 것이 있다. 다음의 예문 (15ㄱ)은 단위를 나타내는 의존명사 '마리'가 고유어 수관형사인 '일곱'과 공기 관계를 맺어서 자연스러운 문장이 되었다. 그런데 (15ㄴ)은 단위를 나타내는 의존명사 '마리'가 한자어 수관형사인 '칠'과 공기 관계를 맺어서 부자연스러운 문장이 되었다.

> (15) ㄱ. 나는 돼지 **일곱** 마리를 기른다.(○)
>   ㄴ. *나는 돼지 **칠(七)** 마리를 기른다.(×)

단위성 의존명사 중에 고유어 수관형사나 한자어 수관형사와 공기 관계를 맺는 것이 있다. 다음의 예문 (16ㄱ)에서 의존명사인 '명'은 고유어 수관형사인 '열'과 공기 관계를 맺고 있는데, (16ㄴ)에서 의존명사인 '명'은 한자어 수관형사인 '십 (十)'과 공기 관계를 맺고 있다. (16ㄱ)과 (16ㄴ)은 모두 자연스러운 문장이다.

> (16) ㄱ. 관광객 열 **명**이 물건을 사러 왔다.
>   ㄴ. 관광객 십(十) **명**이 물건을 사러 왔다

단위성 의존명사 중에는 한자어 수관형사와만 공기 관계를 맺는 것이 있다.

> (17) ㄱ. 이 선물은 오(五) **달러**를 주고 산 거야.(○)
>   ㄴ. *이 선물은 다섯 **달러**를 주고 산 거야.(×)

수관형사와 단위성 의존명사의 공기 관계가 다양하고 복잡하기 때문에 외국인 에게 수관형사를 교육할 때에 수관형사와 공기 관계를 맺는 단위성 의존명사 중에 서 사용 빈도가 높은 것과 함께 일정한 상황을 설정하여 교육하면 더욱 효과가 있다.

문장에서 상이한 종류의 관형사를 연이어 사용할 때 '지시관형사', '수관형사', '성상관형사' 순으로 배열하여야 한국어의 어순 규칙에 맞는 문장이 된다. 다음의 예문 (18ㄱ), (18ㄴ), (18ㄷ) 등에 쓰인 '저'는 지시관형사이고, '모든'은 수관형사 이며, '새'는 성상관형사이다.

(18) ㄱ. **저 모든 새** 물건을 가져라.(○)

ㄴ. ***모든 저 새** 물건을 가져라.(×)

ㄷ. ***새 저 모든** 물건을 가져라.(×)

관형사는 체언이나 명사구만을 수식한다. 다음의 예문 (19)에서 지시관형사 '이'는 명사구 '여러 헌 옷'을 수식하고, 관형사 '여러'는 명사구 '헌 옷'을 수식하며, '헌'은 명사 '옷'을 수식한다.

(19) **이 여러 헌** 옷은 어디에 버릴까요?

7.2 부사

7.2.1 부사의 특징

부사(副詞)는 동사나 형용사를 수식하거나 그 외의 다른 말을 수식하는 품사이다. 부사의 특징은 다음과 같다.

첫째, 부사는 어형 변화를 하지 않는다. 즉 부사는 활용을 하지 않는다.

둘째, 부사에 격조사가 연결되지 못하는데, 보조사가 연결되는 경우가 있다.

⑴ 너무**도**, 빨리**요**, 잘**은커녕**, 조금**도**, 퍽**이나**

셋째, 부사는 문장에서 부사어로만 기능을 한다. 부사는 주로 용언을 수식하는데, 명사, 관형사, 다른 부사, 문장 등을 수식하기도 한다. 다음의 예문 (2ㄱ)에서는 부사 '아주'가 형용사인 '용감하다'를 수식하고, (2ㄴ)에서는 부사 '매우'가 부사 '열심히'를 수식하고, '열심히'는 동사인 '공부한다'를 수식한다. (2ㄷ)에서는 부사 '바로'가 명사 '옆'을 수식하는데, (2ㄹ)에서는 부사 '아주'가 관형사 '헌'을 수식한다. (2ㅁ)에서는 부사 '그리고'가 문장인 "동혁은 아무 말도 하지 않았다."를 수식한다.

(2) ㄱ. 철호는 **아주** 용감하다.

ㄴ. 현수는 **매우 열심히** 공부한다.

ㄷ. 우리 집 **바로**[66] 옆에 큰 감나무가 있어.

ㄹ. 그는 아주 헌 물건을 버렸다.

ㅁ. **그리고** 동혁은 아무 말도 하지 않았다.

7.2.2 부사의 용법

부사는 그 기능에 따라 성분부사(成分副詞)와 문장부사(文章副詞)로 나뉜다.

성분부사는 문장에서 한 문장 성분만 수식하는 부사이다. 다음의 예문 (3)에서 성분부사인 '너무'는 서술어인 '더워요'를 수식한다.

(3) 오늘은 **너무** 더워요.

성분부사는 그 의미에 따라 성상부사(性狀副詞), 지시부사(指示副詞), 부정 부사(否定副詞) 등으로 나뉜다.

성상부사는 사람이나 사물의 성질, 상태, 모습, 모양 등을 나타내는 용언의 의미를 수식하는 기능을 한다. 부사 가운데 성상부사의 수효가 가장 많다.

(4) 깨끗이, 따뜻이, 솔직히, 열심히, 분명히, 정확히, 조용히, 천천히, 빨리, 아주, 너무, 덜, 조금, 많이, 아장아장, 야옹야옹

성상부사 중에는 의성부사(擬聲副詞)와 의태부사(擬態副詞)가 있다. 이 둘을 묶어 '상징부사(象徵副詞)'라고 일컫기도 한다. 한국어에는 상징부사가 매우 많다.

의성부사는 사람이나 사물의 소리를 흉내 낸 부사이다.

---

66) 이 문장에 쓰인 부사 '바로'는 '공간적으로 아주 가까운 데임'을 나타낸다.

(5) 딸랑딸랑, 똑딱똑딱, 개굴개굴, 맴맴, 졸졸, 철썩철썩, 첨벙첨벙, 하하, 허허…

의태부사는 사람이나 사물의 모양이나 움직임을 흉내 낸 부사이다.

(6) 깡충깡충, 데굴데굴, 뒤뚱뒤뚱, 살금살금, 아장아장, 어기적어기적, 펄쩍
펄쩍 …

성상부사 가운데 정도부사(程度副詞)가 있다.
정도부사는 어떤 동작·상태·성질 등의 정도를 나타내는 부사이다.

(7) 가장, 거의, 겨우, 꽤, 너무, 너무나, 더, 덜, 되게, 되우, 매우, 몹시, 무지,
무척, 썩, 아주, 약간, 엄청, 정말, 정말로, 제법, 조금, 좀, 진짜, 참, 퍽,
한결, 한층

정도부사는 의미의 제약으로 인하여 일부 동사나 형용사만을 수식하는 경우가
있다. 정도부사는 동사를 수식할 때보다 형용사를 수식할 때 제약을 덜 받는다.
다음의 예문 (8ㄱ)은 정도부사 '매우'가 동사인 '달린다'를 수식하는 구조로 되어
있기 때문에 비문법적인 문장이 된 것이다. 그런데 (8ㄴ)은 정도부사 '매우'가
형용사인 '아름답다'를 수식하는 구조로 되어 있기 때문에 문법에 맞는 문장이
되었다.

(8) ㄱ. *그는 **매우** 달린다.(×)
ㄴ. 꽃이 **매우** 아름답다.(○)

정도부사는 주관성을 지니고 있기 때문에 객관성을 요구하는 글이나 말에서
가급적 사용하지 않아야 한다.
지시부사는 발화 상황에서 시간이나 장소를 지시하거나, 앞에서 말한 내용을
지시하는 부사이다.

'시간'을 지시하는 부사의 예를 들면 다음의 (9)와 같다(국립국어원, 2005: 456).

    (9) ㄱ. 벌써, 아까, 어제, 어제께 ['과거'와 관련되는 것]

           ㄴ. 지금, 현재 ['현재'와 관련되는 것]

           ㄷ. 내일, 모레 ['미래'와 관련되는 것]

           ㄹ. 갑자기, 난데없이, 냉큼, 문득, 별안간, 언뜻 ['순간 상황'과 관련되는 것]

           ㅁ. 늘, 밤낮, 항상, 겨우내, 길이, 내내, 여전히, 줄곧 ['지속 상황'과 관련되는 것]

'장소'를 지시하는 부사에는 '이리, 그리, 저리, 요리, 고리, 저리, 집집이' 등이 있다.

    (10) {이리, 그리, 저리} 가세요.

부정 부사는 부정의 뜻을 나타내는 부사이다. 즉 용언의 앞에 놓여 그 내용을 부정하는 부사이다. '아니(안)', '못' 등이 부정 부사에 속한다.

    (11) 나는 극장에 {안, 못} 가.

성분부사는 그것이 수식하는 성분 바로 앞에 놓이기 때문에 이동 제약을 받는다. 특히 성분부사 중에서 정도부사와 부정 부사는 이동 제약을 가장 많이 받는다. 다음의 예문 (12ㄴ)이 비문법적인 문장이 된 것은 정도부사인 '매우'가 성상부사인 '빨리'의 바로 앞에 놓이지 않고 문장의 맨 앞으로 이동을 하였기 때문이다. 정도부사가 이동을 할 때에는 다음의 예문 (12ㄷ), (12ㄹ) 등과 같이 성상부사와 함께 이동을 하여야 한다. 부정 부사인 '안'과 '못'은 이것들이 수식하는 서술어 바로 앞에 놓여야 한다. 그런데 (13ㄴ)은 부정 부사인 '안'과 '못'이 이것들이 수식하는 서술어 '간다' 앞에 놓이지 않았기 때문에 비문적인 문장이 된 것이다.

(12) ㄱ. 현수가 **매우** 빨리 달린다.(○)

　　ㄴ. ***매우** 현수가 빨리 달린다.(×)

　　ㄷ. 매우 빨리 현수가 달린다.(○)

　　ㄹ. 현수가 달린다 매우 빨리.(○)

(13) ㄱ. 영수가 극장에 {**안, 못**} 간다.(○)

　　ㄴ. *영수가 {**안, 못**} 극장에 간다.(×)

문장부사는 바로 다음에 이어지는 문장을 수식하거나, 앞 문장과 뒤 문장을 연결하여 주는 부사이다.

문장부사는 양태부사(樣態副詞)와 접속부사(接續副詞)로 나뉜다.

양태부사는 화자의 태도를 나타내는 부사이다. 이것을 '서법부사(敍法副詞)' 혹은 '양상부사(樣相副詞)'라고 일컫기도 한다.

양태부사는 양태적 의미인 양보, 필연성, 개연성, 가정, 기원, 당연성 등을 나타낸다.

(14) ㄱ. 비록, 아무리 [양보]

　　ㄴ. 기어이(期於-), 기어코(期於-), 기필코(期必-), 꼭, 반드시 [필연성]

　　ㄷ. 아마, 아마도 [개연성]

　　ㄹ. 만약, 만일, 가령 [가정]

　　ㅁ. 부디, 아무쪼록, 제발 [기원]

　　ㅂ. 과연(果然), 마땅히, 모름지기, 물론, 으레, 응당(應當), 진실로, 확실히 [당연성]

양태부사는 성상부사에 비하여 이동의 제약을 덜 받는다.

(15) ㄱ. **모름지기** 자식은 부모에게 효도를 하여야 한다.

　　ㄴ. 자식은 **모름지기** 부모에게 효도를 하여야 한다.

양태부사에 따라 뒤에 이어지는 문장의 양태가 다르게 실현된다.

(16) ㄱ. {**부디**, *아마} 안녕히 가시옵소서. [기원]

ㄴ. {*부디, **아마**} 연아가 동창회에 참석했을 거야. [추측]

접속부사는 앞 문장과 뒤 문장을 이어 주는 구실을 하는 부사이다.

다음의 예문 (17)에 쓰인 접속부사 '그리고'는 앞 문장과 뒤 문장을 이어 주는 구실을 한다.

(17) 동혁은 매우 성실하다. **그리고** 그는 아주 인자하다.

접속부사는 전후 문장의 접속 관계에 따라 순접 관계(順接關係), 역접 관계(逆接關係), 첨가 관계(添加關係), 예시 관계(豫示關係), 전환 관계(轉換關係) 등을 나타내는 것으로 나뉜다.

순접 관계를 나타내는 접속부사는 앞뒤의 문장을 논리적 모순이 없이 이유, 원인, 조건 따위의 관계가 되도록 순조롭게 잇는 구실을 하는 것이다. '그래서', '그러니', '그러므로', '그리기에', '그리하여', '따라서', '왜냐하면' 등이 순접 관계를 나타내는 접속부사이다.

(18) ㄱ. 어제는 폭설이 내렸다. **그래서** 오늘은 기차가 다니지 못한다.

ㄴ. 그는 열심히 일하였다. **그러므로** 그 사람이 부자가 된 것은 당연한 일이다.

'그래서', '그러니', '그러므로', '그리하여', '따라서', '왜냐하면' 등을 **인과 관계**를 나타내는 접속부사라고 일컫기도 한다.

역접 관계를 나타내는 접속부사는 뒤 문장에서 앞 문장의 내용과 반대되는 것을 전개하는 관계를 나타내는 것이다. '그러나', '그런데', '그렇지만', '하지만' 등이 역접 관계를 나타내는 접속부사에 속한다.

(19) 현수는 착하다. **그러나** 철수는 악하다.

첨가 관계를 나타내는 접속부사는 뒤 문장이 앞 문장의 내용을 첨가하는 관계를 나타내는 것이다. 이것에 해당하는 접속부사는 '그리고', '또한' 등이다.

(20) 동혁은 철학자이다. **그리고** 그는 시인이다.

예시 관계를 나타내는 접속부사는 뒤 문장에서 앞 문장에 대한 실제의 보기를 보이는 관계를 표현하는 것이다. 이것에 속하는 접속부사는 '말하자면', '예컨대', '이를테면' 등이다.

(21) ㄱ. 그는 착한 사람이다. **이를테면** 그는 불우한 이웃을 보면 도와주려 하고, 타인이 괴롭혀도 미워하지 않고 사랑으로 대한다.
　　ㄴ. 사나운 짐승, **예컨대** 사자, 호랑이 등이 맹수이다.

전환 관계를 나타내는 접속부사는 뒤 문장이 앞 문장의 내용과 다른 새로운 생각이나 사실을 서술하여 화제를 전환하는 관계를 표현하는 것이다. 이것에 속하는 접속부사는 '그런데', '한데' 등이다.

(22) 그 물건도 좋군요. **그런데** 이 물건은 어떻지요?

접속부사를 정확히 사용하여야 글을 응집성 있게 조직할 수 있다. 접속부사를 부정확하게 사용하면 응집성이 결여된 글이 된다.

다음의 (23ㄱ)은 접속부사 '그런데'를 '그리고'로 바꾸어야 응집성이 있는 글이 된다. (23ㄴ)은 '그리고'를 '그러나'로 바꾸어야 응집성이 있는 글이 된다.

(23) ㄱ. 현수는 이광수의 '무정'을 읽었다. **그런데** 현수는 이광수의 '흙'을 읽었다. ['그런데' → '그리고']

　　ㄴ. 연아는 예쁘다. **그리고** 영주는 예쁘지 않다. ['그리고' → '그러나']

7.3 감탄사

7.3.1 감탄사의 특징

감탄사(感歎詞)는 화자의 감정이나 청자의 말에 대한 화자의 태도를 나타내는 품사이다. 즉 이것은 기쁨·슬픔·놀라움·두려움·아까움·안타까움 등의 여러 감정, 여러 가지 요구, 청자의 말에 대한 긍정·부정·의혹 등의 태도를 나타내는 품사이다.

　　(1)　ㄱ. **아**, 정말 아름답구나. [기쁜 감정]
　　　　ㄴ. **여보세요**, 이리 오세요. [청자의 주의를 화자에게 돌리라는 요구]
　　　　ㄷ. **네**, 열심히 공부할게요. [청자의 요구에 대한 화자의 긍정적인 태도]

감탄사의 특징은 다음과 같다.

첫째, 감탄사는 어형이 변화하지 않는다. 즉 감탄사는 활용하지 못한다.

둘째, 감탄사에는 조사나 어미가 연결되지 못한다.

셋째, 감탄사는 다른 문장 성분의 도움을 받지 않고서도 홀로 문장과 같은 기능을 할 수 있다. 다음의 예문 (2ㄴ)은 감탄사인 '어이쿠' 하나로 문장이 되었다.

　　(2)　ㄱ. **어이쿠**, 큰일 날 뻔했네.
　　　　ㄴ. **어이쿠.**

넷째, 감탄사는 독립어로만 쓰인다.

다섯째, 감탄사는 이동의 제약을 덜 받는다.

(3) ㄱ. **암**, 그 정도의 부탁은 들어 줄 수 있지.

ㄴ. 그 정도의 부탁은 **암** 들어 줄 수 있지.

ㄷ. 그 정도의 부탁은 들어 줄 수 있지, **암**.

여섯째, 감탄사는 신체언어 ― 얼굴 표정, 손짓, 몸짓 등 ―와 함께 쓰이는 경우가 많다.

7.3.2 감탄사의 용법

감탄사는 그 의미에 따라 감정감탄사(感情感歎詞), 요구감탄사(要求感歎詞), 태도감탄사(態度感歎詞) 등으로 나뉜다.

감정감탄사는 기쁨, 슬픔, 놀라움, 한탄 등의 감정을 나타내는 감탄사이다. 이것은 화자의 감정을 표현하는 기능을 한다.

감정감탄사를 감정별로 나누어 그 보기를 들어 보면 다음의 (4)와 같다.

(4) ㄱ. 기쁨: **아**, 야, 하하, 허허, 호호, 후후, 히히

ㄴ. 슬픔: **아**, 아이고, 어이구(줄여서 '에구' 혹은 '어이')

ㄷ. 놀라움: 그것참(줄여서 '거참'), 참, **아**, 앗, 어, 어머, 어이구, 에구머니, 어이쿠, 에구구, 에그, 에그그, 에그머니, **원**

ㄹ. 한탄: 허, 허허, 후유

ㅁ. 언짢음: **원**, 제기랄

ㅂ. 분노: 에끼, 이런

감탄사인 '아', '원' 등과 같이 형태가 같으면서 둘 이상의 감정을 나타내는 것은 화자의 어조, 얼굴 표정, 손짓, 몸짓 등으로 구분된다.

요구감탄사는 화자가 청자에게 어떤 것을 요구함을 나타내는 기능을 하는 감탄사이다. '쉿', '아서', '아서라', '어이', '여보', '여보게', '여보세요', '여보시게',

'여보시오', '여보십시오', '여봐요', '이봐', '자' 등이 요구감탄사에 속한다.

    (5) ㄱ. **쉿**, 조용히 해.
        ㄴ. **아서**, 그렇게 떠들면 안 돼.

  태도감탄사는 청자의 말에 대한 화자의 태도를 나타내는 기능을 한다. '그래', '그럼', '글쎄', '글쎄다', '글쎄올시다'[67], '아니', '아니오', '예/네', '오냐', '아무렴', '암', '응', 옳소, 참, '천만에(千萬-)'[68] 등이 태도감탄사[69]이다.

    (6) ㄱ. **글쎄**, 내가 뭐랬어?
        ㄴ. **암**, 그 정도의 부탁이라면 들어 줄 수 있지.
        ㄷ. **예**, 금방 갈게요.
        ㄹ. **천만에**, 나도 할 수 있어.

  담화를 할 때에 쉼 또는 멈칫거림을 줄이기 위하여 습관적으로 사용하거나 더듬거리는 말도 일종의 감탄사이다.[70]

    (7) ㄱ. 머, 뭐, 말이지, 말이요, 말입니다 [특별한 뜻이 없이 쓰이는 입버릇]
        ㄴ. 어, 에, 저, 거시기, 음, 에헴, 에헴 [더듬거림]

---

67) '글쎄, 글쎄다. 글쎄올시다' 등은 청자의 물음이나 요구에 대하여 불분명한 태도를 나타내는 감탄사이다. '글쎄올시다'는 '글쎄다'의 높임말이다.

68) '천만에'는 청자의 말에 대하여 '도저히 그럴 수 없다', '절대 그렇지 않다'는 뜻을 나타내는 감탄사이다.

69) 고영근·구본관(2008: 137)에서는 요구감탄사와 태도감탄사를 묶어 '의지감탄사'라고 한다.

70) 고영근·구본관(2008: 138)에서는 '입버릇 및 더듬거림'을 감탄사로 처리하고 있다.

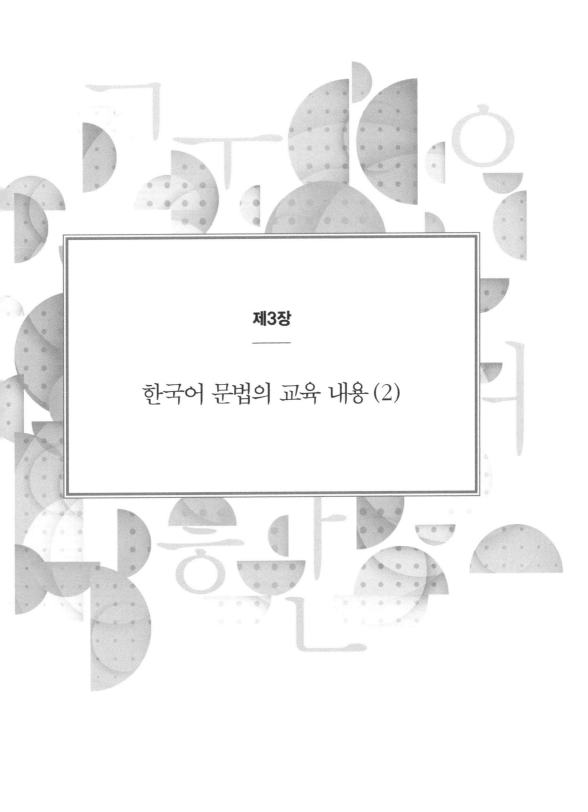

제3장

한국어 문법의 교육 내용 (2)

문장이란
무엇인가

1.1 문장 성분의 종류와 특징

1.1.1 문장 성분의 종류

문장 성분(文章成分)이란 문장을 구성하는 요소이다. 즉 문장 성분은 문장을 구성하는 언어 단위이다. 한국어에서는 '본용언 + 보조용언'으로 구성된 것을 제외하고 한 개의 어절(語節)[1]이 한 개의 문장 성분이 된다.

다음의 예문 (1ㄱ)은 '꽃이', '매우', '아름답다' 등 세 개의 문장 성분으로 이루어져 있고, (1ㄴ)은 '착한', '사람이', '복을', '받는다' 등 네 개의 문장 성분으로 이루어져 있다.

(1) ㄱ. 꽃이 매우 아름답다.

  ㄴ. 착한 사람이 복을 받는다.

---

1) 어절(語節)은 문장을 구성하고 있는 각각의 마디이다. 이것을 '말마디'라고 일컫기도 한다. 어절은 문장 성분의 최소 단위로서 띄어쓰기의 단위가 된다. "국화꽃이 아름답게 피었다."라는 문장은 세 개의 어절로 이루어진 것이다.

문장 성분에는 주성분(主成分), 부속성분(附屬成分), 독립성분(獨立成分) 등이 있다.

주성분은 문장이 성립하는 데 필수적으로 기능을 하는 성분이다. 문장이 형성되려면 주성분이 반드시 있어야 한다. 주성분을 '근간성분(根幹成分)'이라고 일컫기도 한다.

주성분에는 주어(主語), 서술어(敍述語), 목적어(目的語), 보어(補語) 등이 있다.

부속성분은 주어·서술어·목적어·보어 등과 같은 주성분에 딸린 성분이다. 부속성분에는 관형어(冠形語)와 부사어(副詞語)가 있다. 부속성분을 '종속성분(從屬成分)'이라고 일컫기도 한다.

독립성분은 다른 성분과 직접적인 관련이 없는, 독립된 성분이다. 독립성분에는 독립어(獨立語)가 있다.

1.1.2 문장 성분의 특징

1) 주어

주어(主語)는 문장의 주체가 되는 성분이다. 이것을 '임자말'이라고 일컫기도 한다.

"누구가(무엇이) 어찌한다.", "무엇이(누구가) 어떠하다." 등과 같은 문장에서 '누구가' 혹은 '무엇이'에 해당하는 말이 주어이다.

주어는 체언이나, 용언과 서술격 조사 '이다'의 명사형에 주격 조사인 '이/가', '께서', '께옵서' 등이 연결되어 성립한다. '께옵서'는 존댓말로 문어에 주로 쓰인다.

> (2) ㄱ. **현수가** 과학 문제를 풀고 있다.
> ㄴ. **하늘이** 매우 맑다.
> ㄷ. **할아버지께서** 저기에 오신다.
> ㄹ. **할머니께옵서** 안녕하시나이까?

조사인 '에서'가 단체를 나타내는 명사 뒤에 붙어 앞말이 주어임을 나타내기도 한다. 이런 경우 '에서'를 주격 조사로 간주한다.

      (3) 교육부**에서** 내년도 대학 구조 개혁에 대해 발표했다

조사인 '서'가 '혼자', '둘이', '셋이' 등 사람의 수를 나타내는, 받침 없는 체언 뒤에 붙어 그 말이 주어임을 나타내기도 한다. 이런 경우 '서'를 주격 조사로 처리한다.

      (4) 둘이**서** 협동하면 무슨 일이든지 해 낼 수 있어.

주어는 체언이나 명사구나 명사절에 보조사가 연결되어 성립되기도 한다. 특히 보조사인 '은/는'이 연결되어 주어가 성립되는 빈도수가 높다.

      (5) ㄱ. 저**는** 홍길동입니다.
           ㄴ. 인생**은** 짧고 예술은 길다.

발화 상황이나 문맥을 통해 청자나 독자가 주어가 누구인지 혹은 무엇인지를 알 수 있을 때는 주격 조사가 생략되거나, 주어 자체가 생략된다.

      (6) ㄱ. 현수(   ) 언제 여행을 가니? [주격 조사 '가'가 생략됨.]
           ㄴ. (   ) 내일 여행을 가. [주어 '현수가'가 생략됨.]

일반적으로 주어는 문장의 첫머리에 놓인다.

주체를 존대할 경우에는 주체에 주격 조사인 '께서'나 '께옵서'가 연결되고, 서술어 기능을 하는 말에 주체 존대 선어말어미인 '-시-'가 연결된다. 다음의 예문 (7ㄱ)은 주체인 '선생님'을 존대한 문장이고, (7ㄴ)은 주체인 '현수'를 존대하지 않은 문장이다.

(7) ㄱ. 선생님**께서** 저기에 **오신다**.

ㄴ. 현수**가** 저기에 **온다**.

중주어문은 한 개의 서술어에 두 개 이상의 주어로 이루어진 문장이다. 이것을 '주격중출문(主格重出文)'이라고 일컫기도 한다. 다음의 예문 (8)에서 '토끼가', '앞발이' 등이 주어이다.

(8) 토끼가 앞발이 짧다.

앞의 예문 (8)을 중주어문으로 간주하는 이들은 이 문장이 두 개의 주어와 한 개의 서술어로 이루어졌다고 설명한다. 그런데 예문 (8)에 쓰인 '앞발이 짧다'를 서술절로 간주하는 이들은 두 개의 주어와 두 개의 서술어로 이루어졌다고 한다. 오늘날 한국의 교육 문법에서는 후자의 견해를 취하고 있다. 후자의 견해를 취하는 이들은 위의 예문 (8)에서 '토끼가'와 '앞발'이 주어이고, '앞발이 짧다'와 '짧다'는 서술어라고 한다. '앞발이 짧다'는 주어 '토끼가'의 서술어이고, '짧다'는 '앞발이'의 서술어라는 것이다.

두 개 이상의 주어가 연이어 쓰이면 난해한 문장이 되는 경우가 많다.

(9) 어제 **내가** 만난 **그 사람이** 사귄 **친구가** 데리고 온 **소녀가** 가지고 온 **책이** **읽기가** 매우 쉽다.

2) 서술어

서술어(敍述語)는 주체의 행위, 상태, 성질 등에 관하여 서술하는 문장 성분이다. 이것을 '풀이말'이라고 일컫기도 한다.

문장에서 '어찌한다' 혹은 '어떠하다' 또는 '무엇이다'에 해당하는 문장 성분이 서술어이다.

　서술어는 체언에 서술격 조사인 '이다'가 결합한 것이나 동사, 형용사 등이 서술어가 된다. 다음의 예문 (10ㄱ)은 서술어인 '간다'가 자동사이기 때문에 '자동사문(自動詞文)'이라 하고, (10ㄴ)은 서술어인 '쓴다'가 타동사이므로 '타동사문(他動詞文)'이라고 한다. (10ㄷ)은 서술어인 '예쁘다'가 형용사이기 때문에 '형용사문(形容詞文)'이라고 하며, (10ㄹ)은 서술어인 '대학생이다'에서 '대학생'이 명사이므로 '명사문(名詞文)'이라고 일컫기도 한다.

(10) ㄱ. 선주가 학교에 간다. [자동사문]
　　 ㄴ. 민지가 편지를 쓴다. [타동사문]
　　 ㄷ. 연아가 가장 예쁘다. [형용사문]
　　 ㄹ. 현수는 대학생이다. [명사문]

　본용언과 보조용언이 한 덩어리가 되어 한 개 주어의 서술어로 기능을 하기도 한다. 다음의 예문 (11)의 서술어인 '악하지 않다'에서 '악하지'는 본동사이고, '않다'는 보조동사이다.

(11) 현주는 **악하지 않다.**

　절(節)이 서술어 기능을 하는 경우도 있다. 이러한 절을 서술절이라고 한다. 다음의 예문 (12ㄱ)에서는 '손이 작다'와 (12ㄴ)에서는 '안경이 멋지시다'가 서술절에 해당한다.

(12) ㄱ. 선주는 **손이 작다.**
　　 ㄴ. 할아버지는 **안경이 멋지시다.**

　한국어의 서술어는 일반적으로 문장의 맨 끝에 놓인다. 그런데 특별한 상황에서 서술어가 자리 이동을 하기도 한다. 서술어를 강조할 경우에는 서술어를 문장의 맨 앞에 놓는다.

(13) ㄱ. 민지가 책을 읽는다.

ㄴ. 읽는다, 민지가 책을.

ㄷ. 읽는다, 책을, 민지가.

ㄹ. 민지가 읽는다, 책을.

ㅁ. 책을 읽는다, 민지가.

서술어는 주어와 같이 필수적 문장 성분이기 때문에 생략될 수 없는 것이 원칙이다. 그런데 담화 상황(談話狀況)이나 문맥을 통해서 청자나 독자가 서술어가 무엇인지 알 수 있을 경우에 생략할 수 있다. 다음의 예문 (14ㄴ)에서는 주어인 '현주가'와 서술어인 '귀국했다'가 생략되었다.

(14) ㄱ. 언제 현주가 **귀국했니**?

ㄴ. 어제.

한 문장에 동일한 서술어가 반복되어 쓰일 경우에 그러한 서술어는 생략할 수 있다.

(15) ㄱ. 나는 친구 집에서 떡을 **먹고**, 과일을 **먹고**, 과자를 **먹었다**.

ㄴ. 나는 친구 집에서 떡 (**먹고**), 과일 (**먹고**), 과자를 **먹었다**.

서술어 가운데는 한 개의 논항만 취하는 것이 있고, 둘 이상의 논항을 취하는 것이 있다.

논항(論項)이란 서술어가 요구하는 필수적 문장 성분이다.

한 개의 논항을 취하는 서술어를 '한 자리 서술어'라 하고, 두 개의 논항을 취하는 것을 '두 자리 서술어'라고 하며, 세 개의 논항을 취하는 것을 '세 자리 서술어'라고 한다.

한국어 서술어 중에는 ㉠ 주어만을 필요로 하는 것이 있고, ㉡주어와 목적어 혹은 주어와 보어를 필요로 하는 것이 있으며, ㉢ 주어·목적어·부사어 등을 필요로 하는 것이 있다.

(16) ㄱ. 눈이 **내린다**. [한 자리 서술어]
　　ㄴ. 나는 평화를 **사랑한다**. [두 자리 서술어]
　　ㄷ. 철수가 나에게 선물을 **주었다**. [세 자리 서술어]
　　ㄹ. 나는 철수를 제자로 **삼았다**. [세 자리 서술어]

서술어 기능을 하는 동사·형용사·서술격 조사 '이다' 등의 어휘적 특성에 따라 서술어가 필요로 하는 논항 수(자릿수)가 달라진다.

3) 목적어

목적어(目的語)는 서술어로 표현되는 동작이나 작용의 대상을 나타내는 문장 성분이다. 이것은 문장에서 '무엇을' 혹은 '누구를'에 해당하는 말이다. 목적어를 '부림말'이라고 일컫기도 한다.

목적어는 체언이나 체언 상당 어구에 목적격 조사인 '을/를'이 연결되어 이루어진다.

(17) ㄱ. 현수는 **영화를** 보았다.
　　ㄴ. 선아가 **소설을** 읽는다.
　　ㄷ. 보라는 민지**가 빨리 귀국하기를** 바란다.

목적격 조사가 생략되어도 문맥이나 화맥(話脈)을 통해 독자나 청자가 어느 것이 목적어인지를 알 수 있을 경우에는 목적격 조사가 생략된다.

(18) 물(**을**) 좀 줘요.

목적어는 필수적 문장 성분이므로 생략되지 않는 것이 원칙이지만, 문맥이나 화맥을 통하여 독자나 청자가 목적어를 충분히 알 수 있을 경우에 목적어가 생략되기도 한다.

> (19) ㄱ. 누가 **빵을** 먹었니?
>
> ㄴ. 내가 (빵을) 먹었어.

일반적으로 목적어는 서술어 앞에 온다. 다만 부사어가 서술어 바로 앞에 놓여 서술어를 수식할 경우에는 목적어가 그 부사어 앞에 놓인다.

> (20) ㄱ. 현주는 **과일을** 먹는다.
>
> ㄴ. 민지는 **연습을** 열심히 한다.
>
> ㄷ. 현수는 바빠서 **연극을** 못 봐.

4) 보어

보어(補語)는 서술성이 불완전한 용언인 '되다', '아니다' 등을 도와주는 기능을 하는 문장 성분이다. 보어를 '기움말'이라고 일컫기도 한다.

보어는 체언 혹은 체언과 같은 기능을 하는 구(句)나 절(節)에 보격 조사 '이/가'가 연결되어 이루어진다.

불완전 용언이 서술어로 기능을 하는 문장에서 보어를 필요로 하는데, 이것을 생략하면 의미가 통하지 않는 문장이 된다. 그래서 보어도 필수적 문장 성분에 속한다.

> (21) ㄱ. 그는 이 회사의 사장이 되었다.(○)
>
> ㄴ. *그는 이 회사의 (   ) 되었다.(×)

5) 관형어

관형어는 체언을 수식하는 문장 성분이다. 관형어를 '매김말'이라고 일컫기도 한다.

관형어는 문장에서 '어떤' 혹은 '무슨'에 해당하는 말이다.

관형어는 피수식어인 체언의 의미를 정교하게 표현하는 구실을 한다.

관형어가 되는 것은 관형사 혹은 체언에 관형격 조사 '의'가 결합된 것 또는 관형사형 전성어미인 '-(으)ㄴ', '-는', '-(으)ㄹ', '-던' 등으로 끝난 용언이나 절(節) 등이다.

다음의 예문 (22ㄱ)에 쓰인 관형사 '저', (22ㄴ)에 쓰인 '너의', (22ㄷ)에서 절(節) 인 '마음이 어진', (22ㄹ)에서 절인 '내가 존경하던' 등이 관형어이다.

> (22) ㄱ. 선아는 **저** 나무를 가장 좋아한다.
> ㄴ. 나는 **너의** 마음을 사랑한다.
> ㄷ. 혜원은 **마음이 어진** 사람을 존경한다.
> ㄹ. 그는 **내가 존경하던** 사람이다.

관형어가 없어도 문장이 성립할 수 있기 때문에 관형어는 주로 수의적 문장 성분으로 간주한다. 그런데 관형어는 필수적 문장 성분으로 쓰이기도 있다. 문장에서 의존명사는 그 앞에 관형어가 없이 쓰이지 못한다. 다음의 예문 (23ㄱ)은 의존명 사인 '것' 앞에 관형어인 '철호의'가 왔기 때문에 문법에 맞는 문장이 되었다. 그러나 (23ㄴ)은 의존명사 '것' 앞에 관형어가 없기 때문에 비문법적인 문장이 되었다.

> (23) ㄱ. 저것은 **철호의** 것입니다.(○)
> ㄴ. *저것은 (　　) 것입니다.(×)

6) 부사어

부사어(副詞語)는 주로 서술어를 수식하는 문장 성분이다. 부사어를 '어찌말'이 라고 일컫기도 한다. 이것은 문장에서 '어떻게'에 해당하는 말이다.

부사어는 피수식어의 의미를 정교하게 표현하는 구실을 한다.

부사어는 주로 용언을 수식하는 것인데, 때로는 부사·관형사·명사 등이나 문 장을 수식하기도 한다.

다음의 예문 (24ㄱ)에서는 부사어인 '아주'가 부사로 부사어 구실을 하는 '잘'을 수식하고, '잘'은 서술어인 '친다'를 수식한다. (24ㄴ)에서는 부사어인 '아주'가 관형사인 '새'를 수식하며, (24ㄷ)에서 부사어인 '아주'는 명사인 '부자'를 수식하고, (24ㄹ)에서는 부사어인 '물론'이 "나는 너를 도와줄 거야."라는 문장을 수식한다.

> (24) ㄱ. 선아는 피아노를 **아주 잘** 친다.
> ㄴ. 민지는 **아주 새** 옷을 입고 있다.
> ㄷ. 이 집에서 **아주** 부자가 살았었다.
> ㄹ. **물론** 나는 너를 도와줄 거야.

부사어가 되는 것은 부사 혹은 체언에 부사격 조사가 연결된 것 또는 부사와 같은 기능을 하는 절[2] 등이다. 다음의 예문 (25ㄱ)에 쓰인 부사인 '잘', (25ㄴ)에 쓰인 명사 '칼'에 부사격 조사인 '로'가 결합된 '칼로', (25ㄷ)에 쓰인 부사절인 '발이 빠지도록' 등이 부사어이다.

> (25) ㄱ. 선아는 노래를 **잘** 부른다.
> ㄴ. 현수는 연필을 **칼로** 깎는다.
> ㄷ. 함박눈이 **발이 빠지도록** 내렸다.

이른바 부사성 의존명사가 부사어가 되기도 한다. 부사성 의존명사에는 '김, 바람, 줄, 채, 통' 등이 있다.

> (26) 네가 떠드는 **통에** 선생님의 말씀을 듣지 못했어.

부사어는 관형어와 마찬가지로 생략하여도 문장이 성립하므로 주로 수의적 문장 성분으로 기능을 한다. 그런데 불완전 용언이 서술어인 경우 부사어가 필수적

---

2) 이익섭(2009: 359~387)에서는 이른바 종속절을 부사절로 간주하고 있다.

문장 성분으로 기능을 한다. 다음의 예문 (27ㄴ)과 (28ㄴ)은 필수적 문장 성분으로 기능을 하는 부사어를 생략하여 비문법적인 문장이 되었다.

> (27) ㄱ. 현수가 **연아에게** 선물을 주었다.(○)
> ㄴ. *현수가 (   ) 선물을 주었다.(×)
>
> (28) ㄱ. 그는 선아를 **비서로** 삼았다.(○)
> ㄴ. *그는 선아를 (   ) 삼았다.(×)

7) 독립어

독립어(獨立語)가 되는 것은 감동어, 호칭어, 제시어 등이다. 독립어를 '홀로말'이라고 일컫기도 한다.

감동어는 화자의 느낌이나 생각을 나타내는 말이다. 감탄사가 감동어에 속한다. 감동어는 그 다음에 문장이 이어지지 않아도 느낌이나 생각을 전달할 수 있다.

> (29) ㄱ. 아이쿠!
> ㄴ. 예.

감동어는 이동의 제약을 거의 받지 않는다.

> (30) ㄱ. **아**, 경치가 매우 아름답구나!
> ㄴ. 경치가, **아**, 매우 아름답구나!
> ㄷ. 경치가 매우 아름답구나, **아**!

호칭어는 어떤 대상을 직접 부를 때 쓰는 말이다. 호칭어는 체언에 호격 조사가 연결되거나, 명사구에 호격 조사가 연결되지 않고 명사구만으로 표시되기도 한다. 다음의 예문 (31ㄱ)에 쓰인 '선아야', (31ㄴ)에 쓰인 '김 군', (31ㄷ)에 쓰인 '선생님' 등이 호칭어이다.

    (31) ㄱ. **선아야**, 빨리 오너라.

         ㄴ. **김 군**, 어서 오게.

         ㄷ. **선생님**, 이 의자에 앉으시지요.

부름을 나타내는 감탄사가 호칭어가 되기도 한다. 다음의 예문 (32ㄱ)에 쓰인 감탄사 '여보', (32ㄴ)에 쓰인 감탄사 '여보세요' 등이 호칭어이다.

    (32) ㄱ. **여보**, 이걸 가지시오.

         ㄴ. **여보세요**, 이리 오세요.

제시어는 뒤의 내용을 대표하는 명사나 명사구를 문장의 첫머리에 제시함으로써 상대방에게 주의를 집중하도록 하는 말이다. 다음의 예문 (33)에 쓰인 '봄'이 제시어이다.

    (33) **봄**, 만물이 소생하는 계절입니다.

1.2 문장의 종류

1.2.1 구조에 따른 문장의 종류

문장은 그 구조에 따라 홑문장과 겹문장으로 나뉜다.

홑문장이란 주어와 서술어가 한 번만 관계를 맺도록 구성되어 있는 문장이다. 이것을 '단순문(單純文)' 혹은 '단문(單文)'이라고 일컫기도 한다.

    (1) ㄱ. 민지가 학교에 간다.

         ㄴ. 민지는 자연을 좋아한다.

겹문장은 둘 이상의 홑문장이 결합하여 이루어진 문장이다. 즉 이것은 주어와 서술어의 관계를 두 번 이상 맺도록 구성한 문장이다. 겹문장을 '복문(複文)'이라고 일컫기도 한다.

겹문장은 '안은 문장'과 '이어진 문장'으로 나뉜다.

'안은 문장'은 '안긴 문장'을 지닌 문장이다.

'안긴 문장'은 다른 문장 속에 들어가 한 개의 문장 성분과 같은 기능을 하는 홑문장이다. '안긴 문장'을 '절(節)' 혹은 '내포문'이라고 일컫기도 한다.

절(節)에는 명사절(名詞節), 서술절(敍述節), 관형절(冠形詞節), 부사절(副詞節), 인용절(引用節) 등이 있다.

명사절(名詞節)은 명사와 같은 구실을 하는 절이다. 명사절은 절에서 서술어 기능을 하는 용언과 서술격 조사인 '이다'의 어간에 명사형 전성어미인 '-(으)ㅁ', '-기' 등이 결합하여 만들어진다. 다음의 예문 (2ㄱ)에 쓰인 '네가 정직하기'가 명사절이고, (2ㄴ)에 쓰인 '내가 이렇게 열심히 노력함'이 명사절이다.

(2) ㄱ. 나는 **네가 정직하기**를 간절히 바란다.
     ㄴ. **내가 이렇게 열심히 노력함**은 성공하기 위해서이다.

서술절(敍述節)은 서술어와 같은 기능을 하는 절이다. 다음의 예문 (3ㄱ)에서 '키가 크다'가 서술절이고, (3ㄴ)에서 '마음씨가 곱다'가 서술절이다.

(3) ㄱ. 그는 **키가 크다**.
     ㄴ. 민지는 **마음씨가 곱다**.

관형절(冠形節)은 관형어와 같은 구실을 하는 절이다. 이 절의 서술어에는 관형사형 전성어미인 '-(으)ㄴ', '-는', '-(으)ㄹ', '-던' 등이 결합한다. 다음의 예문 (4ㄱ)에서 '의리가 있는'이 관형절이고, (4ㄴ)에서 '어린이가 좋아하는'이 관형절이다.

(4) ㄱ. 민호는 **의리가 있는** 사람을 좋아한다.

　　　ㄴ. 나는 **어린이가 좋아하는** 장난감을 만들고 있다.

　인용절(引用節)은 다른 사람의 말을 절의 형식으로 인용하여 표현한 것이다. 다음의 예문 (5ㄱ)에서 "나는 성실하게 살 거야."가 인용절이고, (5ㄴ)에서 '(나는)성실하게 산다'가 인용절이다.

　　(5)　ㄱ. 그는 **"나는 성실하게 살 거야."**라고 말했다. [직접 인용]
　　　　　ㄴ. 그는 **성실하게 산다**고 말했다. [간접 인용]

　이어진 문장은 앞뒤의 홑문장이 나란히 놓인 문장이다. 다음의 예문 (6ㄱ)은 관형절인 '용기가 있는'을 안은 문장이고, (6ㄴ)은 '우리가 풀기'라는 명사절을 안은 문장이다. 그런데 (6ㄷ)은 대등적 연결어미인 '-고'로 선행절인 '인생은 짧고'와 후행절인 '예술은 길다'가 이어진 문장이다. (6ㄹ)은 종속적 연결어미인 '-어서'로 선행절인 '날씨가 너무 더워서'와 후행절인 '우리는 외출하지 않았다'가 이어진 문장이다.

　　(6)　ㄱ. 나는 **용기가 있는** 사람을 존경한다. [안은 문장]
　　　　　ㄴ. 그 문제는 **우리가 풀기**가 어렵다. [안은 문장]
　　　　　ㄷ. 인생은 **짧고**, 예술은 길다. [이어진 문장]
　　　　　ㄹ. **날씨가 너무 더워서** 우리는 외출하지 않았다. [이어진 문장]

1.2.2 의미에 따른 문장의 종류

　한국어 문장은 의미에 따라 평서문(平敍文), 의문문(疑問文), 명령문(命令文), 청유문(請誘文), 감탄문(感歎文) 등으로 나뉜다.

　평서문(平敍文)이란 화자가 청자에게 어떤 사실, 현상, 사건 등에 대해서 서술하는 문장이다.

한국어의 평서문은 문장 끝의 서술어에 평서법 종결어미가 붙어 형성된다.

평서법 종결어미에는 '-다/-ㄴ다/-는다', '-네', '-소/-(으)오', '-아/-어/-여/-야', '-아요/-어요/-여요', '-(으)셔요/-(으)세요', '-지', '-지요', '-ㅂ니다/-습니다', '-(으)ㅁ세', '-(으)마', '-(으)ㄹ게', '-(으)ㄹ래', '-(으)ㄹ라', '-단다/-ㄴ단다/-는단다/-란다' 등이 있다[제2장 제6절 6.2.1 참조].

(7) ㄱ. 장미꽃이 가장 아름답**다**.
    ㄴ. 현수는 소설을 읽**는다**.

화자의 청자에 대한 높임의 정도와 화자와 청자 간의 친소 관계에 따라 평서법 종결어미가 달리 실현된다.

(8) 민지가 책을 읽-{-는다, -어, -지, -네, -어요, -습니다}.

방송 뉴스 보도에서는 평서법 종결어미인 '-ㅂ니다/-습니다'가 주로 쓰인다. 신문에서는 평서법 종결어미인 '-다/-ㄴ다/-는다'가 주로 쓰인다.

(9) ㄱ. 미국의 저조한 고용 상황에 대한 우려로 연방 기준금리가 또 **동결됐습니다**. [2016년 6월 16일 kbs.co.kr]
    ㄴ. 지난 10년간 국내에 머무는 외국인이 2배 이상 늘어 전체 인구의 3.7%를 차지하는 것으로 **나타났다**. [2016년 6월 16일 조선일보 A16.]

의문문(疑問文)은 화자가 청자에게 질문하여 대답을 요구하는 문장이다.

한국어의 의문문은 문장 끝의 서술어에 의문법 종결어미가 붙어 형성된다.

의문법 종결어미에는 '-(으)냐/-느냐', '-(으)니', '-나', '-ㅂ니까/-습니까', '-소/-(으)오', '-어/-아/-여/-야', '-아요/-어요/-여요', '-(으)셔요/-(으)세요', '-지', '-지요', '-(으)ㄹ까', '-(으)랴', '-(으)ㄹ쏘냐' 등이 있다[제2장 제6절 6.2.1 참조].

(10) ㄱ. 너는 책을 다 읽었-{-**느냐, -니**}?

ㄴ. 언제 오셨**습니까**?

ㄷ. 이것이 더 좋**으냐**?

ㄹ. 여기가 너의 고향이**야**?

화자의 청자에 대한 높임의 정도와 화자와 청자 간의 친소 관계에 따라 의문법 종결어미가 달리 실현된다.

(11) 현수가 책을 읽-{-느냐, -어, -지, -나, -어요, -습니까}?

의문문에는 판정의문문(判定疑問文), 설명의문문(說明疑問文), 수사의문문(修辭疑問文), 확인의문문(確認疑問文), 선택의문문(選擇疑問文), 메아리 의문문 등이 있다.

판정의문문[3]은 청자가 '예/네'나 '아니요'로 대답하기를 요구하는 의문문이다.

(12) 판매원 : **이 책을 사시겠어요?**

손님 : 예.

설명의문문은 의문사인 '누구', '무엇', '언제', '어디', '왜', '얼마', '어떻게', '어떤', '어느', '무슨' 등을 사용하여 그 의문사에 대한 구체적인 정보의 설명을 요구하는 의문문이다.

(13) 민지 : **누구**를 가장 사랑하세요?

현주 : 저는 어머니를 가장 사랑해요.

수사의문문은 형태는 의문문인데 의미상으로는 의문문이 아닌 의문문이다. 즉 이것은 형태는 의문문인데, 의미상으로는 '반어(反語)'·'감탄(感歎)'·'명령(命令)'

---

3) '판정의문문'을 '가부의문문(可否疑問文)'이라고 일컫기도 한다.

등의 의미를 나타내는 의문문이다.

(14) ㄱ. 제가 어찌 미워할 수 있겠습니까? [반어]

ㄴ. 장미꽃이 얼마나 향기로운가? [감탄]

ㄷ. 빨리 가지 않겠니? [명령]

확인의문문은 화자가 알고 있거나 믿고 있는 사실에 대해서 청자가 동의하여 줄 것을 요구하는 의문문이다.

(15) 민지 : **오늘 몹시 덥지?**

현주 : 응, 정말 더워.

선택의문문은 둘 이상의 선택하여야 할 것 중에서 한 개를 선택하여 답하기를 요구하는 의문문이다.

(16) 민지 : **빵을 먹을래, 밥을 먹을래?**

현주 : 밥을 먹을래.

메아리 의문문은 감정 표현, 맞장구, 반복, 화제의 도입이나 전환 등을 나타내는 기능을 하는 의문문이다.

메아리 의문문의 전형적인 형태는 종결어미인 '-다/-ㄴ다/-는다', '-냐', '-(으)라', '-자' 등에 인용격 조사인 '고'가 결합한 것이다. 청자를 높일 경우에는 인용격 조사인 '고'에 보조사 '요'를 덧붙이어 나타낸다.

(17) 손자 : 현수가 홈런을 쳤어요.

할아버지 : **현수가 홈런을 쳤다고?**

손자 : **현수가 홈런을 쳤다고요?**

명령문(命令文)은 화자가 청자에게 어떤 행동을 할 것을 요구함을 나타내는 문장이다.

한국어의 명령문은 문장 끝의 서술어에 명령법 종결어미가 붙어 형성된다.

명령법 종결어미에는 '-아라/-어라/-여라/-거라/-너라', '-(으)라', '-아/-어/-여', '-게', '-소/-(으)오', '-ㅂ시오', '-(으)셔요/-(으)세요', '-(으)십시오', '-(으)렴', '-(으)려무나' 등이 있다[제2장 제6절 6.2.1 참조].

동사만이 명령문의 서술어가 될 수 있다.

> (18) ㄱ. 책을 많이 **읽어라**.
>   ㄴ. 내 말을 잘 **들으라**.
>   ㄷ. 이 의자에 **앉**-{-**아, -게, -아요, -으세요, -으십시오**}.
>   ㄹ. 현주와 **결혼하**-{-**렴, -려무나**}.

명령문의 서술어에는 시간 표현 선어말어미인 '-았-/-었-/-였-', '-더-', '-겠-' 등이 쓰이지 못한다.

> (19) ㄱ. 피곤할 테니 쉬어라.(○)
>   ㄴ. *피곤할 테니 쉬-{-었-, -더-, -겠-}-어라(×)

화자의 청자에 대한 높임의 정도와 화자와 청자 간의 친소 관계에 따라 명령법 종결어미가 달리 실현된다.

> (20) 이 줄을 잡-{-으십시오, -으세요, -아요, -으오, -게, -아, -아라}.

명령문에는 직접명령문과 간접명령문이 있다.

직접명령문은 서술어로 쓰인 용언의 어간에 명령법 종결어미인 '-아라/-어라/-여라/-거라/-너라'를 붙여 표현한 문장이다.

> (21) ㄱ. 이 줄을 꼭 잡아라.

    ㄴ. 천천히 먹어라.
    ㄷ. 열심히 공부하여라.

간접명령문은 서술어로 쓰인 용언의 어간에 명령법 종결어미인 ‘-(으)라’를 결합하여 표현한 문장이다.

    (22) ㄱ. 말하기 전에 깊이 생각하라.
        ㄴ. 사용한 휴지를 휴지통에 넣으라.

간접명령문은 강한 시정(是正)의 의미를 나타내지 않고 단순한 지시의 의미를 나타낸다고 하여 ‘중화 명령문’ 혹은 ‘중립 명령문’이라고 일컫기도 한다.
  평서문이나 의문문으로 명령의 의미를 나타내기도 한다. 이렇게 표현하는 것이 명령문으로 직접 요청하는 것보다 상대방으로 하여금 화자를 공손한 사람으로 인식하도록 한다. 다음의 예문 (23ㄴ)은 평서문인데, 이 문장은 명령문인 (23ㄴ)보다 청자에게 공손한 느낌을 더 준다. 의문문인 (24ㄱ)이 명령문인 (24ㄴ)보다 청자에게 공손한 느낌을 더 갖도록 한다.

    (23) ㄱ. 시청자 여러분, 채널을 고정시켜 주시길 바랍니다. [평서문]
        ㄴ. 시청자 여러분, 채널을 고정시켜 주십시오. [명령문]

    (24) ㄱ. 문 좀 열어 주시겠습니까? [의문문]
        ㄴ. 문 좀 열어 주십시오. [명령문]

청유문은 화자가 청자에게 어떤 행동을 함께할 것을 권하거나 제안함을 나타내는 문장이다.
  한국어의 청유문은 문장 끝의 서술어에 청유법 종결어미가 붙어 형성된다.
  청유법 종결어미에는 ‘-자’, ‘-(으)셔요/-(으)세요’, ‘-(으)ㅂ시다’, ‘-(으)십시다’, ‘-아요/-어요/-여요’, ‘-아/-어/-여’, ‘-지’, ‘-자’ 등이 있다[제2장 제6절 6.2.1 참조].

동사만이 청유문의 서술어가 될 수 있다. 청유문의 서술어에는 시간 표현 선어 말어미인 '-았-/-었-/-였-', '-더-', '-겠-' 등이 쓰이지 못한다.

(25) *시를 함께 읽-{-었-, -더-, -겠-}자.(×)

화자의 청자에 대한 높임의 정도와 화자와 청자 간의 친소 관계에 따라 청유법 종결어미가 달리 실현된다.

(26) ㄱ. 이 문제를 함께 풀어 보자.
　　ㄴ. 이 문제를 함께 풀어요.
　　ㄷ. 이 문제를 함께 풀어 봅시다.
　　ㄹ. 이 문제를 함께 풀어 보십시다.

윗사람에게 정중하게 말할 때 청유법 종결어미 '-(으)ㅂ시다', '-(으)십시다', '-아요/-어요/-여요' 등은 사용하지 않는다. 그런데 이러한 어미들은 부부간이나 친한 동년배에게 격의 없이 말할 때 사용할 수 있다.

(27) 여보, 함께 가-{-ㅂ시다, -십시다, -요}.

윗사람인 청자에게 어떤 행동을 함께할 것을 권하거나 제안할 때 청유문 대신에 의문문으로 표현하거나, '-시지요'로 맺는 명령문으로 표현하면 상대방에게 공손한 느낌을 준다.

(28) ㄱ. 선생님, 저와 함께 영화를 보러 가십시다. [청유문]
　　ㄴ. 선생님, 저와 함께 영화를 보러 가실까요? [의문문]
　　ㄷ. 선생님, 저와 함께 영화를 보러 가시지요. [명령문]

감탄문은 화자가 새로 알거나 느낀 여러 가지 감정을 나타내는 문장이다.

한국어의 감탄문은 문장 끝의 서술어에 감탄법 종결어미가 붙어 형성된다.

감탄법 종결어미에는 '-구나/-는구나', '-군/-는군', '-구먼/-는구먼', '-구려/-는구려', '-아라/-어라/-여라', '-네', '-네요', '-군요/-는군요' 등이 있다[제2장 제6절 6.2.1 참조].

종결어미인 '-구나', '-구려', '-구먼' 등은 형용사의 어간에 결합되는데, '-는구나', '-는구려', '-는구먼' 등은 동사의 어간에 결합된다. 다음의 예문 (29ㄱ)에 쓰인 '아름답다'는 형용사이고, (29ㄴ)에 쓰인 '뛰다'는 동사이다.

(29) ㄱ. 꽃이 매우 아름답-{-구나, -구려, -구먼}!
ㄴ. 현수가 잘 뛰-{-는구나, -는구려, -는구먼}!

종결어미인 '-아라/-어라/-여라'는 형용사의 어간에 결합되면 감탄법 종결어미로 기능을 하고, 동사의 어간에 결합되면 명령법 종결어미로 기능을 한다. 다음의 예문 (30ㄱ)에 쓰인 '가엾어라'는 형용사이고, (30ㄴ)에 쓰인 '읽어라'는 동사이다.

(30) ㄱ. 아이구, **가엾어라**! [감탄문]
ㄴ. 이 소설을 **읽어라**. [명령문]

2

문장의 확대

2.1 문장의 확대란 무엇인가

한국어 문장 중에는 기본 문형에서 파생된 확대문[4]이 많다.

기본 문형이란 문장을 확대하는 데 기본이 되는 문형이다. 기본 문형은 필수 공존의 성분만으로 구성되어 있다.

한국어의 기본 문형은 다음과 같다.

    (1) ㄱ. 주어 + 서술어

          ㄴ. 주어 + 보어 + 서술어

          ㄷ. 주어 + 목적어 + 서술어

          ㄹ. 주어 + 목적어 + 필수적 부사어 + 서술어

문장의 확대란 홑문장을 겹문장으로 바꾸는 것이다.

    (2) ㄱ. 민호는 연아를 사랑한다. 연아는 마음씨가 착하다.

           → 민호는 마음씨가 착한 연아를 사랑한다.

          ㄴ. 현수는 용감하다. 그리고 현수는 정직하다.

           → 현수는 용감하고 (현수는) 정직하다.

---

4) '확대문(擴大文)'은 둘 이상의 홑문장이 결합하여 확대된 문장을 뜻한다.

2.2 문장의 확대 방법

문장의 확대 방법에는 '문장의 연결 방법'과 '문장의 안김 방법'이 있다.

2.2.1 문장의 연결 방법

문장의 연결 방법이란 둘 이상의 홑문장을 연결어미로 연결해서 더욱 큰 문장이 되게 하는 방법이다.

한국어에서 문장과 문장을 연결하여 확대된 문장을 만들 경우에 연결어미를 사용한다.

(1) ㄱ. 여름은 더운데, 겨울은 춥다.
ㄴ. 권력은 짧으나, 명예는 길다.

연결어미로 이어진 문장을 '이어진 문장'이라고 한다.
'이어진 문장'은 '대등적으로 이어진 문장'과 '종속적으로 이어진 문장'으로 나뉜다.

1) 대등적으로 이어진 문장은, 앞 문장에서 서술어 기능을 하는 용언과 서술격 조사 '이다'의 어간에 대등적 연결어미가 연결되어 형성된다.
대등적 연결어미인 '-고', '-(으)며', '-(으)면서' 등은 앞뒤의 문장을 '나열'의 의미로 연결하여 준다.
주어가 같은 두 개의 홑문장이 '나열'의 의미를 나타내는 대등적 연결어미로 연결되어 한 개의 확대문이 될 경우 뒤 문장의 주어가 생략된다.

(2) 동혁이는 검소하다. 동혁이는 근면하다.
→ 동혁이는 검소하고, (동혁이는) 근면하다.

서술어가 동일한 두 개 이상의 홑문장이 '나열'의 의미를 나타내는 대등적 연결어미로 연결되어 한 개의 확대문이 될 경우 맨 끝의 서술어를 제외한 앞 문장들의 서술어는 생략된다.

> (3) 지난 일요일에 나는 소설을 **읽었다**. 그리고 나는 시를 **읽었다**. 또한 나는 수필을 **읽었다**.
> → 지난 일요일에 나는 소설을 **읽었고**, 시를 **읽었으며**, 수필을 **읽었다**.
> → 지난 일요일에 나는 소설, 시, 수필 등을 **읽었다**.

두 개 이상의 홑문장이 '나열'의 의미를 나타내는 대등적 연결어미로 연결되어 한 개의 확대문이 될 경우 시제 관련 선어말어미인 '-았-/-었-/-였-', '-겠-' 등이 맨 뒤 문장의 서술어에 결합된다.

> (4) 내일 나는 영어를 공부하**겠**다. 그리고 나는 중국어로 편지를 쓰**겠**다. 또한 나는 중국 영화를 보**겠**다.
> → 내일 나는 영어를 공부하고, 중국어로 편지를 쓰고, 중국 영화를 보**겠**다.

대등적 연결어미인 '-(으)ㄴ데/-는데', '-다마는', '-지마는' 등은 앞뒤의 문장을 '대립'이나 '대조'의 의미로 연결하여 준다.

두 개 이상의 홑문장이 '대립'이나 '대조'의 의미를 나타내는 대등적 연결어미로 연결되어 한 개의 확대문이 될 경우 선어말어미인 '-았-/-었-/-였-', '-겠-' 등이 앞뒤의 문장에 쓰일 수 있다.

> (5) 어제 이 팀은 승리하**였**으나, 저 팀은 패배하**였**다.

두 개 이상의 홑문장이 '대립'이나 '대조'의 의미를 나타내는 대등적 연결어미로 연결되어 한 개의 확대문이 된 경우 각 문장의 서술어는 다르다. 그 서술어들은 대립적인 의미를 나타낸다.

　　(6) 현수는 **부지런한데**, 철수는 **게으르다.**

　대등적 연결어미인 '-거나', '-든지' 등은 앞뒤의 문장을 '선택'의 의미로 연결하여 준다.

　두 개 이상의 홑문장이 '선택'의 의미를 나타내는 대등적 연결어미로 연결되어 확대문이 될 경우에 앞뒤 문장의 서술어에 선어말어미인 '-았-/-었-/-였-'은 결합될 수 있는데, 선어말어미인 '-겠-'은 결합되지 못한다.

　　　(7)　ㄱ. 그 사람이 나를 미워하**였**-{-거나, -든지} 안 미워하**였**-{-거나, -든지} 상
　　　　　　　관없다.
　　　　　ㄴ.*그 여인이 나를 미워하**겠**-{-거나, -든지} 안 미워하**겠**-{-거나, -든지} 상
　　　　　　　관없다.

　2) 종속적으로 이어진 문장은, 앞 문장에서 서술어 기능을 하는 용언과 서술격 조사 '이다'의 어간에 종속적 연결어미가 연결되어 형성된다.

　연결어미인 '-아서/-어서/-여서', '-(으)니', '-(으)니까', '-(으)므로' 등은 앞뒤의 문장을 '이유'나 '원인'의 의미로 연결하여 준다.

　'이유'나 '원인'의 의미를 나타내는 연결어미인 '-아서/-어서/-여서'에 선어말어미인 '-았-/-었-/-였-', '-겠-' 등이 결합되지 못한다.

　　　(8)　ㄱ.*어제 (네가 나에게) 선물을 보내 주**었**어서 (나는) 매우 고마웠어.
　　　　　ㄴ.*내일 (네가 나에게) 선물을 보내 주**겠**어서 (나는) 매우 고마울 거야.

　두 개의 홑문장이 '이유'나 '원인'의 의미를 나타내는 연결어미인 '-아서/-어서/-여서'로 연결되어 확대문이 될 경우 뒤 문장에는 명령법과 청유법이 실현되지 못한다.

(9) ㄱ. *비가 많이 와서, 방으로 **들어오너라.**(×)

ㄴ. *비가 많이 와서, 방으로 **들어가자.**(×)

두 개의 홑문장이 '이유'나 '원인'의 의미를 나타내는 연결어미인 '-(으)니', '-(으)니까'로 연결되어 확대문이 될 경우에 뒤 문장에 명령법과 청유법이 실현될 수 있다.

(10) ㄱ. 비가 많이 오-{-니, -니까} 방으로 들어오너라.(○)

ㄴ. 비가 많이 오-{-니, -니까} 방으로 들어가자.(○)

연결어미인 '-(으)려고', '-고자' 등은 '의도'의 의미로 앞뒤의 문장을 연결하여 준다.

두 개의 홑문장이 '의도'의 의미를 나타내는 연결어미인 '-(으)려고', '-고자' 등으로 연결되어 확대문이 될 경우 앞 문장의 서술어에 선어말어미인 '-았-/-었-/-였-', '-겠-' 등이 결합되지 못한다.

(11) ㄱ. *어제 나는 리포트를 작성하**였**-{-려고, -고자} 도서관에 갔다.(×)

ㄴ. *내일 나는 리포트를 작성하**겠**-{-으려고, -고자} 도서관에 갈 예정이
야.(×)

'의도'의 의미를 나타내는 연결어미인 '-(으)려고', '-고자' 등은 동사의 어간에만 결합되고, 형용사와 서술격 조사 '이다'의 어간에는 결합되지 못한다. 다음의 예문 (12ㄱ)이 비문법적인 문장이 된 것은 형용사인 '예쁘다'의 어간에 의도의 의미를 나타내는 연결어미인 '-려고'가 결합되었기 때문이다. 그리고 (12ㄴ)이 비문법적인 문장이 된 것은 서술격 조사인 '이다'의 어간인 '이-'에 의도의 의미를 나타내는 연결어미인 '-려고'가 결합되었기 때문이다.

(12) ㄱ. *민지는 예쁘**려고** 화장을 한다.(×)
    ㄴ. *민지는 일류 대학의 학생이**려고** 열심히 공부한다.(×)

두 개의 홑문장이 '의도'의 의미를 나타내는 연결어미인 '-(으)려고', '-고자' 등
이 연결되어 확대문이 될 경우, 뒤 문장에 명령법, 청유법, '약속'의 의미를 나타내
는 평서법 등이 실현되지 못한다.

(13) ㄱ. *영화를 보-{-려고, -고자} <u>영화관에</u> **가거라.**(×) [명령법]
    ㄴ. *영화를 보-{-려고, -고자} <u>영화관에</u> **가자.**(×) [청유법]
    ㄷ. *영화를 보-{-려고, -고자} <u>영화관에</u> **가마.**(×) [평서법]

연결어미인 '-(으)러'는 '목적'의 의미로 앞뒤의 문장을 연결하여 준다.
두 개의 홑문장이 '목적'의 의미를 나타내는 연결어미인 '-(으)러'로 연결되어
확대문이 될 경우, 앞 문장의 서술어에 선어말어미인 '-았-/-었-/-였-', '-겠-' 등이
결합되지 못한다.

(14) ㄱ. *어제 나는 리포트를 작성하**였**으러 도서관에 갔다.(×)
    ㄴ. *내일 나는 리포트를 작성하**겠**으러 도서관에 갈 예정이야.(×)

'목적'의 의미를 나타내는 연결어미인 '-(으)러'가 연결되어 확대문이 될 경우,
뒤 문장은 서법의 제약을 받지 않는다.

(15) ㄱ. 나는 독서를 하러 <u>도서관에</u> 간다. [평서법]
    ㄴ. 리포트를 작성하러 <u>도서관에</u> 가니? [의문법]
    ㄷ. 리포트를 작성하러 <u>도서관에</u> 가자. [청유법]
    ㄹ. 영화를 보러 <u>또 영화관에</u> 가는구나! [감탄법]

연결어미인 '-(으)면', '-아야/-어야/-여야', '-거든', '-(으)려면' 등은 '조건'의 의
미로 앞뒤의 문장을 연결하여 준다.

두 개의 홑문장이 '조건'의 의미를 나타내는 연결어미인 '-(으)면', '-아야/-어야/
-여야' 등으로 연결되어 확대문이 될 경우, 앞뒤 문장의 주어가 다르더라도 되는
데, '-(으)려면'이 연결되어 확대문이 될 경우에는 앞뒤 문장의 주어가 동일하여야
한다.

> (16) ㄱ. (현수가) 공무원 시험에 합격하**려면**,
>   (현수는) 열심히 공부하여야 한다.(○)
>   ㄴ. *(현수가) 공무원 시험에 합격하**려면**,
>   (민지는) 열심히 공부하여야 한다.(×)

'조건'의 의미를 나타내는 연결어미인 '-(으)려면'은 동사의 어간에만 결합된다.
'조건'의 의미를 나타내는 연결어미인 '-(으)려면'은 선어말어미인 '-았-/-었-/-
였-', '-겠-' 등과 결합하여 쓰이지 못한다.

> (17) ㄱ. *우승하**였**으려면 꾸준히 연습하**였**어야 해.
>   ㄴ. *우승하**겠**으려면 꾸준히 연습하여야 해.

'조건'의 의미를 나타내는 연결어미인 '-아야/-어야/-여야'는 선어말어미 '-겠-'
과 결합하여 쓰이지 못한다.

> (18) *근무를 더욱 열심히 하**겠**어야 승진할 수 있을 거야.(×)

연결어미인 '-거든'이 '어떤 일이 사실이면' 혹은 '어떤 일이 사실로 실현되면'의
뜻을 나타낼 경우, 그 뒤에 연결되는 문장에는 명령법이나 청유법이 실현되는데
평서법은 실현되지 못한다.

> (19) ㄱ. 가기 싫**거든** 가지 **마라**. [명령법]
>   ㄴ. 날씨가 무덥**거든** 수영하러 **가자**. [청유법]

ㄷ. *방학이 되**거든** 나는 마음껏 놀 것**이다**.(×) [평서법]

연결어미인 '-거든'이 앞 문장의 사실과 뒤 문장의 사실을 비교하여 앞 문장의
사실이 이러하니 뒤 문장의 사실은 더욱 당연히 어떠하다는 뜻을 나타낼 경우,
뒤 문장에 의문법이 실현된다. 이러한 경우에 뒤 문장은 수사의문문이다.

(20) 짐승도 은혜를 알거든 <u>하물며 사람이야 말해 무엇하겠니?</u>

연결어미인 '-더라도', '-(으)ㄹ망정', '-(으)ㄹ지라도', '-아도/-어도/-여도', '-(으)
ㄴ들' 등은 전후 문장을 '양보'의 의미로 연결하여 준다.
'양보'의 의미를 나타내는 연결어미인 '-더라도', '-(으)ㄹ망정', '-(으)ㄹ지라도',
'-아도/-어도/-여도' 등은 선어말어미인 '-았-/-었-/-였-'과 결합되어 쓰이는데, 선
어말어미인 '-겠-'과 결합되어 쓰이지 못한다.

(21) ㄱ. 그 사람이 잘못을 하**였**더라도, 나는 용서하겠다.(○)
　　ㄴ. *그 사람이 잘못을 하**겠**더라도, 나는 용서하겠다.(×)

'양보'의 의미를 나타내는 연결어미 '-(으)ㄴ들' 뒤에 연결되는 문장에 명령법과
청유법이 실현되지 못한다.
다음의 예문 (22ㄱ)과 (22ㄴ)에 쓰인 '산들'에서 '사'는 어간이고, '-ㄴ들'은
연결어미이다. '산들'의 기본형은 '살다'이다. '살다'는 'ㄹ' 탈락 규칙동사이어서
어간인 '살-'에 어미 '-ㄴ들'이 결합되어 어간 받침 '-ㄹ'이 탈락한 것이다. (22ㄱ)은
어미 '-ㄴ들' 뒤에 이어진 문장에 명령법이 실현되었기 때문에 비문법적인 문장이
된 것이고, (22ㄴ)은 '-ㄴ들' 뒤에 이어진 문장에 청유법이 실현되었기 때문에 비문
법적인 문장이 된 것이다.

(22) ㄱ. *어디에 가서 **산들**, 행복하게 살아라.(×) [명령법]
　　ㄴ. *어디에 가서 **산들**, 행복하게 살자.(×) [청유법]

연결어미인 '-(으)ㄴ들' 뒤에 추측·단정 등을 나타내는 평서문이나, 수사의문문이 연결되기도 한다.

다음의 예문 (23ㄱ)에서 연결어미인 '-(으)ㄴ들' 뒤에 이어진 '행복하게 살 거야'는 추측을 의미하는 평서문이고, (23ㄴ)에서 연결어미 '-(으)ㄴ들' 뒤에 이어진 '속조차 검겠니?'는 "속조차 검지 않다."라는 '단정'을 뜻하는 수사의문문이다.

(23) ㄱ. 그는 외국에 가서 **산들,** 행복하게 살 거야.
　　 ㄴ. 겉이 **검은들,** 속조차 검겠니?

연결어미인 '-(으)ㄴ들'은 선어말어미인 '-았-/-었-/-였-', '-겠-' 등과 결합되어 쓰이지 못한다.

(24) ㄱ. *현수는 외국에 가서 살**았**은들, 행복하게 살 거야.(×)
　　 ㄴ. *겉이 검**겠**은들, 속조차 검겠니?(×)

연결어미인 '-(으)며', '-(으)면서', '-자', '-자마자', '-고서', '-아서/-어서/-여서' 등은 앞뒤의 문장을 '시간'의 의미로 연결하여 준다.

'시간'을 나타내는 연결어미 중에서 '-(으)며', '-(으)면서' 등은 '동시성(同時性)'의 의미로 앞뒤의 문장을 연결하여 준다.

'동시성'의 의미를 나타내는 연결어미인 -(으)며', '-(으)면서' 등이 연결되어 형성된 문장의 앞뒤 문장의 주체가 사람이나 동물일 경우에는, 앞뒤 문장의 주어가 동일하여야 하는데, 앞뒤 문장의 주체가 사물일 경우에는 앞뒤 문장의 주어가 다를 수 있다.

(25) ㄱ. **민지는** 커피를 마시**면서** (민지는) 영화를 감상했다.
　　 ㄴ. **폭우가** 내리**면서 폭풍**이 몰아친다.

'동시성'의 의미를 나타내는 연결어미인 '-(으)며', '-(으)면서' 등은 선어말어미인 '-았-/-었-/-였-', '-겠-' 등과 결합하지 못한다.

> (26) ㄱ. *민지는 밥을 먹었-{-으며, -으면서} 이야기를 하였다.(×)
>   ㄴ. *나는 밭을 갈겠-{-으며, -으면서} 씨를 뿌리겠다.(×)

'연발성(連發性)'의 의미를 나타내는 연결어미인 '-자', '-자마자' 등도 선어말어미인 '-았-/-었-/-였-', '-겠-' 등과 결합하지 못한다.

> (27) ㄱ. *내가 막힌 구멍을 뚫었-{-자, -자마자} 물이 쏟아졌다.(×)
>   ㄴ. *내가 막힌 구멍을 뚫겠-{-자, -자마자} 물이 쏟아졌다.(×)

연결어미인 '-자마자'는 '-자'보다 '연발성'의 의미를 더욱 강조하는 것이다.

연결어미인 '-자'는 형용사의 어간에 결합될 수 있는데, 연결어미인 '-자마자'는 형용사의 어간에 결합되지 못한다(윤평현, 2005: 208). 다음의 예문 (28ㄱ)의 '거세자'와 (28ㄴ)의 '거세자마자'의 기본형은 '거세다'로 형용사이다.

> (28) ㄱ. 물살이 **거세자** 우리는 강 건너기를 포기하였다.(○)
>   ㄴ. *물살이 **거세자마자** 우리는 강 건너기를 포기하였다.(×)

'시차성(時差性)'의 의미를 나타내는 연결어미인 '-고서', '-아서/-어서/-여서' 등은 선어말어미인 '-았-/-었-/-였-', '-겠-' 등과 결합하지 못한다.

연결어미인 '-고서', '-아서/-어서/-여서' 등이 연결되어 형성된 문장은 그 앞뒤 문장의 주어가 동일하기 때문에 일반적으로 뒤 문장의 주어는 생략된다.

> (29) ㄱ. 나는 아침밥을 먹고서 (나는)학교에 갔다.
>   ㄴ. 나는 아침밥을 먹고서 (나는) 학교에 가겠다.

연결어미인 '-고서', '-아서/-어서/-여서' 등에 선어말어미인 '-았-/-었-/-였-', '-겠-' 등이 결합되면 비문법적인 문장이 된다.

(30) ㄱ. *나는 아침밥을 먹**었**고서 학교에 갔다.(×)
ㄴ. *나는 10분 뒤에 택시를 잡**겠**어서 20분 뒤에 역으로 가겠다.(×)

'중단 전환'의 의미로 앞뒤 문장을 연결하여 확대문이 되게 하는 연결어미인 '-다가'에 선어말어미인 '-았-/-었-/-였-'이 결합되면 '하던 행동을 끝내고 다른 행동을 하였음'을 뜻하고, 선어말어미인 '-았-/-었-/-였-'이 결합되지 않으면 '하던 행동을 중단하고 다른 행동을 함'을 뜻한다(국립국어원, 2005: 129).

(31) ㄱ. 나는 과식을 하**였다가** 배탈이 났다.
ㄴ. 우리는 오솔길을 걷**다가** 집으로 돌아왔다.

'수단'이나 '방법'의 의미를 나타내는 연결어미인 '-고서', '-아서/-어서/-여서' 등은 동사의 어간에만 결합된다. 이것들이 형용사와 서술격 조사 '이다'의 어간에 결합되면 '이유'나 '원인'의 의미를 나타낸다. 다음의 예문 (32ㄱ)의 '타고서'는 동사이고, (32ㄴ)의 '인자하여서'는 형용사이며, (32ㄷ)의 '이어서'는 서술격 조사이다.

(32) ㄱ. 동혁이는 택시를 **타고서** 역으로 갔다. [수단]
ㄴ. 그는 **인자하여서** 존경을 받는다. [이유]
ㄷ. 그는 영국인**이어서** 영어를 잘한다. [원인]

'수단'이나 '방법'의 의미를 나타내는 연결어미인 '-고서', '-아서/-어서/-여서' 등은 선어말어미인 '-았-/-었-/-였-', '-겠-' 등과 결합하지 못한다.

(33) ㄱ. *어제 민지는 걸**었**어서 역까지 갔다.(×)

ㄴ. *내일 우리는 비행기를 타**겠**고서 여행을 갈 거야.(×)

한국어에서 연결어미는 이어진 문장을 만드는 데 매우 중요한 구실을 한다. 연결어미를 잘못 사용하면 비문법적인 문장이 되고, 응집성이 없는 문장이 된다. 따라서 한국어 교원은 학습자들에게 사용 빈도수가 높은 연결어미부터 익혀 정확히 사용할 수 있도록 교육한다. 특히 초급 과정의 학습자들에게 일정한 상황에서 이루어지는 담화에 자주 쓰이는 연결어미를 교육한다.

2.2.2 문장의 안김 방법

문장의 안김 방법이란 '안긴 문장'으로 문장을 확대하는 것이다.

'안긴 문장'은 다른 문장 속에 들어가 한 개의 문장 성분과 같은 기능을 하는 홑문장이다. '안긴 문장'을 '절(節)' 또는 '내포문(內包文)' 또는 '하위문(下位文)'이라고 일컫기도 한다. 다음의 예문 (1ㄱ)에 쓰인 '네가 행복하기'와 (1ㄴ)에 쓰인 '의리가 있는' 등이 '안긴 문장'이다.

(1) ㄱ. 나는 **네가 행복하기**를 간절히 바란다.
     ㄴ. 나는 **의리가 있는** 사람을 가장 좋아한다.

안긴 문장 즉 절에는 명사절(名詞節), 서술절(敍述節), 관형절(冠形詞節), 부사절(副詞節), 인용절(引用節) 등이 있다.

문장의 안김 방법으로 문장을 확대하는 것은 여러 절을 활용하여 '안은 문장'을 만드는 것이다.

'안은 문장'은 '안긴 문장'을 포함한 문장이다. '안은 문장'을 상위문(上位文)이라고 일컫기도 한다. 다음의 예문 (2)에서 '현수는 사람을 좋아해'가 '안은 문장'이고, '마음씨가 고운'이 '안긴 문장'이다.

(2) 현수는 마음씨가 고운 사람을 좋아해.

'안은 문장'은 1) 명사절을 가진 '안은 문장', 2) 관형절을 가진 '안은 문장', 3) 부사절을 가진 '안은 문장', 4) 서술절을 가진 '안은 문장', 5) 인용절을 가진 '안은 문장' 등으로 나뉜다.

1) 명사절을 가진 '안은 문장'

명사절(名詞節)을 가진 '안은 문장'은 명사절이 안은 문장에 포함되어 있는 것이다.

명사절은 명사와 같은 기능을 하는 절이다. 명사절은, 절에서 서술어 기능을 하는 용언과 서술격 조사 '이다'의 어간에 명사형 전성어미인 '-(으)ㅁ', '-기' 등이 결합하여 만들어진다.

(3) 나는 **우리나라가 번영하기**를 간절히 바란다.

명사형 전성어미인 '-(으)ㅁ'[5]은 어떤 행동이나 상태를 대상화하여 개념화함을 나타낸다.

(4) 그 사람은 **세월이 빨리 흘러감**을 한탄했다.

명사형 전성어미인 '-기'[6]는 동사의 어간과 결합한 경우에는 진행(과정)·수법·지향(목표) 등을 나타내고, 형용사와 서술격 조사 '이다'의 어간에 결합한 경우에는 성질·상태 등의 정도를 나타낸다.

---

5) 한글학회(1957)의 『큰사전』(1957: 958)에서는 명사형 전성어미 '-(으)ㅁ'은 용언의 어간에 붙어 그 말을 정지적(靜止的)인 명사 노릇을 하게 하는 어미라고 한다. [보기] 열 번 **들음**이 한 번 **봄**만 같지 않다.

6) 한글학회(1957)의 『큰사전』(1957: 521)에서는 명사형 전성어미 '-기'는 용언의 어간에 붙어 그 말을 동작적(動作的)인 명사 노릇을 하게 하는 어미라고 한다. [보기] 글 **읽기**가 재미있다.

(5) ㄱ. **보라가 노래를 부르기**(를) 시작했다.

　　ㄴ. 나는 **그 사람이 정직한 사람이기**를 바란다.

　　ㄷ. **그곳은 멀기**는 하지만 아름다운 곳입니다.

명사절은 문장에서 주어, 목적어, 부사어 등의 기능을 한다. 다음의 예문 (6ㄱ)에서 명사절인 '우리가 풀기'는 주어의 기능을 하고, (6ㄴ)에서 명사절인 '음성이 고움'은 주어의 구실을 하고, '마음씨가 착함'은 목적어의 기능을 하며, (6ㄷ)에서 명사절인 '우리가 자기'는 부사어의 구실을 한다.

(6) ㄱ. 이 문제는 **우리가 풀기**가 어렵다.

　　ㄴ. <u>음성이 고움</u>은 **마음씨가 착함**을 반영하는 것이다.

　　ㄷ. 지금은 **우리가 자기**에 이른 시간이다.

2) 관형절을 가진 '안은 문장'

관형절(冠形節)을 가진 '안은 문장'은 관형절이 '안은 문장'에 포함되어 있는 것이다.

관형절은 관형어의 기능을 하는 절이다. 이것을 '관형사절(冠形詞節)'이라고 일컫기도 한다.

관형절은, 절에서 서술어의 기능을 하는 동사, 형용사, 서술격 조사 '이다' 등의 어간에 관형사형 전성어미인 '-(으)ㄴ', '-는', '-(으)ㄹ', '-던' 등이 결합되어 만들어진다.

(7) ㄱ. 이 의자는 **내가 만든** 것이다.

　　ㄴ. 이 칼은 **내가 과일을 깎는** 것이다.

　　ㄷ. 이 옷은 **내가 살** 것이다.

　　ㄹ. 이 오솔길은 예전에 **내가 거닐던** 곳이다.

관형절을 가진 '안은 문장'은 관계절을 가진 '안은 문장'과 보문절을 가진 '안은 문장'으로 나뉜다. 관계절은 관형어의 기능을 하는 절에 이것이 수식하는 체언이 내포되어 있는 절이고, 보문절은 그 절에 그 절의 수식을 받는 체언이 내포되어 있지 않은 절이다.

관계절을 가진 '안은 문장'은 관계절을 생략하여도 문장이 성립하는데, 보문절을 가진 '안은 문장'은 보문절을 생략하면 문장이 성립하지 못한다.

> (8) ㄱ. **(사람들이) 노후 준비를 하는** 사람들이 날로 증가하고 있다.
> → 사람들이 날로 증가하고 있다.
> ㄴ. **우리가 다툴** 일이 전혀 없어. → *일이 전혀 없어.(×)

위의 예문 (8ㄱ)에서 '(사람들이) 노후 준비를 하는'은 관계절이기 때문에 이 절을 생략하여도 문장이 성립한다. 그런데 (8ㄴ)에서 '우리가 다툴'은 보문절이기 때문에 이것을 생략하면 비문법적인 문장이 된다.

3) 서술절을 가진 '안은 문장'

서술절(敍述節)을 가진 '안은 문장'은 서술절이 안은 문장에 포함되어 있는 문장이다.

서술절은 서술어의 구실을 하는 절이다. 다음의 예문 (9ㄱ)에 쓰인 '인정이 많으시다', (9ㄴ)에 쓰인 '앞발이 짧다', (9ㄷ)에 쓰인 '금이 갔다', (9ㄹ)에 쓰인 '자제분이 과학자이시다', (9ㅁ)에 쓰인 '화가 난다' 등이 서술절이다.

> (9) ㄱ. 저 아주머니는 **인정이 많으시다.**
> ㄴ. 토끼는 **앞발이 짧다.**
> ㄷ. 교실 바닥이 **금이 갔다.**
> ㄹ. 저 선생님께서는 **자제분이 과학자이시다.**
> ㅁ. 나는 **화가 난다.**

　명사절과 관형절은 절(節) 표지가 있는데, 서술절은 절 표지가 없다. 그 이유는 용언이 그대로 서술어로 사용되기 때문이다.

　4) 부사절을 가진 '안은 문장'

　부사절(副詞節)을 가진 '안은 문장'은 부사절이 안은 문장에 포함되어 있는 문장이다.

　부사절은 부사어의 구실을 하는 절이다. 다음의 예문 (10)에서 '아무 말도 없이'가 부사절이다.

　(10) 그는 **아무 말도 없이** 이곳을 떠났다.

　5) 인용절을 가진 '안은 문장'

　인용절(引用節)을 가진 '안은 문장'은 인용절이 안은 문장에 포함되어 있는 문장이다.

　인용절은 다른 사람의 말을 절(節)의 형식으로 인용하여 표현한 것이다.

　인용절은 인용한 말 뒤에 인용의 부사격 조사 '(이)라고', '고', '하고' 등이 붙어서 이루어진다.

　인용절에는 '직접 인용절'과 '간접 인용절'이 있다.

　'직접 인용절'은 직접 인용한 말 뒤에 부사격 조사인 '(이)라고', '하고' 등이 붙어 만들어진다. 부사격 조사인 '이라고'는 받침 있는 말 뒤에 붙고, 부사격 조사인 '라고'는 받침이 없는 말 뒤에 붙는다. 직접 인용절에는 큰따옴표(" ")나 작은따옴표(' ')를 사용한다.[7]

　(11) 보라가 나에게 **"난 널 정말 사랑해."**라고 고백하였다.

---

7) 어떤 사람이 한 말을 다른 사람에게 전달할 때 큰따옴표를 이용하여 그 사람이 한 말을 그대로 전하는 방법을 '직접 화법(直接話法)'이라고 한다.

'간접 인용절'은 간접 인용한 말 뒤에 부사격 조사인 '고'가 붙어 만들어진다. 간접 인용절에는 큰따옴표(" ")나 작은따옴표(' ')를 사용하지 않는다.[8]

(12) 보라가 나에게 **날 정말 사랑한다고** 고백하였다.

간접 인용절 끝에 붙는 부사격 조사인 '고'의 앞에 오는 용언의 평서형 종결어미는 '-다'이고 서술격조사인 '이다'의 평서법 종결어미는 '-라'이다.

(13) ㄱ. 연아가 내**일 미국으로 간다고** 말했어.
　　ㄴ. 연아는 **자기가 대학생이라고** 했어.

간접 인용절 끝에 붙는 부사격 조사인 '고'의 앞에 오는 용언의 의문법 종결어미는 '-(으)냐/-느냐'이고, 명령법 종결어미는 '-(으)라'이며, 청유법 종결어미는 '-자'이다.

(14) ㄱ. 선생님께서 **내 동생이 열심히 공부하느냐고** 물으셨다.
　　ㄴ. 어머니가 <u>나에게</u> **방을 깨끗이 청소하라고** 말씀하셨어.
　　ㄷ. 저 친구가 **자기와 함께 열심히 연습하자고** 말하였어.

남의 말이나, 사물의 소리를 그대로 흉내를 내어 전달하고자 할 때는 조사 '하고'를 붙인다.

(15) ㄱ. 할머니께서 **"얘들아, 이리 온."하고** 말씀하셨다.
　　ㄴ. 자동차 타이어가 터지는 소리가 **'쾅!'하고** 들렸다.

남에게 자기 이름을 소개할 때 직접 인용 형식으로 표현하는 것은 어색한데,

---

8) 남의 말을 전달하는 사람의 입장에서 간접적으로 전달하는 방법을 '간접 화법(間接話法)'이라고 한다. 이 화법에서는 큰따옴표를 사용하지 않는다.

남의 이름을 직접 인용 형식으로 표현하는 것은 자연스럽다. 다음의 예문 (16ㄱ)을 "저는 홍길동입니다."로 바꾸어 써야 자연스러운 문장이 된다. 예문(16ㄴ)은 남의 이름을 간접 인용 형식으로 말하였기 때문에 자연스러운 문장이 된 것이다.

(16) ㄱ. $^?$저는 홍길동이라고 합니다.
     ㄴ. 저 학생의 이름은 이동혁이라고 합니다.

3
높임법

3.1 높임법의 기능

높임법이란 화자(話者)가 어떤 대상을 높이 받들어 대우하거나, 대등하게 대우하거나, 낮게 대우하는 문법 범주이다.

'높임법'을 '경어법(敬語法)', '대우법(待遇法)', '존비법(尊卑法)' 등으로 일컫기도 한다.

한국어의 특징 가운데 하나는 높임법이 정교하게 발달한 것이다.

한국어 높임법의 주된 기능은 화자가 어떤 대상을 언어로 대우하는 것이다. 한국어 문법학자들 간에 높임법의 기능에 대한 견해가 다양한 실정이다.

높임법의 기능을 구체적으로 논의한 대표적인 논저는 서정수(1984: 7~16. 1996: 995~1000), 성기철(1985: 31~33), 이정복(2012: 153~177) 등이다.

1) 서정수(1984)의 견해
① 인간적 상하 관계의 표출 : 높임법은 신분·지위·나이 등의 위와 아래 관계를 드러내어 사람들 사이의 질서를 세우는 데 한 몫을 한다.
② 횡적 친소 관계의 표출 : 높임법은 사람들 사이의 친하고 먼 관계를 표현하

는 구실을 한다.

③ 인간 품위를 드러냄 : 높임법은 화자의 품위를 드러내는 기능을 한다.

2) 성기철(1985)의 견해는 서정수(1984)의 견해와 거의 같다.

① 계층적인 질서의 유지 : 대우법으로 사회적 계층 관계를 확인 유지하며, 이를 통해서 궁극적으로 인간관계의 종적 질서를 유지한다.

② 친소 관계의 유지 : 대우 관련 인물 상호간의 친소 관계를 표현함으로써 인간관계의 원만한 조화와 질서를 유지한다.

3) 이정복(2012)의 견해

① 지위 관계에 맞게 대우하기 : 대화 참여자의 위아래 지위 관계를 언어로 적절히 대우하는 것. 이것은 높임법[9]의 '규범적 용법'과 관련되는 것이다. '규범적 용법'은 상대방에게 적절하다고 생각되는 높임법 형식을 사용함으로써 상하 관계, 친소 관계 등의 대인 관계를 언어적으로 표현하고 인정하는 높임법을 사용하는 것이다(이정복, 2012: 334).

② 공손한 태도 드러내기 : 대화 참여자가 지위 관계를 떠나 공손한 태도를 표시하는 것이다. 윗사람이 아랫사람에게 높임 형식을 씀으로써 공손한 태도를 드러내는 일은 효과가 크다. 오늘날 한국 사회에서 '평등사상'이 뿌리 깊게 작용하면서 높임법의 기능 가운데 '공손한 태도 드러내기'가 가장 중시되고 있다.

③ 대인 관계 조정하기 : 높임법 사용 방식을 바꿈으로써 상대방과의 지위 관계에 대한 인식의 변화를 꾀하고 심리적 거리를 조절하는 것이다. 이것은 높임법의 '전략적 용법'과 관련되는 것이다. '전략적 용법'은 화자가 특정한 목적을 이루기 위해 언어 공동체의 규범과 다른 높임법을 사용하는 것이다.

---

9) 이정복(2012)에서는 '높임법'을 '경어법'이라고 일컫고 있다.

3.2 주체 높임법

3.2.1 주체 높임법이란 무엇인가

한국어 높임법은 어떤 대상을 언어로 대우하느냐에 따라 주체 높임법, 객체 높임법, 상대 높임법 등으로 나뉜다.

주체 높임법이란 화자가 문장의 주체를 언어로써 존대하거나 비존대하여 표현하는 높임법이다.

주체 높임법은 존대와 비존대의 2분 체계로 되어 있다.

    (1) ㄱ. **선생님께서** 저기에 **오신다.** [존대]
          ㄴ. **민지가** 저기에 **온다.** [비존대]

화자가 주체에 대한 존대 여부를 결정한다. 때로는 화자의 결정에 청자가 영향을 끼치기도 한다. 주체가 화자의 상급자라고 하더라도 그 주체가 청자의 하급자이면 그 주체를 비존대하여 표현하여야 함에도 불구하고 다음의 예문 (2ㄱ)에서는 주체인 '김 과장'을 존대하였다. (2ㄱ)은 전통적인 압존법에 어긋난 문장이지만 2011년 국립국어원에서 발간한 『표준 언어 예절』에서는 (2ㄱ)과 같이 말하는 것도 언어 예절에 맞는 것으로 간주하고 있다. (2ㄴ)에서는 주체인 '부장님'이 청자인 '과장님'의 상급자이기 때문에 그 주체를 존대하여 표현하였다.

    (2) ㄱ. 사장님, 김 과장이 조금 전에 외출하셨습니다.
          ㄴ. 과장님, 부장님께서 퇴근하셨습니까?

3.2.2 주체 높임법은 어떻게 실현되는가

주체 높임법에서는 주체를 존대할 경우에만 특정한 형태를 사용한다.

주체는 다음과 같은 방법으로 존대한다.

1) 주어와 호응하는 서술어로 기능을 하는 동사, 형용사, 서술격 조사인 '이다' 등의 어간에 주체 존대 선어말어미인 '-(으)시-'를 붙인다.

    (3) ㄱ. 어머니께서 노래를 **부르신다.**

          ㄴ. 저분은 의사**이시다.**

2) 주격 조사인 '이/가' 대신에 존대의 의미를 나타내는 주격 조사인 '께서'나 '께옵서'를 주체에 연결한다. '께옵서'는 주로 서간문이나 기도문에 쓰인다.

    (4) ㄱ. 어머니**께서** 노래를 **부르신다.**

          ㄴ. 아버님**께옵서** 보내 **주신** 하숙비를 잘 받았사옵니다.

3) 주체를 직접 표시하는 말이나 주체와 관련된 사람과 사물을 지시하는 말도 존대 형태로 바꾼다.

    (5) ㄱ. **저이가 과장**입니다. → **저분이 과장님**이십니다.

          ㄴ. 김 **선생이 병이 나았습니다.** → 김 **선생님께서 병환**이 **나으셨습니다.**

          ㄷ. 할아버지는 양복이 **멋지시다.**

주체를 존대할 때 사용하는, 주체를 지시하는 말에는 다음의 (6)과 같은 것이 있다.

    (6) ㄱ. 회장-님, 사장-님, 부장-님, 선생-님, 선배-님, 형-님, 이모-님, 아드-님, 따-님

          ㄴ. 자제-분, 모자-분, 친구-분

주체를 존대하는 말에는 주체 자체에 쓰이는 것과 주체에 딸린 것에 쓰이는

것이 있다. '편찮으시다', '계시다' 등은 주체 자체에 쓰이는 것이고, '아프시다', '있으시다' 등은 주체에 딸린 것에 쓰이는 것이다(이익섭, 2009: 213).

(7) ㄱ. 선생님께서 많이 편찮으십니다.
ㄴ. 다치신 데가 많이 아프시지요?

4) 이어진 문장에서 앞뒤 문장의 주어가 다른 경우에 앞뒤 문장의 주체를 존대하려면 각 주어와 호응하는 서술어에 모두 선어말어미인 '-(으)시-'를 붙여 사용하여야 한다.

(8) 할아버지께서는 육식을 **좋아하시는데**, 할머니께서는 채식을 **좋아하신다.**

5) 본용언과 보조용언으로 이루어진 동사구가 서술어 기능을 할 경우 일반적으로 보조용언에만 주체 존대 선어말어미인 '-(으)시-'를 붙이는데, 본용언과 보조용언에 각각 '-(으)시-'를 붙여 사용하기도 한다. 후자가 전자보다 주체를 더욱 존대함을 나타낸다.

다음의 예문 (9ㄱ)에서는 보조동사인 '놓으셨다'에만 선어말어미인 '-시-'를 결합하여 주체를 존대하고 있는데, (9ㄴ)에서는 본동사인 '비치하셔'와 보조동사인 '놓으셨다'에 선어말어미인 '-시-'를 결합하여 주체를 존대하고 있다. (9ㄴ)이 (ㄱ)보다 주체를 더욱 존대함을 표현한 것이다.

(9) ㄱ. 선생님께서 학생들을 위해 교실에 좋은 책을 많이 비치하여 **놓으셨다.**
ㄴ. 선생님께서 학생들을 위해 교실에 좋은 책을 많이 **비치하셔 놓으셨다.**

주체 존대 선어말어미인 '-시-'를 본용언에만 결합하여 표현하면 비문법적인 문장이 된다.

(10)*선생님께서 학생들을 위해 교실에 좋은 책을 많이 **비치하셔** 놓았다.(×)

6) 주체를 존대할 경우 서술어 기능을 하는 동사와 형용사의 어간에 선어말어미인 '-(으)시-'가 결합된 것을 사용하지 않고, 존대의 의미를 나타내는 말인 '주무시다', '잡수시다', '계시다', '자시다' 등을 사용하여 주체를 존대하기도 한다.

(11) ㄱ. 할머니께서 **주무십니다**.
     ㄴ. 할아버지께서 진지를 **잡수십니다**.
     ㄷ. 선생님께서 댁에 **계십니다**.

존대할 주체가 사람으로 '있다'와 호응할 경우에는 '계시다'를 사용하고, 주체가 무정물로 '있다'와 호응할 경우에는 '있으시다'를 사용한다. '계시다'는 동사 '있다'의 높임말이고, '있으시다'는 형용사 '있다'의 높임말이다.

다음의 예문 (12ㄱ)의 주체는 '아버지'이기 때문에 '계시다'와 공기 관계를 맺었는데, (12ㄴ)의 서술절의 주체는 무정물인 '돈'이기 때문에 '있으시다'와 공기 관계를 맺었다.

(12) ㄱ. **아버지께서** 방에 **계십니다**.
     ㄴ. 사장님께서 **돈이** 많이 **있으십니다**.

'있으시다'의 부정어는 '없으시다'인데, '계시다'의 부정어는 '안 계시다'이다.

(13) ㄱ. 저 아저씨는 돈이 **없으십니다**.
     ㄴ. 할아버지께서 집에 **안 계십니다**.

주체의 간접 높임이란, 존대할 사람의 신체의 일부분이나 그의 소유물이나 그와 관련된 사람 등과 호응하는 서술어로 기능하는 동사, 형용사, 서술격 조사인 '이다' 등의 어간에 주체를 존대함을 나타내는 선어말어미인 '-(으)시-'를 붙여 표현하는 것이다. 또한 이것은 그의 가족과 관련되는 말도 높임말로 표현하는 것이다.

(14) ㄱ. 선생님은 **양복이** 아주 **멋지십니다.**

ㄴ. 선생님께서는 **자제분이** 대학에 **합격하셨습니까?**

ㄷ. 저 선생님께서는 **자제분이 연세가 많으십니다.**

압존법(壓尊法)이란 화자의 입장에서 볼 때 주체가 존대하여야 할 대상이라고 하더라도 청자가 주체보다 더 존대하여야 할 사람인 경우에는 그 주체를 비존대하여 표현하는 것이다. 이것도 주체 높임법에 포함된다. 다음의 예문 (15)는 전통적인 압존법이다.

(15) (손자가 한 말) 할머니, **아버지가** 조금 전에 **퇴근하였습니다.**

주체가 청자의 하급자라고 하더라도 주체가 화자의 상급자인 경우에는 그 주체를 어느 정도 존대해서 말하여도 된다(국립국어원, 2011, 158~159).

(16) 국장님, 총무과장님이 이 일을 하셨습니다.

주체가 화자의 상급자라고 하더라도 주체가 청자의 하급자인 경우에 주체를 지나치게 존대하면 안 된다. 다음의 예문 (17)과 같이 말하면 '사장'에게 결례가 된다.

(17) *사장님, 총무과장님께서 이 일을 하셨습니다.(×)

주체가 화자보다 나이가 적거나 직위가 낮아서 존대할 필요가 없는 경우에도 청자와 주체와의 관계를 고려하여 주체를 높여 말하는 경우도 있다(국립국어원, 2005 : 219).

(18) ㄱ. (사장이 과장에게 말하는 상황) 박 과장, 김 부장 어디 갔어요?

　　ㄴ. (사장이 과장에게 말하는 상황) 박 과장, 김 부장 어디 가셨어요?

오늘날 압존법은 많이 변하고 있다. 특히 가정 밖인 사회나 직장에서는 화자 편에서 볼 때 주체가 화자의 상위자이면 그 주체를 존대하여 말하는 경향이 농후하다.

(19) ㄱ. 사장님, 김 과장님이 퇴근하셨습니다.

　　ㄴ. 사장님, 김 과장이 퇴근하셨습니다.

주체가 일인칭 주어인 경우에는 비존대를 해서 표현하여야 한다. 그 주어와 호응하는 서술어에 주체 존대 선어말어미 '-(으)시-'가 결합되면 안 된다. 화자가 자기를 존대하는 것은 상대에게 결례가 되기 때문이다.

(20) ㄱ. *__내가__ 이 책을 __읽으신__ 뒤에 너에게 빌려 줄게.(×)

　　ㄴ. __내가__ 이 책을 __읽은__ 뒤에 너에게 빌려 줄게.(○)

3.3 객체 높임법

3.3.1 객체 높임법이란 무엇인가

객체 높임법이란 화자가 객체(客體)를 청자, 주체와의 관계, 상황 등의 요인을 고려하여 언어로써 존대하거나 비존대하여 표현하는 높임법이다. 이것을 '객체 경어법(客體敬語法)' 혹은 '객체 대우법(客體待遇法)'이라고 일컫기도 한다. '객체' 란 동사로 실현되는 행위가 직접적으로 미치는 대상, 즉 주체의 행위가 미치는 대상을 뜻한다.

객체 높임법은 존대와 비존대로 양분된다. 다음의 예문 (1ㄱ), (2ㄱ), (3ㄱ), (4ㄱ) 등은 객체를 존대한 것이고, 예문 (1ㄴ), (2ㄴ), (3ㄴ), (4ㄴ) 등은 객체를 존대하지 않은 것이다.

(1) ㄱ. 이 빵을 아버지께 드려라.
ㄴ. 이 빵을 동생에게 주어라.

(2) ㄱ. 이 어른을 모시고 가거라.
ㄴ. 이 아이를 데리고 가거라.

(3) ㄱ. 모르는 문제가 있으면 선생님께 여쭈어 보아라.
ㄴ. 모르는 문제가 있으면 네 친구에게 물어 보아라.

(4) ㄱ. 고향에 가면 동네 어르신들을 뵙고 오너라.
ㄴ. 고향에 가면 네 친구를 보고 오너라.

3.3.2 객체 높임법은 어떻게 실현되는가

동사·형용사·서술격 조사 '이다' 등의 활용으로 높임법을 나타내는 주체 높임법, 상대 높임법 등과 달리 객체 높임법은 특수한 어휘 ― 드리다, 여쭈다, 여쭙다, 보다, 뵙다, 모시다 등 ―로 표현된다. 그리하여 객체 높임법을 '특수 어휘에 의한 높임법'의 일종으로 간주하기도 한다(남기심, 2001: 379~384).

객체 높임법에는 주체 높임법이나 상대 높임법과 달리 객체 대우를 표시하는, 특별한 형태소가 없는 대신에 객체를 존대함을 나타내는 조사인 '께'와 객체를 비존대함을 나타내는 조사인 '에게'가 있다.

객체 높임법은 주체 높임법이나 상대 높임법에 비하여 그 쓰임이 한정되어 있다. 이것은 다음의 (5)에 보이는 소수의 높임말에 의해서 실현된다.

(5) ㄱ. 데리다 → 모시다

　　ㄴ. 말하다, 이르다 → 여쭈다, 여쭙다, 사뢰다.

　　ㄷ. 묻다 → 여쭈다, 여쭙다.

　　ㄹ. 알리다 → 아뢰다

　　ㅁ. 보다 → 뵈다, 뵙다.

　　ㅂ. 만나보다 → 만나뵙다

　　ㅅ. 찾아보다 → 찾아뵙다

　　ㅇ. 주다 → 드리다, 올리다, 바치다

객체 높임법에 쓰이는 특수한 어휘를 사용할 때 화자(話者), 청자(聽者), 주체, 객체 등의 네 요소(要素) 사이의 높고 낮음의 상호 관계가 고려되어야 한다.

객체는 목적어나 부사어로 표현된다. 객체가 부사어인 경우에 객체 존대 조사인 '께'가 객체에 연결되어 객체에 대한 존대를 나타낸다. 객체가 목적어인 경우에는 존대의 의미가 없는 목적격 조사인 '을/를'을 객체에 연결한다.

(6) ㄱ. 현수야, **할머니를** 역까지 모셔다 드려라. [목적어]

　　ㄴ. 고향에 가거든 **어르신들을** 찾아뵙고 오너라. [목적어]

　　ㄷ. 현수야, **할머니께** 용돈을 드려라. [부사어]

　　ㄹ. 현수야, 이 선물을 **큰형님께** 드려. [부사어]

3.3.3 객체의 존대 여부를 결정하는 조건은 무엇인가

객체의 존대 여부를 결정하는 권한은 화자가 가지고 있다. 그런데 객체 존대의 규범적인 용법에서는 화자 혼자의 결정만으로 객체의 존대 여부가 결정되는 것은 아니다. 청자·주체·객체 들 간의 관계, 상황 등이 화자가 객체 존대 여부를 결정하는 데 영향을 끼친다.

화자, 청자, 주체, 객체 중에서 청자가 최상위자이면 객체 존대는 이루어지지 않는다. 최상위자는 다른 사람에 비해 연령이 가장 많거나, 지위와 항렬이 가장 높은 사람을 뜻한다.

다음의 예문 (7)에서 '할아버지'가 최상위자이다.

　　(7) (손자가 할아버지에게 한 말)＊할아버지, 작은아버지께서 어제 그걸 아버지께 드렸어요.(×)

객체가 청자의 상위자이고, 청자가 주체와 동위자일 때 객체 존대가 성립된다. 동위자는 연령, 지위, 항렬(行列), 성(性) 등이 같은 사람이다.

　　(8) 부장님, 김 부장이 사장님께 그 계획서를 가져다 드렸습니다.

객체 존대는 객체가 화자와 주체의 상위자이어야 성립한다. 다음의 예문 (9)에서 객체는 '할머니'이다.

　　(9) (손자가 자기의 아버지에게 한 말) 어머니가 할머니께 떡을 드렸습니다.

객체가 주체의 하위자일 경우에는 객체 존대가 성립되지 않는다. 다음의 예문 (10)에서 객체는 '과장님'이다.

　　(10)＊사장님께서 선물을 과장님께 드렸어요.(×)

듣는 사람이 객체의 상위자이면 객체를 존대하지 않는다. 다음의 예문 (11)에서 듣는 사람인 '할머니'가 객체인 '어머니'보다 상위자이기 때문에 객체를 존대하지 않은 것이다.

(11) 할머니, 누나가 어머니한테 용돈을 주었습니다.

주체와 객체가 화자의 하위자일 때는 객체를 존대하지 않는다. 하위자는 연령이 적거나, 지위나 항렬이 낮은 사람이다. 다음의 예문 (12ㄱ)의 화자는 '할아버지'이고, 주체는 할아버지의 손자인 '혁'이 이고, 객체는 혁의 '아버지'이다. 다음의 예문 (12ㄴ)의 화자는 '할아버지'이고, 주체는 할아버지의 손자인 '혁'이고, 객체는 혁의 '형'이다.

(12) ㄱ. (할아버지가 손자에게 한 말) 혁아,
　　　　(네가) 떡을 아버지한테 갖다 줬니?(○)
　　ㄴ. (할아버지가 손자에게 한 말) *혁아,
　　　　(네가) 떡을 형께 갖다 드렸니?(×)

화자가 객체나 청자의 상위자라고 하더라도 청자를 대우해서 청자 편의 객체를 높여서 말하는 경우도 있다. 이와 같은 것은 앞의 예문 (12ㄴ)에서 보는 바와 같이 객체 존대의 규범적 용법에서는 한 가족 안에서 허용되지 않는다.

(13) (이웃집 할아버지가 옆집 자녀에게 한 말)
　　이것을 너희 아버지께 가져다 드려라.

객체 존대 여부의 결정에 화자, 청자, 주체, 객체 외에 상황이 영향을 미치기도 한다. 인터뷰, 대담 등의 상황에서는 객체 존대가 실현되더라도, 객관성이 요구되는 역사 기술, 뉴스 보도 상황 등에서는 객체를 존대하지 않는다(한길, 2002: 340). 다음의 예문 (14ㄱ)은 대통령과 담화하는 상황이고, (14ㄴ)은 뉴스 보도 상황이다.

(14) ㄱ. 대통령께 한 가지 여쭙겠습니다.
　　ㄴ. 오늘 오후 지지자들이 대통령에게 안부를 물었습니다.

객체나 객체에 관련된 사항은 되도록 높여서 표현하여야 객체 존대가 된다(서정수, 1996: 1042).

> (15) ㄱ. 민지가 **선생님께** 말씀을 드렸다. [-님, 께, 드렸다]
> ㄴ. 어머니가 **할머니께 진지를** 올렸다. [께, 진지, 올렸다]
> ㄷ. 현주가 저 **어르신께** 도움 **말씀**을 부탁드렸다. [어르신, 께, 말씀, 부탁드렸다]
> ㄹ. 여러 **선생님**의 **고견**을 듣고 싶습니다. [-님, 고견]
> ㅁ. 해마다 스승의 날이면 제자들이 최 **박사님**을 **댁**으로 찾아뵙는다. [-님, 댁, 찾아뵙는다]
> ㅂ. 저 부인은 **시부모님**을 극진히 모시고 산다. [-님, 모시고]

객체와 관련된 사항을 가리키는 데 높임말이 따로 없으면 예사말을 그대로 쓴다.

> (16) 현주가 **할아버지**를 그리워한다. [화자=현주의 어머니]

객체를 존대하는 부사격 조사 '께'를 사용하면서 대상을 높이는 서술어를 사용하지 않으면 비문법적인 문장이 된다.

> (17) ㄱ. **할아버지께** 안경을 사 **드렸다.**(○)
> ㄴ. ***할아버지께** 안경을 사 **줬다.**(×)

화자 자신을 낮춤으로써 객체를 존대하는 경우도 있다. 다음 예문 (18)에서는 화자가 자기의 '말'을 낮춤말인 '말씀'으로 표현함으로써 객체인 '회장님'을 존대하고 있다.

> (18) 회장님께 드릴 **말씀**이 있습니다.

객체 존대를 나타내는 요소들이 모두 실현되느냐 일부만 실현되느냐, 높임말의 높음 정도가 어떠하냐에 따라 높임의 정도가 달라지기도 한다(한길, 2002: 333).

다음의 예문 (19ㄱ)은 객체인 '할머니'를 극존대한 문장인데, (19ㄴ)은 객체인 '누나'를 존대하지 않은 문장이다.

(19) ㄱ. (어머니가 자녀에게 한 말) **할머님께 진지를 잡수시라고 말씀을 드려라.**
ㄴ. (어머니가 아들에게 한 말) **누나에게 밥을 먹으라고 말을 해라.**

중세한국어에서는 객체 존대 선어말어미인 '-습-', '-숩-', '-줍-' 등이 있어 객체 높임법이 발달하였는데, 오늘날에는 이것들이 대부분 소멸되고 몇 개의 변화형만이 남아서 서간문이나 기도문에서 상대 높임법을 나타낼 때 쓰인다.

중세한국어에서 객체 존대 선어말어미로 쓰이던 '-습-', '-숩-', '-줍-' 등이 변하여 형성된 현대 한국어의 선어말어미인 '-옵-/-(으)오-/-사오-/-자오-', '-사옵-/-자옵-' 등은 화자가 자기의 진술을 겸양하여 나타냄으로써 청자나 독자를 존대함을 뜻한다. 이것들은 화자가 청자나 독자에게 각별히 공손의 뜻을 나타내는 것이다.

(20) ㄱ. 어머님께서 보내신 편지를 **받자오니** 기뻐서 눈물이 **나옵니다.**
ㄴ. 변변찮은 물건을 보내오니 그리 **아옵소서.**

주체나 청자에 대한 존대 여부도 화자의 태도에 달려 있듯이 객체의 존대 여부도 화자의 태도에 달려 있다. 객체 존대의 제1차적인 조건은 화자의 태도이다. 객체를 높이기 위한 다른 조건을 모두 갖추고 있더라도 화자가 객체를 높일 의향이 없으면 객체를 높이지 않기도 한다(한길, 2002: 336).

(21) ㄱ. (혁의 아버지 친구가 혁에게 한 말) 혁아, 이 선물을 네 **아비에게 줘라.**
ㄴ. (혁의 아버지 친구가 혁에게 한 말) 혁아, 이 선물을 네 **아버님께 드려라.**

객체가 주체의 하위자이기 때문에 객체를 존대할 상황이 아님에도 불구하고 화자가 객체를 존대하는 경우도 있다.

(22) 사장님께서 **부장님께** 상품을 **드리셨어.**

가족 관계에서는 객체가 주체의 상위자일 경우에만 객체를 존대한다. 그런데 그 밖의 관계에서는 객체가 주체의 하위자이면서 객체가 화자의 상위자인 경우 화자가 객체를 존대할 의향이 있으면 객체를 존대하기도 한다.

(23) ㄱ. **어머니께서 할머니께** 용돈을 드렸습니다.
　　 ㄴ. **회장님께서 사장님께** 상품을 드렸어요.

객체 존대의 전략적 용법에서 객체가 화자의 하위자라고 하더라도 청자가 객체의 하위자인 경우 객체를 존대하기도 한다.

다음의 예문 (24)는 할아버지가 어린 손자로 하여금 자기 아버지가 존귀한 사람이라는 것을 인식하도록 하기 위해서 객체가 화자의 하위자인데도 전략적으로 객체를 존대한 말이다.

(24) 현수야, 이 물건을 아버지께 갖다 드려라. [화자=할아버지]

3.4 상대 높임법

3.4.1 상대 높임법의 화계 구분의 기준

상대 높임법이란 화자(話者)가 청자(聽者)를 존대하거나 비존대하여 표현하는 법이다.

상대 높임법을 '상대 경어법(相對敬語法)', '청자 경어법(聽者敬語法)', '청자 대우법(聽者待遇法)', '상대 대우법(相對待遇法), '존비법(尊卑法)', '들을이높임법', '2인칭 경어법', '공손법(恭遜法)'등으로 일컫기도 한다.

상대 높임법은 주체 높임법이나 객체 높임법에 비해 가장 정교하게 발달한 높임법이다. 상대 높임법은, 상대(相對) 즉 청자를 대우하는 형식이 다양할 뿐만 아니라 청자는 화자가 주의를 가장 많이 기울여서 말을 하여야 하는 대상이기 때문에 전체 높임법 영역에서 차지하는 비중이 매우 크다.

상대 높임법에 맞게 의사소통을 하면, 의사소통이 잘 이루어지고 인간관계도 잘 맺게 된다. 그러나 상대 높임법에 어긋나게 의사소통을 하면, 의사소통이 원만히 이루어지지 않고 인간관계도 잘 맺을 수 없게 된다.

상대 높임법의 화계는 화계를 구분하는 기준에 따라 다양하게 구분된다.
상대 높임법의 화계 구분 기준은 화자와 청자의 대비적 관계, 격식성의 유무, 높임의 정도, 높임의 순서, 존대 여부 등이다.

1) 화자와 청자의 대비적 관계
대우(待遇) 즉 예의를 갖추어 사람들을 대하는 것은 사람들의 상호 관계에서 성립한다.
상대 높임법에서 상호 관계에 관련되는 인물은 화자(話者), 청자(聽者), 제삼자(第三者)이다. 인간관계는 횡적 친소 관계(橫的親疎關係)와 종적 위계 관계(縱的位階關係)로 구분된다.
횡적 친소(橫的親疎)는 개인 간의 정감적(情感的)인 거리이다. 화자가 청자에 대해서 느끼는 친밀한 감정의 유무와 정도는 화계 구분의 기준이 된다.
사적인 상황에서 화자와 청자가 친밀하면 격식성이 없고 낮은 화계를 사용하는 경향이 있다.

화자가 청자에 대해서 친밀한 감정이 있고, 친밀도가 높을수록 낮은 화계를 사용하고 친밀한 느낌을 주는 호칭어를 사용한다.

종적 위계(縱的位階)는 사회적 위계이다. 종적 위계를 결정하는 요인은 사회적 지위(地位), 연령, 성별, 항렬(行列) 등이다. 항렬(行列)이란 친족 집단 안에서 세대 관계를 나타내는 서열을 뜻한다.

화계를 결정할 때 사회에서는 '사회적 지위'가 연령이나 성별보다 더 중시되는데, 가정에서는 '항렬'이 가장 중시된다.

청자의 나이가 화자의 나이보다 적더라도, 청자의 지위가 화자의 지위보다 높으면 화자는 청자를 존대하여 말한다.

낯선 청자의 나이가 화자의 나이보다 많거나 비슷하면 화자는 청자를 존대하여 말한다.

여성인 청자의 나이가 남성인 화자의 나이보다 적거나 비슷하더라도 남성인 화자는 여성인 청자를 존대하여 말한다.

항렬이 높은 청자의 나이가 화자의 나이보다 적거나 비슷하더라도 화자는 그 청자를 존대하여 말한다.

청자보다 항렬이 높은데 연령이 적은 화자는, 항렬이 낮고 나이가 많은 청자에게 '하오체'나 '하게체'로 말한다. 오늘날 이러한 경우 화자들 중에는 '해요체'로 말하는 사람이 많다.

2) 격식성의 유무

격식성의 유무 즉 격식성이 있는지 없는지도 화계 구분의 기준이 된다.

격식을 차려야 하는 상황에서는 높임의 정도가 높고 거리감을 주는 화계를 사용한다. 그런데 격식을 차릴 필요가 없는 상황에서는 격식을 차려야 하는 상황에서보다 높임의 정도가 낮고 친밀한 느낌을 주는 화계를 사용한다.

오늘날에는 격식을 차려야 하는 상황에서도 이른바 비격식체가 사용되는 경향이 농후하여 한국어 문법 학자들 중에서 격식성의 유무를 화계 구분의 기준으로 인정하지 않는 이가 있다.

3) 높임의 정도

말하는 사람이 듣는 사람을 존대하는 정도도 화계 구분의 기준이 된다.

‘아주높임’, ‘예사높임(보통높임)’, ‘예사낮춤(보통낮춤)’, ‘아주낮춤’ 등이 높임의 정도에 따라 화계를 구분한 것이다.

한국어 문법 학자들 중에서 높임의 정도에 따라 화계를 ‘아주높임’, ‘예사높임(보통높임)’, ‘예사낮춤(보통낮춤)’, ‘아주낮춤’ 등으로 구분하는 것은 객관성이 결여된 것이라고 하여 ‘높임의 정도’를 화계 구분의 기준으로 인정하지 않는 이가 있다.

4) 높임의 순서

‘높임의 정도’를 객관성이 결여된 화계 구분의 기준으로 간주하는 이는 ‘높임의 순서’를 화계 구분의 기준으로 설정하여 화계를 구분한다.

5) 존대 여부

‘존대’와 ‘비존대’ 즉 ‘높임’과 ‘안높임’을 화계 구분의 기준으로 삼기도 한다.

3.4.2 상대 높임법의 화계 구분의 실제

한국어 상대 높임법의 화계 구분에 대한 한국어 문법 학자들 간의 견해가 분분한 실정이다.

1985년과 1991년 문교부에서 발간한 통일 문법 교과서인 『고등학교 문법』(1985: 4~106, 1991: 107~109)에서는 화자와 청자의 대비적 관계, 격식성의 유무, 높임의 정도 등에 따라 다음의 [표 1]과 같이 화계를 구분하고 있다.

[표 1] 문교부(1985, 1991)의 『고등학교 문법』의 화계 구분

격식체		비격식체	
해라체	아주낮춤	해체	두루낮춤
하게체	보통낮춤		
하오체	보통높임	해요체	두루높임
합쇼체	아주높임		

1985년과 1991년 문교부에서 발간한 『고등학교 문법』의 상대 높임법의 화계 체계는 2원적 6등급 체계이다.

『고등학교 문법』(1985, 1991)에서는 격식성의 유무에 따라 격식체와 비격식체로 양분하고 있다. 『고등학교 문법』(1985, 1991)에서 격식체는 '해라체, 하게체, 하오체, 합쇼체' 4등급으로 세분하고 있다. 높임의 정도에 따라 '해라체'는 '아주낮춤', '하게체'는 '보통낮춤', '하오체'는 '보통높임', '합쇼체'는 '아주높임'이라고 한다.

『고등학교 문법』(1985, 1991)에서 비격식체는 '해체'와 '해요체'로 양분하고 있다. '해체'는 '해라체'와 '하게체' 대신에 쓰이는 '두루낮춤'이고, '해요체'는 '하오체'와 '합쇼체' 대신에 쓰이는 '두루높임'이라고 한다.

2002년 교육인적자원부에서 발간한 『고등학교 문법』(2002: 173)에서는 화자와 청자의 대비적 관계, 격식성의 유무 등에 따라 다음의 [표 2]와 같이 화계를 구분하고 있다. 이 문법 교과서는 높임의 정도를 화계 구분 기준으로 삼고 있지 않다.

교육인적자원부(2002)에서는 1985년과 1991년에 문교부에서 발간한 『고등학교 문법』에서 '합쇼체'라고 일컬은 것을 '하십시오체'로 바꾸었다. 그리고 '두루높임'과 '두루낮춤'을 인정하지 않았다.

[표 2] 교육인적자원부(2002)의 『고등학교 문법』의 화계 구분

격식체	비격식체
하십시오체	해요체
하오체	
하게체	해체(반말)
해라체	

2005년 국립국어원에서 발간한 『외국인을 위한 한국어 문법 1』(2005: 222)에서는 존대 여부, 높임의 정도, 격식성의 유무 등에 따라 다음의 [표 3]과 같이 화계를 구분하고 있다.

[표 3] 국립국어원(2005)의 화계 구분

높임 등급		격식체	비격식체	높임 등급
높임	아주높임	합쇼체	해요체	두루높임
	예사높임	하오체		
안높임	예사낮춤	하게체	해체	두루낮춤
	아주낮춤	해라체		

국립국어원(2005: 222)의 화계 구분은 존대 여부에 따라 높임과 안높임으로 양분하고, '보통높임'을 '예사높임'으로, '보통낮춤'을 '예사낮춤'으로 명명한 것을 제외한 나머지는 문교부(1985: 104~106)와 같다.

2009년에 개정된 국어과 교육과정에 따라 '상대 높임법'을 기술하고 있는 것은 『고등학교 독서와 문법』교과서이다. 이 교과서는 여러 종이 있는데, 화계를 달리 구분하고 있다.

상대 높임법의 화계를 다음 [표 4]와 같이 격식체와 비격식체로 양분하되, 높임의 정도에 따라 화계를 구분하지 않고, 높임의 순서에 따라 구분한 것이 있다(박영목 외 7인, 2014. 한철우 외 7인, 2014. 이삼형 외 5인, 2014). 이것의 화계 구분은 교육인적자원부(2002: 173)와 동일하다.

[표 4] 박영목 외 7인(2014)의 화계 구분

화계	
격식체	하십시오체
	하오체
	하게체
	해라체
비격식체	해요체
	해체(반말)

상대 높임법의 화계를 다음의 [표 5]와 같이 격식체와 비격식체로 양분하고, 높임의 정도에 따라 화계를 구분한 것이 있다(윤여탁 외 9인, 2014. 이관규 외 5인, 2014. 이도영 외 7인, 2014). 이것의 화계 구분은 문교부(1985: 104~106)와 같다.

[표 5] 이관규 외 5인(2014)의 화계 구분

격식체	비격식체
하십시오체(아주높임)	두루높임(해요체)
하오체(예사높임)	
하게체(예사낮춤)	두루낮춤(해체)
해라체(아주낮춤)	

한국어 상대 높임법에는 존대도 아니고 하대도 아닌 평대가 존재한다. 평대를 인정하지 않을 경우에는 격식체의 화계를 높임의 정도에 따라 세분하는 것은 합당하지 않고, 2002년 교육인적자원부에서 발간한『고등학교 문법』(2002: 173)과 같이 높임법의 순서에 따라 화계를 구분하는 것이 합당하다.

외국인을 위한 한국어 상대 높임법의 화계는 존대 여부, 높임의 순서, 격식성의 유무 등에 따라 다음의 [표 6]과 같이 구분하여야 한다.

[표 6] 한국어 상대 높임법의 화계 구분

존대 여부	격식성 유무	
	격식체	비격식체
존대	하십시오체 하오체	해요체
비존대	하게체 해체 해라체	해체

한국어 상대 높임법의 화계는 존대 여부에 따라 존대와 비존대로 나뉘고, 존대 화계 중에서 상대인 청자를 가장 존대하는 것은 '하십시오체'이고 그 다음으로 존대하는 것은 '해요체'이며, 그 다음은 '하오체'이다. 만일에 앞으로 '하세요체'를 한국어 교육 문법학계에서 모두가 인정한다면 '하십시오체'와 같은 등급으로 다루어야 할 것이다. 비존대 화계 중에서 상대를 가장 비존대하는 것은 '해라체'이고, 그 다음으로 비존대하는 것은 '해체'이며, 그 다음은 '하게체'이다. 다만 오늘날 '하오체'는 노인들 중 소수가 사용하는 화계이고, '하게체'는 일부 지역을 제외한 나머지 지역에서는 잘 쓰이지 않으므로 '하오체'와 '하게체'는 외국어로서의 한국어의 고급 과정을 이수하는 학습자에게 교육한다.

한국어 문법 학자 중에는 격식체의 화계 명칭을 평서형인 '합니다체', '하오체', '하네체', '한다체' 등으로 바꾸어야 한다는 이가 있다. 그런데 외국인을 위한 한국어 교육 문법에서 상대 높임법의 화계 명칭은 명령형으로 명명하는 것이 더욱 합당하다. 그 이유는 다음과 같다.

㉠ 오늘날 한국의 학교 문법에서 명령형인 '하십시오체', '하오체', '하게체', '해라체' 등으로 일컫고 있으며,

㉡ 평서형보다 명령형으로 명명해야 높임의 등급이 더욱 뚜렷이 구별되고,

㉢ 교육 문법에서는 최현배(1937)부터 오늘날까지 화계의 명칭을 명령형으로 명명하여 온 전통을 존중하여야 하기 때문이다.

상대 높임법의 용법에는 규범적 용법과 전략적 용법이 있다.

상대 높임법의 규범적 용법은 화자가 일정한 사회의 정해진 규범에 따라 상대 높임법을 구사하는 것이다.

상대 높임법의 전략적 용법은 화자가 일정한 목적이나 의도에 따라 사회의 정해진 규범과 달리 상대 높임법을 구사하는 것이다. 전략적 용법은 일종의 '탈규범적 용법'이다.

1) 상대 높임법의 규범적 용법
가. 격식체

격식체(格式體)는 격식을 차려야 할 상황에서 사용되는, 의례적인 말체이다. 이것은 청자로 하여금 비격식체에 비해 거리감을 느끼게 하는 것이다. 격식체는 '하십시오체', '하오체', '하게체', '해라체'로 구분된다.

가) 하십시오체

'하십시오체'는 화자가 청자를 언어로 가장 높여서 대우하는 것이다. 이것은 격식을 차려 청자를 극진히 높여 대우하는 것이다

'하십시오체'를 '합쇼체'[10], '아주높임', '합니다체', '극존대(極尊待)' 등으로 일컫기도 한다.

'하십시오체'는 '-ㅂ니다/-습니다', '-ㅂ니까/-습니까', '-(으)십시오', '-(으)십시다' 등의 종결어미로 실현된다.

오늘날 사람들 중에는 웃어른에게 청유형으로 극존대하는 것을 꺼려서 청유법 종결어미인 '-(으)십시다' 대신에 '-(으)시지요'를 사용하는 이가 많다. 청유법 종결어미인 '-(으)십시다'는 비교적 격의가 없는 청자에게 말할 때 사용한다.

---

10) '합쇼'는 오늘날 특정한 사회 집단의 구성원들만이 사용하는 말이기 때문에 청자 경어법의 화계의 명칭으로 사용하는 것은 부적절하다. [보기] (유흥업소의 종업원이 손님에게) 어서 옵쇼.

(1) 저와 함께 영화관에 **가십시다.** → 저와 함께 영화관에 **가시지요.**

'하십시오체'는 다음의 ㉠, ㉡, ㉢ 등의 경우와 같이 화자가 청자를 극존대하여 말할 때 쓰인다.

㉠ 처음 만난 사람을 극존대하여 말할 경우

(2) 어서 오십시오.

㉡ 위계를 중시하는 군대와 경찰 조직 사회에서 하급자가 상급자에게 말할 때

(3) 병장 김철수입니다.

㉢ 공식적인 담화인 연설, 토의, 토론 등을 할 때나 텔레비전과 라디오 방송에서 뉴스를 보도할 때

(4) 영국이 유럽연합에서 탈퇴하기로 결정한 이후 영국 내에서는 후폭풍이 거세지고 있습니다.(2016년 6월 27일. http:/news.kbs.co.kr)

나) 하오체
'하오체'는 청자를 언어로 약간 존대하는 것이다. 이것을 '보통높임', '예사높임' 등으로 일컫기도 한다.
'하오체'는 '-(으)오/소', '-구려/-는구려', '-(으)ㅂ시다' 등의 종결어미로 표현된다.
'하오체'는 아랫사람이 손윗사람에게 사용할 수 없는 화계이다. '하오체'는 남성 노인 화자가 자기의 아내, 친구, 나이가 든 아랫사람에게 그들을 약간 높여서 대우하는 높임법이다.

(5) ㄱ. 여보, 이 줄을 잡으오.

ㄴ. 조금 전에 나는 밥을 먹었소.

ㄷ. 경치가 매우 아름답구려.

ㄹ. 잠도 잘 자는구려.

ㅁ. 물고기를 많이 잡았으니 그만 잡읍시다.

'하오체'는 격식성을 띠고 권위적인 화계이기 때문에 한국 사회에 평등사상이 팽배해지면서 차츰차츰 구어(口語)에서 사라져 가고 있다.

다) 하게체

'하게체'는 나이가 든 화자가 친구나, 나이가 든 아랫사람에게 언어로 격식을 갖추어서 약간 낮추어 대우하는 것이다.[11] 이것을 '예사낮춤', '보통낮춤', '하네체' 등으로 일컫기도 한다.

'하게체'는 '해체'나 '해라체'보다 청자를 높여 대우하는 것이다.

'하게체'는 '-네'[12], '-나', '-(으)ㄴ가/-는가', '-게', '-세', '-ㄹ세', '-(으)ㅁ세' 등의 종결어미로 표현된다.

(6) ㄱ. 너무 늦었으니 그만 가게.

ㄴ. 비가 많이 내리네.

ㄷ. 자네 그 동안 잘 있었나?

ㄹ. 우리 함께 여행을 떠나세.

ㅁ. 여보게, 바로 자네 친구 철수일세.

ㅂ. 내가 양보함세.

---

11) 1950년대와 1960년대에 대한민국의 일부 지방에서는 중학교와 고등학교에 다니는 학생끼리 '하게체'로 대화를 나누었다.

12) 종결어미 '-네'가 '하게체'에서는 평서법 종결어미로 쓰이는데, '해체'에서는 감탄법 종결어미로 쓰인다.

'하게체'는 격식성을 띠고 권위적인 화계이어서 '하오체'와 같이 소멸되어 가고 있다. 그런데 오늘날 전라남도의 일부 지역에서는 '하게체'가 활발히 쓰이고 있다.

신문 문장의 표제에서 '하게체'를 사용하기도 하는데, 이런 경우는 '하게체'가 '해라체'와 같이 존비(尊卑)가 중화된 화계로 쓰인 것이다.

> (7) ㄱ. 英서 브렉시트 부른 양극화, 한국선 어떤 격변 만드나
> 　　　(2016년 6월 27일 조선일보 A35, 표제)
> 　　ㄴ. 검찰수사관 …'법조 비리' 한 축인가, '꼬리 자르기' 희생양인가
> 　　　(2016년 6월 26일 http://news.khan.co.kr, 표제)

라) 해라체

'해라체'는 화자가 청자를 언어로 가장 낮추어 대우하는 것이다. 이것을 '아주낮춤' 혹은 '한다체'라고 일컫기도 한다.

'해라체'는 종결어미인 '-다/-ㄴ다/-는다', '-느냐', '-냐', '-니', '-아라/-어라/-여라', '-자', '-구나/-는구나' 등으로 표현된다.

> (8) ㄱ. 열심히 책을 읽어라.
> 　　ㄴ. 저 꽃이 가장 아름답다.
> 　　ㄷ. 철수가 책을 열심히 읽는다.
> 　　ㄹ. 철수야, 책을 열심히 읽느냐?
> 　　ㅁ. 지금 가니?
> 　　ㅂ. 같이 가자.
> 　　ㅅ. 저 꽃이 가장 향기롭구나!
> 　　ㅇ. 잘 달리는구나!

'해라체'는 윗사람이 나이 어린 아랫사람에게 말할 때나, 어린이가 가까운 자기 친구에게 말할 때 쓰인다. 청자가 성인인 경우 화자와 청자가 친한 사이가 아니면 '해라체'를 사용하지 않는다.

‘해라체’는 일반 독자를 대상으로 하는 신문이나 잡지의 글에서 사용된다. 이 경우에는 ‘해라체’가 높임과 낮춤이 중화된 화계로 쓰이는 것이다.

(9) ㄱ. 2015년 기준 대한민국 1인 가구는 27.1%, 전체 가구의 4분의 1이 넘는 다.(2016년 新東亞 5월호, 256쪽)

ㄴ. 본인 스스로 좋은 부모라고 여기는 이들은 10명 중 3명에 그치는 것으로 조사됐다.(2016년 6월 27일 http://www.hani.co.kr)

나. 비격식체

비격식체는 격식을 차리지 않아도 될 상황에서 사용되는, 정감적 말체이다. 이것은 청자에게 친밀감을 느끼게 하는 것이다.

비격식체에는 ‘해요체’와 ‘해체’가 있다.

가) 해요체

‘해요체’는 화자가 청자를 친밀감을 가지고 정중하게 존대하는 것이다. 이것을 ‘두루높임’이라고 일컫기도 한다.

‘해요체’는 ‘해체’를 표현하는 종결어미인 ‘-아/-어/-여’, ‘-지’, ‘-군/-는군’, ‘-구면/-는구면’ 등에 청자 존대 보조사인 ‘요’가 결합된 ‘-아요/-어요/-여요’, ‘-지요’, ‘-군요/-는군요’, ‘-구면요/-는구면요’ 등으로 실현된다.

(10) ㄱ. 잘 잤어요. [평서문]

ㄴ. 이제 가지요? [의문문]

ㄷ. 어서 출발해요. [명령문]

ㄹ. 함께 영화를 보러 가요. [청유문]

ㅁ. 경치가 매우 아름답군요. [감탄문]

‘해요체’는 오늘날 남녀노소를 불문하고 가장 폭넓게 쓰이는 화계이다. ‘해요체’가 격식을 차려야 하는 공식적인 상황에서 쓰이는 경우도 있다.

'해요체'가 격식체인 '하십시오체'나 '하오체'에 두루 쓰일 수 있다고 하여 '해요체'를 '두루높임'이라고 일컫는 이도 있다. 그런데 '하십시오체'와 '하오체'는 높임의 정도가 다르므로 이것들을 사용할 대상이 각각 다르다. 이것을 무시하고 '하십시오체'로 극존대하여야 할 청자와 '하오체'로 존대하여야 할 상대에게 똑같이 '해요체'로 말하는 것은 언어 예절에 어긋난다.

'해요체'는 비격식체인데, '하십시오체'와 '하오체'는 격식체이다. '해요체'는 청자에게 친밀한 느낌을 주는데, '하십시오체'와 '하오체'는 청자에게 친하지 않은 느낌을 준다.

'해요체'는 격식체인 '하십시오체'보다 높임의 정도가 낮은데, 격식체인 '하오체'보다는 높임의 정도가 높은 화계이다. 따라서 '해요체'를 '하십시오체'나 '하오체'에 두루 쓰일 수 있는 화계라고 하여 '두루높임' 화계라고 일컫는 것은 합당하지 않다.

나) 해체

'해체'는 화자가 친밀한 감정을 가지고서 청자를 존대하지 않는 것이다. 이것을 '반말' 혹은 '두루낮춤'이라고 일컫기도 한다.

'해체'는 종결어미인 '-아/-어/-여', '-지', '-네', '-군/-는군', '-는걸', '-구먼/-는구먼' 등으로 표현된다.

(11) ㄱ. 지금 나는 글을 쓰고 있어. [평서문]
ㄴ. 어제 충분히 쉬었어? [의문문]
ㄷ. 이 줄을 잡아. [명령문]
ㄹ. 꽃이 매우 아름답군! [감탄문]
ㅁ. 잘 달리는구먼! [감탄문]

'해체'는 '하게체'보다 높임의 정도가 낮은데, '해라체'보다는 높임의 정도가 높은 화계이다. 따라서 '해체'를 '하게체'나 '해라체'에 두루 사용할 수 있는 '두루낮춤' 화계라고 일컫는 것은 합당하지 않다.

사적인 상황에서 성인인 화자가 절친한 친구나 부모에게 '해체'로 말하는 경우도 있다. 또한 사적인 상황에서 성인인 화자가 자기의 언니, 형, 누나, 오빠 등에게 '해체'로 말하기도 한다.

사적인 상황에서 '해체'로 비존대하여 말하는 청자에게 공적인 상황에서는 '해요체'나 '하십시오체'로 존대하여 말을 하여야 한다. 다음의 (12ㄱ)은 사적인 상황에서 대학생인 아들이 자기 어머니에게 '해체'로 한 말인데, (12ㄴ)과 (12ㄷ)은 공적인 상황에서 대학생인 아들이 자기 어머니에게 '해요체'와 '하십시오체'로 한 말이다.

(12) ㄱ. 엄마, 서점에 다녀**올게**. [사적인 상황]
ㄴ. 어머니, 서점에 다녀오겠**어요**. [공적인 상황]
ㄷ. 어머니, 서점에 다녀오겠**습니다**. [공적인 상황]

오늘날 불특정 다수의 독자를 대상으로 하는 신문 기사문의 표제에 '해체'가 사용되기도 하는데, 이런 경우는 '해체'가 신문 기사문의 표제에 쓰인 '하게체', '해라체' 등과 같이 존비(尊卑)가 중화된 화계로 사용된 것이다.

(13) ㄱ. 北 9·10일 전후 ICBM **발사하나**
(2016년 10월 4일 조선일보 A6, 표제)
ㄴ. 미국에서 총기사고로 18개월 영아 **숨겨**(2016년 10월 4일 KBS 뉴스, 표제)

비격식체인 '해요체'와 '해체'의 평서문, 의문문, 명령문 등이 똑같은 종결어미로 끝나기 때문에 상황을 무시한 채 문자 언어로 적어 놓으면 독자가 그 문장의 유형을 식별하기가 어려워 문맥으로 그 문장의 유형을 판별하여야 한다. 그런데 구어에서는 그러한 문장들이 억양이나 화맥으로 판별된다. 평서문은 하강조(下降調)로, 의문문은 상승조(上昇調)로, 명령문은 절단조(切斷調)로, 청유문은 상승하

강조(上昇下降調)로 실현된다.

날이 갈수록 상대 높임법의 화계를 격식체와 비격식체로 구분하지 않고, 동일한 상황에서 동일한 대상에게 '하십시오체'와 '해요체', '해체'와 '해라체' 등을 섞어 사용하는 경향이 농후해져 가고 있다.

외국인인 한국어 학습자에게 상대 높임법을 교육할 때 초급 과정의 한국어 학습자에게 먼저 한국어 상대 높임법의 모든 화계를 간단히 설명하여 준다. 그리고 비격식체인 '해요체'를 교육한 다음에 '하십시오체'를 구체적으로 교육한다. 중급 과정에서는 '해요체', '하십시오체', '해체', '해라체' 등을 상세히 교육한다. 학문 연구를 목적으로 하는 고급 과정에서는 '해요체', '해체', '하십시오체', '해라체' 등과 더불어 '하오체'와 '하게체'를 구체적이고 상세하게 교육한다.

한국어의 높임법을 외국인인 한국어 학습자에게 교육할 때는 일정한 상황을 설정하여 일정한 화제를 가지고 짝과 함께 대화를 하게 하거나 역할극을 하게 하여 한국어 높임법을 익히게 한다.

4

시간 표현

4.1 시제

4.1.1 시제란 무엇인가

시제(時制)란 어떤 사건, 행위, 상태 등의 시간적 위치를 언어로써 나타내는 문법 범주이다. 이것을 '때매김'이라고 일컫기도 한다.

다음의 예문 (1)은 화자가 발화할 때 '보라'가 노래를 부르는 행위가 이루어지고 있음을 표현한 문장이다.

(1) 지금 보라가 노래를 부르고 있다.

다음의 예문 (2)는 화자가 발화하기 전에 '보라'가 노래를 부르는 행위가 이미 이루어졌음을 표현한 문장이다.

(2) 조금 전에 보라가 노래를 불렀다.

다음의 예문 (3)은 '보라'의 노래를 부르는 행위가 화자의 발화 이후에 이루어질 것임을 표현한 문장이다.

(3) 내일 보라는 노래를 부를 것이다.

앞에서 든 예문 (1), (2), (3) 등을 통해 알 수 있듯이, 시제는 어떤 기준시를 중심으로 사건, 행위, 상태 등의 앞뒤 시간적 위치를 언어로써 표현하는 문법 범주이다.

시간은 자연에 존재하는 현상이고, 시제는 그 시간을 인위적으로 과거, 현재, 미래 등로 구분한 언어 표현이다.

기준시에는 발화시(發話時)와 사건시(事件時)가 있다. 발화시는 화자가 말하는 시점이고, 사건시는 어떤 사건이 일어난 시점이다.

한국어의 시제는 어미 ― 선어말어미, 어말어미 ―, 표현 항목[13], 시간 부사어 등으로 실현된다.

4.1.2 한국어 시제에는 어떤 것이 있는가

시제에는 발화시를 기준으로 하는 절대 시제(絶對時制)와 사건시를 기준으로 하는 상대 시제(相對時制)가 있다. 절대 시제는 동일한 형태를 상이한 시제로 간주하게 하는데, 상대 시제는 동일한 형태를 동일한 시제로 처리하게 한다.

다음 예문 (4ㄱ)에 쓰인 '만나니'의 절대 시제는 현재이고, (4ㄴ)에 쓰인 '만나니'의 절대 시제는 과거이다. 그런데 (4ㄱ)과 (4ㄴ)에 쓰인 '만나니'의 상대 시제는 둘 다 현재 시제이다.

   (4) ㄱ. 너를 **만나니** 매우 기쁘다. [**절대 시제**는 현재, **상대 시제**는 현재]
       ㄴ. 너를 **만나니** 매우 기뻤다. [**절대 시제**는 과거, **상대 시제**는 현재]

---

13) '표현 항목'은 복합 구성의 문법 항목을 뜻한다. '-(으)ㄹ 것이다', '-(으)려고 한다' 등이 표현 항목의 보기에 속한다.

한국어의 시제에는 과거 시제(過去時制), 현재 시제(現在時制), 미래 시제(未來時制) 등이 있다.

4.1.2.1 과거 시제

과거 시제는 사건시가 발화시보다 앞서 있는 것을 나타내는 시제이다. 즉 과거 시제는 발화시보다 먼저 일어난 사건이나 행위, 발화시 이전의 어떤 것의 상태 등을 언어로 표현하는 것이다.

(5) ㄱ. 어제 우리나라에 외국의 관광객이 많이 왔다. [과거 사건]
ㄴ. 그 당시 역에서 집으로 가는 길은 매우 좁았다. [과거의 상태]

과거 시제는 과거 시제 선어말어미인 '-았-/-었-/-였-', 과거 회상 선어말어미 '-더-', 관형사형 전성어미인 '-(으)ㄴ', '-던' 등과 시간 부사어인 '아까', '어제', '엊그제', '그저께', '작년', '지난밤', '지난주', '조금 전', '옛날' 등으로 표현된다.

선어말어미인 '-았-/-었-/-였-'은 과거 시제를 나타낸다.

(6) ㄱ. 어제 나는 떡과 과일을 많이 **먹었어**.
ㄴ. 옛날 농촌에는 주민이 매우 **많았어**.
ㄷ. 작년에 현주는 중학생**이었어**.
ㄹ. 어제 나는 친구를 만나서 매우 **기뻤어**.
ㅁ. 어제 동창회의 분위기가 아주 **좋았어**.

선어말어미인 '-았-/-었-/-였-'은 어떤 사태가 과거에 일어났지만 그 결과가 현재까지 계속되고 있음을 표현하기도 한다.

(7) ㄱ. 새벽에 함박눈이 많이 **내렸어**.
ㄴ. 어제 우리나라에 중국 관광객이 많이 **왔어요**.

선어말어미인 '-았-/-었-/-였-'은 앞으로 발생할 사태에 대해 화자가 확신을 가
지고 있음을 표현하기도 한다.

> (8) ㄱ. 너는 우수한 선수가 되려면 아직 **멀었어**.
>   ㄴ. 나는 돈이 모자라서 여행은 다 **갔어**.

선어말어미인 '-았었-/-었었-/-였었-'도 과거 시제를 나타내는 데 쓰인다. 이것은
현재와 비교하여 다르거나 단절되어 있는 과거의 사건을 나타내는 어미이다.

> (9) ㄱ. 10년 전에 민지는 시골에서 **살았었**다.
>   ㄴ. 작년에는 매우 가물**었었**다.

관형사형 전성어미인 '-(으)ㄴ'은 동사의 어간에 결합되어 과거 시제를 나타내
고, 관형사형 전성어미인 '-던'은 형용사와 서술격 조사의 어간에 결합되어 과거
시제를 나타낸다.

> (10) ㄱ. 나는 어제 **읽은** 책을 오늘 또 읽고 있다.
>   ㄴ. 옛날에 **작던** 연아가 이렇게 컸구나.
>   ㄷ. 어린 시절에 장난꾸러기**이던 현수가** 이제는 의젓한 청년이 되었어.

선어말어미인 '-더-'는 화자가 과거 어느 때에 직접 경험하여 알게 된 사실을
현재의 말하는 장면에 그대로 옮겨 와서 전달함을 뜻하는 것이다.

> (11) 준수가 선아와 극장에 들어가**더**라.

종결형에서는 '-더라', '-더군', '-더군요', '-던데', '-던데요', '-데', '-데요'의 형
태로, 연결형에서는 '-던데', '-더니'의 형태로 사용된다.

종결어미인 '-더라'는 '해라체'에 쓰여 화자가 직접 겪었던 것을 회상하여 말하

거나, 지난 사실을 감탄조로 말함을 뜻한다.

종결어미인 '-더라'는 주어가 2인칭대명사이거나 3인칭대명사인 경우에 사용
된다.

> (12) ㄱ. **그 사람은** 매우 착하**더라**.
> ㄴ. **너는** 그림 잘 그리**더라**.
> ㄷ. 새벽마다 **베개는** 내 눈물에 젖었**더라**.

종결어미인 '-던데'는 '해체(반말)'에 쓰여, 청자의 의견을 들으려고 과거의 어떤
일을 스스로 감탄하여 보임을 나타내는 것이다.

> (13) ㄱ. 현수가 교실에 없**던데**.
> ㄴ. 현수는 야구를 아주 잘하**던데**.

이어진 문장에서 연결어미인 '-던데'는 뒤 문장에서 어떤 일을 설명하거나 묻거
나 시키거나 제안하기 위하여, 그와 상관있는 과거 사실을 회상하여 미리 말할
때 쓰이는 것이다.

> (14) ㄱ. 아까 울**던데** 무슨 일이 있니?
> ㄴ. 노래를 잘 부르**던데**, 한번 불러 봐.

연결어미인 '-더니'는 앞서 겪었거나 있었던 것이 뒤 문장의 어떤 사실의 원인이
나 조건이 됨을 뜻하는 것이다. 연결어미인 '-더니'는 주어가 2인칭 대명사나 3인
칭 대명사인 문장에서만 사용되고, '-았더니/-었더니/-였더니'는 주어가 1인칭 대
명사인 문장에서만 쓰인다. 다음의 예문 (15ㄱ)에서 '하더니'와 호응하는 주어는
'너는'이고, (15ㄴ)에서 '흐리더니'와 호응하는 주어는 '날이'이며, (15ㄷ)에서 '하
였더니'와 호응하는 주어는 '나는'이다.

(15) ㄱ. **너는** 그 사람을 만나고 싶어 하**더니** 만나게 되어 매우 기쁘겠구나.

ㄴ. 어제 **날이** 흐리**더니** 비가 많이 왔다.

ㄷ. 어제 **나는** 운동을 너무 많이 하**였더니**, 몸살이 났다. [1인칭]

'-(으)ㄴ', '-던', '-았던/-었던/-였던' 등이 표현하는 의미는 다르다.

'-(으)ㄴ'에는 [완료]의 의미 자질이 내포되어 있는데, '-던'에는 [완료]의 의미자질이 내포되어 있지 않고 [과거 회상]과 [중단]의 의미가 내포되어 있다. 그런데 '-았던/-었던/-였던'은 [중단]의 의미를 나타내는데, '-던'보다 앞선 때를 뜻한다.

(16) ㄱ. 아까 내가 먹**은** 사과는 매우 맛있었다. [완료]

ㄴ. 어제 우리가 **본** 영화는 매우 감동적인 것이었다. [완료]

ㄷ. 그 길은 옛날에 내가 거닐**던** 길이다. [과거 회상, 중단]

ㄹ. 그 길은 옛날에 내가 거닐**었던** 길이다. [중단, '-던'보다 앞선 때]

한국어의 과거 시제는 '완료상'의 의미 특질을 내포한다. 다음의 예문 (17)은 책을 과거에 읽었고, 그 행위가 종결되었음을 나타낸다.

(17) 어제 나는 이 책을 다 **읽었어**. [과거, 완료상]

4.1.2.2 현재 시제

현재 시제는 발화시와 사건시가 일치함을 나타내는 시제이다.

현재 시제는 종결어미, 관형사형 전성어미, 시간 부사어 등으로 표현된다.

종결형에서는 평서법 종결어미, 의문법 종결어미, 감탄법 종결어미 등을 그대로 사용하여 현재 시제를 표현한다.

(18) ㄱ. 지금 민지는 책을 읽**는다**.

ㄴ. 저는 독서를 **합니다**.

    ㄷ. 저 꽃이 가장 아름답**다**.

    ㄹ. 민지는 책을 잘 읽**어**.

    ㅁ. 동혁이는 밥을 먹**어요**.

    ㅂ. 민지는 무엇을 하**니**?

    ㅅ. 무엇을 읽**습니까**?

    ㅇ. 경치가 매우 아름답**군요**.

    ㅈ. 꽃이 매우 아름답**구나**.

관형사형 전성어미인 '-는'은 동사의 어간이나 형용사 '있다'와 '없다'의 어간에 결합되어 현재 시제를 나타낸다.

    (19) ㄱ. 저기에 오**는** 사람이 민지이다.

        ㄴ. 지금 내가 읽**는** 책은 어제 산거야.

        ㄷ. 나는 자존감이 있**는** 사람을 좋아해.

관형사형 전성어미인 '-ㄴ'은 어간의 끝 음절에 받침이 없는 형용사의 어간이나 서술격 조사인 '이다'의 어간에 결합되어 현재 시제를 나타낸다.

    (20) ㄱ. 마음씨가 착**한** 사람은 복을 받는다.

        ㄴ. 그는 합리적**인** 사고를 하는 사람이다.

관형사형 전성어미인 '-은'은 어간의 끝 음절에 받침이 있는 '있다'와 '없다'를 제외한 나머지 받침이 있는 형용사의 어간에 결합되어 현재 시제를 나타낸다.

    (21) ㄱ. 나는 인심이 좋**은** 마을에서 살고 있어.

        ㄴ. 저는 많**은** 책을 가지고 있어요.

현재 관련 시간 부사어인 '현재', '지금' 등이 현재 시제를 나타내는 데 쓰인다. 일반적으로 시간 부사어는 문장의 맨 앞에 놓는다.

(22) ㄱ. **현재** 선아는 고등학교에 재학 중이다.
　　 ㄴ. **지금** 나는 책을 읽**는다**.

　형용사가 서술어 구실을 하는 문장에는 일반적으로 현재 관련 시간 부사어가 쓰이지 않는다.

(23) 장미꽃이 가장 **아름답다**.

　이어진 문장에서 선행절의 서술어 기능을 하는 동사의 어간에 결합되는 연결어미 중에서 선어말어미인 '-았-/-었-/-였-'이나 '-겠-'을 취할 수 있는 어미가 그러한 선어말어미를 취하지 않으면 현재 시제를 나타내는 것이다. 다음의 예문 (24)에서 '나는 영어를 공부하는데'는 현재 시제를 나타낸다.

(24) 나는 영어를 **공부하는데**, 현수는 수학을 공부한다.

　현재 시제를 나타내는 말은 현재만을 뜻하지 않는다. 보편적인 진리나 습관적으로 반복되는 사실, 미래에 일어날 것임이 분명한 일 등을 나타낼 경우에도 현재 시제의 형식으로 표현한다(국립국어원, 2005: 197).

(25) ㄱ. 지구는 둥글다. [보편적 진리]
　　 ㄴ. 언제나 나는 오전 5시에 일어난다. [습관적으로 반복되는 사실]
　　 ㄷ. 다음 주에 나는 광천에 간다. [미래에 일어날 것이 분명한 일]

4.1.2.3 미래 시제

미래 시제는 사건시가 발화시의 뒤에 옴을 나타내는 시제이다.
　미래 시제는 선어말어미인 '-겠-', '-(으)리-', 관형사형 전성어미인 '-(으)ㄹ', 표현 항목인 '-(으)ㄹ 것이다', 시간 부사어인 '잠시 후에', '이따가', '내일', '내년'

등으로 표현된다.

선어말어미인 '-겠-', '-(으)리-' 등은 서술어에 결합되어 미래 시제를 표현한다. 선어말어미인 '-(으)리-'는 구어(口語)에서보다 문어(文語)에서 더 많이 쓰인다.

(26) ㄱ. 내일 나는 너를 만나러 가**겠**어.
     ㄴ. 5일 후에 당신을 만나러 가**리**다.

관형사형 전성어미인 '-ㄹ'은 용언의 어간 끝음절에 받침이 없는 용언의 어간에 결합되어 미래 시제를 나타낸다.

(27) 그는 내일 발표**할** 준비를 하고 있어.

관형사형 전성어미인 '-을'은 용언의 어간 끝음절에 받침이 있는 용언의 어간에 결합되어 미래 시제를 나타낸다.

(28) 내일 이 구멍을 막**을** 필요가 없어요.

미래 시제는 표현 항목인 '-(으)ㄹ 것이다'로 표현하기도 한다. 구어에서 '-(으)ㄹ 것이다'는 '-(으)ㄹ 게다'로 줄여 쓰이기도 한다.

(29) ㄱ. 한 달 후에 나는 귀국**할** 것이다.
     ㄴ. 내일 나는 이 공사를 완공**할 게다**.

시간 부사어인 '잠시 후', '이따가', '내일', '모레', '내년', '2년 후에' 등은 미래 시제를 나타내는 데 쓰인다.

(30) **잠시 후**에 나는 너한테 놀러 갈 거야.

선어말어미인 '-겠-', '-(으)리-' 등과 관형사형 전성어미인 '-(으)ㄹ', 표현 항목인 '-(으)ㄹ 것이다' 등이 미래 시제를 나타내지 않고 현재 시제를 나타내는 경우가 있다. 이런 경우 그것들은 '추측'의 의미 나타내는 기능을 한다.

> (31) ㄱ. 오전 여섯시에 서울역을 출발한 장항행 열차는 지금 광천을 지나고 있
> {-**겠**-다, -**으리**-라, -**을 것이다**}.
> ㄴ. 지금 호주는 몹시 따뜻하{-**겠**-다, -**리**-라}.
> ㄷ. 지금 홍성을 지나고 **있을** 그 기차를 우리는 탔어야 했다.

4.2 동작상

4.2.1 동작상이란 무엇인가

동작상(動作相)이란 어떤 동작의 시간선상의 분포를 언어로 나타내는 문법 범주이다.

동작상이란 동사의 활용형에 나타나는 진행이나 완료와 같이 개별 시제에 종속되어 있는 동작의 양상을 가리킨다(고영근·구본관, 2008: 409). 다음의 예문 (1ㄱ)은 과거 시제와 완료상을 나타내는데, (1ㄴ)은 현재 시제와 진행상을 나타낸다.

> (1) ㄱ. 어제 나는 그 공사를 <u>마쳤다</u>. [과거 시제, 완료상]
> ㄴ. 지금 우리는 학교에 <u>가고 있다</u>. [현재 시제, 진행상]

시제와 동작상은 별개의 문법 범주이다. 그런데 한국어에서는 둘 다 용언의 활용형에 의해서 실현되는 공통점이 있기 때문에 시제와 동작상을 묶어서 시상(時相)이라는 범주로 처리하기도 한다.

4.2.2 동작상에는 어떤 것이 있는가

한국어의 동작상에는 완료상(完了相)과 진행상(進行相)이 있다.

동작상은 선어말어미, 연결어미, 동작상을 나타내는 시간 부사어, 표현 항목 등으로 표현된다.

4.2.2.1 완료상

완료상(完了相)은 동작의 완료를 나타내는 동작상이다.

완료상은 선어말어미, 표현 항목, 연결어미, 시간 부사어 등으로 실현된다.

완료상은 선어말어미인 '-았-/-었-/-였-', '-았었-/-었었-/-였었-' 등으로 표현된다.

> (2) ㄱ. 어제 현수는 새는 구멍을 막**았**다.
>
> ㄴ. 조금 전에 그는 밥을 먹**었**다.
>
> ㄷ. 5시간 전에 운동을 하**였**다.
>
> ㄹ. 어제 경찰관이 그 사기범을 잡**았었**다.
>
> ㅁ. 어렸을 적에 민지는 생선을 먹**었었**다.
>
> ㅂ. 10년 전에 현수가 결혼을 하**였었**다.

완료상은 연결어미인 '-고서'로 실현되기도 한다.

> (3) ㄱ. 현수는 낮잠을 자**고서** 운동을 하러 갔다.
>
> ㄴ. 현수는 현아한테서 편지를 받**고서** 답장을 썼다.

완료상은 시간 부사어인 '조금 전에', '아까', '어제', '지난밤', '며칠 전에', '엊그제', '작년' 등과 함께 실현되기도 한다.

> (4) ㄱ. **어제** 우리는 전 잔디밭에 앉아 있었다.
>
> ㄴ. **엊그제** 대호는 채무자한테서 돈을 받아 냈다.

완료상은 표현 항목인 '-아/-어 있다', '-아/-어 계시다', '-고 나다', '-아/-어/-여 내다', '-아/-어/-여 놓다', -아/-어/-여 두다', '-아/-어/-여 버리다', '-고야 말다'[14] 등으로 실현되기도 한다.

(5) ㄱ. **1시간 전**에 그 사람이 저 의자에 앉**아 있었다**.
ㄴ. **아까** 할아버지께서 방에 앉**아 계셨다**.
ㄷ. 대호는 온갖 시련을 이기**어 냈다**.
ㄹ. 잠을 푹 자**고 나니** 정신이 아주 맑아졌다.
ㅁ. 며칠 전에 우리는 모든 숙제를 하**여 두었다**.
ㅂ. **어제** 나는 여행을 갈 수 있는 준비를 완전히 하**여 놓았다**.
ㅅ. 조금 전에 현수는 떡을 모두 먹**어 버렸다**.
ㅇ. **어제** 영국은 유럽연합에서 탈퇴하**고야 말았다**.

동작의 결과가 겉으로 드러나는 용언 ― 끼다, 놀다, 들다, 밟다, 붙이다, 신다, 쓰다, 얹다, 입다, 잡다 ―은 '상태성 완료상'을 드러내는 일이 잦다(서정수, 1996: 250). 다음 예문 (6ㄱ)과 (6ㄴ)은 입는 동작을 나타내는 것보다는 그 결과로 나타난 현재의 상태를 표현하고 있다.

(6) ㄱ. 오늘도 아이들이 모두 색동저고리를 **입었군**.
ㄴ. 오늘도 아이들이 모두 색동저고리를 **입고 있군**.

4.2.2.2 진행상

진행상(進行相)은 어떤 동작이 진행 중임을 나타내는 동작상이다.

진행상은 표현 항목, 연결어미, 시간 부사어 등으로 실현된다.

---

14) '-아/-어 있다', '-아/-어 계시다', '-고 나다', '-아/-어/-여 내다', '-아/-어/-여 놓다', -아/-어/-여 두다', '-아/-어/-여 버리다', '-고야 말다' 등을 '보조적 연결어미와 보조동사의 결합 형태'라 하고 동작상은 이러한 형태로 실현되는 것으로 기술하는 이도 있다(고영근·구본관, 2008: 411).

진행상은 표현 항목인 '-고 있다', '-고 계시다', '-아/-어/-여 가다', '아/-어/-여 오다', '-는 중이다', '-는 중에 있다', '-는 중에 계시다' 등으로 실현되기도 한다.

(7) ㄱ. 현수는 야구를 하**고 있다.**

ㄴ. 아버지께서는 음악을 감상하고 계시다.

ㄷ. 현수는 숙제를 하는 중이다.

ㄹ. 현수는 여기로 오는 중에 있다.

ㅁ. 사장님께서는 이리로 오시는 중에 계시다.

ㅂ. 현수는 어려운 과제를 잘 풀어 간다.

ㅅ. 아침이 차차 밝아 온다.

진행상은 연결어미인 '-(으)며', '-(으)면서' 등으로 표현되기도 한다.

(8) ㄱ. 연아는 미소를 띠**며** 인사를 했다. 밥을 먹**으며** 이야기를 했다.

ㄴ. 현수는 걸어가**면서** 신문을 읽는다.

진행상은 시간 부사어인 '현재', '지금' 등과 함께 표현되기도 한다.

(9) ㄱ. **현재** 보라는 노래 연습을 하고 있다.

ㄴ. **지금** 민지는 피아노를 연주하고 있어.

5

양태

5.1 양태란 무엇인가

양태(樣態, modality)란 명제(命題)에 대한 화자의 심리적 태도를 나타내는 문법 범주이다. 명제는 논리적 판단 내용과 주장을 언어나 기호로 나타내는 것이다.

(1) ㄱ. 비가 오**는 것 같다**. [추측]
ㄴ. 나는 내일 도서관에 가**려고 한다**. [의도]

한국어에서 양태는 시제, 동작상 등과 함께 매우 중요한 문법 범주이다.

한국어에서 양태는 강세(强勢)나 억양(抑揚), 어미(語尾), 조사(助詞), 부사(副詞), 표현 항목, 어순(語順) 등으로 표현된다.

(2) ㄱ. 경치가 매우 아름답**구나**.
ㄴ. 너**조차** 가 버리면 나는 어떻게 하니?
ㄷ. 나는 민지와 **반드시** 결혼**할 것이다**.
ㄹ. **부디** 행복하소서.
ㅁ. 나는 내일까지 이 문제를 풀**어야 한다**.
ㅂ. 민지가 지금쯤 공항에 도착했**겠**다.

5.2 양태의 종류

양태는 그 의미에 따라 추측(推測), 당연(當然)함, 미루어 가정(假定)함, 어떤 형편이나 결과에 대해서 판단(判斷)함, 새로 인식(認識)함, 의도(意圖), 의지(意志), 의무(義務), 허용(許容), 금지(禁止), 제안(提案), 능력(能力), 희망(希望) 등의 양태로 세분된다.

'추측'의 양태는 종결어미, 선어말어미, 표현 항목 등으로 표현된다.
종결어미인 '-(으)ㄹ걸'[15]은 '해체'에 쓰여 어떤 일을 추측함을 나타낸다.

    (1) ㄱ. 아마 선아가 내일 귀국**할걸**.
        ㄴ. 대호는 이 많은 과일과 떡을 모두 먹을 수 있**을걸**.

선어말어미인 '-겠-'이 추측의 양태를 표현하기도 한다.

    (2) ㄱ. 구름이 많이 낀 것을 보니, 곧 비가 내리**겠**다.
        ㄴ. 지금쯤 보라가 광천에 도착하였**겠**다.
        ㄷ. 오늘과 내일 사이 중부와 전북, 경북에는 50~100mm의 많은 비가 오**겠**
           습니다.

화자(話者)가 어떤 사태(事態)를 추측하는 표현 항목으로는 '-(으)ㄹ 것이다', '-(으)ㄴ/-는/-(으)ㄹ 것 같다', '-(으)ㄴ/-는/-(으)ㄹ 모양이다', '-(으)ㄴ/-는/-(으)ㄹ 듯하다', '-(으)ㄴ/-는/-(으)ㄹ 듯싶다', '-(으)ㄴ가/-는가/-나 보다', '-나 싶다', '-(으)ㄹ 전망이다', '-으로 전망된다', '-(으)ㄹ 것으로 보인다' 등이 있다.

    (3) ㄱ. 앞으로 경기가 좋아**질 것이다**.

---

15) 종결어미 '-(으)ㄹ걸'은 지나간 일을 후회하는 뜻으로 쓰이기도 한다. [보기] 내가 양보할걸.

ㄴ. 비가 오**는 것 같다**.

ㄷ. 현수와 연아는 아주 친**한 모양이다**.

ㄹ. 눈이 내릴 **듯하다**.

ㅁ. 문제가 잘 풀**릴 듯싶다**.

ㅂ. 어제 비가 많이 내렸**나 보다**.

ㅅ. 사슴은 매우 착한 짐승**인가 보다**.

ㅇ. 그가 조금 전에 갔**나 싶다**.

ㅈ. 앞으로 우리나라의 경제가 좋아**질 {전망이다, 것으로 전망된다, 것으로 보인다}**.

'화자가 어떤 일이 당연히 그러하게 되어 있다고 판단함'을 나타내는, 표현 항목에는 '-게/-기 마련이다', '-(으)ㄴ/-는 법이다' 등이 있다.

(4) ㄱ. 인생이란 빈손으로 왔다가 빈손으로 돌아가**기 마련이다**.

ㄴ. 꽃은 지**게 마련이다**.

ㄷ. 고인 물은 썩**는 법이다**.

ㄹ. 구하기 어려운 것은 그만큼 귀**한 법이다**.

'화자가 어떤 것을 미루어 가정함'을 뜻하는 표현 항목은 '-(으)ㄴ/-는/-(으)ㄹ 셈치다'이다.

(5) ㄱ. 돈을 잃어버린 것을 너무 속상해 하지 말고 액땜**한 셈** 쳐라.

ㄴ. 사람 하나 **살리는 셈 치고** 돈 좀 꾸어 줘.

ㄷ. 돈을 떼**일 셈 치고** 빌려 주었다.

'화자가 어떤 형편이나 결과에 대해서 판단함'을 뜻하는, 표현 항목에는 '-(으)ㄴ/-는 셈이다', '-(으)ㄴ/-는 편이다' 등이 있다.

(6) ㄱ. 이 정도면 잘**한 셈이다**.

ㄴ. 그 정도면 노래를 잘 부르**는 셈이다.**

ㄷ. 그는 여유가 있**는 편이다.**

ㄹ. 현수는 힘이 **센 편이다.**

화자가 새로 깨달아 알게 된 사실을 표현하는 종결어미로는 '-구나/-는구나', '-로구나', '-구먼', '-군', '-네' 등이 있다.

(7) ㄱ. 남몰래 불우이웃을 도운 사람이 바로 너였**구나.**

ㄴ. 여기 경치가 정말 아름답**구먼.**

화자가 새로 깨달아 알게 된 사실을 표현하는 종결어미인 '-구나/-는구나'는 청자가 그 명제의 내용에 대해서 알고 있는지 모르고 있는지에 대한 아무런 전제도 없이 쓸 수 있는데, '-네'는 화자가 청자도 자기와 마찬가지로 모르고 있다고 생각하는 일에 대해서만 쓸 수 있다(남기심, 2001: 393).

(8) ㄱ. 아, 푹 잤더니 매우 개운하**네.**(○)

ㄴ. *네가 자꾸 조는 것을 보니 어제 늦게 잤**네.**(×)

ㄷ. 네가 자꾸 조는 것을 보니 어제 늦게 잤**구나.**(○)

'의도(意圖)'의 양태는 표현 항목인 '-고자 하다', '-려고 하다', '-(으)ㄹ까 보다', '-(으)ㄹ까 싶다', '-(으)ㄹ까 하다' 등으로 실현된다.

화자와 주체가 동일할 경우에만 다음의 예문 (9ㄱ)과 같이 '화자의 의도'를 나타낸다. 주체와 청자가 동일할 경우에는 (9ㄴ)과 같이 '청자의 의도'를 나타내고, 화자와 주체가 동일하지 않을 경우에는 (9ㄷ)과 같이 '주체의 의도'를 나타낸다.

(9) ㄱ. 어머니, 이번 여름방학에 친구들과 캠핑을 가**려고 해요.** [화자의 의도를 나타냄.]

ㄴ. 현수야, 넌 시장에 가서 무엇을 사**려고 하니?** [청자의 의도를 나타냄.]

ㄷ. 연아는 내일 여행을 가**려고 한다**. [주체의 의도를 나타냄.]

표현 항목인 '-(으)ㄹ까 보다', '-(으)ㄹ까 싶다', '-(으)ㄹ까 하다' 등은 화자와 주체가 동일한 경우에만 '의도'를 나타낸다. 이것들은 주체가 1인칭 대명사이고 평서문에서만 '의도'의 의미를 나타낸다.

(10) 나는 여름방학이 되면 여행을 가-{**-ㄹ까 봐, -ㄹ까 싶어, -ㄹ까 해**}.

'의지(意志)'의 양태는 종결어미인 '-(으)ㄹ게', '-(으)ㄹ래', 선어말어미인 '-겠-', 표현 항목인 '-(으)ㄹ 것이다' 등으로 실현된다.

(11) ㄱ. 그 문제는 내가 **풀게**.
   ㄴ. 나는 친구들과 캠핑을 **갈래**.
   ㄷ. 나는 선아와 꼭 결혼하**겠**어.

표현 항목인 '-(으)ㄹ 것이다'는 화자와 주체가 동일한 경우에 화자의 의지를 나타내고, 주체와 청자가 동일한 경우 의문문에서 청자의 의지를 나타낸다.

(12) ㄱ. 선생님, 저는 매우 우수한 야구선수가 **될 것입니다**. [화자의 의지를 나타냄.]
   ㄴ. 선생님, 선생님께서는 내일 비가 오더라도 등산을 가**실 것입니까**? [청자의 의지를 나타냄.]

표현 항목인 '-(으)ㄹ 것이다'는 주체가 화자나 청자와 동일하지 않을 경우에는 주체의 행위에 대한 추측을 표현한다.

(13) 아버지는 내일 집에 계**실 것입니다**. [추측]

'의무'의 양태는 표현 항목인 '-아야/-어야/-여야 하다', '-아야/-어야/-여야 되다' 등으로 실현된다.

화자와 주체가 동일할 때 표현 항목인 '-아야/-어야/-여야 하다', '-아야/-어야/-여야 되다' 등은 '화자의 의무'를 나타낸다.

    (14) 나는 내일까지 이 공사를 끝내**어야** {**한다, 된다**}.

주체와 청자가 동일할 때에는 표현 항목인 '-아야/-어야/-여야 하다', '-아야/-어야/-여야 되다' 등은 '청자의 의무'를 나타낸다.

    (15) 혁아, 너는 이번 경기에서 반드시 우승을 하**여야** {**한다, 된다**}.

화자와 주체가 동일하지 않을 때 표현 항목인 '-아야/-어야/-여야 하다', '-아야/-어야/-여야 되다' 등은 '주체의 의무'를 나타낸다.

    (16) 사람은 착하게 살**아야** {**한다**[16], **된다**}.

표현 항목인 '-아야/-어야/-여야 하다'에서 보조적 연결어미인 '-아야/-어야/-여야'에 선어말어미인 '-았-/-었-/-였-'이 결합되면 '이루어지지 않은 일에 대한 화자의 아쉬움이나 후회'의 의미를 나타내기도 한다(한송화, 2000: 202).

    (17) ㄱ. 내가 오는 길에 컴퓨터를 사 **왔어야 했다**.
        ㄴ. 네가 그 사람과 협상을 **했어야 했어**.
        ㄷ. 그 사람이 이 일을 **하였어야 했어**.
        ㄹ. 그때 집을 **샀어야 했어**.

---

16) 한송화(2000: 201~202)에서 '-아야/-어야/-여야 하다'는 비지시적인 명사를 주어로 할 경웨 명제 내용에 대한 '마땅함'이나 '당위성'을 나타내는데 이때의 당위성은 화자의 기준으로 판단을 내리는 것이라고 한다.

'허용(許容)'의 양태는 종결어미 '-(으)렴', '-(으)려무나', 표현 항목 '-아도/-어도/-여도 되다', '-아도/-어도/-여도 좋다', '-(으)ㄹ 수 있다' 등으로 실현된다.

종결어미인 '-(으)렴'과 '-(으)려무나'는 화자가 청자의 요구를 부드럽게 허용함을 나타낸다. '-(으)려무나'가 '-(으)렴'보다 친근한 느낌을 더 준다.

(18) ㄱ. 혁아, 선주와 결혼하-{**-려무나, -렴**}.
ㄴ. 이 과일을 더 먹고 싶으면 더 먹-{**-으려무나, -으렴**}.

표현 항목인 '-아도/-어도/-여도 되다', '-아도/-어도/-여도 좋다', '-(으)ㄹ 수 있다' 등도 '허용'의 의미를 나타낸다.

(19) ㄱ. 이젠 좀 쉬**어도 된다**.
ㄴ. 마음껏 놀**아도 좋아**.
ㄷ. 이 방에서는 크게 노래를 부**를 수 있어**.

표현 항목인 '-아야/-어야/-여야 되다'에서 보조적 연결어미인 '-아야/-어야/-여야'에 선어말어미인 '-았-/-었-/-였-'이 결합되면 '이루어지지 않은 일에 대한 화자의 아쉬움이나 후회'의 의미를 나타내기도 한다.

(20) ㄱ. 역에 일찍 나**갔어야 되는데**. 늦게 나가는 바람에 기차를 놓쳤어.
ㄴ. 좀더 일찍 결혼**했어야** 되는데. 늦게 결혼해서 자녀 양육이 힘들어.

'금지(禁止)'의 양태는 표현 항목인 '-(으)면 안 되다', '-아서는/-어서는/-여서는 안 되다', '-(으)ㄹ 수 없다' 등으로 실현된다.

화자와 주체가 동일할 경우에 표현 항목인 '-(으)면 안 되다'와 '-아서는/-어서는/-여서는 안 되다'는 '화자의 행위에 대한 금지'를 나타낸다.

(21) 나는 체해서 무엇을 먹-{**-으면, -어서는**} 안 돼.

청자와 주체가 동일할 경우에 표현 항목인 '-(으)면 안 되다'와 '-아서는/-어서는/-여서는 안 되다'는 '청자의 행위에 대한 금지'를 표현한다.

  (22) 현수야, 넌 감기에 걸렸기 때문에 밖에서 놀-{-**면, -아서는**} **안 된다.**

주체와 화자가 동일하지 않을 경우에 표현 항목인 '-(으)면 안 되다'와 '-아서는/-어서는/-여서는 안 되다'는 '주체의 행위에 대한 금지'를 표현한다.

  (23) 선아는 추위를 많이 타니까 밖에서 놀-{-**면, -아서는**} **안 된다.**

  표현 항목인 '-아서는/-어서는/-여서는 안 되다'는 금지의 의미를 강력하게 전달하거나 경고할 때 사용된다.

  (24) 길에 침을 뱉**어서는 안 됩니다.**

  표현 항목인 '-(으)ㄹ 수 없다'는 '허용'의 양태를 나타내는 '-(으)ㄹ 수 있다'의 부정형으로 '금지'의 양태를 실현한다.

  (25) 실내에서는 담배를 피**울 수 없습니다.**

  표현 항목인 '-(으)면 안 되다', '-(으)ㄹ 수 없다' 등에 선어말어미인 '-았-/-었-/-였-'이 결합되면 금지의 의미를 나타내지 않고, '후회'나 '과거 사실을 상대에게 알림'을 나타낸다.

  (26) ㄱ. 나는 체해서 무엇을 먹**었으면 안 되었어.** [후회]
       ㄴ. 내가 그 짐승을 잡**아서는 안 되었어.** [후회]
       ㄷ. 실내에서는 담배를 피**울 수 없었습니다.** [과거 사실을 알림]

  '-아서는/-어서는/-여서는'과 '되다'에 선어말어미인 '-았-/-었-/-였-'이 결합되면 비문법적인 문장이 된다.

(27) *나는 체해서 무엇을 먹**었어서는 안 되었어.**(×)

'제안(提案)'의 양태는 종결어미인 '-(으)ㄹ까', 표현 항목인 '-는 게 좋겠다' 등으로 실현된다. 이것들은 동사의 어간에 결합된다.

(28) ㄱ. 이번 여름방학에 캠핑을 **갈까?**
   ㄴ. 내가 먼저 이 강을 건너**는 게 좋겠다.**

'능력(能力)'의 양태는 표현 항목인 '-(으)ㄹ 수 있다', '-(으)ㄹ 줄 알다' 등으로 실현된다.

표현 항목인 '-(으)ㄹ 수 있다'는 '어떤 행위를 할 수 있는 힘이 있음'을 나타낸다. 이것의 부정형은 표현 항목인 '-(으)ㄹ 수 없다'이다. '-(으)ㄹ 수 없다'는 '무능력(無能力)'이나 '금지'의 의미를 나타낸다.

(29) ㄱ. 나는 그 문제를 **풀 수 있다.** [능력]
   ㄴ. 나는 그 문제를 **풀 수 없어.** [무능력]
   ㄷ. 이 잔디밭에 들어**갈 수 없습니다.** [금지]

표현 항목인 '-(으)ㄹ 줄 알다'는 '어떤 행위를 하는 방법을 앎'을 뜻한다. 이것의 부정형은 '-(으)ㄹ 줄 모르다'이다.

(30) ㄱ. 나는 수영을 **할 줄 안다.**
   ㄴ. 현수는 수영을 **할 줄 모른다.**

'희망(希望)'의 양태는 '-고 싶다', '-고 싶어 하다', '-았으면/-었으면/-였으면 싶다', '-았으면/-었으면/-였으면 하다', '-(으)면 좋겠다', '-기 바라다' 등으로 실현된다.

표현 항목인 '-고 싶다'는 동사의 어간에 연결되어 화자와 주체가 동일할 때
'화자의 희망'을 나타낸다.

> (31) ㄱ. 나는 여행을 가**고 싶어**.
> ㄴ. 나는 자유롭게 살**고 싶어**.

평서문에서 표현 항목인 '-고 싶다'가 희망을 나타낼 경우에는 1인칭 주어와만
공기 관계를 맺는다.

> (32) ㄱ. **나는** 영화 구경을 하**고 싶다**.(○)
> ㄴ. {*너는, *그는} 영화 구경을 하**고 싶다**.(×)

화자가 2인칭과 3인칭 주체의 희망을 추측할 경우에는 '싶다'에 추측의 의미를
나타내는 선어말어미인 '-겠-'을 붙여 표현한다.

> (33) ㄱ. **너는** 외국에 가 본 적이 없으니 외국 여행을 하**고 싶겠다**.
> ㄴ. **현수는** 연아와 결혼하**고 싶겠다**.

표현 항목인 '-고 싶다'에서 '싶다'에 선어말어미인 '-었-'이 결합되면 '과거의
희망'을 나타낸다.

> (34) 젊은 시절에 나는 외국으로 유학을 가**고 싶었다**.

표현 항목인 '-고 싶어 하다'는 주어가 3인칭인 평서문과 의문문에서만 주체의
희망을 나타낸다.

> (35) ㄱ. 현수가 여행을 가**고 싶어 해**.(○)
> ㄴ. 현수가 여행을 가**고 싶어 하니**?(○)

ㄷ. *나는 여행을 가고 싶어 해.(×)
ㄹ. *너는 여행을 가고 싶어 해.(×)

표현 항목인 '-았으면/-었으면/-였으면 싶다', '-았으면/-었으면/-였으면 하다' 등은 주체와 말하는 이가 동일할 경우에 '화자의 희망'을 나타낸다(엄녀, 2010: 105).

(36) ㄱ. 요사이 **나는** 너무 피곤해서 며칠 동안 푹 쉬**었으면 해**.
ㄴ. 그동안 **나는** 여행을 하지 못해서 어디든지 여행하**였으면 싶어**.

표현 항목인 '-았으면/-었으면/-였으면 싶다', '-았으면/-었으면/-였으면 하다' 등은 말하는 이와 주체가 동일하지 않을 경우 '화자의 주체에 대한 바람'을 나타낸다.

(37) 현수가 공부를 더욱 열심히 했**으면 {싶다, 한다}**.

표현 항목인 '-았으면/-었으면/-였으면 싶다', '-았으면/-었으면/-였으면 하다' 등은 주체와 듣는 이가 동일할 경우 말하는 이가 듣는 이에게 명제의 내용을 행할 것을 바람을 나타낸다.

(38) 민지야, 네가 노래 연습을 더욱 많이 했**으면 {싶다, 한다}**.

표현 항목인 '-았으면/-었으면/-였으면 하다'는 격식을 차려야 할 상황에서 말하는 이가 간절히 부탁함을 표현할 때 사용되기도 한다.

(39) 이번 세미나에 참석해 주셨**으면 합니다**.

격식을 차려야 할 상황에서 화자가 간절히 부탁함을 표현할 때 '-았으면/-었으면/-였으면 합니다'보다 '-기(를) 바랍니다'를 더 많이 사용한다.

(40) 이번 세미나에 참석해 주시**기(를) 바랍니다.**

표현 항목인 '-(으)면 좋겠다'도 화자의 희망을 표현할 때 사용된다.

(41) ㄱ. 나는 좀 쉬었**으면 좋겠어.**
ㄴ. 네가 나한테 놀러 왔**으면 좋겠어.**
ㄷ. 그 사람이 빨리 귀국했**으면 좋겠다.**

양태는 정교한 표현을 하는 데 매우 중요한 구실을 하는 문법 범주이므로 정확히 이해하여 활용할 수 있도록 교육할 필요가 있다. 양태를 표현하는 요소 중에서 '표현 항목'은 외국인이 학습하기가 어려운 것이다. 이것은 의사소통을 할 때 구어에서 사용 빈도수가 높은 것부터 낮은 것의 순서로 교육하여야 한다.

6

피동과
사동 표현

6.1 피동법

6.1.1 피동법이란 무엇인가

피동법(被動法)이란 어떤 주체의 동작이나 행위가 다른 행위자에 의해서 이루어짐을 나타내는 문법 범주이다. 피동법을 '피동(被動)' 혹은 '수동(受動)' 혹은 '입음'이라고 일컫기도 한다.

다음의 예문 (1ㄱ)은 '멧돼지'가 '포수'에게 잡음을 입음을 뜻하고, (1ㄴ)은 주체인 '아기'가 '어머니'에게 안음을 입음을 뜻한다. 이와 같이 피동법은 주체의 동작이나 행위가 다른 행위자에 의해서 이루어짐을 나타내는 문법 범주이다.

    (1)   ㄱ. 멧돼지가 포수한테 잡혔다.
            ㄴ. 아기가 어머니에게 안긴다.

피동화(被動化)의 핵심은 능동문 주어의 자리 이탈과 능동사의 피동사화이다. 이것은 능동문의 주어가 자리를 이탈하여 부사어가 되고, 능동사가 피동사로 바뀌는 것을 뜻한다.

(2) ㄱ. **민지가** 바다를 **본다.** [능동문]

ㄴ. 바다가 **민지한테 보인다.** [피동문]

피동 표현은 다음의 (3)과 같은 경우에 사용된다(Alessandra & Hunsaker, 1933).

(3) ㄱ. 나쁜 소식을 부드럽게 전하고자 하는 경우

ㄴ. 어떤 일에 대해서 책임을 피하고자 하는 경우

ㄷ. 문장 속의 주인공을 알지 못하는 경우

피동 표현은 수용자 ― 독자나 청자 ―로 하여금 누구의 판단이 아니라 확실한 사실을 전달받은 것과 같은 착각에 빠지게 한다. 이것은 수용자로 하여금 다른 생각을 할 여유를 주지 않는다.

6.1.2 피동법에는 어떤 것이 있는가

피동법에는 접미피동법(接尾被動法)과 통사적 피동법(統辭的被動法)이 있다.

6.1.2.1 접미피동법

접미피동법(接尾被動法)은 능동사인 타동사의 어근에 피동접미사인 '-이-', '-히-', '-리-', '-기-' 등이 결합되어 피동사가 된 것이 서술어 기능을 하는 피동문을 만드는 방법이다. 즉 이것은 파생어인 피동사로 피동문을 만드는 방법이다.

(4) ㄱ. 현주가 자기의 엄마에게 **업혔다.**

ㄴ. 이 작품이 학생들한테 많이 **읽힌다.**

다음의 (5)는 능동사인 타동사의 어근에 피동접미사가 결합되어 파생된 피동사이다.

(5) ㄱ. **피동접미사 '-기-'가 결합되어 파생된 피동사** : 감기다, 끊기다, 담기다, 뜯기다, 빼앗기다, 씻기다, 안기다, 앗기다, 쫓기다, 찢기다, …

　　ㄴ. **피동접미사 '-리-'가 결합되어 파생된 피동사** : 갈리다, 걸리다, 깔리다, 깨물리다, 끌리다, 꿇리다, 날리다, 내몰리다, 내밀리다, 널리다, 눌리다, 달리다, 덜리다, 되팔리다, 뒤틀리다, 뒤흔들리다, 들리다, 떨리다, 뚫리다, 말리다, 매달리다, 몰다, 물리다, 밀리다, 벌리다, 불리다, 붙들리다, 비틀리다, 빨리다, 실리다, 썰리다, 쓸리다, 열리다, 잘리다, 짓눌리다, 찔리다, 털리다, 팔리다, 풀리다, 헐리다, 휩쓸리다, 흔들리다, …

　　ㄷ. **피동접미사 '-이-'가 결합되어 파생된 피동사** : 깎이다, 깔보이다, 깨이다, 꺾이다, 꼬이다, 꿰이다, 나누이다, 낚이다, 놓이다, 닦이다, 덮이다, 뒤덮이다, 뒤바꾸이다, 들볶이다, 뜨이다, 매이다, 몰리다, 묶이다, 바꾸이다, 보이다, 볶이다, 섞이다, 싸이다, 쌓이다, 쏘이다, 쓰이다, 얕보이다, 얽매이다, 에워싸이다, 짚이다, 짜이다, 쪼이다, 차이다, 치이다, 트이다, 파이다, …

　　ㄹ. **피동접미사 '-히-'가 결합되어 파생된 피동사** : 걷히다, 긁히다, 꼬집히다, 꽂히다, 닫히다, 둘러싸이다, 뒤섞이다, 뒤얽히다, 뒤집히다, 들이받히다, 떼먹히다, 막히다, 맺히다, 먹히다, 묻히다, 박히다, 밟히다, 붙잡히다, 뽑히다, 사로잡히다, 얹히다, 얽히다, 업히다, 읽히다, 잊히다, 잡히다, 접히다, 찍히다, 처박히다, 치받히다, 파묻히다, …

모든 타동사가 피동사로 파생될 수 있는 것이 아니다. 일부 타동사만이 피동사로 파생된다.

'공부하다, 운동하다, 작동하다' 등과 같이 '-하다'가 결합된 동사와 '느끼다, 닮다, 던지다, 돕다, 만나다, 만지다, 모르다, 바라다, 배우다, 싸우다, 알다, 얻다, 잃다, 주다, 지키다' 등에서 파생된 피동사는 없다.

6.1.2.2 통사적 피동법

통사적 피동법은 본용언에 피동 보조동사인 '(-아/-어/-여) 지다'가 연결되어 형성된 동사구가 서술어 기능을 하는 피동문을 만드는 방법이다. 이것을 '-어지다' 피동법이라고 일컫기도 한다.

다음의 예문 (6ㄱ)과 (7ㄴ)은 능동문이다. 그런데 (6ㄴ)과 (7ㄴ)은 피동문이다. (6ㄴ)의 '만들어졌다'는 본동사 '만들어'에 피동 보조동사인 '지다'가 결합된 것이다. (7ㄴ)의 '알려졌다'는 본동사 '알려'[17]에 피동 보조동사인 '지다'가 결합된 것이다. 보조동사 '지다'를 본동사와 띄어 써야 하는데 오래 전부터 학계에서는 본동사와 보조동사인 '지다'를 붙여 표기하여 오고 있기 때문에 그에 따라 붙여 쓴 것이다.

> (6) ㄱ. 현수가 이 컴퓨터를 만들었다. [능동문]
> ㄴ. 이 컴퓨터는 현수에 의해 **만들어졌다**. [피동문]

> (7) ㄱ. 현수가 민지의 합격 소식을 알렸다. [능동문]
> ㄴ. 민지의 합격 소식이 현수에 의해 **알려졌다**. [피동문]

통사적 피동법은 큰 제약을 받지 않고 거의 모든 동사에 쓰인다.

> (8) ㄱ. 철수가 그의 오해를 풀었다.
> ㄴ. 그의 오해가 철수에 의해 **풀어졌다**.

> (9) ㄱ. 김 박사의 연구진이 새로운 사실을 밝혔다.
> ㄴ. 새로운 사실이 김 박사의 연구진에 의해 **밝혀졌다**.

보조동사인 '(-아/-어/-여) 지다'는 자동사, 타동사, 형용사 등에 연결될 수 있다.

> (10) ㄱ. 자동사 '울다' → 울어지다

---

17) '알려'는 '알리어'의 준말이다.

ㄴ. 타동사 '쓰다' → 쓰여지다/써지다

ㄷ. 형용사 '높다' → 높아지다

피동사와 피동 보조동사인 '(-아/-어/-여) 지다'가 결합한 서술어는 상보적으로 분포하는 경우가 있다. 다음의 예문 (11ㄱ)과 같이 접미피동법은 실현되는데, (11 ㄴ)처럼 통사적 피동법은 실현되지 못하는 경우가 있다.

(11) ㄱ. 이 시나리오는 주제가 참신해 **보인다.**(○)

ㄴ. *이 시나리오는 주제가 참신해 **보여진다.**(×)

다만 '나뉘다'와 '나누어지다', '닫히다'와 '닫아지다'는 둘 다 피동 표현에 쓰인다.

(12) ㄱ. 나라가 동서로 **나뉘었다.**

ㄴ. 나라가 동서로 **나뉘어졌다.**

(13) ㄱ. 문이 바람에 **닫혔다.**

ㄴ. 문이 바람에 **닫아졌다.**

6.1.3 파생적 피동문과 통사적 피동문

피동문에는 파생적 피동문(派生的被動文)과 통사적 피동문(統辭的被動文)이 있다.

6.1.3.1 파생적 피동문

파생적 피동문(派生的被動文)이란 능동사의 어근에 피동접미사인 '-이-', '-히-', '-리-', '-기-' 등이 결합되어 생성된 피동사가 서술어 기능을 하는 피동문이다. 즉 파생적 피동문은 파생어인 피동사가 서술어 구실을 하는 피동문이다.

(14) ㄱ. 콩이 어머니에 의해 **볶인다.** [볶이다 ← 볶다]

    ㄴ. 그 구멍이 현수에 의해 **막혔다**. [막히다←막다]

    ㄷ. 이삿짐들이 대호에 의해 차에 **실렸다**. [실리다←싣다]

    ㄹ. 얼굴이 민지에 의해 **씻겼다**. [씻기다←씻다]

파생적 피동문 중에는 그것에 대응하는 능동문이 없는 것이 있다.

    (15) ㄱ. 감이 많이 **열렸다**.

        ㄴ. 날씨가 많이 **풀렸어**.

파생적 피동문은 '비의도적인 의미'를 나타낸다.

    (16) 글이 저절로 쓰였다.

6.1.3.2 통사적 피동문

통사적 피동문은 통사적 피동법으로 형성된 동사구가 서술어 구실을 하는 피동문이다. 즉 이것은 본용언에 피동 보조동사인 '(-아/-어/-여) 지다'가 연결되어 형성된 동사구가 서술어 기능을 하는 피동문이다. 이것을 '-어지다' 피동문이라고 일컫기도 한다.

    (17) ㄱ. 도둑맞은 귀중품이 경찰에 의해 잘 **찾아졌다**.

        ㄴ. 그에게 대상이 **주어졌다**.

통사적 피동문 중에도 파생적 피동문처럼 그것에 대응하는 능동문이 없는 것이 있다.

    (18) 오늘 나는 글이 잘 써진다.

파생적 피동문은 '비의도적인 의미'를 나타내는데, 통사적 피동문은 '의도적인 의미'를 나타낸다. 다음의 예문 (19ㄱ)은 파생적 피동문으로 비의도적인 의미를 나타내는데, (19ㄴ)은 통사적 피동문으로 의도적인 의미를 나타낸다.

> (19) ㄱ. 나는 글이 잘 쓰인다. [비의도적]
>   ㄴ. 나는 글이 잘 써진다. [의도적]

피동사에 피동 보조동사인 '(-아/-어/-여) 지다'를 붙여 씀으로써 어색한 문장이 되는 경우가 있다. 이와 같은 문장을 '중첩 피동문(重疊被動文)'이라고 한다. 피동의 의미를 강조하기 위해서 중첩 피동문을 사용할 수 있는데, 그렇지 않을 경우에는 중첩 피동문을 사용하지 않아야 한다.

> (20) ㄱ. 한강의 소설 '채식주의자'가 사람들에게 많이 **읽혀진다**.
>   ㄴ. 이 영화는 주제가 매우 참신해 **보여진다**.

'-아/-어/-여 지다'가 형용사의 어간에 결합되면 '상태의 변화'를 나타내기 때문에 이것이 서술어로 기능을 하는 문장은 피동문이 아니다.

다음의 예문 (21ㄱ)에 쓰인 '친해진다'는 형용사인 '친하다'의 어간 '친하-'에 '-어진다'가 결합한 것이다. 예문 (21ㄴ)에 쓰인 '멀어진다'는 형용사인 '멀다'의 어간 '멀-'에 '-어진다'가 결합한 것이고, (21ㄷ)에 쓰인 '착해졌다'는 형용사인 '착하다'의 어간 '착하-'에 '-여졌다'가 결합한 것이다. (21ㄹ)에 쓰인 '상쾌해졌어'는 형용사인 '상쾌하다'의 어간인 '상쾌하-'에 '-여졌어'가 결합한 것이다.

> (21) ㄱ. 사람은 자주 만나면 **친해진다**.
>   ㄴ. 사람은 만나지 않으면 **멀어진다**.
>   ㄷ. 철수는 전보다 많이 **착해졌다**.
>   ㄹ. 나는 기분이 **상쾌해졌어**.

6.2 사동법

6.2.1 사동법이란 무엇인가

사동법(使動法)이란 사동주가 피사동주로 하여금 어떤 행위를 하게 함을 나타내는 문법 범주이다. 사동법을 '사동(使動)' 혹은 '사역(使役)'이라고 일컫기도 한다.

사동법은 사동 상황을 표현하는 문법 범주이다. 사동 상황은 사동주(使動主), 피사동주(被使動主), 사동 사건(使動事件), 피사동 사건(被使動事件)으로 이루어진다.

다음의 예문 (1)에서 '민지'는 사동주이고, '아기'가 피사동주이다. '민지가 아기에게 밥을 먹도록 시키는 것'은 '사동 사건'이고, '아기가 민지의 부림에 따라 먹는 것'은 피사동 사건이다.

(1) 민지가 아기에게 밥을 먹인다.

사동법은 사동주의 사동 행위와 피사동주의 피사동 행위 간의 인과 관계에 대한 언어적 표현 양식이다(Comrie, 1976. Lyons, 1977).

'사동(使動)'의 상대 문법 범주인 '주동(主動)'은 동작주가 동작이나 행위를 스스로 하는 것을 뜻한다. 다음의 예문 (2ㄱ)은 주동문인데, (2ㄴ)과 (2ㄷ)은 사동문이다.

(2) ㄱ. 현주가 웃는다.
    ㄴ. 민지가 현주를 웃긴다.
    ㄷ. 민지가 현주를 웃게 한다.

6.2.2 사동법에는 어떤 것이 있는가

사동법에는 접미사동법(接尾使動法)과 통사적 사동법(統辭的使動法)이 있다.

6.2.2.1 접미사동법

접미사동법(接尾使動法)은 용언—자동사, 타동사, 형용사—의 어근에 사동접미사인 '-이-', '-히-', '-리-', '-기-', '-우-', '-구-', '-추-', '-이우-' 등이 결합되어 사동사가 된 것이 서술어 기능을 하는 사동문을 만드는 방법이다. 즉 이것은 파생어인 사동사로 사동문을 만드는 방법이다.

   (3) ㄱ. 민지가 중환자를 **살렸다.**
        ㄴ. 현수가 사람들을 **웃겼다.**
        ㄷ. 혜원이가 나를 **깨웠다.**
        ㄹ. 주민들이 길을 **넓혔다.**
        ㅁ. 연아가 얼음을 **녹였다.**
        ㅂ. 주최 측이 공연 시간을 **늦추었다.**
        ㅅ. 민호가 분위기를 **달구었다.**

자동사, 타동사, 형용사 등의 어근에 사동접미사인 '-이-', '-히-', '-리-', '-기-', '-우-', '-구-', '-추-', '-이우-' 등이 결합되어 사동사가 된 것의 보기를 들어 보면 다음의 (4)와 같다.

   (4) ㄱ. **자동사가 사동사가 된 것 : 기울이다,** 끓이다, 녹이다, 들이다, 붙이다, 속이다, 썩이다, 절이다, 졸이다, 죽이다, 줄이다; **굳히다,** 눕히다, 맞히다, 묻히다, 빗맞히다, 삭히다, 식히다, 썩히다, 앉히다, 익히다; **굶기다,** 웃기다, 숨기다, 남기다, 옮기다, 넘기다, **걸리다,** 곯리다, 굴리다, 날리다, 놀리다, 늘리다, 돌리다, 되돌리다, 말리다, 부풀리다, 불리다, 살리다, 얼리다, 올리다, 울리다, 흘리다; **맞추다, 끼우다,** 띄우

다, 비우다, 새우다, 세우다, 재우다, 찌우다, 채우다, 태우다, 틔우다,
피우다; **돋구다**, 솟구다, 일구다, …

ㄴ. **타동사가 사동사가 된 것 : 누이다**, 먹이다, 보이다, 쓰이다; **업히다**,
읽히다, 입히다, 잡히다; **들리다**, 물리다, 벌리다, 빨리다, 알리다; **감**
기다, 뜯기다, 맡기다, 벗기다, 빗기다, 신기다, 씻기다, 안기다; 깨우
다, 씌우다, 지우다, 채우다[18], …

ㄷ. **형용사가 사동사가 된 것 :** 높이다, 넓히다, 밝히다, 좁히다, 낮추다,
늦추다, …

자동사의 어근에 사동접미사인 '-이우-'가 결합하여 형성된 사동사로는 '띄우
다', '세우다', '재우다', '채우다', '태우다', '틔우다' 등이 있다.

6.2.2.2 통사적 사동법

통사적 사동법은 본용언에 사동 보조동사인 '(-게) 하다'가 연결되어 형성된 동
사구가 서술어 기능을 하는 사동문을 만드는 방법이다. 이것을 '-게 하다' 사동법
이라고 일컫기도 한다.

(5) 현아가 아기에게 빵을 **먹게 한다.**

대응되는 사동사가 없는 주동사를 활용하여 사동문을 만들 경우에는 그 주동사
의 어간에 '-게 하다'를 결합하여 표현한다.

(6) 너무 늦었기 때문에 나는 현수에게 빨리 자기 집으로 **가게 하였다.**

선어말어미인 '-았-/-었-/-였-', '-겠-', '-더-' 등은 보조동사 '하다'에 결합된다.

---

18) 채우다: '물건을 달거나 매거나 꿰어 떨어지지 않게 하다'라는 뜻을 지닌 타동사 '차다'의 사동사.

(7) ㄱ. 나는 현수에게 노래를 **부르게 하였다.**

　　ㄴ. 내가 학생들로 하여금 더욱 열심히 **공부하게 하겠다.**

　주체 존대를 나타내는 선어말어미인 '-시-'는 사동주를 존대하느냐 피사동주를 존대하느냐에 따라 놓이는 자리가 다르다. 다음의 예문 (8ㄱ)에서는 피사동주를 존대하였기 때문에 본동사에 선어말어미인 '-시-'가 결합되었는데, (8ㄴ)에서는 사동주를 존대하였기 때문에 보조동사에 선어말어미인 '-시-'가 결합되었다. 그런데 (8ㄷ)에서는 사동주와 피사동주를 존대하였기 때문에 본동사와 보조동사에 선어말어미인 '-시-'가 결합되었다.

(8) ㄱ. 민지는 어르신에게 의자에 **앉으시게** 하였다. [피사동주 존대]

　　ㄴ. 어머니가 동생에게 영화를 보러 가게 **하시었다.** [사동주 존대]

　　ㄷ. 어머니가 할머니로 하여금 제주도 여행을 **다녀오시게 하셨다.** [피사동주와 사동주 존대]

6.2.3 파생적 사동문과 통사적 사동문

사동문에는 파생적 사동문(派生的使動文)과 통사적 사동문(統辭的使動文)이 있다.

6.2.3.1 파생적 사동문

　파생적 사동문(派生的使動文)이란 용언 ― 자동사, 타동사, 형용사 등 ―의 어근에 사동접미사인 '-이-', '-히-', '-리-', '-기-', '-우-', '-구-', '-추-', '-이우-' 등이 결합되어 생성된 사동사가 서술어 기능을 하는 사동문이다. 즉 파생적 사동문은 파생어인 사동사가 서술어 구실을 하는 사동문이다. 이것을 '단형 사동문(短形使動文)'이라고 일컫기도 한다.

(9) ㄱ. 준수가 중환자를 **살렸다.**

ㄴ. 민지가 아기를 잠자리에 **눕혔다**.

ㄷ. 연아가 아기를 **씻겼다**.

ㄹ. 보라가 아기에게 옷을 **입혔다**.

ㅁ. 주민들이 마을로 가는 길을 **넓혔다**.

자동사와 형용사의 어근에 사동접미사가 결합되어 형성된 사동사가 사동문의 서술어로 기능할 경우 ㉠ 주동문의 주어가 사동문의 목적어로 바뀌고, ㉡ 주동문에 없던 새로운 주어가 사동문에 쓰인다. '새로운 주어'는 사동주이다.

주동문의 서술어가 자동사인 경우 그 자동사의 어근에 사동접미사가 결합되어 형성된 사동사가 사동문의 서술어로 기능할 경우 ㉠ 주동문의 주어가 사동문의 목적어로 바뀌고, ㉡ 주동문에 없던 새로운 주어가 사동문에 쓰인다. '새로운 주어'는 사동주이다. 다음의 예문 (10ㄴ)의 새로운 주어는 '현주가'이고, (11ㄴ)의 새로운 주어는 '어머니께서'이다.

(10) ㄱ. 현수가 웃는다. [주동문]

ㄴ. 현주가 현수를 웃긴다. [사동문]

(11) ㄱ. 내가 깊은 잠에서 깼다. [주동문]

ㄴ. 어머니께서 나를 깊은 잠에서 깨셨다. [사동문]

사동사의 주동사가 자동사인 경우에는 다음의 예문 (12ㄱ)과 같이 피사동주에 부사격 조사인 '에게'가 연결될 수 없는데, 사동사의 주동사가 타동사인 경우에는 다음의 예문 (12ㄴ)과 같이 피사동주에 조사인 '에게'가 결합될 수 있다. 예문 (12ㄱ)에 쓰인 '숨겼다'의 주동사는 자동사인 '숨다'인데, (12ㄴ)에 쓰인 '업히었다'의 주동사는 타동사인 '업다'이다.

(12) ㄱ. *민지가 현아**에게** 숨겼다.(×)

ㄴ. 민지가 현아**에게** 아기를 업히었다.(○)

주동문의 서술어가 형용사인 경우 형용사의 어근에 사동접미사가 결합되어 형성된 사동사가 사동문의 서술어로 기능할 경우 ㉠ 주동문의 주어가 사동문의 목적어로 바뀌고, ㉡ 주동문에 없던 새로운 주어가 사동문에 쓰인다. '새로운 주어'는 사동주이다. 다음의 예문 (13ㄴ)의 새로운 주어는 '민호가'이다.

(13) ㄱ. **담이 높다.** [주동문]
　　ㄴ. **민호가 담을 높였다.** [사동문]

타동사의 어근에 사동접미사가 결합되어 형성된 사동사가 사동문의 서술어로 기능할 경우 ㉠ 주동문의 주어가 사동문의 부사어나 목적어로 바뀌고, ㉡ 주동문의 목적어는 그대로 사동문의 목적어가 되고, ㉢ 주동문에 없던 새로운 주어가 사동문에 쓰인다. '새로운 주어'는 사동주이다. 다음의 예문 (14ㄴ)의 새로운 주어는 '어머니께서'이고, (15ㄴ)의 새로운 주어는 '아버지가'이다.

(14) ㄱ. **현주가** 아기를 업는다. [주동문]
　　ㄴ. **어머니께서** 아기를 **현아에게** 업히신다. [사동문]
(15) ㄱ. **동생이** 글을 읽는다. [주동문]
　　ㄴ. **아버지가 동생에게** 글을 읽히신다. [사동문]

타동사의 어근에 사동접미사가 결합되어 형성된 사동사가 사동문의 서술어로 기능할 경우 주동문의 주어가 사동문의 부사어로 바뀌지 않고 목적어로 바뀌면 어색한 문장이 된다.

다음의 예문 (16ㄱ)과 (16ㄴ)은 "아기가 우유를 먹는다."라는 주동문을 사동문으로 바꾼 것이다. 주동문의 주어인 '아기가'가 부사어로 바뀐 (16ㄱ)은 자연스러운 문장인데, 주동문의 주어인 '아기가'가 목적어로 바뀐 (16ㄴ)은 목적격 중출 현상을 빚어서 어색한 문장이 되었다.

(16) ㄱ. 현주가 **아기에게** 우유를 먹인다.

　　ㄴ. ?현주가 **아기를 우유를** 먹인다.

　파생적 사동문 중에는 그것에 대응되는 주동문이 없는 것이 있다. 다음의 예문 (17)에 쓰인 '날리다'는 '이름을 세상에 널리 알려지게 하다'라는 뜻을 나타내는 사동사이다. 그런데 '날리다'에 대응되는 주동사가 없어서 예문 (17)에 대응되는 주동문이 없다.

(17) 그는 과학자로서 이름을 **날렸다**.

　용언의 어근에 사동접미사인 '-이-', '-히-', '-리-', '-기-' 등이 결합되어 형성된 사동사가 서술어 기능을 하는 사동문은 목적어를 필요로 하는데, 피동접미사인 '-이-', '-히-', '-리-', '-기-' 등이 결합되어 형성된 피동사가 서술어 기능을 하는 피동문은 목적어를 필요로 하지 않는다.

　다음의 예문 (18ㄱ)은 사동문이기 때문에 목적어인 '우유를'이 쓰였는데, (18ㄴ)은 피동문이기 때문에 목적어가 쓰이지 않았다.

(18) ㄱ. 영주가 아기에게 **우유를** 먹인다. [사동문]

　　ㄴ. 산에 눈이 많이 **쌓인다**. [피동문]

6.2.3.2 통사적 사동문

　통사적 사동문(統辭的使動文)은 통사적 사동법으로 형성된 동사구가 서술어로 기능을 하는 사동문이다. 이것은 본용언에 사동 보조동사인 '(-게) 하다'가 연결되어 형성된 동사구가 서술어로 기능을 하는 사동문이다. 이것을 '-게 하다' 사동문, 혹은 '장형 사동문(長形使動文)'이라고 일컫기도 한다.

(19) ㄱ. 민지는 아기를 자**게 하였다**.

ㄴ. 현수가 사람들을 집으로 돌아가**게 하였다.**

주동문의 서술어인 자동사에 사동 보조동사인 '(-게) 하다'를 붙여서 사동문을 만드는 경우 ㉠ 주동문의 주어는 사동문의 목적어나 주어로 바뀌고, ㉡ 사동문에 새로운 주어(사동주)가 쓰인다. 다음의 예문 (20ㄴ)에서 새로운 주어는 '현수가'이다.

(20) ㄱ. **사람들이 웃는다.** [주동문]
ㄴ. **현수가 {사람들을, 사람들이} 웃게 한다.** [사동문]

'있다'와 '없다'를 제외한 형용사나 서술격 조사 '이다'의 어간에 사동 보조동사인 '(-게) 하다'를 연결하여 사동문을 만들면 부자연스러운 문장이 된다.

다음의 예문 (21ㄱ)에 쓰인 '깊다'는 형용사이고, (22ㄱ)에 쓰인 '이다'는 서술격 조사이다. (21ㄴ)은 형용사인 '깊다'의 어간에 사동 보조동사인 '(-게) 하다'를 연결하여 사동문을 만들었기 때문에 부자연스러운 문장이 되었고, (22ㄴ)은 서술격 조사인 '이다'의 어간에 사동 보조동사인 '(-게) 하다'를 연결하여 사동문을 만들었기 때문에 비문법적인 문장이 되었다.

(21) ㄱ. 강이 **깊다.** [주동문]
ㄴ. *사람들이 {**강을, 강이**} **깊게 하였다.**(×) [사동문]

(22) ㄱ. 나는 주인공**이다.** [주동문]
ㄴ. *연출가가 나를 주인공**이게 하였다.**(×) [사동문]

주동문의 서술어인 타동사에 사동 보조동사인 '(-게) 하다'를 붙여 사동문을 만드는 경우 ㉠ 주동문의 주어가 부사어나 주어나 목적어로 바뀌고, ㉡ 주동문의 목적어는 그대로 사동문의 목적어가 되며, ㉢ 사동문에 새로운 주어(사동주)가 쓰인다. 다음의 예문 (23ㄱ)은 주동문이다. 이 문장의 주어인 '현주가'가 사동문인

(23ㄴ)에서는 부사어가 되었고, (23ㄷ)에서는 그대로 주어가 되었다.

> (23) ㄱ. **현주가** 아기를 **안다.** [주동문]
> ㄴ. 민지**가** 아기를 현아**에게 안게 한다.** [사동문]
> ㄷ. 민지**가** 아기를 현아**가 안게 한다.** [사동문]

사동 보조동사인 '(-게) 하다'가 사동사가 있는 주동사의 어간에 연결되어 통사적 사동문이 형성되기도 한다.

> (24) ㄱ. 현아가 아기에게 이유식을 **먹인다.**
> ㄴ. 현아가 아기에게 이유식을 **먹게 한다.**

사동사에 사동 보조동사인 '(-게) 하다'를 연결하여 통사적 사동문을 만드는 경우도 있다.

> (25) 할머니가 형에게 동생한테 옷을 **입히게 하셨다.**

6.2.3.3 파생적 사동문과 통사적 사동문의 차이

파생적 사동문과 통사적 사동문은 의미적·통사적 차이가 있다.

파생적 사동문과 통사적 사동문의 의미는 다음과 같이 다르다.

1) 파생적 사동문은 사동주의 직접 행동이나 간접 행동을 나타내는데, 통사적 사동문은 사동주의 간접 행동만을 나타낸다.

파생적 사동문인 다음의 예문 (26ㄱ)은 "사동주인 '현주'가 피사동주인 '영수'에게 직접 돈을 맡도록 하였다."로 해석되거나, "사동주인 '현주'가 간접적으로 피사동주인 '영수'로 하여금 돈을 맡게 하였다."로 해석이 된다. 그런데 통사적 사동문인 (26ㄴ)은 "사동주인 '현주'가 피사동주인 '영수'에게 간접적으로 돈을 맡도록 하였다."로 해석이 된다.

> (26) ㄱ. 현주가 영수에게 돈을 **맡기었다**.
> ㄴ. 현주가 영수에게 돈을 **맡게 하였다**.

'놀리다', '울리다', '웃기다', '읽히다' 등이 서술어 기능을 하는 파생적 사동문은 사동주의 간접 행동을 나타낸다.

> (27) ㄱ. 선생님이 학생들을 **놀리셨다**.
> ㄴ. 현수가 나를 **웃겼다**.

2) 사동주의 직접 행동을 나타내는 파생적 사동문은 사동 사건과 피사동 사건이 모두 동시성(同時性)을 띠게 된다. 그런데 통사적 사동문은 사동 사건과 피사동사 건 사이에 시차성(時差性)이 있음을 나타내기도 한다.

다음 예문 (28ㄱ)에서는 '어제'의 사동 사건인 '영수가 현주로 하여금 울도록 만든 것'이 '오늘'의 피사동 사건인 '현주가 운 것'의 원인이 될 수 없다. 파생적 사동문인 (28ㄱ)은 비문법적인 문장이다. 그런데 (28ㄴ)에서는 '어제'의 사동 사 건인 '영수가 현주로 하여금 울도록 만든 것'이 '오늘'의 피사동 사건인 '현주가 운 것'의 원인이 될 수 있다. 통사적 사동문인 (28ㄴ)은 문법에 맞는 문장이다.

> (28) ㄱ. *어제 영수가 오늘 현주를 울리었다.(×) [파생적 사동문]
> ㄴ. **어제** 영수가 **오늘** 현주를 울게 하였다.(○) [통사적 사동문]

파생적 사동문과 통사적 사동문은 다음과 같은 통사적인 차이가 있다.

1) 파생적 사동문에서는 피사동주에 목적격 조사인 '을/를'이나 부사격 조사인 '에게/한테'가 연결되는데, 통사적 사동문의 피사동주에는 부사격 조사 '에게, 한 테', 목적격 조사인 '을/를', 주격 조사인 '이/가' 등이 연결되기도 한다.

(29) ㄱ. 현수가 아기**를** 울렸다. [파생적 사동문]

　　ㄴ. 어머니가 아버지**에게** 아기를 업혔다. [파생적 사동문]

　　ㄷ. 선생님이 학생들{**에게, 이**} 글을 쓰게 하시었다. [통사적 사동문]

　　ㄹ. 어머니가 나**를** 아름다운 바다를 보이게 하신다. [통사적 사동문]

2) 파생적 사동문에서는 한 개의 동사가 서술어의 기능을 하는데, 통사적 사동문에서는 두 개의 동사, 즉 본동사와 보조동사가 동사구를 형성하여 서술어의 기능을 한다.

(30) ㄱ. 민호가 우리를 **웃겼다.** [파생적 사동문]

　　ㄴ. 민호가 우리를 **웃게 했다.** [통사적 사동문]

3) 파생적 사동문에서는 부사가 사동주의 행위를 수식하지만, 통사적 사동문에서는 피사동주의 행위를 수식한다.

파생적 사동문인 다음의 예문 (31ㄱ)에서는 부사인 '잘'이 사동주인 '민지'가 먹이는 행위를 수식하지만 통사적 사동문인 (31ㄴ)에서는 부사인 '잘'이 피사동주인 '아기'가 먹는 행위를 수식하고 있다.

(31) ㄱ. 민지가 아기에게 이유식을 **잘** 먹인다. [파생적 사동문]

　　ㄴ. 민지가 아기에게 이유식을 **잘 먹게** 한다. [통사적 사동문]

파생적 사동문인 다음의 예문 (32ㄱ)에서는 부사인 '안'이 사동주인 '현수'가 속이는 행위를 수식하지만, 통사적 사동문인 (32ㄴ)에서는 부사인 '안'이 피사동주인 '보라'가 속는 행위를 수식하고 있다.

(32) ㄱ. 현수가 보라를 **안** 속였다.

　　ㄴ. 현수가 보라를 **안 속게** 하였다.

4) 주체 존대 선어말어미인 '-(으)시-'가 파생적 사동문에서는 서술어 기능을 하는 사동사에 결합되어 주체인 사동주만 존대함을 나타낸다. 그런데 통사적 사동문에서는 사동주인 주체만 존대하거나, 피사동주만 존대하거나, 사동주와 피사동주를 모두 존대함을 나타내기도 한다.

    (33) ㄱ. 어머니가 아기에게 신발을 **신기시었다.** [사동주 존대]

        ㄴ. 어머니가 아기에게 신발을 신게 **하시었다.** [사동주 존대]

        ㄷ. 동생이 할머니께 여행을 **가시게** 하였다. [피사동주 존대]

        ㄹ. 어머니가 할머니께 여행을 **가시게 하시었다.** [피사동주와 사동주 존대]

7
부정 표현

7.1 부정법이란 무엇인가

부정법(否定法)은 부정소(否定素)로써 어떤 사실이나 가치를 부정하는 문법 범주이다. 즉 부정법은 부정소를 사용하여 부정문을 만드는 법이다.

한국어 부정소에는 부정 부사 '아니(안)'나 '못', 부정 보조용언인 '(-지) 아니하다(않다)', '(-지) 못하다', '(-지) 말다' 등이 있다.

    (1) ㄱ. 준수가 잠을 잔다.
        ㄴ. 준수가 잠을 안 잔다.
        ㄷ. 준수가 잠을 자지 않는다(아니한다).

    (2) ㄱ. 보라가 과일을 먹는다.
        ㄴ. 보라가 과일을 못 먹는다.
        ㄷ. 보라가 과일을 먹지 못한다.

    (3) ㄱ. 민지는 회장이다.
        ㄴ. 민지는 회장이 아니다.

    (4) ㄱ. 현호가 담배를 핀다.
        ㄴ. 현호야, 담배를 피우지 마라/말아라.

'모르다', '없다' 등과 부정의 의미를 나타내는 접두사인 '몰(沒)-', '무(無)-', '미(未)-', '불(不)-', '비(非)-' 등이 어근에 결합되어 형성된 단어는 부정소가 아니다.

> (5) 몰염치하다(沒廉恥-), 몰이해(沒理解), 몰개성적(沒個性的); 무관하다(無關-), 무관심(無關心); 미결(未決), 미결재(未決裁), 미결정(未決定), 미경험(未經驗); 불가해(不可解), 불간섭(不干涉), 불감(不感), 불개입(不介入), 불안정(不安定), 불완전(不完全), 불필요(不必要), 불허(不許); 비공개적(非公開的), 비공식적(非公式的), 비공인(非公認), 비과학적(非科學的), 비교육적(非敎育的), 비위생적(非衛生的), 비윤리적(非倫理的), 비의도적(非意圖的), 비인도적(非人道的), …

7.2 부정법의 종류

부정법(否定法)은 부정소(否定素)에 따라 '안' 부정법, '못' 부정법, '말다' 부정법 등으로 나뉘고, 부정문(否定文)의 길이와 구성 방식에 따라 '단형 부정법'과 '장형 부정법'으로 나뉜다.

7.2.1 부정소에 따른 부정법

7.2.1.1 '안' 부정법

'안' 부정법은 부정소인 '아니(안)' 혹은 부정 보조용언인 '(-지) 아니하다(않다)' 혹은 '아니다' 등을 사용하여 부정문을 만드는 법이다.

'안' 부정법에는 세 가지 유형이 있다.

1) 동사나 형용사가 서술어인 경우 그 앞에 부정 부사 '안'을 놓아 부정문을 만드는 것.

(1) ㄱ. 현주가 영화관에 **안** 간다.
ㄴ. 현수는 떡을 **안** 먹는다.

2) 서술어 기능을 하는 동사와 형용사의 어간에 보조적 연결어미인 '-지'를 붙이고, 그 뒤에 부정 보조용언인 '아니하다(않다)'를 연결하여 부정문을 만드는 것.
동사인 본용언에 연결된 '(-지) 아니하다(않다)'는 보조동사이고, 형용사인 본용언에 연결된 '(-지) 아니하다(않다)'는 보조형용사이다. 다음의 예문 (2ㄱ)에 쓰인 '않는다'는 보조동사인데, (2ㄴ)에 쓰인 '않다'는 보조형용사이다.

(2) ㄱ. 현주가 영화관에 가**지 않는다**.
ㄴ. 현수는 게으르**지 않다**.

3) 『명사 + 서술격 조사 '이다'』가 서술어인 경우 그 명사에 보격 조사인 '이/가'를 붙이고 서술격 조사인 '이다'를 '아니다'로 바꾸어 부정문을 만드는 것.

(3) 민호는 **반장이다**. → 민호는 **반장이 아니다**.

'안' 부정법은 평서문과 의문문에만 실현된다. 이것은 명령문이나 청유문에는 실현되지 못한다.

(4) ㄱ. 현아는 **안** 떠든다.(○)
ㄴ. 현아는 **안** 떠드느냐?(○)
ㄷ.*현아야, **안** 떠들어라.(×)
ㄹ.*함께 **안** 떠들자.(×)

'안' 부정법은 '단순 부정(單純否定)'과 '의도 부정(意圖否定)'을 나타낸다.
『명사 + 서술격 조사 '이다'』로 구성된 것이 서술어 구실을 하는 문장과 형용사가 서술어 구실을 하는 문장을 '안' 부정법으로 만든 부정문은 '단순 부정'을 뜻한다.

(5) ㄱ. 보라는 중학생이다.
    ㄴ. 보라는 중학생**이 아니다.** [단순 부정]

(6) ㄱ. 민지는 착하다.
    ㄴ. 민지는 **안** 착해. [단순 부정]
    ㄷ. 민지는 착하**지 않아.** [단순 부정]

　동사가 서술어 구실을 하는 문장을 '안' 부정법으로 만든 부정문은 '단순 부정'과 '의도 부정'을 나타낸다. 다음의 예문 (7ㄴ)과 (7ㄷ)은 긍정문인 (7ㄱ)의 부정문이다. (7ㄴ)과 (7ㄷ)은 단순 부정이나 의도 부정을 나타낸다.

(7) ㄱ. 현수가 빵을 먹었다.
    ㄴ. 현수가 빵을 **안 먹었다.**
    ㄷ. 현수가 빵을 **먹지 않았다.**

　'안' 부정법은 '단순 부정(單純否定)'이나 '의도 부정(意圖否定)'의 의미를 나타내기 때문에 동작주의 능력을 전제로 하는 행위와 관련되는 서술어를 가진 문장에서는 성립하지 않는다(남기심, 2001: 318. 고영근·구본관, 2008: 340). 그런데 '못' 부정법은 성립한다.

(8) ㄱ. *한 시간도 **안 견디고** 항복했느냐?(×)
    ㄴ. 한 시간도 **못 견디고** 항복했느냐?(○)

(9) ㄱ. *철수는 그 사실을 알**지 않는다.**(×)
    ㄴ. 철수는 그 사실을 알**지 못한다.**(○)

　'안' 부정문 중에는 두 가지 이상의 의미로 해석될 수 있는, 중의적(重義的)인 것이 있다. "내가 영화를 안 보았어."라는 문장은 다음의 두 가지 의미로 해석될 수 있다.

① 영화를 본 사람은 내가 아니다.(다른 사람이 영화를 보았다.)
② 내가 본 것은 영화가 아니다.(다른 것을 보았다.)

중의적인 부정문에 보조사인 '는'을 사용하여 중의성(重義性)을 해소시킬 수 있다.

(10) 내가 영화**는** 안 보았어.

'가소롭다', '애처롭다', '사랑스럽다', '자랑스럽다', '괴롭다', '나쁘다', '낮다', '높다' 등은 '안' 부정법에만 쓰이고, '못' 부정법에는 쓰이지 못한다.

(11) ㄱ. 민지는 성격이 **안** 나빠.(○)
　　 ㄴ. *민지는 성격이 **못** 나빠.(×)

감각형용사인 '쓰다', '짜다', '시다', '달다', '싱겁다', '뜨겁다', '차다' 등과 심리형용사인 '기쁘다', '슬프다', '싫다', '좋다', '밉다', '분하다' 등은 '안' 부정법에만 쓰인다.

(12) ㄱ. 이 물은 **안** 뜨거워.(○)
　　 ㄴ. 이 물은 뜨겁**지 않아.**(○)
　　 ㄷ. *이 물은 **못** 뜨거워.(×)
　　 ㄹ. *이 물은 뜨겁**지 못해.**(×)

인지동사(認知動詞)인 '기억하다', '깨닫다', '생각하다', '알다', '자각하다' 등은 '안' 부정법에 쓰이지 못한다. 이것들은 '못' 부정법에만 쓰인다. 다음의 예문 (13ㄱ)과 (13ㄴ)은 인지동사인 '기억하다'가 '안' 부정법에 쓰였기 때문에 비문법적인 문장이 된 것이다. 그런데 (13ㄷ)과 (13ㄹ)은 '기억하다'가 '못' 부정법에 쓰였기 때문에 문법에 맞는 문장이 되었다.

(13) ㄱ. *나는 그 사건을 **안** 기억해.(×)

ㄴ. *나는 그 사건을 기억하**지 않아**.(×)

ㄷ. 나는 그 사건을 **못** 기억해.(○)

ㄹ. 나는 그 사건을 기억하**지 못해**.(○)

7.2.1.2 '못' 부정법

'못' 부정법은 부정 부사인 '못', 부정 보조용언인 '(-지) 못하다' 등을 사용하여 부정문을 만드는 법이다.

'못' 부정법에는 두 가지 유형이 있다.

1) 동사나 형용사가 서술어인 경우 그 앞에 부정 부사 '못'을 놓아 부정문을 만드는 것.

다음의 예문 (14ㄱ)에 쓰인 '갔다'와 (14ㄴ)에 쓰인 '먹었다'는 동사인데, (14ㄷ)에 쓰인 '미덥다'와 (14ㄹ)에 쓰인 '마땅해서'는 형용사이다.

(14) ㄱ. 현주가 영화관에 **못** 갔다.

ㄴ. 현수는 떡을 **못** 먹었다.

ㄷ. 저 사람은 못 미덥다.

ㄹ. 저 사람의 말은 못 마땅해서 듣기가 싫어.

2) 서술어 기능을 하는 본동사와 본형용사의 어간에 보조적 연결어미인 '-지'를 붙이고, 그 뒤에 부정 보조용언인 '못하다'를 연결하여 부정문을 만드는 것.

(15) ㄱ. 현주는 영화관에 가**지 못했다**.

ㄴ. 저 사람은 미덥**지 못하다**.

'못' 부정법은 '안' 부정법처럼 평서문과 의문문에만 실현된다. 이것은 명령문이나 청유문에는 실현되지 못한다.

'못' 부정법이 실현된 (16ㄱ)은 평서문이고, (16ㄴ)은 의문문이기 때문에 문법에 맞는 문장이 되었다. 그런데 '못' 부정법이 실현된 (16ㄷ)은 명령문이고, (16ㄹ)은 청유문이기 때문에 비문법적인 문장이 되었다.

> (16) ㄱ. 현수는 떡을 **못 먹는다.**(○)
> ㄴ. 현수는 **못 먹느냐?**(○)
> ㄷ. *현수야, **못 먹어라.**(×)
> ㄹ. *함께 **못 먹자.**(×)

'못' 부정법은 '능력 부정(能力否定)'과 '타의 부정(他意否定)'을 나타낸다. 이것은 화자가 능력이 없거나 외부적 이유나 원인으로 어떤 행위를 스스로 할 수 없음을 나타낸다.

> (17) ㄱ. 나는 그 문제를 **못 풀었어.** [능력 부정]
> ㄴ. 부모님이 반대하셔서 나는 너와 **결혼하지 못해.** [타의 부정]

서술어가 『명사 + 서술격 조사 '이다'』인 경우에 '못' 부정법이 성립하지 못한다.

> (18) *이분은 **못 사장입니다.**(×)

서술어가 형용사인 경우에도 '못' 부정법이 성립하지 못하는 것이 원칙이다. 그런데 화자가 어떤 상태가 되기를 바랄 수 있는 상태를 나타내는 형용사인 '따뜻하다', '똑똑하다', '현명하다', '넉넉하다', '깨끗하다', '신선하다', '만족하다', '우수하다', '탁월하다', '원만하다', '풍부하다', '좋다', '미덥다', '마땅하다' 등이 서술어인 경우에는 '못' 부정법이 성립한다.

> (19) ㄱ. *담이 **못 높다.**(×)
> ㄴ. 그 사람은 **현명하지 못해.**(○)

ㄷ. 영수의 형편은 **넉넉하지 못해.**(○)

'의도(意圖)'를 나타내는 어구(語句)나 능력이 있으면 당연히 피하고 싶은 의미를 나타내는 동사가 쓰인 문장에는 '못' 부정법이 실현되지 못한다. 다음의 예문 (20ㄱ)은 '의도'의 의미를 나타내는 연결어미인 '-고자'가 결합된 '하고자'를 '못'이 부정하기 때문에 비문법적인 문장이 되었다. (20ㄴ)은 '의도'의 의미를 나타내는 연결어미인 '-려고'가 결합된 '하려고'를 '못'이 부정하기 때문에 비문법적인 문장이 되었다. (20ㄷ)은 피하고 싶은 의미를 나타내는 동사인 '절망하지'를 부정하기 때문에 비문법적인 문장이 되었다.

(20) ㄱ. *나는 영화 구경을 **못 하고자 한다.**(×)
ㄴ. *나는 영화 구경을 **못 하려고 한다.**(×)
ㄷ. *나는 그 일에 **절망하지 못했어.**(×)

'못' 부정문 중에도 중의적인 것이 있다. "내가 영화를 못 보았어."라는 문장은 다음의 두 가지 의미로 해석될 수 있다.

① 영화를 보지 못한 사람은 나이다.
② 내가 못 본 것은 영화이다.

중의적인 부정문에 보조사인 '는'을 사용하여 중의성을 해소시킬 수 있다.

(21) 내가 영화**는** 못 보았어.

과정동사인 '끓다', '마르다' 등은 '못' 부정법에 쓰이지 못한다. 그런데 이것들은 '안' 부정법에 쓰인다.

(22) ㄱ. *물이 **못 끓는다.**(×)
ㄴ. *물이 **끓지 못한다.**(×)

ㄷ. *빨래가 **못 마른다.**(×)

ㄹ. *빨래가 **마르지 못한다.**(×)

(23) ㄱ. 물이 **안 끓는다.**(○)

ㄴ. 물이 **끓지 않는다.**(○)

ㄷ. 빨래가 **안 마른다.**(○)

ㄹ. 빨래가 **마르지 않는다.**(○)

'가소롭다', '애처롭다', '사랑스럽다', '자랑스럽다', '괴롭다', '나쁘다', '낮다', '높다' 등도 '못' 부정법에 쓰이지 못한다. 그러나 이것들은 '안' 부정법에는 쓰인다.

(24) ㄱ. *그 사람은 성격이 **못 나빠.**(×)

ㄴ. *그 사람은 성격이 **나쁘지 못해.**(×)

(25) ㄱ. 그 사람은 성격이 **안 나빠.**(○)

ㄴ. 그 사람은 성격이 **나쁘지 않아.**(○)

감각형용사인 '쓰다', '짜다', '시다', '달다', '싱겁다', '뜨겁다', '차다' 등과 심리형용사인 '기쁘다', '슬프다', '싫다', '좋다', '밉다', '분하다' 등도 '못' 부정법에 쓰이지 못한다. 그러나 이것들은 '안' 부정법에는 쓰인다.

(26) ㄱ. *이 국은 **못 싱거워.**(×)

ㄴ. *이 국은 **싱겁지 못해.**(×)

(27) ㄱ. 이 국은 **안 싱거워.**(○)

ㄴ. 이 국은 **싱겁지 않아.**(○)

인지동사(認知動詞)인 '기억하다', '깨닫다', '생각하다', '알다', '자각하다' 등은 '못' 부정법에 쓰이는데, '안' 부정법에는 쓰이지 못한다.

(28) ㄱ. 영수는 자기의 잘못을 **못 깨달아요.**(○)

ㄴ. 영수는 자기의 잘못을 **깨닫지 못해요**.(○)

(29) ㄱ. *영수는 자기의 잘못을 **안 깨달아요**.(×)

ㄴ. *영수는 자기의 잘못을 **깨닫지 않아요**.(×)

7.2.1.3 '말다' 부정법

'말다' 부정법은 부정 보조동사인 '(-지) 말다'로 부정문을 만드는 법이다.

'말다' 부정법은 서술어의 어간에 보조적 연결어미인 '-지'를 붙이고 그 뒤에 보조동사인 '말다'를 사용하여 부정문을 만드는 것이다.

(30) 잔디밭에 들어가**지 {말아라, 마라}**.

'말다' 부정법은 '안' 부정법이나 '못' 부정법과 달리 명령문과 청유문에만 실현된다. 이것은 '안' 부정법이나 '못' 부정법과 달리 평서문이나 의문문에는 실현되지 못한다.

(31) ㄱ. 떠들지 {말아라, 마라}.(○) [명령문]

ㄴ. 떠들지 말자.(○) [청유문]

ㄷ. *현수는 떠들지 말다.(×) [평서문]

ㄹ. *현수는 떠들지 마니?(×) [의문문]

'바라다', '원하다', '희망하다', '기대하다', '기원하다' 등과 같이 바람, 기대, 희망 등을 나타내는 동사가 서술어인 평서문에 '말다' 부정법이 실현되기도 한다(남기심, 2001: 322).

(32) 나는 네 병이 더 이상 악화하**지 말기**를 **바랐다**.

'말다' 부정법은 『명사 + 서술격 조사 '이다'』나 형용사가 서술어인 문장에는 실현되지 못한다. 그런데 형용사가 서술어인 문장이 '화자의 기원'을 나타낼 경우에는 '말다' 부정법이 실현된다.

(33) ㄱ. *너는 **악인이지** {**말아라, 마라**}.(×)
    ㄴ. *친구여, **악하지** {**말아라, 마라**}.(×)
    ㄷ. 제발 **아프지만** {**말아라, 마라**}.(○) [화자의 기원을 나타냄.]

7.2.2 문장의 길이와 구성 방식에 따른 부정법

7.2.2.1 단형 부정법

단형 부정법(短形不定法)이란 부정 부사인 '아니(안)'나 '못'이 서술어 바로 앞에 놓여 그 서술어를 부정하는 것이다. 이것을 '짧은 부정법'이라고 일컫기도 한다.

(34) ㄱ. 나는 극장에 **안** 간다.
    ㄴ. 나는 시장에 **못** 간다.

단형 부정법은 장형 부정법에 비해 제약을 많이 받는다. 합성어나 파생어인 용언 중에는 '단형 부정법'에 쓰이지 못하는 것이 있다.

(35) ㄱ. *그 사람은 **안 정답다**.(×)
    ㄴ. *그녀는 **안 억세다**.(×)
    ㄷ. *그 나라는 **안 통일했어**.(×)
    ㄹ. *그는 **안 이름났어**.(×)
    ㅁ. *이 물건은 **안 값싸다**.(×)

'단형 부정법'에 쓰이지 못하는 합성어인 용언으로는 '가다듬다', '값싸다', '굶주리다', '다다르다', '마무리짓다', '본받다', '앞서다', '오가다', '이름나다' 등이 있다.

'단형 부정법'에 쓰이지 못하는 파생어인 용언으로는 '공부하다', '노래하다', '연구하다', '운동하다', '추돌하다', '추천하다', '출발하다', '통일하다', '빗나가다', '짓밟다', '휘감다', '과분하다', '남자답다', '노하다', '분노하다', '슬기롭다', '평화롭다', '약하다', '얄밉다', '새파랗다', '설익다', '억세다', '자랑스럽다', '기웃거리다', '깜박이다', '재빠르다' 등이 있다.

합성동사인 '내려오다', '돌아가다', '들어가다', '스며들다', '잡아먹다' 등과 파생어인 '독하다', '사랑하다', '상하다', '연하다', '전하다', '높이다', '들리다', '맞추다', '웃기다' 등은 단형 부정법에 쓰인다.

> (36) ㄱ. 아직도 그들은 산에서 **안** 내려왔어.
>   ㄴ. 그는 그 소식을 동생에게 **안** 전했어.
>   ㄷ. 함성이 **안** 들려.

'단형 부정법'은 '장형 부정법'보다 더욱 강한 부정의 의미를 나타낸다.

> (37) ㄱ. 나는 떡을 **안** 먹어.
>   ㄴ. 나는 떡을 먹**지 않아**.

단형 부정문에서는 부정 부사인 '아니'와 '못'이 바로 뒤에 오는 용언만을 부정하는데, 장형 부정문에서는 명제를 나타내는 문장을 부정한다.

다음의 예문 (38ㄱ)에서는 부정 부사인 '못'이 '깨닫는다'만을 부정하는데, (38ㄴ)에서는 "현수가 자기의 잘못을 깨닫는다."라는 명제를 부정한다.

> (38) ㄱ. 현수는 자기의 잘못을 **못 깨닫는다**.
>   ㄴ. 현수는 자기의 잘못을 깨닫**지 못한다**.

7.2.2.2 장형 부정법

장형 부정법(長形否定法)은 서술어로 기능을 하는 본용언의 어간에 보조적 연결 어미인 '-지'를 붙이고, 그 뒤에 부정 보조용언인 '아니하다(않다)'나 '못하다'를 연결하여 문장을 부정하는 것이다. 이것을 '긴 부정법'이라고 일컫기도 한다.

(39) ㄱ. 이 음식은 짜**지 않다**.
　　 ㄴ. 나는 그 사건을 기억하**지 못한다**.

장형 부정법은 단형 부정법보다 약한 부정의 의미를 나타낸다.

(40) ㄱ. 나는 시장에 **못** 가. [단형 부정법]
　　 ㄴ. 나는 시장에 가**지 못해**. [장형 부정법]

장형 부정법은 단형 부정법보다 통사적인 제약을 덜 받는다.
단형 부정법에 쓰이지 못하는 파생어나 합성어인 용언이 장형 부정법에 쓰인다.

(41) ㄱ. *나는 **안 노래해**.(×)
　　 ㄴ. 나는 **노래하지 않아**.(○)

(42) ㄱ. *이 물건은 **안 값싸다**.(×)
　　 ㄴ. 이 물건은 **값싸지 않아**.(○)

장형 부정문에서 선어말어미인 '-(으)시-'는 보조용언에만 결합하거나 본용언과 보조용언에 결합되기도 한다. 이러한 경우 후자가 전자보다 주체를 더 존대함을 나타낸다.

다음의 예문 (43ㄱ)에서는 선어말어미인 '-(으)시-'가 보조용언인 '않다'에 결합되었는데, (43ㄴ)에서는 선어말어미인 '-(으)시-'가 본용언인 '귀가하다'와 보조용언인 '않다'에 결합되었다. (43ㄴ)이 (43ㄱ)보다 화자가 주체인 '아버지'를 더욱 존대하여 표현한 것이다.

(43) ㄱ. 아직 아버지께서 귀가하지 않으**셨**어요.
　　 ㄴ. 아직 아버지께서 귀가하**시**지 않으**셨**어요.

장형 부정문에서 선어말어미인 '-았-/-었-/-였-', '-겠-' 등은 보조용언에만 결합된다.

(44) ㄱ. 철수가 도서관에 가지 **않았다**.
　　 ㄴ. 나는 바빠서 영화관에 가지 **못하겠다**.

장형 부정문에서 선어말어미인 '-았-/-었-/-였-'이나 '-겠-'이 본용언에만 결합되면 다음의 예문 (45ㄱ), (45ㄴ) 등과 같이 비문법적인 문장이 된다.

(45) ㄱ. *현주가 빵을 **먹었지** 않아.(×)
　　 ㄴ. *내일 현주는 바빠서 **놀겠지** 못해.(×)

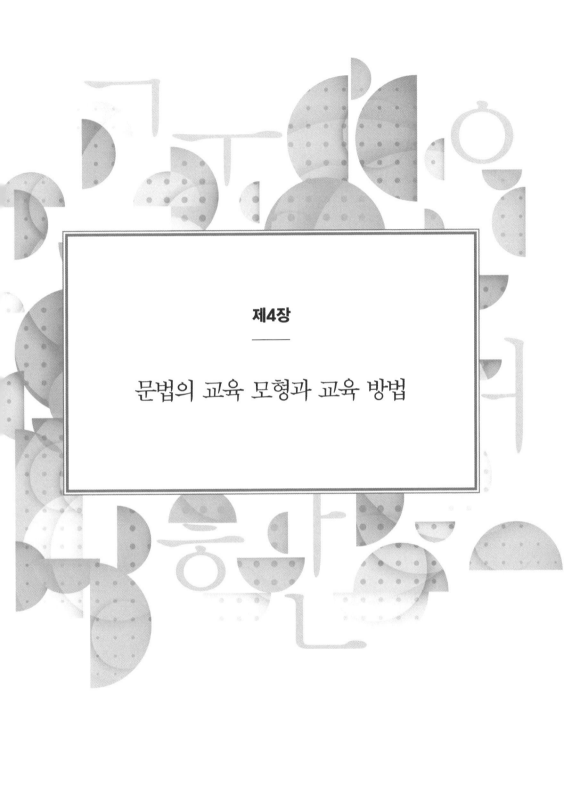

제4장

문법의 교육 모형과 교육 방법

1

문법의
교육 모형

1.1 접근 방식에 의거한 문법의 교육 모형

접근 방식에 의거한 문법의 교육 모형에는 상향식 모형(上向式模型, Bottom-up model)과 하향식 모형(下向式模型, Top-down model)이 있다.

1.1.1 상향식 모형

상향식 모형은 최소의 문법 단위에서 최대의 문법 단위로 옮겨 가면서 교육시키는 모형이다. 즉 이것은 한 개의 문법 항목을 분리하여 명확하게 제시하고, 의미의 구조를 익혀서 점점 큰 문법 단위로 이동하여 연습하도록 하는 교육 모형이다. 상향식 모형은 다음의 (1)과 같이 형태소 → 단어 → 구(句) → 절(節) → 문장 → 담화 등의 순서로 교육시키는 것이다.

(1) [형태소] 공부 + -하 + -려고 →
　　 [단어] '공부하다' →
　　 [구] '공부하려고 해' →
　　 [절] '나는 열심히 공부하려고' →

[문장] "나는 게임을 하지 않고 열심히 공부하려고 해." →

[담화] 그동안 나는 공부를 하지 않고 놀기만 했어. 그래서 지난 중간고사 성적이 아주 나빠. 이번 기말고사를 잘 보기 위해 나는 게임을 하지 않고 열심히 공부하려고 해.

상향식 모형은 언어의 형태·의미·기능 중에서 형태에 초점을 두는 모형이다. 상향식 모형은 문법의 지식을 익히고, 문법의 사용 단계로 나아가야 의사소통 능력이 향상된다고 인식하는 모형이다.

문법 구조가 복잡할수록 상향식 모형이 교육의 효과가 있다. 형태 변화와 통사적인 제약이 클수록 문법에 대한 설명과 연습이 체계적으로 이루어져야 하기 때문이다(이미혜, 2007: 38).

문법 항목을 하나하나 개별적으로 교수·학습할 때는 상향식 모형이 교육의 효과가 있다. 학습자가 분석적인 성향을 지닌 사람인 경우에는 상향식 모형이 교육에 효과가 있다.

상향식 모형의 대표적인 것이 '과제 보조 모형' 또는 '과제 제시 모형'이라고 일컫는 'PPP 모형'이다. 'PPP'는 Presentation(제시), Practice(연습), Production (생성) 등 세 단어의 첫 글자를 따서 만든 말이다.

전통적인 PPP 모형은 의사소통의 능력을 신장시키는 데 목표가 있는 모형은 아니다. PPP 모형에서는 유창성보다 정확성을 더욱 중시한다.

PPP 모형은 교원 중심 모형이다. PPP 모형은 학습자를 수동적 존재로 간주한다.

PPP 모형은 '제시(Presentation)', '연습(Practice)', '생성(Production)' 등 세 단계로 이루어진다.

[그림 1] PPP 모형(Thornbury, 1999: 128)

PPP 모형의 '제시 단계'에서는 교원이 교수·학습할 목표 문법을 학습자들에게 제시하고, 그것에 대해 교원이 간략하게 설명하여 이해시킨다.

연습 단계는 정확성의 획득을 목적으로 한다. 이 단계에서는 학습자들로 하여금 다양한 학습 활동을 하도록 하여 목표 문법을 정확히 익히게 한다.

생성 단계는 유창성의 획득을 목적으로 한다. 이 단계에서는 학습자들로 하여금 학습한 목표 문법을 활용하여 의사소통을 하게 한다.

PPP 모형의 세 단계 ― 제시 단계, 연습 단계, 생성 단계 ―에 각각 소요되는 시간의 비율은 1: 2: 3이다. 세 단계 중에서 '생성 단계'의 교수·학습 시간이 가장 길다. 교수·학습 시간은 제시 단계보다 연습 단계가 두 배 가량 길고, 생성 단계는 제시 단계보다 세 배 가량 길다.

PPP 모형은 '과제 기반 모형'인 TTT 모형보다 먼저 창안된 것이다. 'TTT'는 Task(과제), Teach(교수), Task(과제) 등 세 단어의 첫 글자를 각각 따서 만든 말이다.

1.1.2 하향식 모형

하향식 모형은 '형태'보다 '상황'과 '의미'에 초점을 두는 모형이다.

하향식 모형은 전체 담화나 텍스트를 이해하면서 학습자 간의 상호 작용으로 각자의 사상과 감정을 표현하고, 그러한 과정에서 목표 언어의 문법을 교수·학습하는 것이다.

문법의 사용 연습을 중요시할수록 하향식 모형이 상향식 모형보다 더욱 효과적이다. 상향식 모형은 문법의 지식을 습득하고 사용하도록 하는데, 하향식 모형은 학습자들로 하여금 언어를 사용하는 가운데 문법의 지식을 습득하도록 하기 때문이다.

한 개의 문법 항목을 교수·학습할 때는 상향식 모형이 효과적이지만, 여러 문법 항목을 함께 교수·학습할 때는 하향식 모형이 효과적이다. 기능이나 의미가 유사한 문법들을 비교하고 통합할 때는 하향식 모형이 효과적이다. 예를 들면 어떤 사태(事態)를 추측하는 표현 항목인 '-(으)ㄹ 것이다', '-(으)ㄴ/-는/-(으)ㄹ 것 같다', '-(으)ㄴ/-는/-(으)ㄹ 모양이다', '-(으)ㄴ/-는/-(으)ㄹ 듯하다', '-(으)ㄴ/-는/-(으)ㄹ 듯싶다', '-(으)ㄴ가/-는가 보다', '-(으)ㄴ가/-는가 싶다', '-나 보다', '-나 싶다', '-할 전망이다', '-으로 전망된다', '-(으)ㄹ 것으로 보인다' 등을 교육할 때 하향식 모형이 상향식 모형보다 효과적이다.

하향식 모형은 상향식 모형에 비해서 상대적으로 통합이 강하기 때문에 듣기·말하기·읽기·쓰기 활동을 하는 가운데 문법을 교육할 때 효과적이다. 학습자가 통합적인 성향을 가진 사람인 경우에는 상향식 모형보다 하향식 모형이 더욱 효과적이다.

상향식 모형은 초급 과정에도 활용할 수 있는 교육 모형인데, 하향식 모형은 중급 과정과 고급 과정에서 활용할 수 있는 교육 모형이다.

하향식 모형은 학습 집단이 대규모일 경우 제한적으로 활용할 수 있는 교육 모형이다. 이것은 학습 집단이 소규모일 경우 효과적으로 활용할 수 있는 교육 모형이다.

하향식 모형의 대표적인 것이 '과제 기반 모형'이라고 일컫는 'TTT 모형'이다.

[그림 2] TTT 모형(Thornbury, 1999: 129)

PPP 모형은 '정확성에서 유창성으로' 수업 모형을 제시하는데, TTT 모형은 '유창성에서 정확성으로'의 순서를 취한다.

의사소통식 교수법을 지지하는 사람들이 과제 기반이라고 불리는 '유창성 우선 교육 모형'인 TTT 모형을 제안하였다.

TTT 모형은 학습자 중심 모형이다. TTT 모형에서 교원은 학습자가 어떤 의미를 전달하는 데 필요한 언어적 지식을 보조한다. 교원은 학습자가 가지고 있는 언어 자원으로 유의미한 의사소통을 하는 데 필요한 언어 자원을 도와준다.

TTT 모형의 제1 단계인 '과제 1 단계'에서 교원은 학습자가 가지고 있는 언어 지식을 활용해서 의미가 있는 언어 수행을 하게 한다.

TTT 모형의 두 번째 단계인 '교수 단계'의 교수·학습 내용은 제1 과제 단계에서 발견되는 학습자들의 불완전한 언어 수행과 오류이다. 이 단계에서 교원은 학습자가 어떤 의미를 정확하고 명료하게 표현하는 데 필요한 문법 항목을 교육하거나 학습자의 오류를 수정하여 준다.

제3 단계인 '과제 2 단계'에서 학습자는 과제를 다시 수행하기 전에 자기의 의도를 더욱 효율적으로 전달하기 위해서 사용하여 온 언어의 특징을 배우고 연습하게 된다. 이 단계에서는 학습자는 제1 단계의 과제와 동일하거나 유사한 과제를 수행한다. 이러한 학습 활동을 함으로써 학습자는 자기가 표현하여 전달하려고 하는 의미를 정확히 생성할 수 있게 된다.

1.2 교육 단계에 의거한 문법의 교육 모형

교육 단계는 제시 단계(Presentation Stage), 연습 단계(Practice Stage), 생성 단계(Production Stage)로 이루어진다.

1.2.1 제시 단계

'제시 단계'는 교수·학습 목표가 되는 문법 항목을 학습자가 이해할 수 있도록 하는 단계이다. 제시 단계에서는 교수·학습할 문법 항목을 교원이 제시하고, 그 것에 대해서 교원이 간략하게 설명하여 이해시킨다.

교원은 학습자들에게 다음의 (1)과 같이 교수·학습할 문법 항목의 형태적·통사적·의미적·화용적 정보 등에 대해서 알기 쉽고 간략하게 설명하여 준다.

> (1) "어르신, 제가 도와 **드릴게요.**"에 쓰인 '**-ㄹ게요**'
>
> ① 형태적 정보 : 종결어미 '-ㄹ게' + 보조사 '요'
> ② 통사적 정보 : 상대 높임법 '해요체'에 쓰임.
>   **[보기]** 어머니, 제가 도와 **드릴게요.**
> ③ 의미적 정보 : 어떤 행동에 대한 약속이나 의지를 나타냄.
> ④ 화용적 정보 : 화자가 청자에게 친밀감을 가지고 청자를 존대함을 나타냄.

문법을 제시하는 가장 경제적인 방법은 교원의 발화와 판서, 문법 카드 등을 이용하는 것이다. 교재에 문법의 설명과 예시가 있는 경우에는 이것을 활용하는 것도 효과적인 방법이다(방성원, 2005: 203).

문법 항목을 의사소통의 맥락 속에서 제시한다.
한국어 교재에 있는 대화문이나 드라마 대본 등을 이용하여 의사소통 맥락을 제시한다.

문법의 의미가 시각적으로 표시되는 것이 효과적인 경우에는 그림, 사진, 동영상 자료 등의 시각적 자료를 사용하기도 한다.

교원이 학습자들에게 설명하여 준 교수·학습할 목표 언어의 문법의 지식을 이해하고 있는지 확인하기 위해서 교원이 학습자에게 질문하고 학습자가 응답을 하게 한다. 교원은 학습자들에게 설명하여 준 목표 언어의 문법의 지식을 학습자들 중에서 이해하지 못하고 있는 학습자가 있는 경우에는 다시 설명하여 주고 이해 여부를 확인한다.

교원은 목표 언어의 문법의 맥락을 제공하기 위해서 생성적인 상황을 사용하기도 한다. 상황은 언어에 대한 맥락화의 도구로 제공되며, 이것은 의미를 명확하게 하여 준다. 학습자들은 문법 문제를 해결할 뿐만 아니라 문법 표현도 더 잘 이해할 수 있게 된다. 이것은 전통적인 문법 설명보다 문법 지식을 더 잘 기억하게 한다. 그런데 생성적 상황은 경제성의 측면에서 볼 때 효과적이지 못하다(Thornbury, 1999: 62). 상황 제시는 초급 과정의 학습자에게 적절한 것이다.

1.2.2 연습 단계

연습 단계는 '정확성'의 획득을 목적으로 한다.

연습 단계에서는 다양한 교수·학습 활동으로 목표 문법의 지식을 익히고, 그것을 정확히 사용하여 의사소통을 할 수 있는 준비를 한다.

문법을 연습하는 방법은 문법 항목, 학습자의 선호 학습 유형에 따라 선택할 수 있다.

전통적인 문법 연습 방법으로는 교체 연습, 응답 연습, 연결 연습, 완성 연습,

변형 연습, 확장 연습, 상황 연습 등이 있다(방성원, 2005: 204).

교체 연습은 교원이 단어 카드나 문장을 제시하면 학습자가 이것을 해당 문법 항목에 맞도록 바꾸는 연습이다.

> (2) 목표 문법 : -아요/-어요(초급)
> ① 찾다 ⇒ 학습자 : 찾아요
>   좋다 ⇒ 학습자 : 좋아요
> ② 교원 : 비가 옵니다.
>   학습자 : 비가 **와요**.
> ③ 교원 : 밥을 먹습니다.
>   학습자 : 밥을 먹**어요**.

응답 연습은 교원이나 학습자가 질문을 하고 이것에 맞게 대답하는 것이다. 이것을 통해 학습자가 문법 항목의 의미를 제대로 이해하고 있는지를 확인할 수 있다.

> (3) 목표 문법 : '-(으)려고' (초급)
> ① 교원 : 왜 꽃을 샀어요?
>   학습자 : 여자 친구에게 주**려고** 샀어요.
> ② 교원 : 왜 도서관에 가요?
>   학습자 : 책을 빌리**려고** 가요.

연결 연습은 주로 두 문장을 연결하기 위해 사용하는 것이다. 이것은 연결어미를 사용하여 이어진 문장을 만드는 연습을 할 때 자주 사용된다.

> (4) 목표 문법 : '-아서/-어서/-여서'(초급)
> ① 교원 : 피곤합니다. 그래서 일찍 잤습니다.
>   학습자 : **피곤해서**(피곤하여서) 일찍 잤습니다.

② 교원 : 배가 고파요. 그래서 식사를 했어요.

　　학습자: 배가 **고파서** 식사를 했어요.

단순하고 기계적인 연결 연습을 피하고 학습자가 의미를 생각하도록 하기 위해서, 다음의 (5)와 같이 서로 어울리는 내용을 연결한 후 목표 문법을 사용하여 연결하도록 하기도 한다.

(5) 목표 문법: '아무리 -다고 해도'(중급)

화가 난다　　　　　　　·돈을 내지 않으면 살 수 없다.

배가 아프다　·　　　　·잠을 못 자면 병이 나기 쉽다.

건강하다　　　·　　　　·공부 시간에 밥을 먹을 수는 없다.

물건이 마음에 든다 ·　　　가족에게 짜증을 내면 안 된다.

⇒ **아무리** 화가 난**다고 해도** 가족에게 짜증을 내면 안 된다.

완성 연습은 목표 문법 항목을 사용하여 문장이나 담화를 완성하도록 하는 것이다. 다음의 (6)은 문장 완성하기의 보기이다.

(6) 목표 문법 : '-**(으)면**'(초급)

교원 : 저는 시간이 많**으면** 가족들하고 많이 놀고 싶어요.

　　　○○ 씨는 시간이 많으면 (……)?

학습자 : 저는 시간이 많으면 <u>여행을 가고 싶어요</u>.

다음의 (7)은 대화 완성하기의 예이다.

(7) 목표 문법 : '-다고 치다'(고급)

(다음 대화를 완성하세요.)

가. 인정할 건 솔직히 인정해. 그 파일이 손상된 건 분명히 네 실수잖아.

나. 그래, (　　　　　　). 처음에 네가 그 일을 나한테 미루지 않았다면 이런 일이 생기겠니?

확장 연습은 '안긴 문장'이나 '이어진 문장'으로 문장을 확대하는 연습을 하는 것이다. 다음의 (8)은 안긴 문장으로 문장을 확대하는 연습하는 것의 보기이다.

> (8) 목표 문법 : 관형사형 전성어미 '-(으)ㄴ'을 활용하여 문장을 확대하는 것
> ① 교원 : 영수는 부지런하다. 나는 영수를 좋아해.
> 학습자 : 나는 (영수가) 부지런한 영수를 좋아해.
> ② 교원 : 사계절 중에서 가을이 가장 아름답다. 나는 가을을 좋아해.
> 학습자 : 나는 사계절 중에서 (가을이) 가장 아름다운 가을을 좋아해.

다음의 (9)는 이어진 문장으로 문장을 확대하는 연습하는 것의 보기이다.

> (9) 목표 문법 : 연결어미 '-아서/-어서/-여서'를 활용하여 문장을 확대하는 것
> ① 교원 : 민지는 매우 착하다. 그래서 나는 그녀를 좋아한다.
> 학습자 : 민지는 매우 **착해서** 나는 그녀를 좋아한다.
> ② 교원 : 나는 과식을 했어. 그래서 배탈이 났어.
> 학습자 : 나는 과식을 **해서** 배탈이 났어.

상황 연습은 교원이 구체적인 상황을 제시하면 학습자가 상황에 맞게 대답하도록 하는 것이다. 교원은 학습자가 목표 문법 항목을 사용하도록 유도할 만한 상황을 제시하여야 한다.

> (10) 목표 문법 : '-(으)세요' (초급)
> ① 교원 : 목이 아파요. 머리도 아파요.
> 학습자 : 병원에 가**세요**.
> ② 교원 : 볼펜, 연필 노트 등을 사야 해요. 어디로 가야 하지요?
> 학습자 : 문방구로 가 보세요.

단순한 반복 연습이나 대체 연습 등과 같은 단순 조작 연습은 형태 변화가 복잡한 문법 항목에 한하여 사용하고, 의미를 이해하면서 사용하도록 유도하는 유의

미적 연습을 실시한다(이미혜, 2007: 41). '유의미적 연습'이란 문법 항목의 의미를 이해하지 않고 기계적으로 연습하는 것이 아니라 학습자가 문법 항목의 의미를 이해하고 연습하는 것이다.

정보 전이 활동을 한다. '정보 전이 활동'은 정보의 형태를 변경하는 연습이다. 대표적인 것은 글을 읽고 도표에 표시하거나 정리하는 활동이다.

1.2.3 생성 단계

생성 단계는 유창성의 획득을 목적으로 한다. 생성 단계는 실제 언어생활과 비슷하게 교원과 학습자, 학습자와 학습자끼리 의사소통을 하여 보는 단계이다. 이렇게 함으로써 학습자들로 하여금 의사소통 능력을 기르고, 자동적인 언어 생성을 경험하게 하는 단계이다.

생성 단계에서 활용할 수 있는 교수·학습 활동으로는 행동화, 역할극, 게임, 정보 교환하기, 정보 차(情報差) 이용하기, 의견 차(意見差) 이용하기, 문제 해결하기 등이 있다(방성원, 2005: 209~212).

행동화는 교원의 말에 따라 학습자가 동작을 하거나 학습자들끼리 돌아가면서 문장을 만드는 활동이다.

> (11) 목표 문법 : '-(으)십시오' (초급)
>   목표 기능 : 말을 듣고 행동하기, 말로 명령하기
>
> **[보기]** 앉으십시오. 일어나십시오. 책을 펴십시오. 오른팔을 드십시오.
>   어서 오십시오. 안녕히 가십시오.

역할극은 실제 의사소통 상황과 유사한 상황을 가정하여 학습자들로 하여금 배역을 맡아 대화를 하여 보게 하는 활동이다.

> (12) 목표 문법 : '-(으)ㄹ까요?', '-아요/-어요/-여요' (초급)
> 목표 기능 : 메뉴 정하기, 음식 주문하기
>
> (한식 메뉴판을 주고, 메뉴를 하나 정하게 한다.)
> 학습자 1 : 뭘 먹을까요?
> 학습자 2 : 저는 비빔밥을 먹고 싶어요.
> 학습자 1 : 김밥도 시킬까요?
> 학습자 2 : 네, 시키세요.
> 학습자 1 : 여기요, 비빔밥하고 김밥 주세요.

게임은 언어 놀이를 하면서 학습한 문법을 사용하도록 하는 활동이다.

> (13) 목표 문법 : '-아서/-어서/-여서' (이유를 나타내는 연결어미)
> 목표 기능 : 연결어미로 문장을 확대하여 말하기
>
> 짝과 더불어 이유를 나타내는 연결어미 '-아서/-어서/-여서'로 내용 이어가기 게임을 하게 한다.
>
> [보기] **늦어서** 학교에 빨리 가야 해. → 어제 **아파서** 병원에 갔어.
> → **피곤해서** 쉬어야겠어. → 어머니가 보고 **싶어서** 전화를 했어.

정보 교환하기(정보 채우기)는 학습자들끼리 필요한 정보를 교환하는 과정에서 학습한 문법을 사용하도록 하는 활동이다.

> (14) 목표 문법 : '이에요/예요' (초급)
> 목표 기능 : 소개하기
> [보기]

성명	국적	전공	취미	희망
왕웨이(王薇)	중국	한국어 교육	한국 영화 감상	대학 교수

저는 중국 유학생인 왕웨이(王薇)**예요**. 저의 전공은 한국어 교육학**이에요**. 취미는 한국 영화 감상**이에요**. 저의 희망은 대학 교수**예요**.

'정보 차 이용하기'는 실생활과 비슷한 상황에서 학습자들이 가진 서로 다른 정보를 대화로써 찾아내는 활동이다.

(15) 목표 문법 : '-(으)ㄹ 뿐만 아니라' (중급)
   목표 기능 : 일정한 학교의 교육 환경에 대해서 듣고 말하기

   학습자 1 : ○○ 대학교는 캠퍼스가 넓**을 뿐만 아니라** 도서관에 필요한 전공 도서가 많아서 좋아요.
   학습자 2 : ○○ 대학교는 캠퍼스가 넓지 않**을 뿐만 아니라** 다른 대학의 도서관보다 필요한 전공 도서가 많이 있지 않아요.
   학습자 1 : ○○ 대학교는 실험할 수 있는 시설이 잘 갖추어져 있**을 뿐만 아니라** 취직률도 높은 편이라고 해요.
   학습자 2 : ○○ 대학교는 실험할 수 있는 시설이 낙후**할 뿐만 아니라** 취직률도 낮은 편이에요.

'의견 차 이용하기'는 학습자들이 자유로운 토론을 하여 목표에 도달하게 하는 활동이다. 일상생활에서의 의사소통은 정보 차이나 의견 차이로 말미암아 이루어지는 일이 많기 때문에 정보 차이나 의견 차이를 이용한 연습은 효과적이다.

(16) 목표 문법 : '-아야/-어야/-여야 해요' (초급)
   목표 기능 : 언어 예절에 대해서 듣고 말하기

   ① 학습자 1 : 선배에게 '하십시오체'로 말해야 해요.
     학습자 2 : 선배에게는 '해요체'로 말해야 해요.
     학습자 1 : 부모님께는 '하십시오체'로 말해야 해요.
     학습자 2 : 부모님께는 '해요체'로 말해야 해요.
   ② 학습자 1 : 직장에서 아침 인사는 "안녕하세요?"예요.

학습자 2 : 직장에서 아침 인사는 "안녕해요?"예요.

'문제 해결하기'는 교원이 학습자에게 구체적인 문제를 부여하고 그 문제를 해결하도록 하는 활동이다. 교원은 학습자가 문제를 해결할 때 학습한 문법을 사용할 수 있도록 도와준다.

(17) 목표 문법 : 명사형 전성어미 '-(으)ㅁ' (중급)

　　목표 기능 : 메모 남기기

　　▲ 같은 방 친구가 외출하면서 다음과 같은 메모를 남겼습니다. 같은 방 친구에게 메모를 남기세요.

메모	메모
○○에게 갑자기 일이 생겨서 급히 나감. 슈퍼마켓에 가서 간단한 반찬거리를 준비해 주기 바람. ○○ 씨가 오후 7시경 집에 들른다고 했음. 저녁 식사를 함께 할 예정임. 6시 전에는 집으로 돌아올 것임. 　　　　　　　　　　　민정 씀	

(18) 목표 문법 : 제안 표현의 사용 (초급)

　　목표 기능 : 제안하기

　　사용 문법 항목 : -(으)ㄹ까, -는 게 좋겠다

　　▲ 주말에 친구와 함께 등산을 가는데 어디로 가는 것이 좋은지에 대해서 이야기를 하여 보도록 한다.

학습자 1 : 주말에 어느 산으로 등산을 가는 게 좋을까?

학습자 2 : 도봉산으로 가는 게 어떨까?

학습자 1 : 도봉산은 머니까 좀 더 가까운 곳으로 갔으면 좋겠어.

학습자 2 : 청계산으로 가는 게 어떨까?

학습자 1 : 청계산도 좀 머니까 관악산으로 가는 게 좋겠어.

학습자 2 : 그래 관악산으로 가자.

2

문법의
교육 방법

2.1 문법 번역식 교수법

2.1.1 문법 번역식 교수법의 원리

문법 번역식 교수법(Grammar Translation Method: GTM)이란 목표 언어의 문법을 모국어로 번역하고, 모국어로 번역한 목표 언어의 문법을 목표 언어로 상호 번역하는 연습을 주로 하는 교수법이다. 문법 번역식 교수법은 문법을 설명하고 원전을 번역하는 데 중점을 두는 교수법이다.

문법 번역식 교수법은 17세기 이전 유럽에서 그리스어와 라틴어를 교육할 때 사용된 교수법이다. 문법 번역식 교수법은 번역에 필요한 문법의 교육을 중시하기 때문에 '문법 교수법(Grammar Method)'이라고 일컫기도 하고, 번역을 중요하게 여기므로 '번역 교수법(Translation Method)'이라고 일컫기도 한다. 한때는 '문법 번역식 교수법'을 '고전적 교수법(Classical Method)'이라고 일컬었는데, 그것은 고전어인 그리스어나 라틴어를 가르칠 때 처음 사용되었던 방법이었기 때문이다.

문법 번역식 교수법의 목표는 문법 규칙의 자세한 분석을 통해서 목표 언어의 문법을 정확히 학습하게 하는 데 있다.

문법 번역식 교수법의 목표는 고전 작품을 읽으면서 어휘, 문법을 분석하여 학습하고 이를 번역하게 하는 데 있다. 따라서 교재로 사용된 글의 내용에 초점을 두기보다는 내용에 등장하는 목표 언어의 문법을 학습 자료로 삼는다.

문법 번역식 교수법은 수업을 학습자의 모국어로 하기 때문에 학습자가 목표 언어와 모국어의 문법과 어휘의 차이를 학습하게 하는 데 시간이 적게 걸린다.

문법 번역식 교수법은 수업이 강의식으로 이루어진다. 이것은 교수법 중에서 가장 오래된 것임에도 불구하고 이 교수법이 오늘날에도 외국어의 문법 교육에 활용되고 있는 것은 수업의 경제성과 용이성 때문이다.

문법 번역식 교수법의 원리는 다음과 같다(Prator & Celce-Murcia, 1979: 3. 진기호, 2006: 87 재인용. 허용, 2015: 21~22 재인용. 방영주, 2016: 50~51).

1) 문법 번역식 교수법은 수업은 목표 언어를 거의 사용하지 않고 모국어를 주로 사용하여 진행한다.
2) 문법 번역식 교수법은 어휘와 문법 교육을 중시한다.
3) 문법 번역식 교수법은 글말[文語]을 입말[口語]보다 상위로 간주하므로 글말에 학습의 초점을 둔다. 읽기와 쓰기에 관심을 기울이고, 말하기·듣기·발음 등에는 관심을 거의 갖지 않는다.
4) 교원이 수업을 주도한다. 교원은 수업에서 권위적이고, 학습자들은 교원이 가르치는 대로 모방하고 따라 한다.
5) 교원은 문법을 연역적으로 가르친다. 즉 일련의 문법 규칙이나 예문을 보고 암기하게 하거나, 학습한 문법 규칙을 다른 예문에 적용시킨다.
6) 교원은 복잡한 문법을 길고 자세하게 설명한다.
7) 문법은 단어를 조합하는 규칙을 제공한다. 수업은 단어의 형태나 굴절에

초점을 둔다.

8) 많은 어휘가 맥락 없이 고립된 형태로 교수된다. 일정한 맥락에 쓰인 단어를 맥락과 관련지어 교육하지 않고, 단어만을 교육한다.

9) 문화는 문학과 예술로 구성되어 있다고 본다.

10) 텍스트의 내용에는 거의 관심을 두지 않으며, 단지 문법의 분석 연습에 치중한다.

11) 대부분의 연습은 단지 목표 언어와 모국어 간의 번역으로만 이루어진다.

12) 학습에 대한 평가는 학습자들이 목표 언어를 자기들의 모국어로 번역하거나 자기들의 모국어를 목표 언어로 번역하는 필기시험을 통해 이루어진다. 시험은 주로 목표 언어의 문화에 관한 질문과 목표 언어의 문법 규칙을 적용시키는 질문에 관한 것이다.

13) 초기부터 어려운 고전적 텍스트를 읽는다.

2.1.2 문법 번역식 교수법의 특징

문법 번역식 교수법은 학습자의 수준을 고려하지 않고 학습 초기부터 상당한 양의 어휘와 문법에 대한 설명을 상세히 하는 번역 수업을 하는 것이다.

문법 번역식 교수법의 특징은 다음과 같다.

1) 문법 번역식 교수법은 전적으로 학습자의 모국어에 의존하여 수업을 한다.

2) 문법 번역식 교수법은 글말 중심의 교수법이다.

3) 문법 번역식 교수법은 초기 단계부터 어휘와 철자를 중시한 읽기와 쓰기를 강조하는데, 발음을 무시하고 말하기와 듣기에 큰 비중을 두지 않는다.

4) 문법 번역식 교수법은 말하기와 듣기 위주의 직접 교수법(Direct Method)과 달리 말의 유창성보다는 문법 규칙의 정확성을 중시한다. 직접 교수법은 목표 언어를 해당 목표 언어로 직접 교육하는 교수법이다. 직접 교수법은 19세

기 전후에 문법 번역식 교수법에 반발하여 대두된 교수법이다.

5) 문법 번역식 교수법은 단어의 구조와 문장의 구조 등의 문법에 초점을 둔다.

6) 문법 번역식 교수법은 문법 규칙의 암기에 의한 문법을 교수한다.

7) 문법 번역식 교수법은 복잡하고 이해하기 어려운 목표 언어의 문법을 빠른 시간 내에 모국어로 설명하여 이해시킬 수가 있다.

8) 문법 번역식 교수법은 수업이 용이하다. 모국어로 목표 언어의 문법을 설명하기 때문에 교원은 자기가 설명하여 준 문법을 학습자들이 제대로 이해하고 있는지를 파악하기 쉽고, 학습자도 교원의 질문에 대답하기가 쉽다. 또한 교원이 목표 언어에 능통하지 않더라도 수업을 할 수 있다.

9) 문법 번역식 교수법은 교원들에게 평가의 특별한 전문 기술을 요구하지 않기 때문에 교원은 쉽게 출제하고 채점할 수 있다.

2.1.3 문법 번역식 교수법을 적용한 수업의 실제

이 글에서는 문법 번역식 교수법의 수업 모형과 문법 번역식 교수법을 적용하여 작성한 교수·학습안(교안)을 제시하여 문법 번역식 교수법을 실제 교육 현장에서 어떻게 활용할 것인지에 대해 살펴보고자 한다.

문법 번역식 교수법을 적용한 수업 모형은 다음과 같다.

▋문법 번역식 교수법을 적용한 수업 모형

도입		▲ 학습 동기를 유발함.
		▲ 교수·학습 목표와 학습 과제를 제시함.
		▲ 학습자에게 텍스트를 읽힘.
전개	목표 문법 설명	▲ 교원이 학습자의 모국어로 목표 언어의 문법을 번역하여 설명함.
		▲ 교원이 학습자에게 설명하여 준 문법을 이해하고 있는지를 질의응답으로 확인함.

연습	문제 풀이	▲ 교원이 학습자들에게 설명하여 준 문법 항목에 관한 문제를 모국어나 목표어로 출제하여 학습자로 하여금 풀도록 함. -목표 문법을 활용하여 목표 언어로 작성된 짧은 글을 모국어로 번역하여 보게 함. -목표 문법을 활용하여 짧은 글을 목표 언어로 짓도록 함.	
	답을 발표함.	▲ 지명된 학습자는 문제에 대한 답을 말함.	
	오답 정정	▲ 학습자가 오답을 말한 경우에는 다른 학습자나 교원이 정정하여 줌.	
마무리	정리	▲ 교원이 학습 내용을 요약하여 줌.	
	형성 평가	▲ 교원이 학습한 내용에 대해 형성 평가를 함.	
	과제 부여	▲ 교원이 과제를 부여함.	

문법 번역식 교수법을 적용한 교수·학습안(교안)은 다음과 같다.

◧ 문법 번역식 교수법을 적용한 교수·학습안(교안)

① 교수·학습 개요

교수·학습 목표	'-아요/-어요/-여요'의 용법을 익혀 모국어로 번역할 수 있다.
주요 학습 내용	'-아요/-어요/-여요'의 형태적 특징
	'-아요/-어요/-여요'의 통사적 특징
	'-아요/-어요/-여요'의 의미적 특징
	'-아요/-어요/-여요'의 화용적 특징
교육 대상자	초급 중국어권 학습자(15명)
수업 소요 시간	50분
준비물	등장인물이 '해요체'와 '해체'로 대화하는 영상물

② 교수·학습의 실제

단계	과정	시간	교수·학습 활동		유의점
			교원	학습자	
도입	학습 동기 유발	2분	▲등장인물들이 '해요체'와 '해체'로 대화하는 동영상을 보고 나서 근거를 들어 화자가 청자에게 존대하여 말하였는지 비존대하여 말하였는지에 대해 말하여 보게 한다.	▲지명된 학습자가 발표한다.	

	교수·학습 목표 제시	1분	▲이 시간의 교수·학습 목표를 제시한다.		▲수업이 끝날 때까지 교수·학습 목표를 칠판 왼쪽이나 오른쪽 위에 판서하여 놓는다.
	교수·학습 과제 제시	2분	▲학습자 두 명을 지명하여 한 학습자는 목표 언어로 쓰인 다음 [대화문 1]의 '쯔웨이' 역을 맡고, 다른 학습자는 '행인' 역을 맡아 목표 언어로 쓰인 대화문을 낭독하게 한다. [대화문 1] **쯔웨이: 실례지만, 백화점이 어디에 있어요?** **행인: 여기에서 50m쯤 가요?** ** 그러면 엘리베이터가 있어요.** **쯔웨이: 아, 네.** **행인: 엘리베이터를 타고 2층에 내리면 백화점이 있어요.** **쯔웨이: 네, 감사해요.**	▲지명된 학습자들이 대화문을 낭독한다.	▲교원은 **[대화문 1]**을 인쇄한 것을 미리 학습자에게 배부한다.
			▲학습자들의 낭독이 끝난 뒤에 학습 과제를 제시한다. –이 시간에는 '있어요', '가요', '감사해요' 등에 쓰인 '-아요/-어요/-여요' 등에 대해 학습할 거예요.	▲학습자들은 이 시간의 학습 과제를 확인한다.	
전개	목표 문법 설명	5	▲'-아요/-어요/-여요'의 특징과 용법에 대해서 학습자의 모국어로 설명한다. (1) '-아요/-어요/-여요'의 형태적 특징 ㄱ. '-아요'는 종결어미 '-아'에 보조사 '요'가 결합한 말임. 끝음절의 모음이 'ㅏ, ㅗ'인 용언의 어간 뒤에 붙음. [보기] 잡**아요**, **와요**. ㄴ. '-어요'는 종결어미 '-어'에 보조사 '요'가 결합한 말임. 이것은 끝음절모음이 'ㅏ, ㅗ'가 아닌 용언의 어간 뒤나 '이다'의 어간 뒤에 붙음. [보기] 먹**어요**. 학생이**어요**.	▲학습자들은 교원의 '-아요/-어요/-여요'의 특징과 용법에 대한 설명을 듣고 이해한다. ▲궁금한 점이 있으면 교원에게 질문한다.	

ㄷ. '-여요'는 종결어미 '-여'에 보
   조사 '요'가 결합한 말임. '-여'
   는 '하다'나 '하다'가 붙는 용언
   의 어간 뒤에 붙음.
   [보기] **해요**(←하**여요**),
          일해요(←일하**여요**)

(2) '-아요/-어요/-여요'의 통사적
    특징

 - '-아요'는 선어말어미인 '-았-/-
   였-', '-시-', '-겠-' 등과 결합하
   지 못한다.
   [보기] 잡**았**아요(×),
          잡**으시**아요(×),
          잡**으시겠**아요(×)

 - '-어요'는 선어말어미인 '-시-', '-
   었-/-였-', '-겠-' 등과 결합할 수
   있다.
   [보기] 잡**으시**어요, 잡**았**어요,
          잡**겠**어요.

 - '-아요/-어요/-여요'는 선어말어
   미인 '-더-'와 결합하지 못한다.
   [보기] 잡**더**아요(×),
          먹**더**어요(×),
          공부하**더**여요(×)

(3) '-아요/-어요/-여요'의
    의미적 특징

 - '-아요/-어요/-여요'는 설명·의문
   ·명령·청유 등의 뜻을 나타낸다.

(4) '-아요/-어요/-여요'의
    화용적 특징
 - 화자가 청자에게 친밀감을 가지
   고 청자를 존대함을 나타낸다.

(5) '-아요/-어요/-여요'는 비공식적
    상황에서 격식을 차리지 않고 상
    대방을 존대함을 나타낼 때 쓰인
    다. '해요체'에 쓰인다.

		[보기] 이것을 잡**아요**. 이 물건을 들**어요**. 열심히 공부**해요**. – '-아요/-어요/-여요'에서 보조사 '요'를 생략한 '-아/-어/-여'는 상대방을 비존대함을 나타낸다. [보기] 이것을 잡**아**. 이 물건을 들**어**. 열심히 공부**해**.		
		▲교원이 설명한 문법을 학습자가 이해하고 있는지 질의응답으로 확인한다.	▲교원의 질문에 응답하고, 모르는 점을 질문한다.	
	연습	33	▲'-아요/-어요/-여요'를 사용하여 다음 ①~⑥ 단어들을 [보기]와 같이 목표어로 바꾸어 쓰도록 한다. [보기] 막다 → 막아요. 먹다 → 먹어요. 근무하다 → 근무해요 ① 박다 → ② 맑다 → ③ 좁다 → ④ 넓다 → ⑤ 적다 → ⑥ 출국하다 →	▲'-아요/-어요/-여요'를 사용하여 다음 ①~⑥ 단어들을 [보기]와 같이 바꾸어 쓴다.	
			▲학습자를 지명하여 '-아요/-어요/-여요'를 사용하여 앞의 ①~⑥ 단어를 목표 언어로 바꾸어 쓴 것을 발표하게 한다.	▲지명된 학습자가 발표한다. ① 박다 → 박아요 ② 맑다 → 맑아요 ③ 좁다 → 좁아요 ④ 넓다 → 넓어요 ⑤ 적다 → 적어요 ⑥ 출국하다 → 출국해요	
			▲학습자가 틀리게 답을 하면 다른 학습자를 지명해서 정정하여 주게 하거나, 교원이 정정하여 준다.	▲오류를 고친다.	
			▲목표 언어로 쓰인 다음의 [대화문 2]를 모국어로 번역하게 한다. **[대화문 2]** **존슨 씨는 어제 도서관에 갔습니다.** **도서관에는 학생들이 많이 있었어요.** **그런데 매우 조용했어요. 저는 숙제를**	▲지명된 학습자가 [대화문 2]를 모국어로 번역한다.	▲교원은 **[대화문 2]**가 인쇄된 것을 학습자에게 나누어 준다.

		하기 위해 책을 여러 권 빌렸어요. 도서관의 직원들은 매우 친절했습니다. 도서관의 분위기는 아주 밝았어요.		
		[대화문 2]에서 '-아요/-어요/-여요'가 쓰인 단어를 모두 찾아보게 한다.	▲ 대화문에서 '-아요/-어요/-여요'가 쓰인 단어를 모두 찾아본다.	
		▲ 학습자를 지명하여 [대화문 2]에서 '-아요/-어요/-여요'가 쓰인 단어를 모두 찾아 발표하게 한다.	▲ 지명된 학습자가 [대화문 2]에서 '-아요/-어요/-여요'가 쓰인 단어를 발표한다. -있었어요, 조용했어요, 빌렸어요, 밝았어요.	
		▲ 학습자가 틀리게 답을 하면 다른 학습자를 지명해서 정정하여 주게 하거나, 교원이 정정하여 준다.	▲ 오류를 고친다.	
		▲ 다음 [대화문 3]에서 '-아요/-어요/-여요'가 쓰이지 않은 서술어에 '-아요/-어요/-여요'를 붙여 목표어로 바꿔 써 보도록 한다. [대화문 3] 어제 저녁에 쯔웨이 씨 생일 파티가 있었습니다. 쯔웨이 씨가 우리를 초대했습니다. 우리는 생일 케이크와 선물을 샀습니다. 쯔웨이 씨는 맛있는 음식을 많이 차려 놓았습니다. 우리는 음식을 맛있게 먹었어요. 그리고 음악도 듣고 즐거운 이야기도 많이 했습니다. 아주 즐거웠습니다.	▲ 다음 [대화문 3]에서 '-아요/-어요/-여요'가 쓰이지 않은 서술어에 '-아요/-어요/-여요'를 붙여 바꿔 쓴다.	▲ 교원은 [대화문 3]이 인쇄된 것을 미리 학습자에게 배부한다.
		▲ 학습자를 지명하여 [대화문 3]에서 '-아요/-어요/-여요'가 쓰이지 않은 서술어에 '-아요/-어요/-여요'를 붙여 바꿔 쓴 것을 발표하게 한다.	▲ 지명된 학습자가 [대화문 3]에서 '-아요/-어요/-여요'가 쓰이지 않은 서술어에 '-아요/-어요/-여요'를 붙여 바꿔 쓴 것을 발표한다. ― 있었습니다 → 있었어요, 초대했습니다 → 초대했어요, 샀습니다 → 샀어요, 놓았습니다 → 놓았어요, 했습니다 → 했어요, 즐거웠습니다 → 즐거웠어요	
		▲ 학습자가 틀리게 답을 하면 다른 학습자를 지명하여 정정하여 주게 하거나, 교원이 정정하여 준다.	▲ 오류를 고친다.	

마무리	정리	2	▲이 시간에 학습한 내용을 요약하여 정리하여 준다.	▲학습 내용을 정리한다.	
	평가	4	▲형성 평가를 한다. (1) '-아요/-어요/-여요'의 형태적, 통사적, 의미적, 화용적 특징을 모국어로 쓰세요. (2) 다음 문장을 모국어로 번역하세요. ① 어제 저는 숙제를 했어요. ② 저는 과일을 많이 먹었어요.	▲형성 평가 문제를 푼다.	▲학습자들의 교수·학습 목표의 도달 실태를 파악하기 위해 쪽지 시험이나 질의응답 형식으로 평가한다. ▲형성 평가 결과 상당수의 학습자의 성적이 나쁠 경우에는 다음에 보충 수업을 하여야 한다.
	과제 부여	1	▲이 시간에 학습한 '-아요/-어요/-여요'를 활용하여 200자 분량의 글을 한국어로 작성하여 다음 시간에 제출하도록 한다.	▲과제를 확인하고 메모한다.	

2.2 의사소통식 교수법

2.2.1 의사소통식 교수법의 원리

의사소통식 교수법(意思疏通式敎授法, Communicative Language Teaching: CLT) 이란 의사소통 능력을 길러서 목표 언어로 유창하게 의사소통을 잘할 수 있도록 교육하는 방법이다.

'의사소통식 교수법'을 '의사소통 중심 교수법' 혹은 '의사소통 언어 교수법' 또는 '의사소통적 교수법'이라고 일컫기도 한다.

'청화식 교수법(Audiolingual Method)'[1]은 행동주의 심리학과 구조주의 언어학에 근거를 둔 것인데, '의사소통식 교수법'은 1970년대 인지심리학, 기능주의언어학, 사회언어학 등에 근거를 두고 있다.

---

1) '청화식 교수법(聽話式敎授法, Audiolingual Method)'을 '청각구두식 교수법(聽覺口頭式敎授法)' 혹은 '구두청각 교수법(口頭聽覺敎授法)'이라고 일컫기도 한다.

청화식 교수법의 목표는 학습자들로 하여금 즉각적이고 정확한 말하기를 구사하게 하는 데 있다. 이것은 언어의 특징을 변별하여 주요 문형과 어휘를 듣고 말하는 구두 연습 기법이 중심을 이루고 있다.

의사소통식 교수법은 1970년대 언어의 형태 중심 교육에서 기능과 의미 중심으로 바뀌면서 개발된 것이다. 의사소통식 교수법에서는 의사소통의 기능에 중점을 두고, 목표 언어의 구조에 대한 정확한 지식보다는 의사소통을 위한 유창성을 중시한다.

의사소통식 교수법에서 언어는 의미의 표현 체계이며, 언어의 주된 기능은 상호 작용과 의사소통이라고 간주한다.

의사소통식 교수법에서는 교육의 초점을 언어 구조의 단순한 숙달보다 의사소통 능력의 신장에 맞춘다.

의사소통 능력(communicative competence)이란 특정 상황에서 메시지를 효과적으로 전달하고 해석하며, 의사소통 참여자들 상호간에 의미 협상을 할 수 있는 능력이다.

의사소통 능력은 문법적 능력(grammatical competence), 사회언어학적 능력(sociolinguistic competence), 담화 능력(discourse competence), 전략적 능력(strategic competence) 등 네 가지 요소로 구성되어 있다(Canale & Swain, 1980: 1~47).

문법적 능력은 발화문의 의미를 정확하게 이해하고 표현하는 데 필요한 음운적, 통사적, 의미적 지식을 총칭하는 것이다. 이것은 단순히 음운적, 통사적, 의미적 지식 자체를 뜻하는 것이 아니라 이것들을 적절히 활용할 수 있는 능력을 의미한다. 실제 발화의 의미를 정확히 이해하고 표현하는 데 필요한 능력이다.

사회언어학적 능력은 역할 관계, 대화 참여자들 사이의 공유된 정보, 상호 작용을 위한 의사소통 목적 등을 포함하여, 실제의 의사소통이 이루어지는 사회 맥락을 이해하는 것을 뜻한다. 사회언어학적 능력은 각기 다른 사회문화적인 상황에서 발화문을 적절하게 표현하고 이해하는 것과 관련이 있다. 이것은 실제 의사소통에서 발화의 정확성보다는 발화의 적절성을 더 중요하게 생각하는 것이다.

담화 능력은 상호 연결에 의한 개인적인 언어 요소를 해석하고, 어떻게 의미가 상호 관계 속에서 완전한 담화나 글로 표현되는지 설명하는 것을 뜻한다. 이것은 하나의 독립된 화제를 구성하기 위해 문법적인 형태와 전달하려고 하는 의미를 연결하는 방법에 관한 지식이다. 이것은 담화를 응집성과 일관성이 있게 조직할 수 있는 능력을 의미한다.

전략적 능력은 의사소통을 하는 사람들이 의사소통을 시작하거나, 끝내거나, 계속하거나, 수정하거나, 방향을 전환하는 데 사용하는 전략을 수행하는 것이다. 이것은 언어 능력이 충분하지 못한 경우에 발생하는 문제점을 해결할 수 있는 언어적, 비언어적 전략을 뜻한다(박동호, 2015: 98).

의사소통 능력을 습득하려는 사람은 다음과 같은 언어 사용에 대한 지식과 능력을 습득하여야 한다(Hymes, 1972: 281).

1) 어떤 표현이 형식상 문법에 맞는지를 판별하는 능력
2) 어떤 표현이 실제로 생성이나 이해하는 관점에서 사용 가능한지를 판별하는 능력
3) 어떤 표현이 그 표현이 쓰이는 상황에 비추어 적절한지를 판별하는 능력
4) 어떤 표현이 구어로 구사되었을 때 어떤 행위가 이루어지고 그 행위가 무엇을 의미하는지를 식별하는 능력

의사소통식 교수법의 주요 학습 활동 형태로는 '기능적 의사소통 활동(functional communicative activity)'과 '사회적 상호 작용 활동(social interaction activty)'이

있다(Littlewood, 1981. 임병빈, 1994: 101 재인용).

'기능적 의사소통 활동'에는 학습자가 몇 세트의 그림을 비교하여 유사성과 차이점에 주목하는 것과 같은 과제가 포함된다.

'사회적 상호 작용 활동'에는 대화와 토론 수업, 대화와 역할극, 시뮬레이션, 짧은 희극, 임기응변, 논쟁 등이 포함된다.

의사소통식 교수법의 원리는 다음과 같다(Morrow, 1979. Nunan, 1988).

1) 의사소통의 원리: 실제의 의사소통과 관련된 활동은 학습을 진전시킨다. 실제 언어생활과 관련되는 의사소통의 연습은 학습자에게 학습 동기를 유발하도록 하기 때문이다.

2) 과제의 원리: 의미가 있는 일을 수행하기 위하여 언어가 이용된 활동은 학습을 진전시킨다.

3) 의미의 원리: 학습자에게 의미가 있는 언어는 학습 과정에 도움이 된다.

4) 학습자가 행한 것은 모두 목표 언어로 말할 수 있도록 유도한다.

5) 의사소통의 과정이나 결과는 실제 단어의 연결이나 집합의 연결보다 크기 때문에 교원은 광범위한 의사소통 과정을 학습자가 스스로 터득할 수 있도록 유도한다.

6) 학습자가 스스로 정보를 구하고 선택하며 두뇌의 내재적 귀환 작용이 될 수 있도록 교원이 유도한다.

7) 목표 언어로 상호 작용을 하게 하여 의사소통 능력을 기르게 한다.

8) 실제 상황을 언어 학습에 활용한다.

9) 학습자에게 언어뿐만 아니라 학습하는 과정에 초점을 맞추는 기회를 제공한다.

10) 되도록 교실 밖의 언어 활동과 교실에서의 학습을 관련지어 교육한다.

2.2.2 의사소통식 교수법의 특징

의사소통식 교수법의 목적은 학습자로 하여금 목표 언어로 의사소통을 할 수 있는 능력을 갖게 하는 데 있다.

의사소통식 교수법의 특징은 다음과 같다.
1) 실제 의사소통 활동과 수업에서의 의사소통 연습은 서로 연계하여 이루어진다. 교실 밖의 언어 활동과 교실 내의 학습을 관련지어 교육한다.
2) 교실에서의 학습 상황에 실제적인 자료 −신문, 잡지, 다양한 서식, 영상 매체 등−를 도입한다.
3) 학습자가 수업을 통해서 언어 지식을 배우게 되는 결과만이 중요한 것이 아니라 수업 과정, 즉 학습자가 목표 언어를 학습하는 과정을 중시한다.
4) 수업은 학습자가 주도한다. 학습자의 요구와 선호에 따라 학습 활동 형태와 전략이 다양하게 활용된다.
5) 교원은 의사소통적 학습 활동을 구성하는 촉매자의 역할뿐만 아니라 학습 활동을 하는 동안 상담자로서의 역할도 한다. 교원은 상담자로 학습자의 질문에 대답하거나 학습자들의 언어 수행을 모니터링하기도 한다.
6) 간헐적인 모국어의 사용은 상황에 따라 허용된다. 학습자가 필요로 하거나 학습에 긍정적인 효과를 준다고 생각할 때 번역을 할 수 있다.
7) 학습자의 개인적인 경험을 교실 학습에 기여하는 요소로 사용한다. 학습자들의 다양한 경험을 학습에 도입함으로써 의사소통 활동을 통하여 새로운 표현이나 어휘를 제시하고 의미가 있는 활동을 통하여 새로운 표현에 익숙해지게 된다(진기호, 2006: 237).
8) 가장 바람직한 학습 순서는 내용의 기능과 의미를 고려하여 결정한다.
9) 교원은 학습자가 오류를 범하면 그 즉시 정정하여 주지 않고 나중에 그 오류를 정정하여 준다.

10) 의사소통적인 상황의 사회적인 맥락을 중시한다. 의사소통식 교수법의 목적은 학습자에게 의사소통의 능력을 신장시키는 데 있기 때문에 사회적 맥락을 중요하게 여긴다.

의사소통식 교수법의 문제점은 문법 요소의 선택과 등급 결정에 적절한 기준이 없는 것이다. 그리고 의사소통 능력의 습득만을 목표로 하여 학습한 학습자는 체계적인 문법의 습득에 많은 어려움을 겪게 된다는 것이다.

Finocchiaro & Brumfit(1983: 91~93)에서는 청화식 교수법(聽話式敎授法, Audio-lingual Method)과 의사소통식 교수법을 22 가지 관점에서 다음의 [표 1]과 같이 비교하고 있다. 이것을 통해 '의사소통식 교수법'의 특징을 더욱 분명히 알 수 있다.

[표 1] 청화식 교수법과 의사소통식 교수법의 비교

청화식 교수법	의사소통식 교수법
1. 의미보다 구조와 형태를 중시한다.	의미를 중시한다.
2. 구조를 기초로 한 대화의 암기를 요구한다.	대화 사용의 경우는 암기가 아닌 의사소통의 기능에 중점을 둔다.
3. 언어 요소는 문맥화할 필요가 없다.	문맥화가 중요하다.
4. 언어 학습은 구조, 음(音), 단어의 학습이다.	언어 학습은 의사소통을 위한 학습이다.
5. 완전한 숙달 혹은 과잉 학습을 추구한다.	효과적인 의사소통을 추구한다.
6. 반복 연습이 주된 기술이다.	반복 연습을 하는 경우도 있으나 그것은 부수적인 것이다.
7. 원어민 화자와 같은 발음을 추구한다.	이해가 가능한 발음을 추구한다.
8. 문법 설명을 배제한다.	학습을 위한 모든 기재가 사용된다.
9. 길고 단조로운 연습 과정을 거친 후에 의사소통 활동을 한다.	학습 초기부터 의사소통의 시도가 장려된다.
10. 학습자의 모국어 사용을 금지한다.	상황에 따라 간헐적으로 학습자의 모국어 사용을 허용한다.
11. 초급 단계에서는 번역이 금지된다.	초급 단계에서도 학습자가 필요로 하거나 도움이 되면 번역할 수도 있다.

12. 말하기가 숙달될 때까지 읽기와 쓰기를 다루지 않는다.	학습 초기부터 필요하면 읽기와 쓰기를 시작할 수 있다.
13. 목표 언어의 체계는 문형 지도로 학습된다.	목표 언어의 체계는 의사소통을 위해 노력하는 과정을 통해 학습된다.
14. 언어 능력²⁾의 신장이 교육의 주된 목표이다.	의사소통 능력³⁾의 신장이 교육의 주된 목표이다.
15. 언어의 다양성은 인정하나 강조되지 않는다.	언어의 다양성이 자료나 방법을 선택하는 기준이 된다.
16. 단원의 순서는 언어의 복잡성의 원리에 따라 결정된다.	학습 순서는 흥미를 끄는 기능이나 의미 등에 의해 결정된다.
17. 교원은 학습자를 통제한다. 이론에 어긋나는 것은 하지 못하게 한다.	교원은 어떤 방법으로든지 학습자를 도와서 언어 학습에 임하도록 학습 동기를 유발시킨다.
18. 언어는 습관이므로 실수는 가능한 한 막아야 한다.	언어는 개인의 시행착오를 통해 창조된다.
19. 정확성(accuracy)이 주요 목표이다.	언어의 유창성(fluency)과 수용성(acceptability)이 주요 목표이다. 정확성은 추상적으로 판단되는 것이 아니라 문맥에서 판단된다.
20. 학습자는 통제된 자료를 통해 언어 체계와 상호 작용을 한다.	학습자는 다른 사람들과 짝 활동, 그룹 활동을 통해 직접 대면이나 글로써 다른 사람들과 상호 작용을 한다.
21. 교원은 학습자가 사용할 언어를 명세화하여야 한다.	교원은 학습자가 어떤 언어를 사용할지에 대해서 정확하게 알 수 없다.
22. 학습 동기는 언어 구조에 대한 관심에서 비롯된다.	학습 동기는 언어로 의사소통을 하고 있는 것에 대한 관심에서 유발된다.

2.2.3 의사소통식 교수법을 적용한 수업의 실제

이 글에서는 의사소통식 교수법의 수업 모형과 의사소통식 교수법을 적용하여 작성한 교수·학습안(교안)을 제시하여 의사소통식 교수법을 실제 교육 현장에서 어떻게 활용할 것인지에 대해서 살펴보고자 한다.

---

2) 언어 능력(言語能力, linguistic competence)이란 이상적인 화자와 청자가 지니는 언어에 대한 지식을 뜻한다. 언어 수행(言語遂行, linguistic performance)이란 구체적인 상황에서의 실제 언어 사용을 뜻한다.

3) 의사소통 능력(communicative competence)이란 특정 상황에서 메시지를 효과적으로 전달하고 해석하며, 의사소통 참여자들 상호간에 의미 협상을 할 수 있는 능력이다.

의사소통식 교수법을 적용한 수업 모형은 다음과 같다.

▎의사소통식 교수법을 적용한 수업 모형

도입		학습 동기 유발	▲ 학습 동기를 유발한다. – 교원은 녹음한 자료를 들려주거나, 동영상 자료를 보여 준 뒤에 질문으로 학습 내용을 노출한다.
		교수·학습 목표 확인	▲ 교수·학습 목표를 확인한다.
전개	제시	상황 유추	▲ 교원은 듣기 자료를 들려주거나, 동영상 자료를 보여 주고, 학습자로 하여금 학습 목표에 제시되어 있는 문법 항목이 쓰이는 상황을 유추하게 한다.
		문법 항목 설명	▲ 교원은 학습시키고자 하는 문법 항목의 용법을 모르는 학습자에게 그것의 용법을 설명하여 준다. 학습자가 모두 알고 있으면 그 문법 항목에 대해서 설명하지 않는다.
	연습	교원이 과제를 부여함.	▲ 교원은 다양한 상황이 적혀 있는 인쇄물을 나누어 주고 과제를 부여한다.
		학습자가 과제를 수행함.	▲ 학습자는 짝이나 그룹 구성원들과 함께 부여된 과제를 의사소통 활동으로 해결한다.
		문법적인 오류를 수정함.	▲ 교원이 학습자의 문법적인 오류를 수정하여 준다.
	생성	교원이 과제를 부여함.	▲ 교원은 게임, 역할극, 다양한 과제를 부여하여 실제 맥락과 유사한 의사소통 활동을 하게 한다.
		학습자가 과제를 수행함.	▲ 학습자는 자기에게 부여된 과제를 수행하면서 자기의 생각과 감정을 표현하는 활동을 한다.
		문법적인 오류를 수정함.	▲ 교원이 학습자의 문법적인 오류를 수정하여 준다.
마무리		정리	▲ 교원이 학습 내용을 요약하여 정리하여 준다.
		과제 부여	▲ 교원이 학습자들에게 과제를 부여한다.

의사소통식 교수법을 적용한 교수·학습안(교안)은 다음과 같다.

▎의사소통식 교수법을 적용한 교수·학습안(교안)

① 교수·학습 개요

교수·학습 목표	1. 의도나 목적을 나타내는 표현을 익혀 말할 수 있다. 2. 후회를 나타내는 표현을 익혀 말할 수 있다.

주요 학습 내용	1. '의도'의 의미를 나타내는 연결어미: '-(으)려고', '-고자'
	2. '목적'의 의미를 나타내는 연결어미: '-(으)러'
	3. '후회'의 의미를 나타내는 종결어미: '-(으)ㄹ걸'
교육 대상자	중급 학습자(10명)
수업 소요 시간	50분
준비물	연결어미인 '-(으)려고', '-고자', '-(으)러' 등과 종결어미인 '-(으)ㄹ걸' 등이 쓰인 대화문을 녹음한 자료나 녹화한 영상물

② 교수·학습의 실제

단계	과정	시간	교수·학습 활동		유의점
			교원	학습자	
도입	학습 동기 유발	3분	▲ 다음의 [대화문 1]을 녹음한 자료를 들려주거나 녹화한 동영상 자료를 보여주고 이 대화의 화제에 대해서 말하여 보게 한다. [대화문 1] 수진: 면접 준비는 잘하고 있어요? 마크: 열심히 한다고 했는데 잘 모르겠어요. 서류 전형은 통과하는데 면접에서 자꾸 떨어지니까 자신감도 점점 없어지네요. 수진: 오랫동안 준비해 왔으니까 자신감을 가져요. 마크: 저도 제가 많이 준비했다고 생각했는데 그렇지도 않더라고요. 면접 보러 가면 다들 얼마나 말을 잘하는지 몰라요. 이럴 줄 알았으면 한국으로 어학연수를 갔다 올걸 그랬어요. 수진: 한국어 실력이 전부가 아닐 거예요. 당당하고 적극적인 태도를 보이는 게 더 중요하거든요. 자, 어깨를 펴고 자신감이 있는 태도로 면접을 보러 가세요. 마크: 알겠어요. 이번 면접시험에 불합격하면 더욱 열심히 준비하려고 해요. – 국립국어원(2014), 『세종한국어 7』, 136쪽.	▲ 지명된 학습자가 발표한다. -면접 준비	

			▲이 시간의 교수·학습 목표를 제시한다.	▲이 시간의 교수·학습 목표를 이해한다.	▲수업이 끝날 때까지 교수·학습 목표를 칠판
	교수·학습 목표 확인	1분			왼쪽이나 오른쪽 위에 판서하여 놓는다.
전개	제시	상황 유추	3	▲[대화문 1]을 녹음한 자료를 들려주거나 녹화한 동영상 자료를 보여주고 [대화문 1]에 제시된 상황에 대해서 말하여 보게 한다.	▲지명된 학습자가 발표한다. - 한국인이 취직하기 위해 면접 준비를 하는 외국인 친구를 만나서 격려하는 상황	
		문법 항목 설명	5분	▲학습자를 지명하여 [대화문 1]에 쓰인 '의도', '목적', '후회' 등을 나타내는 문법 항목을 찾아서 그 용법을 말해 보게 한다.	▲지명된 학습자가 발표한다.	
				▲학습시키고자 하는 '의도', '목적', '후회' 등을 나타내는 문법 항목의 용법을 모르는 학습자에게 설명하여 준다. ①'의도'를 나타내는 연결어미: '-(으)려고', '-고자'. 이것들은 동사의 어간에 결합된다. [보기] (ㄱ) 내일 나는 서울에 가-[-려고, -고자] 한다. 　　　(ㄴ) 책을 빌리-[-려고, -고자] 도서관에 간다. ②'목적'을 나타내는 연결어미: '-(으)러'. 이것은 동사의 어간에 결합된다. 이것은 이동하는 동작에 앞서 이동하는 목적을 나타낸다. [보기] (ㄱ) 야구 경기를 구경하러 야구장에 가자. 　　　(ㄴ) 공부하러 도서관에 간다. 　　　(ㄷ)우리 집에 놀러 오세요. ③'후회'를 나타내는 종결어미: '-(으)ㄹ걸'. 이것은 동사의 어간에 결합된다. (ㄱ) 일찍이 유학을 다녀올걸. (ㄴ) 밥을 조금만 먹을걸. (ㄷ) 젊었을 때 여행을 많이 할걸.	▲학습하고자 하는 '의도', '목적', '후회' 등을 나타내는 문법 항목의 용법을 모르는 학습자는 교원에게 설명하여 달라고 요청한다.	▲교원은 그 문법 항목에 대해서 모든 학습자가 알고 있으면 설명하지 않는다.
	연습	과제 부여와	12분	▲교원은 학습자들이 각자의 꿈을 실현하기 위해 어떻게 생활하고 있는지에 대해서 '의도'나 '목적'을 나타내는 문법 항목을 활용하여 목표 언어로 짝과 함께 400자 분량의 대화문을 작성하	▲학습자는 자기의 꿈을 실현하기 위해 어떻게 생활하고 있는지에 대해서 '의도'나 '목적'을 나타내는 문법 항목을 활용하여 목	▲교원은 학습자가 도움을 요청하면 도와준다. ▲대화를 할 때 분당 200자 정도를 발음

	과제 수행	3분	여 역할극을 하여 보도록 한다. ▲교원은 학습자들이 '후회'를 표현하는 문법 항목을 활용하여 후회하고 있는 것에 대해서 짝과 함께 목표 언어로 자연스럽게 이야기를 나누어 보게 한다.	표 언어로 짝과 함께 400자 분량의 대화문을 작성하여 역할극을 한다. ▲학습자는 '후회'를 나타내는 문법 항목을 이용하여 자기가 후회하고 있는 것에 대해서 짝과 함께 목표 언어로 자연스럽게 이야기를 나눈다.	하게 한다.
	문법적인 오류 수정	1분	▲문법적인 오류를 수정하여 준다.	▲문법적인 오류를 수정한다.	▲교원은 문법적인 오류를 수정하여 줄 것이 없으면 이 단계는 생략한다.
생성	과제 부여와 과제 수행	15분	▲학습자들로 하여금 후회하는 과거사와 미래의 삶의 계획에 대한, 600자 분량의 글을 목표 언어로 작성한 뒤에 발표하여 보도록 한다.	▲후회하는 과거사와 미래의 삶의 계획에 대한, 600자 분량의 글을 목표 언어로 작성한 뒤 지명된 학습자가 발표한다.	▲교원은 학습자의 학습 활동의 촉매자나 조언자 구실을 한다. ▲학습자의 학습 활동 내용은 학습한 문법 항목과 관련이 있어야 한다.
		2분	▲다른 학습자로 하여금 발표한 학습자에게 조언하여 보도록 한다.	▲지명된 학습자가 발표한 학습자에게 조언을 하여 준다.	▲미리 교원은 조언할 때 유의할 점을 간단히 설명하여 준다. – 먼저 좋은 점을 말한 뒤에 개선하여야 할 점을 간단히 말한다.
	문법적인 오류 수정	2분	▲문법적인 오류를 수정하여 준다.	▲문법적인 오류를 수정한다.	▲문법적인 오류를 수정하여 줄 것이 없으면 이 단계는 생략한다.
마무리	정리	2분	▲이 시간에 학습한 내용을 요약하여 정리하여 준다.	▲학습 내용을 정리한다.	
	과제 부여	1분	▲이 시간에 학습한 '의도', '목적', '후회' 등을 나타내는 문법 항목을 사용하여 목표 언어로 400자 내외의 글을 써서 제출하도록 한다. ▲작문의 주제나 글의 종류는 학습자가 정하도록 한다.	▲과제를 확인하고 메모한다.	

의사소통식 교수법은 학습한 문법 항목을 활용하여 의사소통을 하게 하는 것뿐만 아니라 새로운 문법 항목을 활용하여 의사소통을 하게 하는 것이다.

새로운 문법 항목을 활용하여 의사소통을 하게 할 경우에는 먼저 학습자가 이미 학습한 문법 항목 중에서 새로운 문법 항목과 유사한 문법 항목을 활용해서 의사소통을 하게 한 뒤에 새로운 문법 항목으로 의사소통을 하게 한다.

학습자로 하여금 어떤 문법 항목의 의미를 유추하게 할 경우에는 그림 카드나 사진을 보여 주거나, 교원이 그 문법 항목의 의미를 유추할 수 있는 몸짓을 하거나, 표정을 지어 보인다.

학습자들이 짝 활동이나 그룹 활동을 할 때 교원은 돌아다니면서 학습자끼리 의사소통이 원활히 이루어지지 않으면 도와준다.

2.3 과제 중심 교수법

2.3.1 과제 중심 교수법의 개념

과제 중심 교수법(課題中心敎授法, Task-based Language Teaching: TBLT)이란 학습자로 하여금 과제(課題, task)를 목표 언어로 수행하게 함으로써 의사소통 능력을 신장시키는 교수법이다. 이것을 '과제 중심 언어 교수법' 혹은 '과제 중심 언어 학습(Task-based Language Learinig)' 또는 '과제 중심 교수(Task-based Instruction)'라고 일컫기도 한다.

과제 중심 교수법은 의사소통식 교수법(Communicative Language Teaching: CLT)의 한 갈래이다. 과제 중심 교수법은 1980년대부터 의사소통식 교수법의 일부를 형성하는 여러 원리를 끌어들이었기 때문에 의사소통식 교수법의 논리적 발전으로서 제시되었다(Willis, 1996. 허용, 2015: 111 재인용).

과제 중심 교수법에서 교수·학습의 핵심 단위는 '과제(課題, task)'이다. 과제(課題, task)란 학습자들이 사고(思考)의 과정을 통하여 주어진 정보를 활용해서 결과를 도출하게 하는 활동이다(Prahu, 1987: 17. 허용, 2015: 111, 재인용).

과제는 학습자가 일정한 결과를 도출하여 내기 위해서 목표 언어로 의사소통을 하는 활동을 뜻한다. 의사소통 과제란 학습자들의 관심이 언어 형태보다 주로 의미에 초점을 맞추는 동안 학습자들이 목표 언어를 이해하고, 조직하고, 말하거나 상호 작용하는 것을 포함하는 교실 활동의 일부이다(Nunan, 1989: 10).

과제는 '실제적 과제'와 '교육적 과제'로 나뉜다(Nunan, 1980).

'실제적 과제'는 학습자들의 요구를 분석한 결과 가운데 중요하다고 판단되는 과제를 연습할 수 있도록 설계한 것이다. 만나고 헤어질 때의 인사말, 전화 예절 등이 그 보기에 속한다.

'교육적 과제'는 제2 언어 습득에서 심리학적 근거로 제시되는 것으로 실생활과 반드시 관련되는 것은 아니다. 정보 차(information gap) 학습 활동이 그 보기에 해당한다.

과제를 수행하는 데 필요한 상호 작용의 유형에 따라 과제를 다음과 같이 분류하기도 한다(Pica, Knagy & Falodun, 1993. 허용, 2015: 113).

1) 조각 맞추기 과제: 서로 다른 정보를 조합함으로써 전체를 완성하게 하는 과제이다. 이것은 내용의 일부만을 알고 있는 학습자들이 정보를 종합하여 하나의 이야기를 완성하게 한다.

2) 정보 차 과제: 학습자들을 두 팀으로 나눈다. 각 팀은 서로 다른 정보를 가지고 있다. 두 팀은 활동을 완성하기 위해 서로 교섭해서 상대방의 정보가 무엇인지를 알아내야 한다.

3) 문제-해결 과제: 학습자들은 문제와 그 문제를 해결할 수 있는 여러 정보를 가지고 있다. 문제에 대한 하나의 답을 찾아내야 한다.

4) 의사 결정 과제: 학습자들은 여러 가지 결과가 나올 수 있는 몇 개의 문제를 부여받고, 참여자들이 상의와 토의를 하여 그것들 중에서 한 문제를 선택해서 해결하여야 한다.

5) 의사 교환 과제: 학습자들은 토의와 의견 교환에 참여한다. 합의에 도달할 필요는 없다.

그 밖의 과제 유형으로는 '빙고 게임(bingo games), 보드 게임(board games) 등이 있다(Pattison, 1987. 진정란, 2006: 283 재인용).

'빙고 게임'은 네모 칸의 카드를 가지고 가로, 세로, 또는 대각선으로 상대방이 불러 준 것을 모두 맞추었을 때 '빙고'라고 외치며 과제 완수를 알리는 활동이다.

'보드 게임'은 숫자가 적힌 보드판과 주사위나 윷을 사용하여 하는 활동이다. 보드판에는 숫자마다 학습자가 수행하여야 하는 활동이 표기되어 있고, 학습자들은 주사위(또는 윷)를 던져 나오는 숫자의 과제를 수행한다.

과제의 난이도를 정할 때 유의할 점은 다음과 같다(Honeyfield, 1993: 129. 허용, 2015: 114).

1) 과정 혹은 학습자가 입력에서 출력을 끌어내야 하는 것
2) 입력 자료를 위한 교재
3) 출력 결과를 위해 요구되는 것: 언어적 항목
   • 어휘, 문장 구조, 담화 구조, 과정 가능성 등
   • 언어적 기능
   • 거시적/미시적 언어 기술
   • 사전 지식 혹은 스키마(schema). 스키마는 외부 환경에 적응하도록 환경을

조작하는 감각적·행동적·인지적 지식과 기술을 통틀어 이르는 말이다.
  · 주제 다루기와 대화 전략
  4) 학습자를 도울 수 있는 도움의 양과 유형
  5) 교원과 학습자의 역할
  6) 허용되는 시간
  7) 동기
  8) 확신
  9) 학습 스타일

과제는 구체적 혹은 추상적 언어를 사용할 수 있다. 과제는 상대적으로 쉽거나 어려운 인지적 과정을 가진다.

과제를 수행할 때 과제는 정보를 일방적으로 주는 쪽으로 정할 수 있고, 쌍방향으로 줄 수도 있으며, 학습자들이 한 가지 목표를 정해서 갈 수도 있다. 학습자들은 과제를 수행하기 위해서 경쟁 관계에 있을 수도 있고, 협력적인 관계에서 해결 방안을 모색할 수 있다(허용, 2015: 115).

결과물은 하나의 결과를 도출할 수도 있고, 다양한 의견을 끌어낼 수도 있다.

과제 중심 교수법은 목표 언어의 유창성이나 학습자의 자신감을 위해 개발되었다. 과제 중심 교수법은 학습의 결과보다 학습 과정을 중시하는 교수법이다. 학습자들은 과제를 수행하기 위해 목표 언어로 유의미한 상호 작용과 의사소통을 한다.

과제 중심 교수법에서 평가는 과제 결과물의 적절한 달성 여부로 판단한다. 언어 형태의 정확성을 평가하지 않는다.

2.3.2 과제 중심 교수법의 원리

과제 중심 교수법의 목적은 학습자로 하여금 목표 언어로 과제를 수행하여 의사소통 능력을 갖추도록 하는 데 있다.

과제 중심 교수법의 기본 가정은 다음과 같다(Feez, 1998: 17. 허용, 2015: 112).
 1) 수업의 초점을 학습의 결과물보다 학습 과정에 둔다.
 2) 수업의 기본적인 요소는 뚜렷한 목적이 있는 활동과 의사소통과 의미를
　강조한 과제이다.
 3) 학습자는 과제와 활동에 적극적으로 참여하는 동안 의사소통과 목적에 맞
　는 상호 작용을 함으로써 언어를 학습하게 된다.
 4) 수업할 때 사용되는 활동과 과제는 학습자들이 실제 생활에서 달성할 수
　있는 것이어야 하고, 수업 시간에는 구체적인 교육적 목적을 가져야 한다.
 5) 과제 중심의 교수요목에서 활동과 과제는 난이도에 따라 배열된다.
 6) 과제의 난이도는 학습자들이 사전에 경험한 것, 과제의 복잡성, 과제를
　수행하는 데 요구되는 언어, 도움을 줄 수 있는 정도를 포함하는 요소들에
　따라 정한다.

과제 중심 교수법의 원리는 다음과 같다.
 1) 의사소통이 포함된 활동이 언어 학습의 기본이 되어야 한다.
 2) 과제는 학습자 개개인의 필요에 의한 것이어야 한다.
 3) 가장 효과적인 과제는 학습자가 약간 어렵다고 생각하는 것이어야 한다.
 4) 학습자들은 과제를 수행하고 문제를 해결하기 위해 다른 학습자들과 상호
　작용을 하고 돕는다.
 5) 언어의 의미가 강조된다.
 6) 과제의 특성에 따라 말하기·듣기·읽기·쓰기의 네 가지 언어 기능 중에서
　필요한 기능이 사용된다.
 7) 교원은 계속해서 학습자가 사용하는 언어와 과제 수행 결과를 평가한다.

2.3.3 과제 중심 교수법의 특징

과제 중심 교수법의 목적은 학습자로 하여금 목표 언어로 과제를 수행하여 의사소통 능력을 갖추도록 하는 데 있다.

과제 중심 교수법의 특징은 다음과 같다(허용, 2015: 115~116, 진정란, 2006: 276~277).

1) 과제 중심 교수법은 의사소통을 가장 중시한다.
2) 과제 중심 교수법의 수업은 학습자가 주도한다. 교원은 학습의 촉진자, 상담자 구실을 한다.
3) 과제 활동과 성취는 학습 동기의 부여를 고취시킬 수 있다. 학습자가 스스로 과제를 선택하고 과제 수행에 능동적으로 참여하기 때문에 동기 유발이 쉽다.
4) 과제 중심 교수법은 학습자의 연령, 배경에 상관없이 광범위하게 적용할 수 있는 교수법이다.
5) 과제를 선택하고 설계할 때 인지적 과정과 형태에의 초점 사이에 일정한 관계가 성립한다. 인지적으로 어렵게 느껴지는 과제가 주어질 경우 학습자들은 문법적 정확성과 같은 메시지의 형식적 특징에 주의를 덜 기울인다.
6) 과제 중심 교수법은 초급 학습자를 위한 수업의 기초로는 적합하지 않다.
7) 학습은 주로 짝 활동, 그룹 활동으로 이루어진다.
8) 언어 학습은 말하기, 듣기, 읽기, 쓰기 등으로 이루어진다.
9) 학습자의 과제 수행 중에 발생하는 오류는 의사소통에 방해가 될 때에만 정정하여 준다.
10) 언어를 문맥 속에서 파악하고자 하고, 사회언어학적 능력을 중시한다.
11) 교수를 위한 교육적 입력 자료를 과제에 의존하기 때문에 체계적인 문법적 교수요목이 없다.

2.3.4 과제 중심 교수법을 적용한 수업의 실제

이 글에서는 과제 중심 교수법의 수업 모형과 과제 중심 교수법을 적용하여
작성한 교수·학습안(교안)을 제시하여 과제 중심 교수법을 실제 교육 현장에서
어떻게 활용할 것인지에 대해서 살펴보고자 한다.

과제 중심 교수법을 적용한 수업 모형은 다음과 같다.

∎ 과제 중심 교수법을 적용한 수업 모형

도입		▲ 학습 동기를 유발함.
		▲ 녹음 자료를 들려주거나, 동영상 자료를 시청하게 한 뒤 학습할 내용을 제시함.
전개	과제 수행 전	▲ 교원은 학습자들이 과제를 제시하고, 과제 수행에 유용한 문법을 설명함.
		▲ 학습자는 과제를 이해함.
	과제 수행	▲ 학습자들은 과제를 수행하기 위한 계획을 세우고, 짝 활동이나 그룹 활동으로 과제를 수행함. ▲ 교원은 수행 평가를 실시함.
	과제 수행 후	▲ 학습자가 과제를 발표함. ▲ 교원은 수행 평가를 실시함.
		▲ 과제 수행 결과를 확인함. 다른 학습자는 자기의 과제 수행 결과와 비교하며 발표를 청취함.
		▲ 교원이 어휘와 문법 오류를 정정함.
마무리	학습 내용 정리	▲ 질의응답으로 학습 내용을 정리함.
	과제 부여	▲ 교원이 학습자들에게 과제를 부여함.

'과제 수행 전 단계'에서 교원은 과제를 제시하고, 과제 수행에 유용한 문법을
설명하여 준다. 학습자들은 짝과 상의하여 과제 수행 계획을 짠다.

'과제 수행 단계'에서는 학습자들이 짝이나 그룹으로 과제를 수행한다. 이 단계
에서는 학습자들이 과제를 수행하기 위한 계획을 세우기, 짝이나 그룹과 함께
과제를 수행하기, 결과를 기록하여 발표하기 등과 같은 활동을 한다. 교원은 학습

자들이 목표 언어로 의사소통을 하도록 학습자들의 동기를 촉진시키고, 그룹별 과제 수행을 모니터하며, 어려움을 겪고 있는 그룹에 대해서는 도움을 주어 문제를 원만히 해결하도록 도와준다(진정란, 2006: 279).

'과제 수행 후 단계'에서 학습자들은 다른 학습자들의 과제 수행 발표를 들으며 자기의 방법과 비교하고 반성한다. 이때 교원은 학습자들로 하여금 자기 평가, 상호 평가, 그룹별 평가를 실시하게 한다. 교원은 해당 시간에 학습한 내용을 요약하여 정리하여 준다. 그리고 해당 시간에 학습한 문법 항목을 다른 사람과 의사소통을 할 때에 적절히 활용할 수 있도록 권장한다.

'과제 중심 교수법'을 적용한 교수·학습안(교안)의 보기를 들어 보면 다음과 같다.

▣ 과제 중심 교수법을 적용한 교수·학습안(교안)

① 교수·학습 개요

교수·학습 목표	1. '추측'을 나타내는 표현을 익혀 말할 수 있다. 2. '의지'를 나타내는 표현을 익혀 말할 수 있다. 3. '약속'을 나타내는 표현을 익혀 말할 수 있다.
주요 학습 내용	1. 추측: '-겠-', '-(으)ㄹ 것이다', '-(으)ㄴ/-는/-(으)ㄹ 것 같다', '-(으)ㄴ/-는/-(으)ㄹ 모양이다'
	2. 의지: '-겠-', '-ㄹ게', '-(으)ㄹ게요', '-(으)ㄹ 것이다'
	3. 약속: '-(으)ㄹ게', '-(으)ㄹ게요', '-(으)마'
교육 대상자	중급 학습자(10명)
수업 소요 시간	50분
준비물	문법 항목 '-(으)ㄹ 것이다', '-(으)ㄴ/-는/-(으)ㄹ 것 같다', '-(으)ㄴ/-는/-(으)ㄹ 모양이다', '-겠-', '-(으)ㄹ게', '-(으)ㄹ게요' 등이 쓰인 대화문을 녹음한 자료나 녹화한 영상물

② 교수·학습의 실제

단계	과정	시간	교수·학습 활동		유의점
			교원	학습자	
도입	학습 동기 유발	2분	▲다음의 [대화문 1]을 녹화한 동영상 자료를 학습자에게 보여 준 뒤에 화자가 전화를 걸어 청자에게 요청한 것이 무엇인지에 대해 말하여 보게 한다.	▲지명된 학습자가 발표한다. - 친구 집에 전화하여 전화를 바꾸어 달라고 함.	

			[대화문 1] 남편 친구: 여보세요? 이대호 씨 집이지요? 샌디: 네. 남편 친구: 저는 이대호 씨 친구인 이동혁입니 　　　　　 다. 이대호 씨 좀 바꿔 주세요. 샌디: 외출했어요. 남편 친구: 언제 집에 들어와요? 샌디: 아마 여섯 시쯤 들어올 거예요. 남편 치구: 그럼 제가 일곱 시쯤 다시 전화할 　　　　　 게요. 샌디: 알겠습니다. 남편 친구: 안녕히 계세요. 샌디: 안녕히 계세요.		
		학습할 내용 제시	2분	[대화문 1]이 쓰인 동영상 자료를 다시 시 청하게 한 뒤 '추측'과 '약속'을 나타내는 문 법 항목을 찾아 발표하게 한다.	▲ 지명된 학습자가 [대화문 1]에 쓰인 '추측', '약속'을 표현하 는 문법 항목을 발표한다. - '추측'을 표현하는 문법 항목: '돌아올 거예요'에 쓰인 '-ㄹ 거 예요' '약속'을 표현하는 문법 항목: '전 화할게요'에 쓰인 '-ㄹ게요'	
전 개	제 1 과 제	과제 수행 전	4분	▲ 과제를 제시한다. - 짝과 함께 여행할 곳의 명승지, 고유의 음 식 문화 등에 대해 '추측'을 나타내는 문 법 항목인 '-(으)ㄹ 것이다', '-(으)ㄴ/-는 /-(으)ㄹ 것 같다', '-(으)ㄴ/-는/-(으)ㄹ 모 양이다' 등을 사용하여 목표 언어로 대화 를 나누어 보도록 한다.	▲ 과제를 이해한다.	
				▲ '추측', '의지', '약속' 등을 표현하는 문법 항목에 대해 간략히 설명하여 준다. - 추측을 표현하는 문법 항목: '-겠-', '- (으)ㄹ 것이다', '-(으)ㄴ/-는/-(으)ㄹ 것 같다', '-(으)ㄴ/-는/-(으)ㄹ 모양이다' [보기] 내일 비가 오-{-겠-, -ㄹ 것이다, - ㄹ 것 같다, -ㄹ 모양이다}. - '의지'를 나타내는 문법 항목: '-겠-', '- (으)ㄹ게', (으)ㄹ게요, '-(으)ㄹ 것이다' [보기] 나는 너와 꼭 결혼하겠어. 열심히 공부하여 반드시 성공하-{-ㄹ게, -ㄹ게요, -ㄹ 것이다.}. - '약속'을 나타내는 문법 항목 : '-ㄹ게', '-	▲ '추측', '의지', '약속' 등을 표현 하는 문법 항목을 이해함. 잘 이해하지 못하면 교원에게 다 시 설명하여 달라고 요청한다.	

			(으)ㄹ게요', '-(으)마' [보기] 내일 너의 집에 놀러 가└ㄹ게, -마.		
		과제 수행	9분		▲ 짝과 상의하여 과제 수행 계획을 짠다.	
				▲ 학습자가 과제를 수행하면서 도움을 청하면 도와준다.	▲ 짝과 의논하여 여행지를 정한 뒤에 그 여행지에 관해 안내한 책을 보거나, 인터넷으로 그 여행지의 경치 좋은 곳, 고유의 음식 문화 등을 알아본다.	▲ 학습자들은 '추측', '의지', '약속' 등을 나타내는 문법 항목을 활용하여 짝과 함께 여행할 곳의 명승지, 고유의 음식 문화 등에 대해 이야기를 나눈다.
					▲ 짝과 함께 여행할 곳의 명승지, 고유의 음식 문화 등에 대해 목표 언어로 이야기를 나눈다.	
과 제 수 행 후	과제 발표	6분		▲ 여러 사람 앞에서 짝과 함께 조사한 여행지의 명승지, 고유의 음식 문화 등에 대해서 목표 언어로 발표하게 한다.	▲ 지명된 학습자가 조사한 여행지의 명승지, 고유의 음식 문화 등에 대해서 목표 언어로 발표한다.	
				▲ 과제 수행 결과를 확인한다.	▲ 학습자는 자기의 과제 수행 결과와 비교하면서 다른 학습자의 발표를 청취한다.	
	오류 정정	2분		▲ 잘못 사용한 문법 항목을 정정하여 준다.	▲ 오류를 고친다.	
제 2 과 제		과제 수행 전	3분	▲ 과제를 제시한다. -학습자 개개인의 나쁜 습관을 고치겠다는 다짐에 관한 400자 분량의 글을, '의지'를 나타내는 문법 항목인 '-겠-', '-(으)ㄹ게요', '-(으)ㄹ 것이다' 등을 사용하여 목표 언어로 작성하도록 한다.	▲ 소그룹 구성원들과 협동하면서 과제 수행 계획을 짠다.	
		과제 수행	6분	▲ 학습자가 과제를 수행하면서 도움을 청하면 도와준다.	▲ 소그룹 구성원들과 함께 각자의 나쁜 습관을 고치겠다는 다짐에 관한 400자 분량의 글을, '의지'를 나타내는 문법 항목인 '-겠-', '-(으)ㄹ게요', '-(으)ㄹ 것이다' 등을 사용하여 목표 언어로 작성한다.	▲ 학습자는 도움이 필요하면 소그룹 구성원이나 교원에게 도움을 요청한다.
			5분	▲ 소그룹 구성원들이 돌아가면서 각자의 나쁜 습관을 고치겠다고 다짐한 글을 가지고 목표 언어로 이야기를 하게 한다.	▲ 소그룹 구성원들이 돌아가면서 각자의 나쁜 습관을 고치겠다고 다짐한 글을 가지고 목표 언어로 이야기를 한다.	

과제 수행 후	과제 발표	6분	▲여러 사람 앞에서 나쁜 습관을 고치겠다는 각오를 목표 언어로 발표하게 한다.	▲지명된 학습자가 목표 언어로 발표한다.	
			▲수행 평가를 실시한다.		
			▲과제 수행 결과를 확인한다.	▲학습자는 자기의 과제 수행 결과와 비교하면서 다른 학습자의 발표를 청취한다.	
	오류 정정	2분	▲잘못 사용한 문법 항목을 정정하여 준다.	▲오류를 정정한다.	
마무리	정리	2분	▲이 시간에 학습한 내용을 요약하여 정리하여 준다. – '추측', '의지', '약속' 등을 나타내는 문법 항목의 용법을 간단히 정리하여 준다.	▲학습 내용을 정리한다.	'-겠-'과 '-(으)ㄹ 것이다'는 맥락에 따라 '추측'이나 '의지'를 표현하고, '-ㄹ게', '-ㄹ게요' 등은 '의지'나 '약속'을 나타내는 문법 항목임을 강조한다.
	과제 부여	1분	▲이 시간에 학습한 '추측', '의지', '약속' 등을 나타내는 문법 항목을 사용하여 500자 내외의 글을 목표 언어로 작성해서 제출하게 한다. 작문의 주제나 글의 종류는 학습자가 정하도록 한다.	▲과제를 확인하고 메모한다.	

2.4 형태 초점 의사소통 교수법

2.4.1 형태 초점 의사소통 교수법의 개념

형태 초점 의사소통 교수법(形態 焦點 意思疏通 敎授法, Focus on Form Teaching Method: FoF)이란 의사소통 활동을 하면서 목표 언어의 문법을 학습하도록 유도하는 교수법이다.

'형태 초점 의사소통 교수법'은 의미를 중심으로 교수하면서 형태에도 관심을 갖도록 유도하는 교수법이다.

'형태 초점 의사소통 교수법'을 '형태 초점 의사소통 접근법(Focus on Form Approach)' 또는 '형태 초점 의사소통 접근 방법' 혹은 '의미 중심 형태 교수법'

이라고 일컫기도 한다.

1988년에 Long이 외국어 교육에서 문법적 정확성보다 유창성을 중시하는, 의미 중심 교수법에 치중하다 보니 문법적 능력이 떨어져 의사소통 능력이 제대로 신장되지 않음을 지적하고, 의미 중심으로 교육하면서 형태에도 관심을 갖도록 유도하는 '형태 초점 의사소통 교수법'을 창안하여 제시하였다.

'형태 초점 의사소통 교수법'은 1990년대에 접어들면서 각광을 받기 시작했다.

1990년대에 들어서면서 서구의 외국어 교육 연구자들이 언어의 형태·의미·기능 등에 대한 학습이 균형적으로 이루어져야 의사소통 능력이 신장된다는 점을 인식하게 되었다.

'형태 초점 의사소통 교수법'은 언어 사용의 정확성(accuracy)과 유창성(fluency)의 신장을 중요시하는 교수법이다.

'형태 초점 의사소통 교수법' 이전에 생겨 난 교수법인 '문법 번역식 교수법(Grammar Translation Method)'과 '청화식 교수법/청각구두식 교수법(Audio-lingual Method)'은 '형태 중심 접근 방법/형태 중심 교수법(Focus on Forms)'이다. 이 교수법에서는 문법과 구조, 언어 사용의 정확성 등을 중시하였다.

'의미 중심 접근 방법/의미 중심 교수법(Focus on Meaning: FoM)'인 의사소통식 교수법에서는 언어의 의미와 언어 사용의 유창성을 중시하였다. 의사소통식 교수법은 언어 사용의 정확성 측면에서 한계를 드러냈다.

'의미 중심 접근 방법'으로 교육하는 캐나다의 '몰입 교육 프로그램'의 학습자들이 문법의 정확성에 취약하다는 연구 결과의 발표와 함께 의미 중심 교육에 대한 비판적 시각이 대두되었다(Swain, 1985).

'형태 초점 의사소통 교수법'은 형태 중심 교수법에서 중시한 정확성에 의미 중심 접근 방법에서 중시한 유창성을 모두 갖추는 것을 목표로 하는 교수법이다.

'형태 초점 의사소통 교수법'에서는 학습자의 요구 분석 결과에 기초하여 목표 언어의 형태를 미리 정하고, 의식적으로 학습자가 그 목표 언어의 형태에 집중할 수 있도록 한다.

'형태 초점 의사소통 교수법'은 학습자에게 목표 언어에 대한 표현의 기회를 많이 주어 학습자가 의미나 기능뿐 아니라 형태를 의식하면서 목표 언어를 사용할 수 있도록 유도하는 교수법이다.

'형태 초점 의사소통 교수법'은 반응적 형태(reactive stance)와 선행적 형태 (proactive stance)로 구분된다(Doughty & Williams, 1998: 198~211).

반응적 형태(reactive stance)는 수업 중 의사소통을 하는 과정에서 학습자가 자주 오류를 범하면 교원이나 다른 학습자가 그것을 인지하고 해결하여 주는 것이다.

선행적 형태(proactive stance)는 교원이 미리 의사소통 과정에서 발생할 가능성 이 있는 오류를 예측해서 적절한 과제를 부여하는 것이다.

'형태 초점 의사소통 교수법'은 중급 이상의 학습자에게 적용하는 것이 효과적 이다.

'형태 초점 의사소통 교수법'에서 문법 교육을 성공적으로 하려면, 학습자의 주의를 끌고, 상호 작용이 활발히 이루어질 수 있는 다양한 과제를 효과적으로 제시하여야 한다.

최근에는 '형태 초점 의사소통 교수법'과 전통적인 교수법을 포괄하는, '형태에 초점을 둔 교수(Form-Focussed Instruction, FFI)'가 일반화되어 가고 있다.

'형태에 초점을 둔 교수(Form-Focussed Instruction)'는 암시적으로나 명시적으로나 학습자의 주의를 언어의 형태로 이끄는 모든 교수법적 활동을 의미하는 것이다.

'형태에 초점을 둔 교수(Form-Focussed Instruction)'는 '형태 초점 의사소통 교수법(Focus on Form)'과 '형태 중심 의사소통 교수법(Focus on Forms)', '수정적 피드백(corrective feedback)'과 '오류 수정(error correction)', '명시적 교수(explicit instruction)'와 '암시적 교수(implicit instruction)' 등을 포괄하는 교수법이다.

2.4.2 형태 초점 의사소통 교수법의 특징

'형태 초점 의사소통 교수법'은 의사소통 활동을 하는 과정에서 언어의 형태를 언어의 의미와 기능과 서로 관련지어 이해하여야 가장 효과적으로 내재화할 수 있다는 관점에서 교수하는 방법이다.

'형태 초점 의사소통 교수법'의 특징은 다음과 같다.

1) '형태 초점 의사소통 교수법'은 그 이전의 교수법과 달리 언어의 형태, 의미, 기능 등에 균형적으로 교수·학습의 초점을 맞춘다.
2) '형태 초점 의사소통 교수법'은 상향식 언어 처리 과정(bottom-up processing) 과 하향식 언어 처리 과정(top-down processing)을 모두 활용할 수 있는 교수 법이다.
3) '형태 초점 의사소통 교수법'의 교수·학습 목표는 목표 언어의 유창성과 정확성을 신장시키는 데 있다.
4) '형태 초점 의사소통 교수법'은 과제 중심 교수요목을 많이 사용하기 때문에 학습자가 다양한 의사소통 과제를 해결하는 과정에서 교원이 필요하다고 생각할 때는 언어 형태를 학습하기 위한 자료도 병행하여 사용할 수 있다.
5) 학습자가 학습 활동에 적극적으로 참여한다. 교원은 학습의 촉진자이며 상담자이고, 감시자이며, 학습 자료와 피드백 제공자이다. 학습자가 언어

형태를 잘 몰라서 의사소통 활동을 제대로 하지 못할 경우에 언제든지 교원이

그 언어 형태를 친절히 설명하여 준다.

6) 교수·학습 내용은 일상생활의 정보와 언어 형태 자료이다.

7) 교수·학습 방법은 의사소통 활동, 언어 자료의 암시적 제시와 피드백이다.

2.4.3 형태 초점 의사소통 교수법을 적용한 수업의 실제

'형태 초점 의사소통 교수법'에서 사용되는 교수 기법에는 입력 쇄도(input-flood), 과제 수행 필수 언어(task-essential language), 입력 강화(input enhancement), 의미 협상(negotiation), 고쳐 말하기(recast), 출력 강화(output enhancement), 상호 작용의 강화(interaction enhancement), 창의적 받아쓰기(dictogloss), 의식 고양(consciousness rasing), 입력 처리(input processing), 고의적 오류 유도(garden path) 등이 있다(Doughty & Williams, 1998).

1) '입력 쇄도'는 교육하려는 언어 형태를 많이 제공하여 알게 하는 것이다. '입력 쇄도'를 '입력 포화' 또는 '입력 홍수'라고 일컫기도 한다.

2) '과제 수행 필수 언어'는 과제를 수행하는 데 쓰이는 필수 표현을 제공하여 주는 것이다.

3) '입력 강화'는 학습자로 하여금 목표 문법 항목에 주목하게 하기 위하여 글자의 색, 청각적 억양 등을 달리하는 것이다.

4) '의미 협상'은 출력한 표현에 대해서 동료 학습자가 피드백을 하여 협상 과정을 통해 터득하게 하는 것이다.

5) '고쳐 말하기'는 학습자의 오류를 직접 지적하지 않고 대체 표현을 제시하여 학습자가 스스로 오류를 정정(訂正)하도록 하는 것이다. 이것은 비정형적이거나 미완성적 발화를 조심스럽게 다시 고쳐 말하거나 확장시키는 교정적 피드백의 암시적 유형이다. '고쳐 말하기'를 '대체 표현 제시'라고 일컫기도 한다.

6) '출력 강화'는 학습자의 출력 표현에 대해서 교원이 유도 질문을 하여 오류를 정정하도록 하는 것이다.

7) '상호 작용의 강화'는 교원과 학습자 간, 학습자와 학습자 간 상호 작용을 하는 과정에 나타나는 문법 항목에 대한 인식을 강화하는 것이다. 이것을 '상호 작용을 통한 강화'라고 일컫기도 한다.

8) '창의적 받아쓰기'는 형태와 어휘에 주목하면서 들은 내용을 메모하여 두었다가 그것을 토대로 텍스트를 재구성하고 원본과 대조하여 반성하게 하는 것이다. 이것을 '딕토글로스' 혹은 '문법 받아쓰기'라고 일컫기도 한다.

9) '의식 고양'이란 학습자들로 하여금 문법 과제를 해결하기 위하여 상호 작용으로 언어 형태에 집중하게 하는 것이다.

10) '입력 처리'는 교원이 문법 규칙을 설명한 뒤에 다양한 입력 훈련을 제시하는 것이다.

11) '고의적 오류 유도'는 교원이 학습자에게 문법 항목의 규칙과 예외 규칙을 모두 알려 주지 않고 학습자가 의도적으로 오류를 범하도록 유도하고, 교원이 그 오류를 교정하여 주는 것이다. 이것을 '순차적 제시' 혹은 '가든 패스'라고 일컫기도 한다.

'형태 초점 의사소통 교수법'의 교수 기법 중에서 입력 쇄도(input flood), 입력 강화(input enhancement)는 입력 중심의 교수 기법이다. 고쳐 말하기(recast), 출력 강화, 창의적 받아쓰기(dictogloss), 의식 고양(consciousness rasing), 고의적 오류 유도 등은 출력 중심의 기법이다.

형태 초점 의사소통 교수법은 학습 활동의 종류와 교원이 학습 활동에 얼마나 어떻게 개입하느냐에 따라 '강설 형태 초점 의사소통 교수법'과 '약설 형태 초점 의사소통 교수법'으로 나뉜다(민찬규, 2002: 81).

1) 강설 형태 초점 의사소통 교수법

강설 형태 초점 의사소통 교수법은 학습자가 특정 언어 형태가 포함된 의사소통 표현을 사용할 수 있도록 교원이 직접적인 교수 활동을 통해 언어 형태를 의도적이고 명시적으로 학습하도록 유도하는 교수법이다.

'강설 형태 초점 의사소통 교수법'에서는 다음과 같은 교수·학습 활동을 할 수 있다.

① 학습자가 의미를 이해하는 데 도움을 주기 위해 의사소통 활동이 시작되기 전에 교원이 언어 형태를 설명하여 주어 표현을 구성하는 문법적 지식을 충분히 갖도록 유도한다.

② 학습이 진행되는 과정에서는 학습자가 형태에 대한 지식이 필요한 경우 고쳐 말하기(recast)와 같은 방법으로 피드백을 함으로써 정확히 사용할 수 있도록 도움을 준다.

③ 교원이 문법의 기본 규칙을 설명한 후 학습자가 다양한 언어 상황에서 의사소통 활동을 통해 사용하여 보게 하고, 오류를 설명과 함께 수정하여 주는 활동을 순차적으로 시행하여 학습을 유도하는 '고의적 오류 유도(garden path)' 활동을 활용한다.

④ 학습 활동이 끝난 후 학습한 내용 중에서 언어 형태에 대한 부분을 교원의 설명이나 학습자의 연습 활동을 통해 정리한다.

2) 약설 형태 초점 의사소통 교수법

'약설 형태 초점 의사소통 교수법'은 교원이 명시적인 교수 활동을 수행하지 않고 적절한 자료를 이용하여 학습자가 특정 언어 형태를 스스로 의식하며 학습하도록 유도하는 암시적인 교수법이다.

'약설 형태 초점 의사소통 교수법'에서는 다음과 같은 교수·학습 활동을 할 수 있다(민찬규, 2002: 81~82).

① 강조할 형태가 반복되어 사용되는 주제를 가지고 대화를 유도한다.

② 자료에서 특정 문법 구조를 굵게 보이게 하거나 밑줄을 긋는 것 등으로 학습자가 형태를 의식적으로 인지할 수 있는 방법을 사용한다.

③ 학습한 언어 형태가 자주 등장하는 언어 입력 자료를 충분히 제공한다.

④ 학습자가 학습할 언어 형태를 문장의 처음이나 마지막에 사용하여 인지를 쉽게 하도록 유도한다.

'형태 초점 의사소통 교수법'을 적용한 수업 모형은 다음과 같다.

■ 형태 초점 의사소통 교수법을 적용한 수업 모형[4]

도입	학습 동기 유발	▲ 학습자는 읽기 텍스트를 읽거나 동영상 자료를 시청한 뒤에 문제를 풀이한다.
	교수·학습 목표와 과제 제시	▲ 교원이 교수·학습 목표와 과제를 제시한다.
전개	목표 문법 문제 풀이	▲ 교원은 학습자가 목표 문법 항목에 관한 문제를 풀어 목표 문법 항목에 관심을 가지게 한다.
	목표 문법 설명	▲ 교원은 목표 문법 항목을 설명하여 준다. 학습자는 그것을 이해한다.
	연습	▲ 학습자가 짝과 함께 목표 문법 항목을 사용하여 목표 언어로 대화를 한다.
		▲ 학습자들이 목표 문법 항목을 활용하여 역할극 대본을 작성하여 역할극을 목표 언어로 공연한다.
	오류 정정	▲ 교원이 오류를 정정하여 준다.
마무리	학습 내용 정리	▲ 교원이 학습 내용을 요약하여 설명하여 주거나, 교원과 학습자가 질의응답으로 학습 내용을 정리한다.
	과제 부여	▲ 교원이 학습자들에게 과제를 부여한다.

'형태 초점 의사소통 교수법'을 적용한 교수·학습안(교안)의 보기를 들어 보면 다음과 같다.

---

4) 이 수업 모형은 '강설 형태 초점 의사소통 교수법'을 적용한 것이다.

▌형태 초점 의사소통 교수법을 적용한 교수·학습안(교안)

① 교수·학습 개요

교수·학습 목표	1. 연결어미인 '-자'와 '-자마자'의 형태적·의미적·통사적 특성을 이해한다. 2. 일정한 맥락에서 연결어미인 '-자'와 '-자마자'를 바르게 사용할 수 있다.
주요 학습 내용	1. 연결어미인 '-자'와 '-자마자'의 형태적·의미적·통사적 특성 2. 연결어미인 '-자'와 '-자마자'의 용법
교육 대상자	중급 학습자 (9명)
준비물	1. 연결어미인 '-자'와 '-자마자'가 쓰인 대화문
	2. 연결어미인 '-자'와 '-자마자'가 쓰인 대화문의 문제
	3. 한국의 사계절을 녹화한 동영상 자료

② 교수·학습의 실제

단계	과정	시간	교수·학습 활동		유의점
			교원	학습자	
도입	학습 동기 유발	2분	▲ 밝게 인사한다.	▲ 밝게 인사한다.	
			▲ 한국의 사계절을 녹화한 동영상 자료를 보여 준 뒤에 가장 좋아하는 계절은 어느 계절이고, 그 이유는 무엇인지에 대해서 이야기하여 보게 한다.	▲ 지명된 학습자가 가장 좋아하는 계절과 그 이유에 대해서 이야기한다.	2명 지명
		3분	▲ 다음 글을 읽고 문제를 풀어 보게 한다. 겨울이 가**자마자** 봄이 왔어요. 봄이 되**자** 온 세상이 기지개를 펴기 시작합니다. 매서운 겨울바람을 피해 숨어 있던 동물들도 하나둘씩 모습을 드러냅니다. 나뭇가지 사이로 새소리가 들립니다. 깡충깡충 먹이를 찾는 토끼도 보이네요. 따뜻한 봄바람을 따라 들판에 봄기운이 넘칩니다. 하얗게 쌓였던 눈들이 사라지고 단단한 땅을 뚫고 여린 새싹이 납니다. 며칠만 지나면 황량했던 언덕도 초록빛으로 옷을 갈아입게 되겠지요. 강 위의 얼음도 녹아 졸졸 물소리가 경쾌합니다. 강 옆에는 노란 개나리가 한창입니다. 머지않아 옅은 분홍색의 진달래도 따라 피어 온 산을 붉게 물들이게 될 것입니다. 여기저기에서 살아 있음을 느끼게 되는 봄입니다. 그래서 봄		▲교수·학습할 문법 항목이 쓰인 문장이 텍스트의 앞부분에 놓이도록 한다.

		은 생명의 계절, 희망의 계절입니다. 　1. 이 글의 주제로 맞는 것은? 　① 봄은 아름다운 계절이다. 　② 봄은 생명의 계절, 희망의 계절이다. 　③ 봄은 즐거운 계절이다. 　2. 봄이 되자 변한 자연 현상이 **아닌** 것은? 　① 여린 새싹이 돋아난다. 　② 꽃이 핀다. 　③ 녹음이 우거진다. 　3. 연결어미인 '-자'가 잘못 쓰인 것은? 　① 영수가 기차에 탔자 기차가 출발하 　　였다. 　② 집에 도착하자 비가 오기 시작했다. 　③ 그는 일어나자 세수를 하였다. ▲학습자가 문제를 풀고 나면, 학습자로 하 여금 답을 발표하게 한다.	▲지명된 학습자가 답을 말한다. [정답] 1. ② 2. ③ 3. ①	
	교수 · 학습 목표 제시	1분	▲교수·학습 목표를 제시한다. 　1. 연결어미인 '-자'와 '-자마자'의 형태 　　적·의미적·통사적 특성을 이해한다. 　2. 연결어미인 '-자'와 '-자마자'를 바르 　　게 사용할 수 있다.	▲교수·학습 목표를 확인한다.	▲교수·학습 목 표를 칠판 오 른쪽이나 왼 쪽에 판서하 여 놓는다.
	교수 · 학습 과제 제시	1분	▲교수·학습 과제를 제시한다. 　−연결어미인 '-자'와 '-자마자'의 용법을 　　이해하고, 이 어미들을 정확히 사용하 　　여 의사소통을 할 수 있도록 학습한다.	▲교수·학습 과제를 확인한다.	
전개	목표 문법 문제 풀이	2분	▲학습자로 하여금 목표 문법 항목에 관 한 문제를 풀어 목표 문법 항목에 관심 을 가지도록 한다. **※ 다음 ( ) 속에 들어갈 알맞은 말을 고르 세요?** 1. 내가 공부하기 ( ) 아이들이 몰려왔어. 　① 시작하자 ② 시작했자 2. 현수가 미국에 (　) 눈이 내렸어. 　① 도착하자마자 ② 도착하니까 3. 연아가 ( ) 선주가 왔다. 　① 떠나겠자 ② 떠나자	▲목표 문법 항목에 관한 문제 를 푼다.	

		4. 비가 ( ) 빨래를 걷어라. ① 오자 ② 오자마자 5. 연주를 ( ) 방으로 숨자. ① 보자마자 ② 보자 ▲ 학습자가 문제를 풀고 난 뒤에 교원은 학습자를 지명하여 답을 말하게 한다.	▲지명된 학생이 답을 말한다. 1. ① 2. ① 3. ② 4. ② 5. ①	
목표 문법 설명	3분	▲연결어미인 '-자'와 '-자마자'의 형태적·의미적·통사적 특성에 대해서 설명한다. **1. 형태적 특성** – 연결어미인 '-자'는 동사와 형용사의 어간에 결합되는데, '-자마자'는 동사의 어간에만 결합된다. [보기] ㉠ 현수가 기차에 타**자** 기차가 출발했다. ㉡ 현주는 아이스크림을 사**자마자** 먹었다. ㉢ 결혼하려는 사람의 마음이 착하{-**자,** 　* -**자마자**} 그는 마음을 놓았다. **2. 의미적 특성** (1) 연결어미인 '-자'와 '-자마자': 두 동작이 연달아 일어남을 나타낸다. [보기] 나는 현수를 보-{-자, -자마자} 얼싸안았다. (2) 연결어미인 '**-자**'와 '**-자마자**'의 **의미 차이** ① '-자마자'는 '-자'보다 두 동작 사이의 시간차가 적음을 나타낸다. [보기] ㉠ 연아가 기차를 타자마자 출발했다. ㉡ 연아가 기차를 타자 출발했다. ② 연결어미인 '-자'는 연발적인 계기 관계가 인과 관계 속에서 맺어진다. 연결어미 '-자'의 선행문은 원인을 나타내고, 후행문은 결과를 나타낸다. '-자마자'도 연발적인 계기 관계를 나타내지만, 인과 관계를 나타내지 않는다. [보기] ㉠ 새가 날**자** 감이 떨어진다.	▲연결어미인 '-자'와 '-자마자'의 형태적·의미적·통사적 특성을 이해한다.	

ⓛ 역에 도착하**자마자** 너에게 기차 시간을 알려주려고 전화를 했는데 받지 않더라.

③ 연결어미인 '-자'는 서술격 조사인 '이다'의 어간 '이-'에 결합되어 어떠한 자격과 함께 다른 자격이 있음을 나타낸다.

[보기] 그는 실력이 있는 교육자**이자** 훌륭한 인격자이다.

3. 통사적 특성

(1) 연결어미인 '-자'와 '-자마자'는 시간을 나타내는 선어말어미인 '-았-/-었-/-였-', '-겠-' 등과 결합하지 못한다.

[보기]

ⓛ 연아는 나를 {보자, 보자마자} 뛰어갔다.(○)

ⓛ *연아는 나를 {보았자, 보았자마자} 뛰어갔다.(×)

ⓒ *연아는 나를 {보겠자, 보겠자마자} 뛰어갔다.(×)

(2) 연결어미인 '-자'는 명령법과 청유법의 제약을 받는다. 연결어미인 '-자'의 후행문에 명령문과 청유문이 오지 못한다.

[보기]

ⓛ *비가 오**자** 안으로 **들어오너라**.(×)

ⓛ *비기 오**자** 안으로 **들어오자**.(×)

(3)연결어미인 '-자마자'는 서법의 제약을 받지 않는다. '-자마자'의 후행문에 평서문, 의문문, 명령문, 청유문 등이 올 수 있다.

[보기]

ⓛ 우리는 기차가 역에 도착하자마자 기차를 탔다. [평서문]

ⓛ 기차가 역에 도착하자마자 너희는기차를 탔니? [의문문]

ⓒ 기차가 역에 도착하자마자 기차를 타라. [명령문]

ⓔ 기차가 역에 도착하자마자 기차를 타자. [청유문]

(4) 연결어미인 '-자'와 '-자마자'는 '안' 부정과 '못' 부정에 다 쓰일 수 있다.

			[보기]
			㉠ 현주는 어머니가 안 보이-ㅣ-자, -자마
			  자 울기 시작했다.
			㉡ 현주는 어머니가 못 보이-ㅣ-자, -자마
			  자 울기 시작했다.
			
			▲ 학습자의 질문을 받고 친절하게 응답한다.
				▲궁금한 점이 있으면 질문한다.	

연습	대화하기	15분	▲학습자가 짝과 함께 화제를 정한 뒤에 목표 문법 항목인 연결어미 '-자'와 '-자마자'를 사용하여 목표 언어로 대화를 하게 한다.	▲ 학습자가 짝과 함께 정한 화제에 대해 목표 문법 항목인 연결어미 '-자'와 '-자마자'를 사용하여 목표 언어로 대화를 한다.	
			▲ 여러 사람 앞에 나와서 짝과 함께 나눈 대화에 대해서 목표 언어로 발표하게 한다.	▲ 여러 사람 앞에 나와서 짝과 함께 나눈 대화에 대해서 목표 언어로 발표한다.	
			▲ 학습자의 질문에 친절히 응답한다. 학습자가 의사소통을 할 때 오류를 범하면 그것을 메모해 두었다가 나중에 종합하여 친절히 정정하여 준다.	▲ 목표 문법 항목에 대해 모르는 점이 있으면 교원에게 질문한다.	▲학습자 한 명이 오류를 범한 경우에는 개별 지도를 한다.
	역할극하기	20분	▲ 한 그룹에 3명씩 세 그룹으로 나눈 뒤에 구성원들끼리 협동하여 연결어미 '-자'와 '-자마자'를 사용하여 600자 분량의 역할극 대본을 목표 언어로 작성해서 역할극을 연습하게 한다.	▲ 역할극 연습이 끝난 뒤에 여러 사람 앞에서 그룹별로 역할극을 목표 언어로 공연한다.	
			▲ 모든 그룹의 역할극 공연이 끝나면 다른 그룹으로 하여금 평을 하여 보도록 한다.	▲ 다른 그룹의 공연을 평한다. ▲다른 그룹의 평을 잘 듣고, 개선할 점을 고친다.	
			▲학습자가 의사소통을 할 때 오류를 범하면 그것을 메모하여 두었다가 나중에 종합하여 친절히 정정하여 준다.	▲ 오류를 정정한다.	
마무리	정리	2분	▲ 교수·학습한 내용을 요약하여 정리하여 준다.	▲ 학습 내용을 정리한다.	
	과제부여	1분	▲ 이 시간에 학습한 연결어미인 '-자'와 '-자마자'를 사용하여 600자 내외의 글을 목표 언어로 작성하여 제출하게 한다. – 작문의 주제나 글의 종류는 학습자가 자유롭게 정하도록 한다.	▲ 과제를 확인하고 메모한다.	

제5장

문법 평가

1

문법 평가란
무엇인가

1.1 문법 평가의 개념

　교육 평가란 '교육'을 대상으로 교수·학습의 행동 및 여러 교육 조건을 교육 목적에 비추어 평가하여 결정하고, 이것에 대하여 내리는 가치 판단이다. 교육 평가는 교수·학습 활동이 교육 목적에 알맞게 이루어졌는지, 본래 의도한 수업 목표를 실제로 어느 정도 달성하였는지, 또는 교수·학습의 결과가 기대하였던 수준에 도달하지 못하였다면 그 원인은 무엇인지 등 교육 활동의 전반에 걸쳐서 필요한 정보를 수집하고 분석하고 판단하는 체계적인 과정을 뜻한다(이종승, 2009: 26).

　교육 평가는 교육의 결과로서의 성취도 평가뿐만 아니라 교육 목표, 교육 과정, 교육 방법 등에 대한 평가이다. 이것은 교육의 진행상 교육 성취에 관련된 교육 활동을 수집하고 활용하여 교정적인 처치를 유도하는 활동이다.

　문법 평가란 문법의 교육 목표에 어느 정도 도달하였는지에 대해서 평가하는 것이다. 문법 평가는 문법 능력을 평가하는 것이다. 이것은 문법 지식과 문법 지식을 활용하여 의사소통을 하는 능력을 평가하는 것이다.

외국어로서의 한국어 문법 평가는 넓은 의미의 '외국어로서의 한국어 문법 교육'이냐 좁은 의미의 '외국어로서의 한국어 문법 교육'이냐에 따라 '외국어로서의 한국어 문법의 평가 개념'이 달라진다.

넓은 의미의 '외국어로서의 한국어 문법 교육'의 목표는 학습자로 하여금 한국어의 음운, 단어, 문장 등에 대한 이해와 함께 담화, 어문 규범에 관한 문법 지식을 익혀서 의사소통을 잘할 수 있는 능력을 갖추게 하는 데 있다.

넓은 의미의 '외국어로서의 한국어 문법의 교육 평가는' 한국어의 음운, 단어, 문장 등에 대한 이해 여부와 함께 담화, 어문 규범에 관한 문법 지식을 평가하고, 그러한 문법 지식을 활용하여 의사소통을 하는 능력을 평가하는 것이다.

좁은 의미의 '외국어로서의 한국어 문법 교육의 목표'는 학습자가 한국어의 단어나 문장을 형성하거나 운용하는 규칙을 이해하여 한국어로 의사소통을 할 때에 효과적으로 할 수 있도록 하는 데 있다.

좁은 의미의 '외국어로서의 한국어 문법 교육 평가는' 한국어의 단어나 문장을 형성하거나 운용하는 규칙의 이해 여부와 그러한 문법 지식을 활용하여 의사소통을 하는 능력을 평가하는 것이다.

평가는 순기능과 역기능을 한다(백순근, 2003. 이종승, 2009: 45~48 재인용).

1) 평가의 순기능(順機能)

① 평가는 진단적 기능을 한다. 이것은 평가의 대상이 되는 사람·사물·자료 등에 대한 상태를 사전에 파악하는 기능이다. 진단 평가 결과를 가지고 수업 설계·전략·방법 등을 모색한다.

② 평가는 형성적 기능을 한다. 이것은 수업이 진행되는 과정에서 실시되는

형성 평가의 결과는 학습자들의 학습 진전에 대한 정확하고 의미 있는 정보를 제공하고, 이것을 교수·학습 과정에 피드백시킴으로써 결과적으로 학습 활동이 효율적으로 이루어질 수 있도록 하는 데 도움을 준다. 즉 평가는 교수·학습 활동을 개선하는 기능을 한다.

③ 평가는 총괄적 기능을 한다. 이것은 종합 평가의 결과에 의하여 학습자가 어느 정도의 지식, 능력, 기능 등을 갖추고 있는지를 확인해서 합격·불합격, 자격의 유무 등을 최종적으로 판정하는 것이다. 총합 평가의 결과는 선발·분류·예언의 기능을 한다.

④ 평가는 동기 유발의 기능을 한다. 어떤 특정한 목적을 달성하기 위한 수단으로 평가를 전략적으로 활용할 수 있다. 학습 활동을 촉진시키기 위한 수단으로 평가를 이용하기도 한다.

⑤ 평가는 질적 관리(quality control)의 기능을 한다. 평가의 질적 관리 기능을 이용하여 질 향상과 책무성을 높인다.

⑥ 평가는 교육 정책을 수립하는 데 도움을 준다.

2) 평가의 역기능(逆機能)

① 평가는 개인차를 변별하고 우열을 가려냄으로써 사람들 간 차별의 빌미를 제공하여 위화감을 조성한다.

② 평가는 평가를 받는 사람에게 과도한 경쟁을 유발시켜 긴장과 불안, 스트레스를 준다.

③ 평가는 평가를 받는 사람에게 부당한 간섭과 통제로 작용할 수 있다.

④ 평가의 전략적 기능을 지나치게 강화하다 보면 본말이 전도될 수 있다.

⑤ 평가를 받는 사람에게 부담을 많이 준다.

1.2 문법 평가의 유형

평가는 그 분류 기준에 따라 여러 가지로 나뉜다.

평가는 채점되는 방식에 따라 객관식 평가(客觀式評價)와 주관식 평가(主觀式評價)로 구분된다.

객관식 평가는 채점자의 주관이 개입되지 않는 평가이다. 선다형(選多型, multiple-choice type), 진위형(眞僞型, true-false type), 단답형(短答型, short-answer type), 완성형(完成型, completion type), 배합형(配合型, matching type) 시험 등이 객관식 평가에 해당한다.

1) 선다형은 질문문과 몇 개의 답지(答肢) 또는 선택지(選擇肢)를 함께 제시하여 놓고 정답지(正答肢)를 고르도록 하는 것이다.

2) 진위형은 진술문을 제시한 뒤에 그것의 진위(眞僞), 정오(正誤), 긍정-부정에 대한 이분적인 판단을 요구하는 것이다. 이것을 양자택일형(兩者擇一型)이라고 일컫기도 한다.

3) 단답형은 어떤 물음에 대해서 짧게 답을 하도록 되어 있는 것이다. 선다형에 비하여 채점의 객관성을 보장받기 어려운 경우가 있다. 이러한 것은 주관식 평가 문항으로 간주한다.

4) 완성형은 진술문의 일부분을 비어 놓고 거기에 적합한 어구나 기호를 써넣게 하는 것이다. 이것을 '완결형'이라고 일컫기도 한다.

5) 배합형은 일련의 용어, 명칭, 구, 개념, 정의 또는 불완전 문장으로 구성된 자극군(刺戟群)인 전제와, 내용이나 항목으로 이루어진 반응군(反應群)인 답지에서 서로 관계되는 것을 찾아 연결하도록 하는 것이다. 이것을 '연결형' 혹은 '결합형'이라고 일컫기도 한다.

주관식 평가는 채점의 주관적인 판단이 개입되는 평가이다. 논술문 작성 시험, 면접시험 등이 주관식 평가에 속한다.

평가는 학습자의 능력을 직접적으로 평가하느냐 간접적으로 평가하느냐에 따라 직접 평가(直接評價)와 간접 평가(間接評價)로 구분된다.

직접 평가는 피험자(被驗者)의 능력을 직접적으로 평가하는 것이다. 구두시험이나 작문 시험이 직접 평가에 속한다.

간접 평가는 피험자(被驗者)의 능력을 간접적으로 평가하는 것이다. 지필 평가(紙筆評價)가 간접 평가에 속한다.

평가는 언어의 기능별 혹은 언어의 구성 요소별로 분리하여 평가하느냐 종합적인 언어 능력을 평가하느냐에 따라 분리 평가(分離評價)와 통합 평가(統合評價)로 구분되기도 한다.

분리 평가는 언어의 기능별 혹은 언어의 구성 요소별로 분리하여 평가하는 것이다. 문법 능력을 평가할 때 형태소 식별, 파생어나 합성어 구별하기, 간접 높임표현 고르기 등이 분리 평가의 예이다.

통합 평가는 종합적인 언어 능력을 평가하는 것이다. 구두시험, 받아쓰기 등이 그 보기에 해당한다.

평가는 피험자(被驗者)의 학습 효과가 교육 목표에 어느 정도 도달하였는지를 평가하느냐 피험자의 전반적인 언어 수행 능력을 평가하느냐에 따라 성취도 평가(成就度評價, achievement test)와 숙달도 평가(熟達度評價, proficiency test)로 나뉜다.

성취도 평가는 피험자(被驗者)의 학습 효과가 교육 목표에 어느 정도 도달하였는지를 평가하는 것이다. 교육기관에서 실시하는 중간시험이나 기말시험이 이것의 예에 속한다.

숙달도 평가는 피험자의 전반적인 언어 수행 능력을 평가하는 것이다. 이것은 선별, 배치 등의 목적으로 실시하는 것이다. 한국어 능력 시험(KPT/TOPIK), TOEFL, 일본어 능력 시험(JLPT), 한어 수평 고시(HSK) 등이 그 보기에 속한다.

평가를 언제 실시하느냐에 따라 형성 평가(形成評價, formative test)와 총괄 평가(總括評價, summative test)로 구분하기도 한다.

형성 평가는 수업 시간에 설정한 교수·학습 목표에 도달하였는지를 평가하는 것이다. 이것은 일반적으로 수업 시간의 마무리 단계에서 실시된다. 형성 평가는 학습자들의 성적에 반영되지 않는다. 이것은 교육과정과 수업 방법을 개선하기 위해서 실시하는 것이다.

총괄 평가는 일정한 기간에 걸쳐 학습자가 성취한 학업의 정도를 평가하는 것이다. 중간시험이나 기말시험이 총괄 평가에 속한다. 이것은 교육 내용과 방법을 개선하는 데 활용되기도 한다.

수행 평가(遂行評價, performance assessment)란 평가자가 피험자(被驗者)에게 자기가 알고 있는 지식이나 기능을 나타내 보일 수 있도록 어떤 산출물을 작성하거나 행동으로 표현하도록 요구하고, 이렇게 하여 만들어진 산출물이나 표현된 행동을 직접 관찰하여 평가하는 것이다(이종승, 2009 332).

수행 평가의 특징은 다음과 같다(이종승, 2009: 335~336).

1) 수행 평가는 학습자의 지식이나 기능을 평가할 때 교원의 주관적이고 전문적 판단에 의거하여 평가하는 것이다.
2) 수행 평가는 결과뿐만 아니라 과정도 중시하는 것이다.
3) 수행 평가는 학교에서 추구하는 교육 목표의 달성 여부를 가능한 한 실제와 유사한 상황에서 파악하고자 한다.

4) 수행 평가는 단편적인 영역에 대해서 일회적으로 평가하기보다는 개인의 변화와 발달 과정을 종합적으로 평가하기 위해 전체적이면서도 지속적으로 이루어지는 것을 강조한다.

5) 수행 평가는 인지적인 영역, 정의적(情意的)인 영역,[5] 심체적(心體的)인 영역[6]에 대한 종합적이고 전인적인 평가를 중시한다.

문법의 수행 평가 방법으로는 관찰법, 면접법, 토론법, 구술시험 등이 있다.

1.3 문법 평가의 절차

문법 평가(評價)의 절차는 그 목적과 방법에 따라 차이가 있다.

문법의 학업 성취도의 평가 절차는 다음과 같다.

1) 평가 목표의 설정

학업 성취도의 평가를 할 때 맨 먼저 하여야 할 일은 '평가 목표'를 설정하는 것이다.

평가 목표는 교수·학습 목표를 가지고 설정하여야 한다. 평가 목표는 교수·학습 목표와 일치하여야 한다.

평가 목표는 행동적 목표로 기술한다. 이것은 학습 활동을 통하여 변화 또는 획득되기를 바라는 학습자의 행동이 다음의 (1ㄴ)과 같이 구체적으로 진술되어야 한다. (1ㄱ)은 (1ㄴ)에 비해 구체성이 결여되어 있다.

---

5) 정의적 영역(情意的領域, affective domain) : 인간의 흥미·태도·감상·가치관·감정·신념 등에 관련되는 교육 목표의 영역.

6) 심체적인 영역(心體的領域, psychomotor domain) : 사람의 조작적 기능, 운동 기능, 신경 근육 조정이 요구되는 동작 등이 포함되는 교육 목표들의 영역.

(1) ㄱ. 피동문을 작성할 수 있다.

ㄴ. 피동사를 사용하여 두 개의 피동문을 바르게 작성할 수 있다.

평가 목표를 설정할 때는 교과의 내용과 학습자들이 최종적으로 나타낼 행동의 차원에 따라 교육 목표 이원분류표(二元分類表, table of specification)를 만드는 것이 좋다(이종승, 2009: 33).

이원분류표는 평가하고자 하는 행동과 교과 내용의 상호 관계를 각각 종렬과 횡렬의 이원적 관계로 나타낸 표이다.

[표 1] 이원분류표(二元分類表)

내용 \ 행동	지식	이해	적용	분석	종합	평가
압존법을 바르게 사용함.			●			
높임법의 기능을 앎.	●					
상대 높임법의 격식체와 비격식체의 화계를 식별함.		●				
웃어른에게 '하십시오체'로 예의 바르게 말함.			●			
남이 말한 것을 듣고 상대 높임법에 맞게 말하였는지를 평가함.						●
상대에 따라 적절한 화계로 말함.					●	
간접 존대를 바르게 사용함.			●			
객체 높임법을 바르게 구사함.			●			
합성어를 이루고 있는 형태소를 바르게 분석함.				●		

이원분류표를 작성하면 평가 목표를 더욱 분명하게 이해할 수 있고, 평가 문항을 작성하는 데 도움이 된다.

이원분류표에 따라 평가 문항을 작성하면, 일부의 내용이나 행동 영역에 치우치지 않고 골고루 평가 문항을 작성하게 된다.

2) 평가 장면(상황)의 결정

평가 목표를 설정한 다음에는, 그러한 평가 목표에서 제시하는 내용과 행동이 잘 나타날 수 있는 적절한 평가 장면 즉 평가 상황(test situation)을 결정하여야 한다.

평가 장면의 적절성은 교육 목표의 달성도에 관한 타당한 증거를 얼마나 잘 수집할 수 있느냐에 따라 결정된다.

평가 장면은 평가 목표에 명시된 행동 특성이 그대로 잘 드러날 수 있고, 또한 실제로 그러한 행동을 학습자가 할 수 있거나 할 수 있었던 기회가 내포된 상황이어야 한다. 평가하려는 행동 특성에 따라 그것에 알맞은 평가 장면은 서로 다를 수 있다.

3) 평가 도구의 선정과 제작

평가 장면을 결정한 다음에는 기존의 평가 도구들 중에서 알맞은 것을 선정하거나, 평가에서 사용할 도구를 직접 제작한다.

평가 도구를 제작할 경우에는 평가 도구의 타당도와 신뢰도를 높이기 위해 힘써야 한다.

타당도(妥當度)와 신뢰도(信賴度)를 높이기 위해서는 양적 방법(量的方法)과 질적 방법(質的方法)을 모두 활용하여야 한다.

4) 평가의 실시와 결과 정리

평가자는 피험자(被驗者)가 목표 행동을 잘 나타낼 수 있는 상황 또는 조건을 마련하여 주어야 한다.

"한국어 상대 높임법을 적절히 활용하여 의사소통을 할 수 있다."라는 평가 목표를 측정하기 위해서는 면접법, 역할극에서의 대화법 등으로 평가하여야 한다. 이러한 평가 목표를 평가할 때 지필검사로는 타당하게 평가할 수 없다.

평가자는 평가가 끝난 후에는 평가 결과를 종합, 정리한다.

5) 평가 결과의 해석과 활용

평가 결과를 처리하고 해석하고 활용하는 것도 대단히 중요한 비중을 차지한다.

채점이 끝나면 피험자(被驗者)가 받은 점수를 최하점수에서 최고점수까지 확인하고, 그 사이 점수들의 분포를 기록한다.

피험자들의 점수에 의미를 부여하기 위하여 통계적인 기술 방법으로 중앙치(median), 평균치(mean), 표준편차 등을 살펴본다.

(ㄱ) 중앙치(median): 중앙치는 점수가 순서대로 배열되었을 때 일련 점수의 중앙 점수이다. 최하 점수와 중앙치까지의 사이에 해당하는 학생 수와 반대로 중앙치에서 최고 점수까지의 사이에 해당하는 학생 수가 같다. 9명의 학생이 61, 62, 65, 67, 75, 76, 82, 88, 90 점수를 얻었다면 중앙치는 5번째 점수 75점이다.

(ㄴ) 평균치는 피험자 전체 점수의 합계를 피험자 전체의 수로 나눈 것이다.

(ㄷ) 표준편차(標準偏差)는 자료의 분산의 정도를 나타내는 수치이다. 이것은 평가 결과가 특정 점수대에 몰려 있는지 아니면 넓은 범위에 걸쳐 균등하게 분포되어 있는지를 알려 주기 때문에 개인 점수를 해석하는 데 단순한 평균보다 더 정확한 기준을 제공한다.

객관식 평가의 검증 방법에는 '고전 검사 이론'과 '문항 반응 이론'이 있다.

(ㄱ) **고전 검사 이론**은 '정답률(문항 용이도)', '문항 변별도', '문항 반응 분포' 등을 살펴보는 것이다.

'정답률'이란 어떤 문항에 대해 피험자(被驗者)가 정답을 맞힌 비율을 뜻한다.

'문항 변별도'란 어떤 문항이 상위권 피험자와 하위권 피험자를 구별하여 주는 정도를 뜻한다.

'문항 반응 분포'란 각 문항별로 반응한 분포를 뜻하는 것이다.

(ㄴ) **문항 반응 이론**은 잠재 특성 이론(잠재 능력 이론)의 한 부분으로 문항마다 불변하는 고유한 속성을 지니고 있다 하여 그 속성을 나타내는 문항 특성 곡선에 의해 문항을 분석하는 검사 이론이다.

문항 반응 이론은 TOEFL에서 실시하는 CBT(Computer-Based TOEFL)의 이론적 근거가 되었다.

학업 성취도 평가의 경우 평가를 교수·학습의 한 과정으로 간주한다. 평가 결과를 교육에 재활용하고, 다음 단계 교수·학습 목표를 설정할 때 참고한다.

평가 실시 후 종합, 정리한 평가 결과를 가지고 교육 내용과 방법, 평가 내용과 방법 등을 살펴보고, 문제가 있으면 그것을 개선하기 위해서 힘써야 한다.

1.4 문법 평가의 원리

외국어로서의 한국어 문법 교육의 목표는 학습자로 하여금 한국어로 의사소통을 할 때에 필요한 한국어 문법 지식을 체계적으로 이해하여 그것을 상황에 맞게 활용할 수 있는, 한국어 문법적 능력을 갖추게 하는 데 있다.

문법 평가의 제1 원리는 문법의 교육 목표와 일치하는 평가 목표를 측정하는 것이다. 문법 평가는 문법의 교수·학습 목표의 도달 여부를 평가하여야 한다.

문법 평가의 제2 원리는 문법 지식과 문법 지식을 활용하여 의사소통을 하는 능력을 평가하여야 한다. 문법 평가가 문법 지식을 평가하는 것으로 그쳐서는 안 된다.

구어(口語) 문법 평가는 '과제 기반 평가'가 되어야 한다(지현숙, 2006: 145). '과제 기반 평가의 원리'는 '피험자 중심성', '실세계 중심성', '상호 결합 중심성'

등이다.

피험자 중심성은 평가가 피험자(被驗者) 중심으로 이루어져야 한다는 것이다.

실세계 중심성은 평가의 과제는 피험자의 실생활과 관련되는 것이어야 함을 뜻한다. 실세계 중심적인 평가는 피험자의 수행을 관찰하기 위한 평가 활동을 통해서 더욱 구체화된다.

과제 기반 평가에서 상호 중심 결합성은 과제 난이도와 구인이 적절히 결합되어야 한다는 것이다. 구인(construct)이란 평가의 목적에 따라 추상적이고 관념적인 인간의 언어 능력을 특정화하여 목록으로 만드는 것을 뜻한다.

상호 결합성은 과제를 해결함에 있어서 동료 피험자와의 상호 작용을 통하여 진정한 의사소통 상황에서 구어 능력을 발휘하는 것이 되어야 한다는 것이다.

상호 결합 중심성은 개인 내적인 언어 지식과 대인 관계 중심적인 언어 사용 기술이 통합되어야 한다는 것을 강조하기 위하여 추출된 것이다.

2

문법의
평가 문항

2.1 문법의 평가 문항의 유형

문항(問項)이란 피험자(被驗者)가 반응하여야 하는 개별적인 질문이나 문제의 항목을 뜻한다. 즉 문항은 문제의 항목이다.

평가 문항의 유형은 반응 형식이나 채점 방법에 따라 구별된다.

평가 문항은 피험자(被驗者)에게 요구하는 반응의 형식에 따라 선택형(選擇型, selection type) 문항과 서답형(書答型, supply type) 문항으로 구분된다(이종승, 2009: 135~136).

1) 선택형 문항은 피험자(被驗者)로 하여금 주어진 답지 중에서 정답을 선택하도록 요구하는 문항이다.
선택형 문항은 진위형(眞僞型), 연결형(連結型), 선다형(選多型)으로 문항으로 세분된다.

① 진위형(眞僞型, true-false type)은 제시된 진술문의 내용을 바탕으로 그것의

진위(眞僞) 즉 참과 거짓을 판단하게 하는 것이다. 진위형 문항의 보기를 들면 다음의 (1)과 같다.

> (1) 다음 문장을 읽고 맞으면 ○, 틀리면 ×를 (   ) 속에 하세요.
> 파생어는 어근에 접두사나 파생접미사가 결합하여 형성된 단어이다.(   )

진위형 문항의 제작 원리는 다음과 같다(정종진, 2010: 129~131).

㉠ 일반화되지 않은 주장이나 이론의 옳고 그름을 묻지 않는다.
㉡ 하나의 질문에 하나의 내용만 포함되어야 한다.
㉢ 부정문의 사용을 삼간다.
㉣ 교과서에 있는 문장으로 질문하지 않는다.
㉤ 가능한 한 단문으로 간단명료하게 질문한다.
㉥ 답의 단서가 되는 '절대', '항상', '전혀', '오직', '흔히', '가끔' 등의 부사어를 사용하지 않는다.
㉦ 정답의 유형이 고정되지 않고 무선적이 되게 한다. 정답의 유형이 일정한 형태를 유지하지 않아야 한다.

(ㄴ) 배합형(配合型, matching type)은 일련의 전제와 일련의 답지를 제시하고 서로 관련되는 것끼리 연결하도록 하는 것이다. 이것을 '연결형' 혹은 '결합형'이라고 일컫기도 한다. 배합형 문항의 보기를 들어 보면 다음의 (2)와 같다.

> (2) 다음에 있는 어휘를 다음 □ 속의 A, B, C의 항목에 따라 분류하세요.
>
> | A. 단일어 | B. 파생어 | C. 합성어 |
> | --- | --- | --- |
>
> 하늘(   ), 풋과일(   ), 장국밥(   ), 소나무(   ), 살펴보다(   ), 설익다(   )

배합형 문항의 제작 원리는 다음과 같다(정종진, 2010: 142~143).

㉠ 자극군(문제군)과 반응군(답지군)에 각각 동질성이 유지되어야 한다.

㉡ 반응군의 답지 수는 자극군의 문제 수보다 많아야 한다.

㉢ 자극군의 문제는 왼쪽에, 반응군의 답지는 오른쪽에 배열하고, 번호를 각기 달리한다.

㉣ 자극군의 문제와 반응군의 답지들이 모두 같은 페이지에 게재될 수 있도록 편집한다.

㉤ 문제와 답지는 가능한 한 짧아야 한다.

㈁ 선다형(選多型, multiple-choice type)은 주어진 질문에 대한 반응을 두 개 이상의 답지로 구성된 선택 답지 중에서 알맞은 답을 고르도록 요구하는 것이다.

선다형의 질문문은 의문문, 명령문, 불완전문 등으로 진술된다.

답지는 정답지와 오답지(誤答肢)로 구성된다.

선다형 문항은 삼지선다형(三肢選多型), 사지선다형(四肢選多型), 오지선다형(五肢選多型) 등으로 구분된다. 선다형 문항의 보기를 들어 보면 다음의 (3)과 같다.

(3) 다음 □ 속의 문장에는 몇 개의 단어가 쓰였는가?

가치가 있는 삶은 자비를 베푸는 삶이다.

㉠ 6개   ㉡ 7개   ㉢ 8개   ㉣ 9개   ㉤ 10개

선다형 문항의 제작 원리는 다음과 같다(정종진, 2010: 134~139).

㉠ 질문이 명확하여야 한다.

㉡ 문항의 질문 형태는 가능하면 긍정문이어야 한다.

㉢ 문항의 질문 내용 중에서 답을 암시하는 내용이 포함되어서는 안 된다.

㉣ 그럴 듯하고 매력적인 오답지를 만들어야 한다.

㉤ 가능하면 답지를 짧게 하여야 한다.

ⓑ 문항의 답지들의 내용이 상호 독립적이어야 한다.

ⓢ 각 답지에 똑같은 어구가 반복되지 않게 한다.

ⓞ 답지의 길이를 비슷하게 하고, 답지의 길이들이 다를 때는 짧은 길이의 답지부터 배열한다.

ⓩ 정답의 번호가 일정한 형태를 유지하지 않게 하여야 한다.

2) 서답형(書答型) 문항은 피험자(被驗者)가 주어진 문제에 대한 답을 직접 문장, 단어, 숫자, 기호 등으로 써 넣도록 요구하는 것이다.

서답형은 문항의 구성 형태에 따라 단답형(短答型), 완성형(完成型), 논술형(論述型) 문항 등으로 세분된다.

㉠ 단답형(短答型, short-answer type)은 필기시험 문제 형식의 하나이다. 이것은 단어·구(句)·절(節)·짧은 문장·숫자·기호 등으로 답을 간단하게 적도록 하는 형식이다. 단답형 문항의 보기를 들어 보면 다음의 (4)와 같다.

(4) 상대 높임법의 화계 중에서 청자를 가장 존대하는 격식체 화계는 무엇인가?

단답형 문항의 제작 원리는 다음과 같다(정종진, 2010: 145~146).

㉠ 단답형의 질문문은 간단히 응답할 수 있는 것이어야 한다.

㉡ 교과서에 있는 문장으로 질문하지 않는다.

㉢ 정답이 하나인 문항이어야 한다.

㉡ 완성형(完成型, completion type)은 문장이나 도표의 일부분을 비워 놓고 그 속에 들어갈 적합한 단어나 숫자 등을 써 넣도록 하는 것이다. 완성형의 보기를 들어보면 다음의 (5)와 같다.

(5) 합성어는 둘 이상의 (   )이/가 결합하여 이루어진 단어이다.

완성형 문항의 제작 원리는 다음과 같다(정종진, 2010: 147~148).

㉠ 중요한 내용을 답하도록 문항을 제작한다.

㉡ 가능한 한 짧은 어구로 응답하도록 한다.

㉢ 교과서에 있는 문장을 그대로 사용하지 않는다.

㉣ 질문의 여백 뒤에 오는 조사가 정답을 암시하지 않도록 한다.

㉤ 채점의 정확성과 체계성을 위하여 각 여백을 채점 단위로 한다.

(ㄷ) 논술형(論述型, essay type)은 주어진 물음에 논술문 형식으로 답을 쓰도록 요구하는 것이다. 논술형은 답안 작성에 필요한 자료나 과제를 피험자에게 제공하는지의 여부에 따라 단독 과제형과 자료 제시형으로 구분된다.

단독 과제형은 자료나 정보를 제시하지 않고 특정 내용에 응답하도록 하는 문항 형태이다. 단독 과제형의 보기를 들어보면 다음의 (6)과 같다.

> (6) 한국어 문법학자들 중에는 조사를 단어로 인정하는 이가 있는 반면에 단어로 인정하지 않는 이가 있습니다. 두 견해 중 한 견해를 지지하는 이유에 대해서 논하세요.

자료 제시형은 피험자(被驗者)에게 정보 또는 자료를 제시하고 그것을 바탕으로 해서 응답하도록 하는 문항 형태이다.

논술형 문항의 제작 원리는 다음과 같다(정종진, 2010: 150~153).

㉠ 복잡한 학습 내용의 이해, 분석, 종합, 평가 등의 고등 정신 능력을 측정할 수 있도록 문항을 제작한다.

㉡ 논술 문항의 지시문은 '비교 분석하라', '견해를 논하라', '재분류하라' 등으로 맺도록 한다.

㉢ 논쟁을 다루는 문항은 어느 한편의 견해를 지지하는 입장에서 논술을 지시하

지 않고, 피험자의 견해를 밝히고 그의 견해를 논리적으로 전개할 수 있도록
유도하여야 한다.

㉣ 질문의 요지가 분명하고 구체성을 지녀야 한다.

㉤ 제한된 논술 문항인 경우 응답의 길이를 제한하여 주어야 한다.

㉥ 여러 논술형 문항 중에서 선택하여 응답하는 것을 삼가야 한다.

㉦ 둘 이상의 문항을 배열할 때 쉬운 문항에서 어려운 문항으로 배열한다.

㉧ 각 문항에 응답할 수 있도록 적절한 응답 시간을 알려 주어야 한다.

㉨ 각 문항에 대한 점수를 제시한다.

㉩ 채점 기준을 제시한다.

문항은 채점 방법에 따라 객관식 문항(客觀式問項)과 주관식 문항(主觀式問項)
으로 나뉜다.

객관식 문항은 이미 제시되어 있는 답지들 중에서 피험자가 정답을 선택하도록
만든 문항이다. 이것은 채점자가 누구든 객관적인 채점을 하는 것이다.

주관식 문항은 피험자가 스스로 답을 만들어 답안지에 기술하는 형식으로 되
어 있는 것이다. 이것은 채점할 때 채점자의 주관적인 판단이 개입되는 문항 형식
이다.

2.2 평가 문항의 양호도

평가 문항의 양호도(良好度)로는 타당도(妥當度, validity) 신뢰도(信賴度, relia
-bility), 객관도(客觀度, objectivity) 등을 들 수 있다(이종승, 2009: 104).

1) 타당도란 측정하고자 의도한 본래의 특성을 얼마나 충실히 측정할 수 있는
지의 정도나 검사 결과로부터 의미 있고 유용한 추론을 얼마나 도출하여 낼 수

있는지의 정도를 뜻한다. 즉 이것은 검사가 측정하고자 하는 것을 실제로 측정할 수 있는 정도이다.

타당도는 평가 문항의 양호도 중에서 가장 중요한 것이다.

타당도는 내용 타당도(內容妥當度, content validity), 준거 관련 타당도(準據關聯妥當度, criterion-related validity), 구인 타당도(構因妥當度, construct validity) 등으로 나뉜다.

① 내용 타당도(內容妥當度)는 검사에서 측정하고자 하는 내용이나 교육 목표를 얼마나 충실히 측정하고 있는지를 논리적으로 분석하여 주관적으로 판단하는 것이다. 내용 타당도의 준거는 교육 목표와 교과 내용이 된다.

② 준거 관련 타당도(準據關聯妥當度)는 어떤 준거와 관련지어서 측정 도구의 타당성을 평가하는 것이다.

외부의 어떤 증거와 관련지어서 측정 도구의 타당성을 평가하는 준거 관련 타당도에서 특히 유의하여야 할 것은 준거 변인의 신뢰성과 타당성을 확보하여야 하는 것이다.

준거 관련 타당도를 알아보고자 할 때는 무엇보다도 먼저 적합한 준거 변인을 선택하여야 한다.

평가 도구의 타당도를 어떤 준거에 비추어 결정하는 방법은 그 준거의 성격에 따라 '예언 타당도'와 '공인 타당도'로 분류됩니다.

㈀ '예언 타당도'는 해당 검사에서 얻은 점수를 가지고 미래의 준거가 될 만한 행동 특성을 어느 정도로 정확하게 예언할 수 있느냐에 의해서 결정하는 방법이다.

㈁ '공인 타당도'는 해당 검사의 점수를 타당성이 이미 인정된 기존의 다른 검사에서 얻은 점수나 현재의 어떤 준거 변인의 점수와 관련시켜서 둘 사이에

어느 정도 공통성이 있는지를 검토하여 타당도를 결정하는 방법이다.

타당성의 준거를 예언 타당도에서는 미래에서 찾고, 공인 타당도에서는 현재에서 찾는다.

일반적으로 공인 타당도가 예언 타당도보다 더 많이 쓰인다. 그런데 미래 행동의 정확한 예측이 무엇보다 중요한 검사에서는 예언 타당도 정보가 필수적이다.

③ 구인 타당도(構因妥當度)는 '구인(構因, construct)'의 타당성이 있느냐 없느냐를 판단하는 것이다. 이것은 구인이 실제로 존재하느냐 또는 존재하지 않느냐를 가리는 것이다.

구인(構因)이란 추상적이고 가설적인 어떤 특성이나 속성의 존재를 가정하고 그것을 지칭하기 위하여 만들어 놓은 개념을 뜻한다. 구인은 추상적인 개념이며 가설적인 개념이다.

어떤 검사의 구인 타당도를 알아보는 것은 그 검사를 측정하고자 하는 구인이 정말로 존재하며, 그것을 제대로 측정하고 있는지를 확인하는 문제인 것이다.

2) 신뢰도(信賴度, reliability)란 한 검사가 측정하고자 하는 특성을 정확하게 측정하는 정도를 뜻한다. 즉 이것은 평가 도구가 측정하는 과정과 방법에 일관성이 있는지, 측정의 오차(誤差)가 얼마나 적은지의 정도를 의미한다.

측정의 오차가 적으면 적을수록 그만큼 해당 검사의 신뢰도는 높다고 본다.

신뢰도에는 '재검사 신뢰도(再檢査信賴度, test-retest reliability)', '동형 검사 신뢰도(同形檢査信賴度, equivalent-forms reliability)', '반분 신뢰도(半分信賴度, split-half reliability)' 등이 있다.

① '재검사 신뢰도(再檢査信賴度, test-retest reliability)'는 동일한 검사를 동일한 집단에 일정한 시간적 간격을 두고 2회 실시하여, 첫 번째 얻은 점수와 두

번째 얻은 점수 간의 상관 계수(相關係數)[7]로 나타낸다.

재검사 신뢰도는 일정 기간을 사이에 두고 같은 검사에서 얻은 두 점수가 얼마나 변동 없이 안정성을 유지하느냐를 나타내는 것이므로 '안정성 계수'라고 일컫는다.

재검사 신뢰도의 크기는 전후 검사의 실시 간격을 어떻게 잡느냐에 따라서 달라질 수 있다. 검사 시간 간격을 짧게 잡으면 길게 잡을 때에 비하여 재검사 신뢰도는 높아진다.

② '동형 검사 신뢰도(同形檢查信賴度, equivalent-forms reliability)'는 동일한 형식으로 만든 두 개의 검사를 동일한 집단에 실시하여 얻은 점수들 사이의 상관 계수(相關係數)를 뜻한다. '동형 검사 신뢰도'를 '동형성 계수'라고 일컫기도 한다.

동형 검사 도구를 제작할 때 두 검사 도구의 내용과 체제가 동형인지를 유의하면서 만들어야 한다. 동형 검사 간에는 서로 문항 수가 같아야 하고, 문항의 내용과 난이도 수준도 서로 비슷하여야 한다.

'동형 검사 신뢰도'는 '재검사 신뢰도'보다 적용이 가능한 범위가 넓지만, 동일한 특성을 측정하는 검사 도구를 두 개의 동형 검사 도구로 제작하는 일이 어렵다.

③ '반분 신뢰도(半分信賴度, split-half reliability)'는 검사를 어느 한 집단에 실시한 다음에 그 검사를 둘로 나누어 반분된 두 부분을 마치 독립된 검사로 간주하고 여기서 얻은 점수들 간의 상관 계수를 계산한 값이다. '반분 신뢰도'는 검사 내용의 동질성을 나타내는 동질성 계수이다.

검사를 반분(半分)하는 방법에는 홀수 번호 문항과 짝수 번호 문항으로 나누는 '기우 반분법(奇偶半分法)', 검사의 전반부와 후반부로 나누는 '전후 반분법(前後半分法)', 무선적 방식으로 나누는 '무작위 반분법(無作爲半分法)' 등이 있다. 이

---

7) 상관 계수란 두 양이나 현상 사이에 상관적인 관계를 나타낸 계수이다.

것들 중에서 검사를 반분(半分)할 때 '기우 반분법'이 주로 쓰인다.

평가의 표준 오차(標準誤差, standard error of measurement)는 동일한 대상을 반복 측정해서 얻어진 오차 점수 분포의 표준 편차이다. 오차 점수의 분포가 정상 분포를 이루고 있다는 가정 하에서 측정의 표준 오차는 진짜 점수(true score)를 중심으로 관찰 점수의 분포를 알려 주는 유용한 지수 역할을 한다.

관찰 점수는 진짜 점수와 오차 점수의 합이다. 오차 점수는 관찰 점수에서 진짜 점수를 뺀 값이다.

3) 타당도와 신뢰도의 관계

평가에서 타당도와 신뢰도는 모두 중요하다. 신뢰도를 높이는 것은 타당도를 높이기 위한 필요조건(必要條件)은 되지만 충분조건(充分條件)은 되지 못한다.

타당도가 높으려면 반드시 신뢰도가 높아야 한다. 타당도 계수는 신뢰도 계수를 능가할 수 없다.

평가자는 신뢰도보다 타당도에 더 주의를 기울여야 한다.

4) 객관도(客觀度, objectivity)는 채점, 관찰, 평정(評定) 등에서 개인의 주관적 편견을 배제하고 객관성을 유지하는 정도를 뜻한다. 이것은 평가자의 주관적인 편견을 배제하고 공정하게 평가하는 정도이다.

객관도는 '채점자 간 객관도(inter-rater objectivity)'와 '채점자 내 객관도(intra-rater objectivity)'로 나뉜다.

'채점자 간 객관도(inter-rater objectivity)'는 동일한 답안지나 반응을 여러 명의 채점자가 독립적으로 채점한 결과가 어느 정도 서로 일치하는지를 따져보는 것이다.

'채점자 내 객관도(intra-rater objectivity)'는 같은 채점자가 상황적 변화나 시간적 간격을 두고 동일한 답안지나 반응을 2회 이상 채점한 결과가 어느 정도 서로 일치하는지를 따져보는 것이다.

채점자 간 객관도와 채점자 내 객관도가 중요시되는 분야는 평가자의 주관적인
판단이 개입될 여지가 많은 평가 상황이다.

논술고사나 서술식 시험 문제의 채점, 면접 고사(面接考査), 수행 과제 평가,
실기 고사(實技考査), 작품 평가, 과제 보고서 평가 등에서 채점이나 평가의 객관
도가 중시된다.

객관도를 높이려면 평가 기준을 분명하게 설정하고, 평가자가 전문적인 소양을
갖추어야 한다.

2.3 평가 문항 작성의 일반적 원칙

좋은 평가 문항을 작성하기 위해서는 사전에 평가 문항 작성의 계획을 잘 수립
하여 놓고 그 계획에 따라 평가 문항을 작성하여야 한다.

평가 문항은 평가 목적의 확인이나 결정, 교육 목표의 분석과 진술, 교과 내용의
주제 목록화, 이원분류표 작성, 이원분류표 적용 등의 과정을 거쳐 제작된다.

평가 목적의 확인이나 결정: 평가의 목적에 따라 문항의 작성이나 표집(標集)[8]
이 달라지기 때문에 평가 목적을 분명히 하는 일이 매우 중요하다.

교육 목표의 분석과 진술: 평가하고자 하는 교육 목표를 분석해서 명료하고
구체적으로 진술하여야 한다. 평가하고자 하는 학습 성과를 관찰이 가능한 행동
특성으로 구체적으로 진술하여야 한다.

   (1) ㄱ. 상대 높임법을 이해한다. – **일반적 진술**
         ㄴ. 상대 높임법의 격식체 화계를 바르게 구분할 수 있다. –**구체적 진술**

---

8) 표집(標集)이란 모집단의 특성을 잘 반영할 수 있는 표본을 추출하는 방법이다.

교과 내용의 주제 목록화: 교과 내용의 주제를 행동 영역과 내용 영역으로 구분하여 목록화한다.

이원분류표(二元分類表) 작성: 이원분류표는 학습 성과와 교과 내용을 상호 관련시키는 표이다.
- 이원분류표는 문항 제작의 기본 틀이다.
- 이원분류표는 평가 문항을 제작하는 데 어떤 내용 영역에서 어떤 수준의 문항을 몇 개 작성하여야 하는지 등을 알려 줌으로써 특정한 내용 영역이나 행동 영역에 치우침이 없이 골고루 문항 표집을 할 수 있도록 하여 준다.
- 이원분류표를 작성하는 주목적은 기대된 학습 성과에 대한 평가 문항이 교과 내용의 영역별로 균형 있게 대표적인 표집이 될 수 있도록 보장하는 데 있다.

이원분류표 적용: 이원분류표가 제대로 작성되고 기대되는 학습 성과를 명확히 진술하게 되면 각 문항을 이원분류표에 맞추어 작성한다.

평가 문항을 작성하는 일반적 원칙은 다음과 같다.
① 평가 문항은 간결하고 명료하게 진술되어야 한다.
문항은 피험자(被驗者)가 그 요지를 제대로 이해할 수 있도록 명료하게 진술되어야 한다.

② 피험자의 수준에 알맞게 진술되어야 한다.
문항의 구문론적 조직과 언어적 표현은 피험자의 수준에 맞게 진술되어야 한다. 문항은 문법에 맞고 모든 피험자가 이해할 수 있는 어휘로 쉽게 기술되어야 한다.

③ 의미가 분명한 용어를 사용하여야 한다.
문항에 사용된 용어는 그 의미가 명백하고 정확하여야 한다.

④ 정답에 대한 단서를 주지 말아야 한다.

정답을 알지 못하는 피험자가 문항 속에 포함된 어떤 단서를 이용하여 정답을 추측할 수 있도록 문항을 진술하여서는 안 된다.

⑤ 교정(校訂)을 철저히 하여야 한다.

문장이 문법에 맞는지, 어휘를 정확히 사용하였는지, 맞춤법에 맞게 표기하였는지 등을 검토한다. 특히 조사(助詞), 어미(語尾), 어휘 등의 바른 사용 여부에 유의한다.

선택형 문항은 문항 작성자가 답지를 보지 말고 문항에 답을 하여서 그 답이 답지 중에 들어 있는지를 확인하여 본다.

2.4 평가 문항을 작성할 때 유의할 점

타당도, 신뢰도, 객관도 등이 높은 평가 문항을 작성하려면 다음 사항에 유의하여야 한다.

1) 평가 목표를 분명히 구체적으로 설정하여야 한다. 평가 목표가 분명하지 않고 추상적인 것이면 타당도, 신뢰도, 객관도 등이 높은 출제를 할 수가 없다.

2) 각 문항은 평가 목표를 측정하는 것이어야 한다. 평가 목표와 무관한 문항은 무의미한 것이다. 그러므로 평가 목표와 관계가 없는 문항을 출제하여서는 안 된다.

3) 문항은 실제적이고 자연스러운 언어로 작성하여야 한다. 부자연스러운 언어로 작성된 문항은 의미가 불명료하다.

4) 문항 지시문은 쉽고 명료하게 제시되어야 한다. 문항 지시문은 피험자가 이해하기가 쉽고 그 의미가 분명하여야 한다.

5) 그림이나 도표를 보고 해결하여야 하는 문제는 그림이나 도표를 명확하게 제시하여야 한다. 제시된 그림이나 도표가 불명확한 문항은 잘못 작성한 것이다.

6) 선택지의 문장의 길이가 비슷하게 문장을 작성한다. 모든 선택지의 문장의 길이가 비슷하게 출제된 문항이 우수한 문항이다.

7) 앞뒤에 관련성이 있는 문제를 배열하여 정답에 대한 정보를 제공하여서는 안 된다. 앞뒤에 관련성이 있는 정보를 제공하여 어떤 문제를 푸는 데 도움을 주어서는 안 된다.

3
한국어의
문법적 능력 평가

3.1 한국어의 문법적 능력의 개념

한국어의 문법 평가는 한국어의 문법적 능력을 평가하는 것이다. 한국어의 문법적 능력은 한국어의 문법적 지식을 익혀서 의사소통에 효과적으로 활용할 수 있는 능력이다.

외국어로서의 한국어 문법 평가의 개념은 넓은 의미의 '외국어로서의 한국어 문법 교육'이냐 혹은 좁은 의미의 '외국어로서의 한국어 문법 교육'이냐에 따라 달라진다. 이에 따라 한국어 문법적 능력의 개념도 상이하다.

넓은 의미의 '외국어로서의 한국어 문법 교육'은 학습자가 한국어의 음운, 단어, 문장 등에 대한 이해와 함께 담화, 어문 규범에 관한 문법 지식을 익혀서 의사소통을 잘할 수 있는 능력을 갖추도록 교육하는 것이다.

넓은 의미의 '외국어로서의 한국어 문법 교육'에서의 한국어의 문법적 능력은 학습자가 한국어의 음운, 단어, 문장 등에 대한 이해와 함께 담화, 어문 규범에 관한 문법 지식을 익혀서 의사소통을 잘할 수 있는 능력을 뜻한다.

좁은 의미의 '외국어로서의 한국어 문법 교육'은 학습자가 한국어의 단어나 문장을 형성하거나 운용하는 규칙을 이해하여 한국어로 의사소통을 할 때에 효과적으로 활용할 수 있도록 교육하는 것이다.

좁은 의미의 '외국어로서의 한국어 문법 교육'에서의 한국어의 문법적 능력은 한국어의 단어나 문장을 형성하거나 운용하는 규칙을 이해하여 한국어로 의사소통을 할 때 효과적으로 활용할 수 있는 능력을 의미한다.

3.2 한국어의 등급별 문법적 능력의 평가 목표

외국어로서의 한국어의 등급별 문법적 능력의 평가 목표는 외국어로서의 한국어 문법의 교육 목표를 가지고 설정하여야 한다. 교육 목표와 평가 목표는 일치하여야 하기 때문이다.

대한민국에는 아직 표준화된 외국어로서의 한국어의 등급별 문법의 교육 목표가 없는 실정이다.

김중섭 외 11인(2010: 150)에서 제시하고 있는, '외국어로서의 한국어의 등급별 문법의 교육 목표'는 다음의 [표 1]과 같다

[표 1] 한국어의 등급별 문법의 교육 목표

등급	문법의 교육 목표
1급	1. 한국어의 기본 문장 구조를 이해하고 사용할 수 있다.
	2. 정형화된 문장 표현들을 목록화하여 이해할 수 있다.
2급	1. 빈도수가 높은 연결어미나 관형절이 포함된 문장을 이해하고 사용할 수 있다.
	2. 한국어의 시제를 이해하고 사용할 수 있다.
	3. 빈도수가 높은 보조용언을 이해하고 사용할 수 있다.
3급	1. 비교적 복잡한 의미 기능을 가진 조사를 이해할 수 있다.
	2. 피동법, 사동법을 이해하고 사용할 수 있다.

4급	3. 인용절을 이해할 수 있다.	
	1. 문어와 구어를 구분하여 문법을 사용할 수 있다.	
	2. 인용절을 사용할 수 있다.	
	3. 오류는 있으나 대부분의 문법을 이해하고 사용할 수 있다.	
5급	1. 정확하게 사용할 수는 없지만 문법의 미묘한 의미 차이를 이해할 수 있다.	
	2. 대부분의 문법을 비교적 유창하게 사용할 수 있다.	
6급	1. 문법의 미묘한 의미 차이를 이해하고 정확하게 사용할 수 있다.	
7급	1. 거의 오류 없이 대부분의 문법을 사용할 수 있다.	

앞의 '[표 1] 한국어의 등급별 교육 목표'는 좁은 의미의 한국어 문법 교육의 관점에서 교육 목표를 설정하고 있다.

김중섭 외 11인(2010)에서는 1~2급을 '초급', 3~4급을 '중급', 5~6급을 '고급', 7급을 '최상급'으로 간주하고 있다.

김중섭 외 11인(2010: 150)에서는 외국어로서의 한국어 교육 문법의 교육 목표 중에서 사용 빈도수가 높고, 곤란도가 낮으며, 일반화 가능성이 높은 것은 초급 과정과 중급 과정의 교육 목표로 설정하고 있다. 그런데 사용 빈도수가 낮고 곤란 도가 높은 교육 목표는 고급 과정과 최고급 과정의 교육 목표로 삼고 있다.

외국어로서의 한국어 등급별 문법의 평가 목표를 설정하려면 외국어로서의 한 국어 등급별 문법의 교육 목표를 좀 더 구체적으로 기술하여야 한다.

우리나라에는 표준화된 외국어로서의 한국어 등급별 문법의 평가 목표가 없다. 그리하여 이 글에서는 김중섭 외 11인(2010: 150)의 '외국어로서의 한국어 등급별 문법의 교육 목표'를 바탕으로, 양명희 외 9명(2015: 5~7)의 '초급 문법·표현 항목' 과 '중급 문법·표현 항목', 강승혜 외 4인(2006: 90~91)의 '초급·중급·고급 문법 항목', 국립국어원(2013~2015)의 『세종한국어 1~8』의 '교재 구성표의 문법 항목' 등을 참고하여 좁은 의미의 한국어 문법 교육의 관점에서 '외국어로서의 한국어 등급별 문법의 평가 목표'를 설정하여 제시하면 다음의 [표 2]와 같다.

[표 2] 외국어로서의 한국어 등급별 문법의 평가 목표

등급	문법의 평가 목표
1급	1. 주어 – 목적어 – 서술어의 순서로 된 기본적인 문장 구조를 이해하고 바르게 사용할 수 있다.
	2. 조사인 '이/가', '은/는', '을/를', '이다', '의', '에', '에게', '에서', '보다', '와/과' 등을 바르게 사용할 수 있다.
	3. 선어말어미인 '-았-/-었-/-였-', '-시-' 등을 이해하여 바르게 사용할 수 있다.
	4. 연결어미인 '-고', '-아서/-어서/-여서', '-(으)면', '-지만', '-(으)며' 등을 이해하여 바르게 사용할 수 있다.
	5. 종결어미인 '-아요/-어요/-여요', '-(으)세요/-(으)셔요', '-자', '-니?', '-느냐?', '-지' 등을 이해하여 바르게 사용할 수 있다.
	6. 정형화된 문장 표현인 '-(으)ㄴ 것 같다', '-는 것 같다', '-(으)ㄹ 것 같다' 등을 이해하여 바르게 사용할 수 있다.
2급	1. 조사인 '처럼', '하고', '한테', '한테서', '까지', '도', '마다', '만', '밖에', '부터', '요', '이나/나' 등을 이해하여 바르게 사용할 수 있다.
	2. 연결어미인 '-(으)니까', '-(으)려고', '-(으)ㄴ데/-는데', '-거나', '-(으)면서', '-게', '-(으)려면' 등을 이해하여 바르게 사용할 수 있다.
	3. 명사형 전성어미인 '-(으)ㅁ', '-기'를 이해하여 바르게 사용할 수 있다.
	4. 선어말어미인 '-겠-'을 이해하여 바르게 사용할 수 있다.
	5. 종결어미인 '-(으)ㄹ게', '-(으)ㄹ게요', '-(으)ㄹ까', '-(으)ㄹ까요', '-네요', '-(으)ㄴ데요/-는데요', '-(으)ㄴ데/-는데', '-ㅂ니다/-습니다', '-ㅂ니까/-습니까', '-군요/-는군요' 등을 이해하여 바르게 사용할 수 있다.
	6. 정형화된 문장 표현인 '-(으)ㄹ 수 있다', '-(으)ㄹ 수 없다' 등을 이해하여 바르게 사용할 수 있다.
	7. 보조용언인 '(-아/-어/-여) 주다', '(-고) 있다'와 '(-아/-어/-여) 있다', '(-게) 되다', '(-고) 싶다', '(-아야/-어야/-여야) 하다' 등을 이해하고 바르게 사용할 수 있다
	8. 규칙 용언과 불규칙 용언을 식별할 수 있다.
	9. 주체 높임법을 이해하여 바르게 사용할 수 있다.
	10. 압존법을 이해하여 바르게 사용할 수 있다.
	11. 간접 존대를 이해하여 바르게 사용할 수 있다.
	12. 상대 높임법 '하십시오체'와 '해요체'를 이해하여 바르게 사용할 수 있다.
	13. '안', '못', '말다' 부정문을 구별하여 바르게 사용할 수 있다.
	14. 시제를 이해하고 바르게 사용할 수 있다.

3급	1. 조사인 '같이', '이고/고', '이며', '하며', '커녕', '아/야', '께', '이야말로/야말로', '로서/으로서', '로/으로', '에다가' 등을 이해하여 바르게 사용할 수 있다.
	2. 관형사형 전성어미 '-(으)ㄴ', '-는', '-(으)ㄹ', '-던' 등을 이해하여 바르게 사용할 수 있다.
	3. 선어말어미인 '-았었-/-었었-/-였었-'을 이해하여 바르게 사용할 수 있다.
	4. 연결어미인 '-다가', '-라서', '-라며', '-다면', '-도록' 등을 이해하여 바르게 사용할 수 있다.
	5. 종결어미인 '-거든', '-게', '-게요', '-고', '-고요', '-구나/-는구나', '-다/-ㄴ다/-는다', '-아라/-어라/-여라', '-나요', '-(으)ㄹ걸', '-(으)ㄹ걸요', '-아/-어/-야' 등을 이해하여 바르게 사용할 수 있다.
	6. 피동법을 이해하여 바르게 사용할 수 있다.
	7. 사동법을 이해하여 바르게 사용할 수 있다.
	8. 연결 방법과 안김 방법으로 문장을 확대할 수 있다.
	9. 상대 높임법 '해체'를 이해하여 바르게 사용할 수 있다.
4급	1. 조사인 '커녕/은커녕/는커녕', '이나마/나마', '대로', '이든지/든지', '이라고/라고', '이란/란', '로부터/으로부터', '만큼', '보고' 등을 이해하여 바르게 사용할 수 있다.
	2. 연결어미인 '-고서', '-고자', '-기에', '-느라고', '-는다거나', '-다시피', '-다가', '-더니', '-더라도', '-듯이', '-되' 등을 이해하여 바르게 사용할 수 있다.
	3. 종결어미인 '-더군', '-더라', '-던데', '-던데요', '-아야지/-어야지/-여야지', '-다면서/-는다면서' 등을 이해하여 바르게 사용할 수 있다.
	4. 보조용언 '(-아/-어/-여) 가다', '(-아/-어/-여) 가지고', '(-아/-어/-여) 놓다', '(-아/-어/-여) 대다', '(-아/-어/-여) 버리다', '(-아/-어/-여) 드리다', '(-아 /-어/-여) 지다' 등을 이해하여 바르게 사용할 수 있다.
	5. 정형화된 표현인 '-아도/-어도/-여도 되다' '-(으)면 좋겠다', '(으)로 인하여', '-만 같아도', '-만 아니면', '에 대하여', '에 따라', '에 비하여', '에 의하면', '-(으)려고 들다' 등을 이해하여 바르게 사용할 수 있다.
	6. 상대 높임법 '해라체'를 이해하여 바르게 사용할 수 있다.
5급	1. 어미에 조사가 결합되어 형성된 '-노라고', '-(으)냐고', '-(으)냐고요', '-(으)니만큼', '-(으)라고', '-(으)라고요' 등을 이해하여 바르게 사용할 수 있다.
	2. 격조사에 격조사가 결합하여 쓰이는 '에게가', '에서가', '에를', '에게를', '에의', '에게의', '에서의', '으로의', '으로서의', '에로', '에게로', '에게보다', '에서보다' 등을 이해하여 바르게 사용할 수 있다.
	3. 정형화된 표현인 '-은/-는 반면에', '-는 탓에', '-는 바람에', '-는 사이에', '-는 한', '-(으)ㄹ 따름이다', '-(으)ㄹ 테니', '-(으)ㄹ 텐데', '-(으)면 안 되다' '-(으)면 좋겠다' 등을 이해하여 바르게 사용할 수 있다.
	4. 객체 높임법을 이해하여 바르게 사용할 수 있다.
6급	1. 어미에 조사가 결합되어 형성된 '-느냐고요', '-느냐기에', '-느니만큼', '-는다니까는', '-라니까는', '-라니까요' 등을 이해하여 바르게 사용할 수 있다.

	2. 격조사에 보조사가 결합하여 쓰이는 '에는', '에도', '에나', '에라도', '하고는', '하고도', '하고 라도', '과/와는', '과/와도', '과/와라도' 등을 이해하여 바르게 사용할 수 있다.
	3. 보조사에 격조사가 결합하여 쓰이는 '만이', '만을', '만의', '부터가', '부터를', '부터의' 등을 이해하여 바르게 사용할 수 있다.
	4. 상대 높임법 '하오체'와 '하게체'를 이해하여 바르게 사용할 수 있다.
7급	1. 보조사에 보조사가 결합하여 쓰이는 '까지나', '까지만', '까지밖에', '까지도', '까지라도', '까지 는', '마저도', '마저라도', '만은', '만도', '만이라도', '밖에는', '밖에도', '부터는', '부터도', '부터라도', '부터야', '조차는', '조차도', '조차라도' 등을 이해하여 바르게 사용할 수 있다.
	2. 높임법을 상황, 대상, 목적 등에 따라 효과적으로 사용할 수 있다.
	3. 한국어 문법에 맞는 문장으로 말을 하거나 글을 쓸 수 있다.

앞의 [표 2]에서 1급 평가 목표 가운데 "1. 주어 – 목적어 – 서술어의 순서로 된 기본적인 문장 구조를 이해하고 바르게 사용할 수 있다."라는 것은, 한국어는 언어 유형적으로 볼 때 '주어– 목적어– 서술어' 구조로 이루어진 언어 즉 SOP 언어라는 사실을 인식하고 이러한 어순에 따라 한국어 문장을 구성할 수 있는 능력을 갖추고 있는지를 평가하여야 한다는 것이다.

앞의 [표 2]에서 2급 평가 목표 가운데 "5. 정형화된 문장 표현인 '-(으)ㄹ 수 있다', '-(으)ㄹ 수 없다' 등을 이해하여 바르게 사용할 수 있다."에서 '정형화된 표현'은 이른바 '표현 항목'을 뜻한다. '-기 때문에', '-(으)ㄴ 것 같다', '-는 것 같다', '-(으)ㄹ 것 같다', '-(으)ㄹ 것이다' 등은 표현 항목에 해당한다.

이상의 [표 2]에서 5급 평가 목표 가운데 "1. 어미에 조사가 결합되어 형성된 '-노라고', '-(으)냐고', '-(으)냐고요', '-(으)니만큼', '-(으)라고', '-(으)라고요' 등을 이해하여 바르게 사용할 수 있다."에서 '어미에 조사가 결합되어 형성된 어미'는 합성형 어미에 해당한다[제2장 제6절 6.3 참조]. 합성형 어미는 둘 이상의 형태소가 결합하여 어미로 화석화한 것이다.

3.3 한국어의 등급별 문법 영역의 평가 내용

외국어로서의 한국어의 등급별 문법 영역의 평가 내용은 외국어로서의 한국어 등급별 문법 영역의 평가 목표를 측정할 수 있는 것이어야 한다.

앞 장에서 살펴본 '[표 2] 외국어로서의 한국어의 등급별 문법의 평가 목표'를 측정할 수 있는 '외국어로서의 한국어의 등급별 문법 영역의 평가 내용'은 다음 [표 3]과 같다.

[표 3] 한국어의 등급별 문법 영역의 평가 내용

등급	한국어 문법의 평가 내용
1급	1. 주어 - 목적어 - 서술어의 순서로 된 기본적인 문장 구조
	2. 격조사인 '이/가', '을/를', '이다', '의', '에', '에게', '에서', '보다', '와/과', 보조사인 '은/는'
	3. 선어말어미인 '-았-/-었-/-였-', '-시-'
	4. 연결어미인 '-고', '-아서/-어서/-여서', '-(으)면', '-지만', '-(으)며'
	5. 종결어미 '-아요/-어요/-여요', '-(으)세요/-(으)셔요', '-자', '-니?', '-느냐?', '-지'
	6. 정형화된 문장 표현인 '-(으)ㄴ 것 같다', '-는 것 같다', '-(으)ㄹ 것 같다'
2급	1. 격조사인 '처럼', '하고', '한테', '한테서'
	2. 보조사인 '까지', '도', '마다', '만', '밖에', '부터'
	3. 연결어미인 '-(으)니까', '-(으)려고', '-(으)ㄴ데/-는데', '-거나', '-(으)면서', '-게', '-(으)려면'
	4. 선어말어미인 '-겠-'
	5. 명사형 전성어미인 '-(으)ㅁ', '-기'
	6. 종결어미인 '-(으)ㄹ게', '-(으)ㄹ게요', '-(으)ㄹ까', '-(으)ㄹ까요', '-네요', '-(으)ㄴ데요/-는데요', '-(으)ㄴ데/-는데', '-ㅂ니다/-습니다', '-ㅂ니까/-습니까', '-군요/-는군요'
	7. 보조용언인 '(-아/-어/-여) 주다', '(-고) 있다'와 '(-아/-어/-여) 있다', '(-게) 되다', '(-고) 싶다', '(-아야/-어야/-여야) 하다'
	8. 규칙 용언과 불규칙 용언
	9. 정형화된 문장 표현인 '-(으)ㄹ 수 있다', '-(으)ㄹ 수 없다'
	10. 주체 높임법
	11. 압존법
	12. 간접 존대
	13. 상대 높임법 '하십시오체'와 '해요체' 용법
	14. 객체 높임법의 용법
	15. '안', '못', '말다' 부정문
	16. 과거 시제, 현재 시제, 미래 시제

3급	1. 조사인 '같이', '이고/고', '이며', '하며', '커녕', '아/야', '께', '이야말로/야말로', '로서/으로서', '로/으로', '요'
	2. 관형사형 전성어미인 '-(으)ㄴ', '-는', '-(으)ㄹ', '-던'
	3. 선어말어미인 '-았었-/-었었-/-였었-'
	4. 연결어미인 '-다가', '-라서', '-라며', '-다면', '-도록'
	5. 종결어미인 '-거든', '-게', '-게요', '-고', '-고요', '-구나/-는구나', '-다/-ㄴ다/-는다', '-아라/-어라/-여라', '-나요', '-(으)ㄹ걸', '-(으)ㄹ걸요', '-아/-어/-야'
	6. 피동법
	7. 사동법
	8. 연결 방법과 안김 방법으로 문장을 확대함.
	9. '해체'의 용법
4급	1. 조사인 '커녕/은커녕/는커녕', '이나마/나마', '대로', '이든지/든지', '이라고/라고', '이란/란', '로부터/으로부터', '만큼', '보고'
	2. 연결어미인 '-고서', '-고자', '-기에', '-느라고', '-는다거나', '-다시피', '-다가', '-더니', '-더라도', '-듯이', '-되'
	3. 종결어미인 '-더군', '-더라', '-던데', '-던데요', '-아야지/-어야지/-여야지', '-다면서/-는다면서'
	4. 보조용언인 '(-아/-어/-여) 가다', '(-아/-어/-여) 가지고', '(-아/-어/-여) 놓다', '(-아/-어/-여) 대다', '(-아/-어/-여) 버리다', '(-아/-어/-여) 드리다', '(-아/-어/-여) 지다'
	5. 정형화된 표현인 '-아도/-어도/-여도 되다' '-(으)면 좋겠다', '(으)로 인하여', '-만 같아도', '-만 아니면', '에 대하여' '에 따라', '에 비하여', '에 의하면', '-(으)려고 들다'
	6. 상대 높임법 '해라체'의 용법
5급	1. 어미에 조사가 결합되어 형성된 '-노라고', '-(으)냐고', '-(으)냐고요', '-(으)니만큼', '-(으)라고', '-(으)라고요'
	2. 격조사에 격조사가 결합하여 쓰이는 '에게가', '에서가', '에를', '에게를', '에의', '에게의', '에서의', '으로의', '으로서의', '에로', '에게로', '에게보다', '에서보다'
	3. 정형화된 표현인 '-(으)ㄴ/-는 반면에', '-는 탓에', '-는 바람에', '-는 사이에', '-는 한', '-(으)ㄹ 따름이다', '-(으)ㄹ 테니', '-(으)ㄹ 텐데', '-(으)면 안 되다' '-(으)면 좋겠다'
6급	1. 어미에 조사가 결합되어 형성된 '-느냐고요', '-느냐기에', '-느니만큼', '-는다니까는', '-라니까는', '-라니까요'
	2. 격조사에 보조사가 결합하여 쓰이는 '에는', '에도', '에나', '에라도', '하고는', '하고도', '하고라도', '과/와는', '과/와도', '과/와라도'
	3. 보조사에 격조사가 결합하여 쓰이는 '만이', '만을', '만의', '부터가', '부터를', '부터의'
	4. 상대 높임법 '하오체'와 '하게체'의 용법
7급	1. 보조사에 보조사가 결합하여 쓰이는 '까지나', '까지만', '까지밖에', '까지도', '까지라도', '까지는', '마저도', '마저라도', '만은', '만도', '만이라도', '밖에는', '밖에도', '부터는', '부터도', '부터라도', '부터야', '조차는', '조차도', '조차라도'
	2. 높임법을 상황, 대상, 목적 등에 따라 효과적으로 사용함.
	3. 한국어의 문법에 맞는 문장으로 말을 하거나 글을 씀.

앞의 '[표 3] 한국어의 등급별 문법 영역의 평가 내용'의 1급 평가 내용 중에서 "1. 주어 - 목적어 - 서술어의 순서로 된 기본적인 문장 구조"는 한국어의 기본 문형인 '주어 + 목적어 + 서술어(나는 너를 사랑한다.)' 외에 '주어 + 서술어(현주는 대학생이다.)', '주어 + 보어 + 서술어(현수는 교원이 되었다.)', '주어 + 목적어 + 필수적 부사어 + 서술어(나는 민지를 비서로 삼았다)'로 이루어진 문장의 구조의 이해와 그러한 구조로 형성된 문장을 바르게 구사하기에 관한 것도 평가 내용이 됨을 뜻한다.

외국인을 위한 한국어 초급 교재 중에는 보조사인 '은/는'이 주어 자리에 쓰인 예문이 주격 조사 '이/가'가 주어 자리에 사용된 예문보다 먼저 제시된 것이 많다. 그리하여 1급의 평가 내용에 보조사 '은/는'을 포함시켰다.

   (1) ㄱ. 저는 타완이에요.
        ㄴ. 존슨은 과일을 샀어요.

1급에서 종결어미인 '-아요/-어요/-여요', '-(으)세요/-(으)셔요' 등과 2급에서 종결어미인 '-ㅂ니다/-습니다', '-ㅂ니까/-습니까' 등을 평가 내용으로 삼은 것은 초급 과정에서 '해요체'와 '하십시오체'를 학습하기 때문이다.

위의 [표 3]에서 '정형화된 표현'은 '표현 항목'을 뜻한다.

3.4 한국어 능력 시험(TOPIK)의 등급별 문법의 평가 기준

한국에는 표준화된 한국어의 등급별 문법의 평가 기준이 없기 때문에 한국어 능력 시험(TOPIK)에서 제시하고 있는 '등급별 한국어 능력의 평가 기준' 중에서 문법의 평가 기준만 발췌해서 제시하면 다음의 [표 4]와 같다.

[표 4] 등급별 문법의 평가 기준

등급		문법의 평가 기준
초급	1급	1. 기본적인 조사 ― '이/가', '을/를' ―를 이해하고 바르게 사용할 수 있다.
		2. 기본적인 연결어미 ― '-고', '-지만' ―를 이해하고 바르게 사용할 수 있다.
		3. 시제를 바르게 사용할 수 있다.
		4. 부정문을 바르게 사용할 수 있다.
		5. 자주 쓰이는 불규칙 활용 ― 'ㄷ' 불규칙, 'ㅂ' 불규칙, 'ㅅ' 불규칙 ―을 바르게 사용할 수 있다.
	2급	1. 자주 쓰이는 조사 ― '보다', '이나' ―를 이해하고 바르게 사용할 수 있다.
		2. 자주 쓰이는 연결어미 ― '-는데', '-(으)면서' ―를 이해하고 바르게 사용할 수 있다.
		3. 관형사형 전성어미 '-(으)ㄴ, -는, -(으)ㄹ' 등을 바르게 사용할 수 있다.
		4. 높임법을 바르게 사용할 수 있다.
		5. 불규칙 용언 ― '르', 'ㅅ', 'ㅎ', 'ㄷ' ―을 바르게 사용할 수 있다.
		6. 자주 쓰이는 보조용언 ― '(-고) 있다, (-아/-어/-여) 보다' ―을 바르게 사용할 수 있다.
중급	3급	1. 비교적 복잡한 조사 ― '만큼', '처럼' ―를 이해하고 바르게 사용할 수 있다.
		2. 비교적 복잡한 연결어미 ― '-아도/-어도/-여도', '-자마자' ―를 이해하고 바르게 사용할 수 있다.
		3. 해체(반말)를 바르게 사용할 수 있다.
		4. 간접 인용절[9]을 바르게 사용할 수 있다.
		5. 사동법을 바르게 사용할 수 있다.
		6. 피동법을 바르게 사용할 수 있다.
		7. 비교적 자주 쓰이는 보조용언 ― '(-아/-어/-여) 놓다', '(-아/-어/-여) 버리다' ―을 바르게 사용할 수 있다.
	4급	1. 복잡한 의미를 갖는 조사 ― '치고', '는커녕' ―를 이해하고 바르게 사용할 수 있다.
		2. 복잡한 의미를 갖는 연결어미 ― '-더니', '-다면' ―를 바르게 이해하고 바르게 사용할 수 있다.
		3. 복잡한 맥락을 서술할 때 필요한 문법 표현 ― '-기 마련이다', '-는 한' ―을 이해하고 바르게 사용할 수 있다.
고급	5급	신문 기사, 논설문 등에서 자주 사용되는 문법 표현을 이해하고, 적절하게 사용할 수 있다.
	6급	신문 사설, 논설문, 학문적인 저술 등에서 자주 사용되는 문법 표현을 이해하고, 적절하게 사용할 수 있다.

앞의 [표 4]에서 보는 바와 같이 한국어 능력 시험(TOPIK)의 '등급별 한국어 능력의 평가 기준'에서 문법의 평가 기준을 좁은 의미의 한국어 문법의 교육의

---

9) '간접 인용절'로 표현하는 방법을 '간접 화법'이라고 일컫기도 하는데, 한국인을 위한 한국어 문법에서는 '간접 화법'이라는 용어를 사용하지 않는다.

관점에서 제시하고 있다.

앞의 [표 4]에서 1급 문법의 평가 기준 가운데 "기본적인 조사—'이/가', '을/를'—를 이해하고 바르게 사용할 수 있다."에서 '기본 조사'는 한국어의 기본문을 형성하는 데 필수적인 조사를 뜻한다. 조사 '이/가'는 주격 조사나 보격 조사로 쓰이고, '을/를'은 목적격 조사로 쓰인다[제2장 제4절 참조].

앞의 [표 4]의 1급 문법의 평가 기준 가운데 "2. 기본적인 연결어미—'-고', '-지만'—를 이해하고 바르게 사용할 수 있다."에서 '기본적인 연결어미'는 이어진 문장을 작성할 때 사용 빈도수가 높은 연결어미를 뜻한다.

앞의 [표 4]의 3급 문법의 평가 기준 가운데 "4. 간접 인용절을 바르게 사용할 수 있다."에 쓰인 '간접 인용절'은 남의 말을 그대로 인용하지 않고 화자의 관점으로 바꾸어 인용함을 나타내는 절이다.

    (1) ㄱ. 그는 "내가 가장 의로운 사람이다."라고 말했다. [직접 인용]
          ㄴ. 그는 자기가 가장 의로운 사람이라고 말했다. [간접 인용]

등급별 한국어 문법의 평가 기준은 등급별 한국어 문법의 평가 목표, 등급별 한국어 문법의 평가 내용과 일치하면서 객관성, 명료성, 구체성 등을 지녀야 한다.

참고 문헌

강승혜·강명순·이영식·이원경·장은아(2006), 『한국어 평가론』, 태학사.

강현화(2006), 「한국어 문법 교수학습 방법의 새로운 방향」, 『국어교육연구』 18, 서울대학교 국어교육연구소.

강현화·김선정·김은애·김종수·이미혜·정명숙·최은규(2016), 『한국어 교원을 위한 한국어 교육학』, 한국방송통신대학교출판문화원.

고영근·구본관(2008), 『우리말 문법론』, 집문당.

고영근(1993), 『우리말의 총체서술과 문법 체계』, 일지사.

교육과학기술부(2015), 『국어과 교육과정』

교육인적자원부(2002), 『고등학교 문법』, 두산.

국립국어연구원(1999), 『표준국어대사전 상, 중』, 두산동아.

국립국어원(2005ㄱ), 『외국인을 위한 한국어 문법 1』, 커뮤니케이션북스.

국립국어원(2005ㄴ), 『외국인을 위한 한국어 문법 2』, 커뮤니케이션북스.

국립국어원(2011), 『표준 언어 예절』.

국립국어원(2014), 『세종한국어』 1~8, 하우.

국립국어원(2015), 「(2)교과목(영역 판정, 필수이수학점 및 시간 적합 여부) -영역별 과목의 적합 여부에 대한 기준 및 예시 과목」, 『2015년~2016년 한국어교원 자격 제도』.

김남국·이승복·강민수(1999), 『외국어 교수 방법론』, 하우.

김선효(2002), 「현대 국어의 관형어 연구」, 서울대학교 박사학위논문.

김유정(1998), 「외국어로서의 한국어 문법 교육: 문법 항목 선정과 단계화를 중심으로」, 『한국어교육』 9-1, 국제한국어교육학회.

김인규(2010), 「한국어 문법 교육의 이론과 실제」, 『2010학년도 한국어 교육 I』, 서울대학교 사범대학 외국인을 위한 한국어교육 지도자 과정.

김일병(2000), 『국어 합성어 연구』, 역락출판사.

김재욱(2005), 「문법 교육 방법론」, 『한국어교육론 2』, 한국문화사.

김재욱·김지형·김현진·박동호·허용(2015), 『한국어 교수법』, 형설출판사.

김재욱(2015), 「의사소통식 교수법의 실제」, 김재욱 외 4인(2015), 『한국어 교수법』, 형설 출판사.

김재욱(2015), 「과제 중심 교수법의 실제」, 김재욱 외 4인(2015), 『한국어 교수법』, 형설출 판사.

김정은(2002), 「외국어로서의 한국어 문법 교육」, 『한말연구』 11, 한말연구학회.

김제열(2001), 「한국어 교육에서의 기초 문법 항목의 선정과 배열 연구」, 『한국어교육』 12-1, 국제한국어교육학회.

김종록(2008), 『외국인을 위한 표준 한국어 문법』, 박이정.

김중섭 외 11인(2010), 「국제 통용 한국어 교육 표준 모형 개발」, 국립국어원.

김중섭 외 13인(2011), 「국제 통용 한국어 교육 표준 모형 개발 2단계」, 국립국어원.

김지은(1998), 「우리말 양태 용언 구문에 대한 연구」, 한국문화사.

김현진(2015), 「문법번역식 교수법의 실제」, 김재욱 외 4인(2015), 『한국어 교수법』, 형설 출판사.

김호정 외 14인(2012), 「한국어교육 문법·표현 내용 개발 연구(1단계)」, 국립국어원.

김호정(2014), 「교육 문법의 개념」, 『한국어 교육학 사전』, 하우.

남기심·고영근(1993), 『표준 국어문법론』, 탑출판사.

남기심(2001), 『현대국어 통사론』, 태학사.

남성우 외 8인(2006), 『언어교수이론과 한국어교육』, 한국문화사.

라혜민·김순우(2011), 『한국어 선생님을 위한 문법교수법 초급 ①』, 소통.

문교부(1985), 『고등학교 문법』, 대한교과서주식회사.

문교부(1991), 『고등학교 문법』, 대한교과서주식회사.

민찬규(2002), 「형태 초점 의사소통 접근 방법: 교수법적 특징과 영어교육에의 적용방안」, 『외국어 교육』 9-1, 한국외국어교육학회.

민현식(1999), 『국어 문법 연구』, 역락출판사.

민현식(2003), 「국어 문법과 한국어 문법의 상관성」, 『한국어교육』 14-2, 국제한국어교육 학회.

민현식(2008), 『한국어 교재의 문법 항목 위계화 양상에 대하여』, 『문법교육』 9, 한국어문 법교육학회.

박갑수(2012), 『한국어교육의 원리와 방법』, 역락출판사.

박갑수(2013), 『재외동포 교육과 한국어교육』, 역락출판사.

박동호(2015), 「의사소통식 교수법의 원리」, 김재욱 외 4인(2015), 『한국어 교수법』, 형설출판사.

박병선(2000), 「현대 국어 양태 표현의 변천」, 『현대국어의 형성과 변천』, 박이정.

박부자(2006), 「한국어 선어말어미 통합 순서의 역사적 변화에 대한 연구」, 한국학중앙연구원 한국학대학원 박사학위논문.

박영목 외 7인(2014), 『고등학교 독서와 문법』, 천재교육.

박영순(1998), 『한국어 문법교육론』, 박이정.

박영순(2002), 『외국어로서의 한국어 교육론』, 월인출판사.

박영순 외 20인(2008), 『한국어와 한국어교육』, 한국문화사.

박재연(2004), 「한국어 양태 어미 연구」, 서울대학교 박사학위논문.

박진호(2003), 「한국어의 동사와 문법요소의 결합 양상」, 서울대학교 박사학위논문.

방성원(2005), 「문법 교수 학습의 내용과 방법」, 『한국어교육론 2』, 한국문화사.

백봉자(2014), 「한국어 문법 교육의 개념」, 『한국어 교육학 사전』, 하우.

백순근 편(1999), 『중학교 각 교과별 수행평가의 이론과 실제』, 원미사.

서정수(2005), 『한국어의 부사』, 서울대학교출판부.

서정수(1984), 『존대법 연구』, 한신문화사.

서정수(1996), 『국어 문법』, 한양대학교출판원.

성기철(1985), 『현대국어 대우법 연구』, 개문사.

성태제(2009), 『교육평가의 기초』, 학지사.

손경애(2015), 「한국어 연결어미의 교육 방안에 관한 연구」, 중앙대학교 박사학위논문.

송철의(1992), 『국어의 파생어 형성 연구』, 태학사.

안경화(2007), 『한국어교육의 연구』, 한국문화사.

양명희·석주연(2012), 「한국어 문장 구조 교육을 위한 문법 항목 선정과 등급화」, 『어문론집』 제52집, 중앙어문학회.

양명희 외 12인(2013), 「한국어교육 문법·표현 내용 개발 연구 (2단계)」, 국립국어원.

양명희 외 9명(2015), 「한국어교육 문법·표현 내용 개발 연구(4단계)」, 국립국어원.

엄녀(2010), 『한국어 양태 표현 교육 연구』, 한국문화사.

왕문용·민현식(1993), 『국어 문법론의 이해』, 개문사.

우형식(2010), 「한국어 교육 문법의 체계와 내용 범주」, 『우리말연구』 26, 우리말연구 학회.

유해준(2011), 「한국어교육 문법적 연어 항목 선정 연구」, 중앙대학교 박사학위논문.

윤경애(2008), 「중국 대학생들을 위한 한국어 연결어미 교육 연구 −조건 표현 연결어미를 중심으로-, 고려대학교 박사학위논문.

윤여탁 외 9인(2014), 『고등학교 독서와 문법』, 미래앤.

윤평현(2005), 『현대국어 접속어미 연구』, 박이정.

이관규 외 5인(2014), 『고등학교 독서와 문법』, 비상교육.

이기갑(2003), 『국어 방언 문법』, 태학사.

이도영 외 7인(2014), 『인문계 고등학교 독서와 문법』, 창비교육.

이미혜(2002), 「한국어 문법 교육에서 '표현 항목' 설정에 대한 연구」, 『한국어교육』 13-2, 국제한국어교육학회.

이미혜(2005), 『한국어 문법 항목 교육 연구』, 박이정.

이미혜(2007ㄱ), 「한국어 문법 교수 방법론의 재고찰」, 『외국어로서의 한국어 문법: 내용학 및 방법론』, 국제한국어교육학회 2007년도 춘계(제27차) 학술대회 논문집.

이미혜(2007ㄴ), 「한국어 문법 교수 방법론의 재고찰 -제2 언어 교수 이론에 바탕을 둔 교수 모형의 보완-」, 『한국어교육』 18-2, 국제한국어교육학회.

이병규(2008), 「국어과의 문법 교육과 외국어로서의 한국어 문법 교육의 특징 비교 연구」, 『이중언어학』 제38호, 이중언어학회.

이삼형 외 5인(2014), 『고등학교 독서와 문법』, 지학사.

이석주·이주행(2007), 『한국어학 개론』, 보고사.

이선웅(2001), 「국어의 양태 체계 확립을 위한 시론」, 『관악어문연구』 26, 서울대학교국어 국문학과.

이영식·이완기·신동일·최인철(2005), 『언어평가의 이해』, 서울대학교출판부.

이윤하(2001), 『현대 국어의 대우법 연구』, 역락출판사.

이은경(2000), 『국어의 연결어미 연구』, 태학사.

이응백·이주행(2002), 『말을 어떻게 할 것인가 -효과적인 화법의 비결-』, 현대문학사.

이익섭·채완(2000), 『국어문법론강의』, 학연사.

이익섭(2009), 『한국어 문법』, 서울대학교출판문화원.

이점출(1996), 『결합가 이론과 격이론』, 중앙대학교출판부.

이정복(2012), 『한국어 경어법의 기능과 사용 원리』, 소통.

이종승(2009), 『현대교육평가』, 교육과학사.

이주행(1994), 「청자대우법의 화계 구분에 대한 고찰」, 『어문논집』 23, 중앙어문학회.

이주행(2003ㄱ), 「외국어로서의 한국어 교재의 개선 방안에 대한 고찰」, 『이중언어학회 ·북경외국어대학 공동 개최 제11회 국제학술대회 논문집』, 이중언어학.

이주행(2003ㄴ), 「한국어 대우법 교육」, 『국제한국어교육학회 국제학술대회 논문집』.

이주행(2006), 「한국어 청자 경어법의 교육 방안에 관한 고찰」, 『국어 교육』 119, 한국어교육학회.

이주행(2006), 『한국어 문법』, 월인출판사.

이주행(2007ㄱ), 『한국어 사회방언과 지역방언의 이해』(개정판), 한국문화사.

이주행 외 7인(2007ㄴ), 『언어학과 문법 교육』, 역락출판사.

이주행(2009), 『한국어 의존명사 연구』, 한국문화사.

이주행(2013ㄱ), 『알기 쉬운 한국어 문법론』, 역락출판사.

이주행(2013ㄴ), 『어문 규범의 이해』, 보고사.

이주행(2016), 「외국어로서의 한국어 교육을 위한 현대 한국어의 상대높임법에 관한 연구」, *International Journal of Korean Language Education*, Vol.2, No.2, 국제 한국어교육문화재단.

이필영(1998), 「명사절과 관형사절」, 『문법 연구와 자료』, 태학사.

이필영(2004), 「서술부 양태 표현들의 범주화와 결합 양상」, 『담화와 인지』 11-3, 담화인지언어학회.

이혜영(2003), 「한국어 교육에서의 문법 교육」, 『국어 교육』 제112호, 한국어교육학회.

이효정(2003), 「한국어교육을 위한 양태 표현 연구」, 상명대학교 대학원 박사학위논문.

임동훈(1997), 「이중주어문의 통사 구조」, 『한국문화』 19, 서울대학교 한국문화연구소.

임유종(2005), 『수식언의 문법』, 경진출판사.

임홍빈(2000), 「학교 문법, 표준 문법, 규범 문법의 개념과 정의」, 『새국어생활』 10-2, 국립국어연구원.

임홍빈·장소원(1995), 『국어문법론 Ⅰ』, 방송통신대학교출판부.

장경희(1985), 『현대 국어의 양태 범주 연구』, 탑출판사.

장경희(1998), 「서법과 양태」, 『이익섭 선생 회갑 기념 논총 문법 연구와 자료』, 태학사.

장경희(1995), 「국어의 양태 범주의 설정과 그 체계」, 『언어학』 20-3, 한국언어학회.

정윤정(2013), 「형태 초점 의사소통 접근 방법을 활용한 연결어미 '-느라고' 수업 효과 연구: '입력 강화'와 '의식 고양 과제'를 중심으로」, 이화여자대학교 교육대학원 석사학위논문.

정종진(2010), 『교육평가-이론과 실제-』, 양서원.

조윤경(2010), 「형태 초점 의사소통 교수법에서 교수모형과 학습자의 학습준비도가 목표문법 학습에 미치는 영향」, 『외국어교육』 17-3, 한국외국어교육학회.

주경희(2009), 『한국어 문법 교육론 : 조사를 대상으로』, 박이정.

지현숙(2006), 『한국어 구어문법과 평가 Ⅰ』, 하우.

진기호(2006ㄱ), 「문법 번역식 교수법」, 남성우 외 8인(2006), 『언어교수이론과 한국어
　　　교육』, 한국문화사.

진기호(2006ㄴ), 「의사소통식 교수법」, 남성우 외 8인(2006), 『언어교수이론과 한국어교
　　　육』, 한국문화사.

진정란(2006), 「과제 중심 교수법」, 『언어교수이론과 한국어교육』, 한국문화사.

채윤정·김영규 (2010), 「FonF 연구의 최근 동향이 한국어 교육에 시사하는 점」, 『한국어교
　　　육』 21-4, 한국어교육학회.

천경록(1999), 「국어과 수행평가」, 백순근 편(1999), 『중학교 각 교과별 수행평가의 이론과
　　　실제』, 원미사.

최동주(2006), 「선어말어미의 배열 순서와 분포의 광협」, 『형태론』 8-2, 박이정.

최영주(2009), 「형태 초점 의사소통 접근 방법이 고등학교 학습자의 영어문법 학습에 미치
　　　는 효과」, 순천대학교 대학원 박사학위논문.

최은규(2016), 「한국어 평가론」, 강현화 외 6인(2016), 『한국어 교원을 위한 한국어교육학』,
　　　한국방송통신대학교출판문화원.

최철용·김환남(2014), 『알기 쉬운 교육 평가』, 양서원.

한길(2002), 『현대 우리말의 높임법 연구』, 역락출판사.

한길(2006), 『현대 우리말의 형태론』, 역락출판사.

한송화(2000), 「한국어 보조용언의 상적 기능과 양태 기능, 화행적 기능에 대한 연구 -'하
　　　다'를 중심으로-」, 『한국어교육』 11-2, 국제한국어교육학회.

한재영 외 5인(2008), 『한국어 문법 교육』, 태학사.

한철우 외 7인(2014), 『고등학교 독서와 문법』, 교학사.

허봉자(2008), 『중국어권 학습자를 위한 한국어 경어법 교육 연구』, 박이정.

허　용(2015ㄱ), 「문법번역식 교수법의 원리」, 김재욱 외 4인(2015), 『한국어 교수법』, 형설
　　　출판사.

허　용(2015ㄴ), 「과제 중심 교수법의 원리」, 김재욱 외 4인(2015), 『한국어 교수법』, 형설
　　　출판사.

현윤호(2014), 「의사소통 중심 교수법」, 서울대학교 국어교육연구소(2014), 『한국어교육
　　　학 사전』, 하우.

홍종선 외 5인(2009), 『국어 높임법 표현의 발달』, 박문사.

Alessandra, T. J. and Hunsaker, P.(1993), *Communicating at Work*. New York: Simon & Schuster, Inc.

Bachman L. F., Palmer A. S.(1996), *Language Testing in Practice*. Oxford: Oxford University Press.

Brown, H. D.(1994), Teaching by Principles: *An Interactive Approach to Language Pedagogy*. Prentice Hall Regents.

Brown, H. D.(2007), *Principles of Language Learning and Teaching*. 이흥수 외 공역 (2007), 외국어 학습·교수의 원리, 피어슨에듀케이션코리아.

Brown, H. D.(2007), *Teaching by Principles: An Interactive Approach to Language Pedagogy*. 권오량·김영숙 공저(2008), 원리에 의한 교수, 피어슨에듀케이션코리아.

Canale, M. & Swain, M.(1980), Theoretical bases of Communicative Approaches to Second Language Teaching and Testing, *Applied Linguistics* 1-1.

Crandall, J. A.(1999), Cooperative Language Learning and Affective Factors, In J. Arnold.(Ed), *Affect in Language Learning*. Cambridge University Press.

Celce-Murcia, M.(1991), Grammar Pedagogy in Second and Foreign Language Teaching, *TESOL Quarterly* 25.

Comrie, B.(1976), *Aspect*. Cambridge: Cambridge University Press.

Davis, P. & Pearse, E.(2000), *Success in English Teaching*. 송해성·강문구 역 (2007), 옥스퍼드에서 제안하는 성공적인 영어 교사를 위한 12가지 수업 방법, 씨앤톡.

Doughty, C., & Williams, J.(1998), Issues and Terminology. In C. Doughty, & J. Williams(Eds.), *Focus on Form in Classroom Second Language Acquisition*. Cambridge: Cambridge University Press, 1-11.

Ellis, R.(2001), Intrduction: Investigating From-focused Instuction. *Language Learning* 51-1.

Hymes, D.(1972), On Communicative Competence. in Pride & Holmes(eds), *Socio-linguistics*. Penguin Books.

Finocchiaro, M. & Brumfit, C.(1983), *The Functional-Notional Approach: From Theory to Practice*. New York: Oxford University Press.

Jensen, L.(2001), Preparing Lesson Plans, In M. Celce-Murica. (Ed), *Teaching English as a Second or Foreign Language.* 임영빈 외 역(2008), 교사를 위한 영어교육의 이론과 실제, 경문사.

Krashen, S. D.(1981), *Second Language Aquisition and Second Language Learning.* Oxford: Pergamon Press.

Larsen-Freeman, D. & Anderson, M.(2011), *Techniques and Principles in Language Teaching.* Oxford University Press. 방영주 옮김(2016), 언어교수법의 이론 및 실제, 경문사.

Littlewood, W. T.(1981), *Communicative Language Teaching.* Cambridge University Press. 안미란 옮김(2007), 『의사소통적 교수법』, 한국문화사.

Long, M.(1991), Focus on Form: A Design Feature in Language Teaching Methodology. In K. de Bot, R. Ginsberg & C. Kramsch(Eds.), *Foreign Language Research in Cross-cultural Perspective.* Amsterdam: John Benjamins.

Long, M.(1991), *Focus on Form in Task-based Language Teaching.* University of Hawaii Working Papers in ESL, 16(2).

Lyons, J.(1977), *Semantics* 1·2. Cambridge: Cambridge University Press.

Morrow, K.(1979), Communicative Language Testing: Revolution or Evolution. In C. Brumfit & K. Johnson(Eds.), *The Communicative Approach to Language Teaching.* London: Longman.

Nunan, D.(1988), *The Learner-centered Curriculum. Communicative Classroom.* Cambridge: Cambridge University Press.

Nunan, D.(1989), *Designing Tasks for the Communicative Classroom.* Cambridge: Cambridge University Press.

Odlin, T.(1994), *Perspectives on Pedagogical Grammar.* Cambridge University Press.

Oxford, R. L.(1997), Cooperative Learning. Collaborative Learning and Interaction: Three Communicative Stands in the Language Classroom. *The Modern Language Journal* 81-4.

Pattison, P.(1987), *Develping Communication Skills.* Cambridge: Cambridge University Press.

Prabhu, N.(1987), *Second Language Pedagogy.* Oxford University Press.

Richards, J. C. & Rogers, T. S.(1988), *Approaches and Methods in Language Teaching. :*

A Description and Analysis. Cambridge: Cambridge University Press. 임병빈 (1994), 언어교수 방법론, 형설출판사.

Richards, J. C. & Rodgers, T. S.(2003), *Approaches & Methods in Language Teaching*. 2nd ed. Cambridge: Cambridge University Press. 전병만·윤만근·오준일·김영태 역(2008), 외국어 교육 접근 방법과 교수법.

Saville-Troike, M.(2003), *The Ethnography of Communication: An Introduction*. Oxford: Basil Blackwell. 왕한석·백경숙·이진성·김혜숙 옮김(2009), 언어와 사회: 의사소통의 민족지학 입문, 한국문화사.

Spada, N.(1997), Form-focused Introduction and Second Language acquisition: A Review of Classroom and Lavoratory Research. *Language Teaching* 30-2.

Spolsky, B.(1978), *Educational Linguistics: An Introduction*. Newburry House Publishers.

Thornbury, S.(1999), *How to Teach Grammar*. Longman.

Williams, J.(1995), Focus on Form in Communicative Language Teaching: Research Findings and the Classroom Teacher. *TESOL Journal*, 4.

Wright, R. J.(2007), *Educational Assesment: Tests and Measurements in the Age of Accountability*. Newbury Park, CA.: Sage Publications.

이주행 李周行

■ 약력

충남 홍성군 광천(廣川) 출생.
서울대학교 사범대학 국어교육과 졸업.
서울대학교 대학원 국어교육과 석사과정 수료, 석사 학위 취득.
성균관대학교 대학원 국어국문학과 박사과정 수료, 문학박사 학위 취득.
중앙대학교 문과대학 국어국문학과 교수.
북경 소재 중앙민족대학 조선어문학계 한국학술재단 한국학 파견 교수.
중앙민족대학 조선어문학계 객좌 교수.
교육부 국어과 교육과정 심의위원장.
한국어교육학회 부회장.
한국 화법학회 회장.
중앙대학교 문과대학 학장.
방송위원회 방송언어 특별위원회 위원장.
현재 중앙대학교 명예교수, 국제한국어교육문화재단 부이사장.

■ 저서

『화법의 원리와 실제』(개문사, 1983)
『한국어 의존명사의 통시적 연구』(한샘출판사, 1988)
『국어 의미론』(공저, 개문사, 1990)
『현대국어 문법론』(대한교과서주식회사, 1992)
『국어학 개론』(공저, 대한교과서주식회사, 1994)
『한국어 문법 연구』(중앙대학교 출판부, 1996)
『표준 한국어 발음 사전』(공저, 지구문화사, 1998)
『한국어 문법의 이해』(월인출판사, 2000)
『교사 화법의 이론과 실제』(공저, 역락출판사, 2003)
『화법 교육의 이해』(공저, 박이정, 2004)
『한국어 사회방언과 지역방언의 이해』(한국문화사, 2005)
『한국어학 개론』(공저, 보고사, 2006)
『언어학과 문법 교육』(공저, 역락출판사, 2007)
『한국어 의존명사 연구』(한국문화사, 2009)
『살리는 말 죽이는 말-말로 행복해지는 법』(공저, 2010, 글누림)
『알기 쉬운 한국어문법론』(역락출판사, 2011)
『어문 규범의 이해』(보고사, 2013) 외 다수

전자우편(e-mail) : juhlee21@hanmail.net

외국어로서의 한국어 문법 교육론

2017년 1월 19일 초판 1쇄 펴냄
2020년 9월 10일 초판 2쇄 펴냄

지은이 이주행
펴낸이 김흥국
펴낸곳 도서출판 보고사

책임편집 이유나
표지디자인 손정자

등록 1990년 12월 13일 제6-0429호
주소 경기도 파주시 회동길 337-15 보고사
전화 031-955-9797(대표), 02-922-5120~1(편집), 02-922-2246(영업)
팩스 02-922-6990
메일 kanapub3@naver.com / bogosabooks@naver.com
http://www.bogosabooks.co.kr

ISBN 979-11-5516-630-7 93710
ⓒ 이주행, 2017

정가 25,000원